面向21世纪课程教材
Textbook Series for 21st Century

"十二五"普通高等教育本科国家级规划教材

首届全国教材建设奖
全国优秀教材
一等奖

高等学校经济学类核心课程教材

计量经济学

（第五版）

李子奈　潘文卿　编著

高等教育出版社·北京

内容简介

本书融计量经济学理论、方法与应用为一体；以中级水平内容为主，适当吸收初级和高级水平的内容；以经典线性模型为主，适当介绍一些适用的非经典模型。全书形成了一个独具特色的内容体系。

全书详细论述了经典的单方程计量经济学模型的理论方法，适当介绍了现代时间序列计量经济学模型和几类非经典截面数据模型的理论方法。在计量经济学应用模型中，本书着重讨论了模型类型设定、总体回归模型设定、模型函数关系设定和模型变量设定的原则和方法。在详细介绍线性回归模型数学过程的基础上，各章的重点不是理论方法的数学推导与证明，而是对实际应用中出现的问题的处理，并尽可能与中国的模型实例相结合。

本书适合作为各类高等院校经济、管理学科本科生的教材或教学参考书，也可供具有一定数学、经济学以及经济统计学基础的经济管理人员和研究人员阅读和参考。

BRIEF INTRODUCTION

This book combines theories, methodologies with applications of econometrics. Based on middle level, some contents which belong to preliminary and advanced textbooks of econometrics are also included in it. It mainly introduces classical econometric models, besides, as well as some extensive models. Therefore, this book has formed a unique content system.

In the theories and methodologies chapters of the book, classical single-equation econometric models are discussed more detailed. The theories and methodologies about modern time series econometric models and some kinds of non-classical cross-sectional data models are introduced more briefly. The principles and methods about models type specification, population regression models specification, models relationship specification and variables property specification are discussed in the applications chapter of the book. The mathematical process about linear regression as the basis of econometric methodologies is described in detail. But for the mathematical process of other estimation methodologies, more attentions are paid to how to think them, how to solve the practical problems in their applications and how to combine with China's cases.

This book is suitable as the econometrics textbook for undergraduate students of every kinds of universities and colleges. It can also be read and referenced by economic managers and researchers who have a certain foundation of mathematics, economics and statistics.

总前言

高等学校经济学类核心课程和工商管理类核心课程是在高等教育面向21世纪教学内容和课程体系改革计划“经济学类专业课程结构、共同核心课程及主要教学内容改革研究与实践”和“工商管理类专业课程结构及主要教学内容改革研究与实践”两个项目调研基础上提出、经经济学学科教学指导委员会和工商管理类学科教学指导委员会讨论通过、教育部批准的必修课程。其中，经济学类各专业的核心课程共8门：政治经济学、西方经济学、计量经济学、国际经济学、货币银行学、财政学、会计学、统计学；工商管理类各专业的核心课程共9门：微观经济学、宏观经济学、管理学、管理信息系统、会计学、统计学、财务管理、市场营销学、经济法。这些课程确定后，教育部高教司组织有关专家制定了各门课程的教学基本要求，并组编了相应的各门教材。各门课程的教学基本要求及教材由高等教育出版社于2000年秋季出齐，供各高等学校选用。

教育部高等教育司

2000年3月

第五版序言

（一）

党的二十大报告突出强调了“实施科教兴国战略，强化现代化建设人才支撑”，强调了教育、科技、人才是全面建设社会主义现代化国家的基础性、战略性支撑。教书育人，教材发挥着基础性的作用。以中国实际经济数据与案例为基础、面向中国读者所编写的《计量经济学》教材迄今已修订了四版，深受广大读者的欢迎，也成为许多高校的授课教材或主要参考教材。

从读者对前四版的肯定来看，越来越多的老师、学生以及广大读者认可本教材所呈现的计量经济学的内容体系、认可更多地通过中国的实际经济数据与案例学习计量经济学的基本理论与基本方法的理念。本次对《计量经济学》教材的修订，我们仍然重视计量经济学的基础理论以及它们在实际问题中的应用，强调根据实际应用来理解和解释模型建立的假定、估计方法的变化以及各种检验的适用性。

（二）

自《计量经济学》（第四版）出版发行至今已有近八个年头。这期间，世界与中国经济发生了较大的变化，随着互联网经济的快速发展，社会经济活动中可观测的数据呈现爆炸式增长，大数据时代已经到来！在此背景下，我们对《计量经济学》（第四版）进行修订，适度引入大样本理论的相关内容，以期加强读者在大样本分析方法方面的训练，一方面为进一步理解更加专业或更高级的计量经济学的相关内容打下坚实的基础，另一方面也为在实践中能够运用大数据建立计量经济模型提供简洁、清晰的理论指导。

《计量经济学》（第五版）在保留第四版总体结构的基础上，做了三方面的调整：一则，将横截面数据的建模与时间序列数据的建模分开讨论，以明晰两者在基本假设、模型估计以及模型检验等方面存在的差异；二则，选择最常用的几个非经典截面数据模型，讨论这类模型区别于传统横截面数据模型的数据特征，以及由数据特征带来的估计方法的变化。三则，讨论计量经济模型的方法论，尤其是模型设定理论。

本次修订的具体内容主要包括以下几个方面：

在第 2 章一元线性回归模型中，介绍了回归分析就是通过样本估计样本回归函数，并以之“代表”总体回归函数的基本思想后，直接介绍普通最小二乘法是如何估计样本回归函数的，没有事先对总体回归模型给出相关假设；而在估计完成后，在讨论估计量的优劣时，再给出相关假设。如此处理的好处，一方面是思路具有连贯性，另一方面也更加明确估计方法的“优劣”是与对模型的假设密切相关的。这样在进入第 4 章放宽基本假定的模型这一章，讨论各种基本假设不成立时，需要对原估计方法进行修正或直接寻找其他的估计方法就成为一个更加自然的逻辑。

在第2章一元线性回归模型的内容中，只保留普通最小二乘估计方法，删除了矩估计与极大似然估计这两种不同的估计方法，以使初学者能够聚焦在对普通最小二乘估计这一最常用方法的讨论上来。而在第3章多元线性回归模型的内容中，再引入矩估计与极大似然估计方法，以扩展读者在估计方法上的视野。

在第2章与第3章中，将估计量的小样本性质与大样本性质分列讨论，以明确大样本性质与小样本性质具有同等程度的重要性。但我们的讨论仍是循序渐进的，第2章只讨论大样本下最为重要的一致性；而在第3章，则进一步讨论大样本下的渐近有效性，这在学习了极大似然估计方法之后，它作为这一方法的自然特征就更容易被理解与接受。

在第4章、第5章、第6章的相关内容中，加强了对许多问题处理时只有在大样本下才具有的特征的文字说明。例如，在异方差问题中，强调了加权最小二乘法与怀特的异方差-稳健标准误法只有在大样本下才是适用的；对内生性问题处理的工具变量法也只有在大样本下才具有良好的统计性质。同样地，时间序列模型的广义最小二乘估计、面板数据模型中变系数模型的广义最小二乘估计，只有在大样本下才是适用的。而在选择性样本模型、二元离散选择模型部分，也强调了极大似然估计量只有在大样本下才具有一致性、渐近正态性与渐近有效性。这样，除了第2章、第3章有专门的文字段落讨论大样本的一致性与渐近有效性外，在全书的其他章节，读者会发现穿插于其中的关于大样本性质等基础问题的简要说明。

本版教材尽可能地减少对矩阵表达方式的依赖。第3章删除了通过矩阵求导的方式求解普通最小二乘估计量的相关内容；而在第5章也删除了向量自回归模型的抽象的矩阵表达方式，代之以一个具体的两个方程表达的两个变量的向量自回归模型。

本版教材对大部分例题进行了更新，包括对一些原有例题的数据更新或采用全新的例题。本教材力图采用真实的数据、尤其是中国的数据，使教材使用者能够感受到“真实”的时代背景。同样地，教材中增加、更新了部分练习题，以便读者通过练习对教材相关内容有一个更加深刻的理解与把握。另外，每章习题后面有一个二维码图标，链接了一些基本概念与基础知识的自测题，读者可通过扫描二维码打开链接进行自测自评。

（三）

《计量经济学》（第五版）的顺利出版，离不开高等教育出版社的支持，在此特表谢意！我们也特别感谢所有采用本教材之前各版的老师、学生以及读者的信任和建议！

由于我们水平有限、错误或不当之处在所难免，欢迎广大读者批评指正，并提出宝贵的意见和建议。让我们携起手来，为中国“实施科教兴国战略，强化现代化建设人才支撑”贡献我们的力量。

李子奈　潘文卿

2020年5月于清华大学

2023年10月修订于清华大学

第四版序言

（一）

《计量经济学》（第三版）自2010年3月出版以来，已16次印刷达30万册，受到广大读者的欢迎，被许多高等学校采用为课程教材。相比于2005年的第二版，第三版的最大变化是将计量经济学模型方法论，主要是模型设定理论引入教科书的内容之中，这一点已经被许多读者理解和认同。读者通过各种方式提出了一些评价意见，认为第三版教材不仅讲计量经济学模型之“术”，也讲计量经济学模型之“道”。所谓“术”，指模型的估计方法、检验方法等技术层面的内容；所谓“道”，指方法论层面的内容。“术”固然重要，需要熟练掌握并不断创新和发展；而“道”更为重要，尤其对于计量经济学应用研究，在应用软件已经充分发展的今天，问题和错误经常出现在对计量经济学模型方法论的理解和掌握方面，而不是模型的估计方法、检验方法等技术方面。

《计量经济学》（第四版）的编写，仍然坚持第三版的这一特色，除了保留第三版中专门讨论模型设定理论的章节外，在全书的许多章节，读者都会发现穿插于其中的关于方法论基础问题的简要讨论。

（二）

本书对《计量经济学》（第三版）的内容体系进行了重要的调整。第二至四章仍然以“经典单方程计量经济学模型”为标题，但在内容上只涉及截面数据模型，并且删除了以时间序列数据为样本的所有例题和习题；将与时间序列数据模型相关的内容集中调整至第五章“时间序列计量经济学模型”中，包括一般教科书经典单方程模型中的“序列相关性”等内容。为什么？这里涉及计量经济学模型方法论基础的问题。经典计量经济学模型的数学基础是极限法则，即大数定律和中心极限定理。以独立随机抽样的截面数据为样本，如果模型设定是正确的，模型随机干扰项满足正态性假设和其他基本假设，继而进行的参数估计和统计推断是可靠的。以时间序列数据为样本，时间序列性破坏了随机抽样的假定，那么，经典计量经济学模型的数学基础能否被满足，自然成为一个有待讨论的问题。大多数教科书，包括本书的第一、二、三版，在经典单方程计量经济学模型理论方法的章节中，包含时间序列数据模型的内容和采用时间序列数据作样本的例题和习题，那么就会给初学者产生误导：对于任何时间序列数据，都可以建立经典计量经济学模型；而且必然与后续的时间序列计量经济学模型章节的内容产生矛盾。我们曾经考虑是否将第二至四章的名称改为“经典截面数据计量经济学模型”，也觉得不妥，因为在这些章节中介绍的理论方法，例如最小二乘法、最大似然法、矩估计方法，以及模型检验方法，并不仅仅适用于截面数据模型,也适用于满足特定条件的时间序列数据模型,以及其他类型计量经济学模型。

(三)

本书对《计量经济学》(第三版)的内容进行了精简。一个显著的效果是书变薄了,改变了教科书越修订内容越多的普遍趋势。

本书删除了第三版中的联立方程模型。理由有三:一是应用价值较小。早期的联立方程计量经济学模型,主要用于宏观经济分析,包括经济预测和政策评价,曾经是宏观计量经济学的主要内容。随着现代时间序列计量经济学的迅速发展,时间序列的单位根检验和协整检验理论,以及向量自回归模型得到了广泛的应用,成为现代宏观计量经济学的主流,而采用结构方程的经典联立方程模型的应用越来越少。另外,通过对我国计量经济学应用研究的现状进行调查后发现,除了几家国家综合性研究机构外,很少有采用联立方程模型的应用研究成果发表,尤其对于本科毕业生,甚至很难遇到需要采用联立方程模型的研究课题。二是其核心内容可以纳入其他章节。联立方程计量经济学模型,其理论方法的核心是如何处理每个结构方程中解释变量的内生性问题。而内生解释变量问题,在单方程模型中也是普遍存在的;在教科书的经典单方程模型部分,也有专门章节讨论内生解释变量问题。从这个角度出发,在课程教学中删除联立方程模型,并不会造成课程内容体系的不完整或者知识的显著缺失。三是课程学时的限制。通过对本书第三版采用情况的调查发现,在3学分或者4学分的有限学时内,能够完成全书内容教学的课堂很少,相当多的课堂以经典单方程模型和联立方程模型为主要教学内容,后续的有关现代计量经济学模型的章节被忽略了。这是不合理的。所以,在教科书中删除联立方程模型的内容,可以保证有足够的学时完成后续章节的教学内容。

本书其他精简的内容包括第三版中的滞后变量模型和随机时间序列分析模型。该两类模型的统计学意义强于经济学意义,所描述的主要是数据上的统计关系,而不是经济上的行为关系,可以用于预测,不能用于结构分析、政策评价和理论检验。在经济预测类教科书中,一般都包含这些模型。在计量经济学教科书中删除这些模型,同样不会造成课程内容体系的不完整和知识的缺失。

本书将"格兰杰因果关系检验"单独列为时间序列模型中的一节,主要是从应用研究中发现的问题考虑的。在时间序列模型的应用研究中,格兰杰因果关系检验被广泛采用,甚至出现滥用和错用的现象。从理论上讲,格兰杰因果关系检验对于经济上的因果关系只具有"检验"的功能,不具有"发现"的功能;对于时间序列模型的设定,它只是一个"辅助"的工具,而不是"决定"的工具。为了加深读者的印象,防止滥用和错用,本书将这个"小问题"提升为一个"大问题"。是否恰当?有待教学实践的检验。

(四)

本书对第三版的例题进行了全面更新,力求真实。所谓"真实",即它们是经济研究中的真实问题,采用真实的数据。需要说明的是,由于受到篇幅的限制和体现例题的功能,这里的"真实"仍然是有局限的。它们更注重的是关于所在章节涉及的理论方法的演示,而没有对建立应用模型的其他方面进行全面的讨论。读者在遇到类似的研究课题时,可以参考,不宜照搬。

（五）

本书作为教育部"'十二五'普通高等教育本科国家级规划教材"，感谢教育部和清华大学有关主管部门、高等教育出版社的指导和支持！感谢采用本书第一、二、三版作为教科书的所有老师和同学的信任和宝贵建议！感谢本书修订所参考的所有论著的作者的贡献！

由于我们的水平有限，听到的批评意见很不充分，虽然有不断进取力求编写精品教科书的良好愿望，但本书肯定存在诸多不足，甚至有个别错误，欢迎读者提出批评和建议！

李子奈　潘文卿

2015年2月于清华大学

第三版序言

（一）

《计量经济学》（第二版）自2005年4月出版以来，受到广大读者，特别是高等学校教师和学生的广泛欢迎。大家在使用的过程中，通过各种方式对本书提出了许多宝贵的意见和建议。这些意见和建议中有些在第二版重印时已经被采纳并在书中作了相应修改，有些被第三版所吸收。值此第三版出版之际，我们对这些热心的读者表示最诚挚的谢意！

《计量经济学》教材的编写，一直得到教育部高等教育司、教育部高等学校经济学学科教学指导委员会和高等教育出版社的直接指导和大力支持。本书第一版被作为“面向21世纪课程教材”和“高等学校经济学类核心课程教材”；第二版被作为高等教育出版社“高等教育百门精品课程教材建设计划”的立项项目，并列入新闻出版总署“十五”国家重点图书出版计划；第三版又被列入教育部“普通高等教育‘十一五’国家级教材规划项目”。这些都是对我们极大的信任，他们的指导和支持使我们备受鼓舞。也借第三版出版之际，对他们表示衷心的感谢！

《计量经济学》（第三版）吸收了我们近几年关于计量经济学模型方法论基础的部分研究成果。该项研究得到国家社会科学基金的大力支持，并于2008年作为国家社会科学基金重点项目（08AJY001，计量经济学模型方法论基础研究）立项资助。部分研究成果已经发表于《经济研究》、《经济学动态》、《统计研究》等刊物，以更广泛地听取读者的意见。也借第三版出版之际，对国家社会科学基金和有关刊物的支持表示衷心的感谢！

（二）

从20世纪70年代末、80年代初以来，我国计量经济学教学与研究的发展已经经历了引进、推广与普及的第一阶段，以及教学提高与应用扩张的第二阶段，现在已经进入提高与创新的第三阶段。从《计量经济学》（第二版）出版的2005年到现在的近5年时间内，最显著的变化就是计量经济学理论方法研究的加强和应用研究的普及。

在此期间，计量经济学理论方法研究更受重视，其研究水平也得到了进一步提高。研究生计量经济学高级课程普遍开设，一些在理论计量经济学领域有成就的海外学者和一批在海外受到良好训练的年青学者回国，以及国内外学术交流的广泛开展，为计量经济学理论方法研究创造了基础和环境。计量经济学理论方法研究，既是学科发展的基础，又是学科水平的体现，只有加强理论方法研究，产生一批原创性成果，我们才可能融入世界计量经济学主流。这应该成为本阶段的任务之一。

在此期间，计量经济学模型方法在我国经济理论研究和经济问题分析中被普遍采用，并迅速向管理、劳动、教育、卫生、人口乃至社会等领域扩展。在我国经济类学术刊物上，以计量经济学模型方法作为主要分析方法的论文占全部论文的比例，已经迅速提高到50%以上。而且研究对象遍及经济的各个领域，所应用的模型方法遍及计量经济学的各个分支。不论以何种方式作出评价，计量经济学模型方法都已经成为我国经济研究的一种主流的实证研究方法。更为重要的是，计量经济学模型已经成为综合经济管理部门和经济类研究机构分析经济形势、研究实际经济问题和制定经济政策的常用工具，提高了经济预测和决策的水平。但是，严重问题仍然存在。没有实际意义的"自娱自乐"式的研究和存在问题甚至错误的"自欺欺人"式的研究并存，这并不是个别现象。所以，研究重要问题，采用正确的模型方法，并争取有所发现，应该成为本阶段的任务之一。

这些是《计量经济学》(第三版)修订出版的大背景。

(三)

与《计量经济学》(第二版)相比，第三版最重要的修订在于"计量经济学应用模型"。

在本书第一、二版中，经典计量经济学应用模型一直是重点内容之一。它主要通过对生产函数模型、需求函数模型、消费函数模型以及宏观计量经济模型的介绍，一方面使学生熟悉常用的计量经济学应用模型的理论模型和估计方法；另一方面，也是更重要的，使学生了解这些模型是如何提出与发展的，为学生在未来的实践中自己提出与发展新的模型打下基础。教学实践表明，这些目的是能够达到的。但是，如此设计应用模型教学内容，也存在一定的缺陷：对于更具一般意义的计量经济学模型方法论，特别是如何在应用研究中设定一个正确的模型，缺少系统的讨论。

一件小事给了我很大的教育。三年前的一天，一位同学到我的办公室，向我报告他的一个发现：需求法则在我国并不适用。因为他用我国的食品消费量作为被解释变量，以食品价格指数作为解释变量，建立了食品需求模型，经过模型估计发现，食品价格指数的参数为正，即食品消费量随着食品价格的上升而上升，与商品需求量随着价格上升而下降的需求法则相违背。我思考很久，出现这种问题的责任在哪里？不在学生，也不在教师，而是我们的教科书，至少与教科书有关。国内外所有的计量经济学教科书，都是以模型的估计和检验为核心内容，尽管也介绍应用模型，也有大量来自实际应用的例题，但是往往是摆出一个模型，告诉学生应该怎样估计，怎样检验，偏偏没有告诉学生这个模型是按照什么思路建立起来的。甚至许多计量经济学教科书认为，如何设定或者提出一个实际的应用模型，是理论经济学和统计学的任务，而不是计量经济学的任务。

我们讲授计量经济学的目的是什么？学生学习计量经济学的目的又是什么？为什么要将计量经济学作为一门本科学生必修的核心课程？诚然，为学生进一步学习高级课程和从事计量经济学理论方法研究打下坚实的基础，是重要的目的之一。但是，更重要的目的是为了使学生能够掌握这一主流的实证经济研究方法，正确地从事应用研究。那么为达到这一目的就应该在教学过程中告诉学生如何正确地设定或者提出一个实际的应用模型。这就是第三版将"计量经济学应用模型"作为最重要的修订内容的理由。

(四)

《计量经济学》(第三版)取消了第二版中的第七章"计量经济学应用模型"，重新编写了第九章"计量经济学应用模型"，名称虽相同，内容却有了根本的变化。在第九章中，按照计量经济学应用模型研究的步骤，设计了4节内容。将第二版第七章中生产函数、需求函数和消费函数模型中的部分内容，作为一般意义的计量经济学应用模型方法的案例纳入其中。

第1节是关于计量经济学应用模型的模型类型设定，讨论如何针对研究对象选择计量经济学模型类型，即确定所应该建立的是参数模型还是非参数模型，是单方程模型还是联立方程模型，是截面数据模型还是时间序列数据模型或者平行数据模型，是经典截面数据模型还是非经典的选择性样本模型、计数数据模型、离散选择模型或者持续时间数据模型，等等。本节还着重讨论了模型类型对数据类型的依赖性。这显然是应用模型设定的第一步。

第2节是关于计量经济学应用模型总体回归模型设定中的变量选择问题，讨论在模型类型确定之后，应该按照什么原则选择进入模型的变量。本节对“研究目的导向”、“先验理论导向”和“数据关系导向”进行了分析和批评，提出了应该按照“一般性”、“现实性”、“统计检验必要性”和“经济主体动力学关系导向”的原则选择变量。这是应用模型设定的第二步。

第3节是关于计量经济学应用模型函数关系设定，讨论如何在经济学理论和统计分析的指导下，设定模型中解释变量和被解释变量之间的关系，即模型的函数形式。这是应用模型设定的第三步。至此完成了一个应用研究的总体回归模型设定工作。

第4节是关于计量经济学应用模型变量性质设定，讨论如何确定被选择进入模型的变量的性质，包括：它们对被解释变量具有直接影响还是间接影响？它们是内生变量还是外生变量？它们是随机变量还是确定性变量？另外，本节重点讨论了变量性质设定的相对性。这是进行模型估计之前必须进行的工作，是应用模型设定的第四步。

（五）

我从事计量经济学教学与研究已近30年，一直在思考两个问题并且仍然没有最终答案。一是计量经济学课程是否是经济学课程，以及如何才能使之成为真正的经济学课程？二是计量经济学模型方法是否是科学，以及如何才能使之成为真正的科学？

如上所述的计量经济学应用模型的章节设计，是目前国内外教科书中所没有见过的。从这个角度看，《计量经济学》（第三版）的内容体系设计，具有创新性。而其具体内容属于我们正在研究的计量经济学模型方法论基础的范畴，也是目前国内外教科书中所没有的，因而会有不成熟甚至存在问题之处。从这个意义讲，《计量经济学》（第三版）的具体内容，也具有创新性。那么，为什么要将本来已经被公认为比较成熟的教材进行如此修订，增加了不成熟的内容呢？其目的就是试图为上述两个问题寻求答案。

创新性的工作并不一定都是成功的。是否成功，需要实践的检验。我们真诚地希望，使用本教材的老师和学生，以及其他读者，能够就本书的体系设计和具体内容提出批评和建议。我们有决心和信心通过不断地修改完善，使之最终成为独具特色的中级计量经济学精品教材。

（六）

《计量经济学》（第三版）其他章节的主要修订包括：第二章将“一元线性回归模型的基本假设”专门列为一节，将所有基本假设按照对模型设定的假设、对解释变量的假设和对随机干扰项的假设进行分类，使之更加系统化。将第二章第6节标题修改为“实例及时间序列问题”，分别列举了截面数据模型和时间序列数据模型的实例，然后提出时间序列数据问题，与第八章相呼应。这一点十分重要，经典的线性回归模型理论是基于随机抽样的截面数据的，但是在实际应用中，包括在经典线性回归模型的教学中必然会大量采用时间序列数据，所以加以专门的说明是必要的。第五章“专门问题”中取消了原来的建模理论一节，相关内容已融入第九章“计量经济学应用模型”中。在第七章“扩展的单方程计量经济学模型”中增加了选择性样本模型，该类模型作为微观计量经济学模型体系中的最重要组成部分，应用十分广泛，同时该模型的介绍还可以帮助读者进一步深入理解已经学习的经典单方程计量经济学模型的理论基础。另外，本章将原来“扩展的单方程计量经济学模型”中的变参数模型和简单非线性模型进行适当简化后，融入经典单方程模型的内容之中。

《计量经济学》(第三版)对例题进行了大量的精心修改。除了进行必要的数据更新外，更重要的是尽量使例题与理论方法相一致，并使经典模型的例题与现代的模型理论方法之间不发生矛盾。

(七)

第三版仍然按照4学分70学时的课程设计教学内容，在总的内容和篇幅上与第二版相当。不同的学校可以根据学生的基础水平和学时限制，在教学安排中选择其中的部分或者全部内容。

大体上可以将教材内容分为两个层次。第一层次包括第一章至第六章和第九章，即绪论、经典单方程模型和联立方程计量经济学模型，以及计量经济学应用模型，不包括带“*”内容，这一层次属于计量经济学课程的一般教学要求。第二层次包括全部内容，但是压缩第二章至第五章的教学学时。这是本科计量经济学课程的较高教学要求。

李子奈

2009年8月于清华大学

第二版序言

（一）

计量经济学作为一门课程，在我国高等院校的经济学科、管理学科相关专业中开设，已经有20余年的历史，它的重要性也逐渐为人们所认识。1998年7月，教育部高等学校经济学学科教学指导委员会成立，在第一次会议上，讨论并确定了高等学校经济学类各专业的8门共同核心课程，其中包括“计量经济学”。2000年，我受教育部高等教育司和经济学学科教学指导委员会的委托，编著了高等学校经济学类核心课程教材《计量经济学》（第一版），由高等教育出版社出版。

在第一版序言中，关于课程的教学目的和教材的设计原则，作了如下描述：

“试图通过课程教学，使学生达到：(1) 了解现代经济学的特征，了解经济数量分析课程在经济学课程体系中的地位，了解经济数量分析在经济学科的发展和实际经济工作中的作用；(2) 掌握基本的经典计量经济学理论与方法，并对计量经济学理论与方法的扩展和新发展有概念性了解；(3) 能够建立并应用简单的计量经济学模型，对现实经济现象中的数量关系进行实际分析；(4) 具有进一步学习与应用计量经济学理论、方法与模型的基础和能力。”

“本教材内容体系的设计原则是：(1) 定位于初级与中级之间的水平。计量经济学按照内容深度一般分为初级、中级和高级三个层次。考虑到在我国高等院校本科阶段，一般只设置一个层次的计量经济学课程，而且学生具备数理统计学基础，所以将课程定位于初级与中级之间的水平。(2) 理论与应用并重。计量经济学按照研究对象可以分为理论计量经济学和应用计量经济学。理论计量经济学以计量经济学的理论与方法为主要内容，强调方法的数学基础，侧重于模型方法的数学证明与推导；应用计量经济学则以计量经济学的理论与方法的应用为主要内容，强调应用模型的经济学和经济统计学基础，侧重于建立与应用模型过程中实际问题的处理。本课程将在初级与中级之间的水平上理论与应用并重。(3) 在理论方法部分，重在基本原理和方法思路，尽量精简复杂的数学推导与证明。(4) 必需的数学基础知识，包括矩阵运算和数理统计中的回归分析、假设检验等，属于经济类专业本科生数学课程的基本要求，不出现在课程内容中，由学生自己学习与复习。(5) 属于中、高级的，但是十分重要的内容和非经典的理论方法，在课程中作概念性介绍，为学生进一步学习建立一个基础。(6) 加强综合练习。通过综合练习，给学生以理论、方法与应用的综合能力，并学会使用计量经济学软件包。综合练习不占课内学时。(7) 具有较宽的适用面。不同的学校、不同的专业、不同的先修课程基础，以及不同的学时，对课程教学的要求是不同的。在保证基本教学要求的情况下，整章、整节的舍弃，不影响教学内容体系的完整和前后衔接。”

这些，仍然是我们编写本书的指导思想和原则。

（二）

《计量经济学》（第一版）作为“面向21世纪课程教材”和“高等学校经济学类核心课程教材”，于2000年7月出版以来，被广泛采用。在使用过程中，众多高等院校教师就教材的内容体系和具体章节中存在的问题，提出了很多宝贵的意见。在这四年中，计量经济学的理论方法和应用研究也有了新的发展，最具有代表性的是计量经济学家两度获得诺贝尔经济学奖。2000年的诺贝尔经济学奖授予在微观计量经济学领域作出突出贡献的赫克曼（J. Heckman）和麦克法登（D. McFadden），恩格勒（R. F. Engle）和格兰杰（C. W. J. Granger）由于在时间序列计量经济学领域的贡献而于2003年获奖。这极大地推动了计量经济学课程教学的发展，并在相当大的程度上改变了计量经济学的课程教学。更为重要的是，在这四年中，计量经济学课程在我国众多高等院校中已经普遍开设，教师的水平有了显著提高，学生的知识基础，尤其是数学和理论经济学基础得到了加强；而应用研究也已经普遍开展，翻开国内主要的经济类学术期刊，可以看到，建立计量经济学模型研究分析中国现实经济问题已经成为论文的主体。所有这些，都对修订《计量经济学》（第一版）提出了迫切的需求。

与第一版相比较，本书有以下几方面变化：

第一，加强了基础内容。经典的单方程计量经济学模型是最基本和应用最普遍的计量经济学模型，其理论方法也是联立方程计量经济学模型和后来发展的各种现代计量经济学模型的基础，毫无疑问应该成为课程教学的重点。在第一版中，单方程计量经济学模型理论方法部分较为简洁，适于具有较好的应用数理统计学基础的学生采用。但是，我国大部分高等院校的经济院系，并没有专门开设应用数理统计学课程。为此，在本书中，将原来的第二章“单方程计量经济学模型理论与方法”扩充为第二、三、四、五章，增加了单方程计量经济学模型理论方法的数理统计学基础和模型设定与检验的有关专题内容，使得这部分内容更加充实与系统。

第二，引入了学科前沿内容。与第一版比较，本书引入了属于微观计量经济学的离散选择模型和平行数据模型，尽管只是最简单的部分，但是为学生了解这些模型打下了基础。将原来只有两节的时间序列计量经济学内容扩充为完整的一章，比较系统地介绍了发展迅速且应用领域广阔的这一现代计量经济学的分支。另外，对诸如广义矩估计等新近发展的理论方法，也作为经典理论方法的延伸而作了概念性介绍。

第三，增加了实际例题。在理论与应用的结合上，除了保留第一版中专门设计的应用模型一章外，将重点放在精心编写的实际例题上。专门的应用模型章节，目的是训练学生分析经济行为，建立理论模型的能力。而紧随各部分理论方法的应用实例，对于学生正确地理解和应用这些理论方法，是十分必要的。书中的例题都是中国的实际经济问题的分析，有些例题贯穿全章，甚至几章，随着理论方法的深入而反复采用，对于教师的“教”和学生的“学”都是十分有益的。

第四，改变了应用软件。编写第一版时，在征求部分高等院校教师意见的基础上，选择了当时大家普遍拥有的TSP6.5作为教学软件，模型方法和例题都结合TSP6.5讲授。现在，EViews作为目前世界上最流行的计量经济学软件之一，已经普遍应用，而且它继承了TSP的优点，功能齐全，操作简单、灵活。所以，在本书中选择EViews作为教学软件。

第五，压缩了联立方程计量经济学模型。联立方程计量经济学模型是经典计量经济学内容体系的重要组成部分，它的应用领域主要是宏观经济模型。考虑到教材篇幅和本科生需要掌握的知识重点，在本书中只保留联立方程计量经济学模型理论方法中的几种单方程估计方法，同时将原来的宏观计量经济学模型由一章压缩成一节。

（三）

本书按照4学分70学时的课程设计教学内容，在总的内容和篇幅上多于第一版，这样，可以使教材更具有适用性。不同的学校可以根据学生的基础水平和学时限制，在教学安排中选择其中的部分或者全部内容。

本书内容大体上可以分为三个层次。

第一层次包括第一章至第六章，即绪论、经典单方程计量经济学模型和联立方程计量经济学模型，不含带“*”的部分。这是本科生必须掌握的计量经济学中最基础和最成熟的内容，适合于3学分课程且学生的数学和理论经济学背景较弱的情况。这是计量经济学课程的最低教学要求。

第二层次包括第一章至第七章，以及第八章中的一部分，不含带“*”的部分，相当于第一版教材的基本要求，适合于4学分课程且学生的数学和理论经济学背景一般的情况。这是计量经济学课程的一般教学要求。

第三层次包括全部内容，但要压缩第二章至第五章的教学学时，适合于4学分课程且学生的数学和理论经济学背景较强的情况。这是计量经济学课程的较高教学要求。

（四）

本书共分九章。

第一章，绪论，是本书的纲。通过教学，要求学生达到：了解计量经济学的基本概念；了解计量经济学的内容体系，以及本课程涉及的内容；理解计量经济学是一门经济学科，以及它在经济学科中的地位；了解计量经济学的主要应用；了解建立与应用经典计量经济学模型的工作步骤，以及在每一步骤中应注意的关键。对于未接触过计量经济学的学生来讲，并不能全部理解，也不要求学生全部理解，只需要建立一个最基本的概念，对于学习整个课程是大有益处的。

第二章和第三章，分别为经典单方程计量经济学模型的一元线性回归模型和多元线性回归模型，是本书最基础的内容。通过教学，要求学生达到：理解经典线性单方程计量经济学模型的数理统计学基础，包括回归分析、假设检验和区间估计；熟练掌握经典线性单方程计量经济学模型的理论与方法，包括基本假设、模型估计和统计检验；理解最小二乘原理和最大似然原理，以及在模型估计中的应用；能够运用矩阵描述、推导和证明与普通最小二乘法有关的估计过程和结论；能够应用计量经济学软件完成模型的估计和统计检验。在这两章结束时要求学生独立完成一个综合练习，自己选择研究对象，自己建立理论模型，自己收集样本数据，进行模型的估计和统计检验。

第四章，放宽基本假定的经典单方程计量经济学模型，即经典单方程计量经济学模型的计量经济学检验，也是课程的基础内容。通过教学，要求学生达到：了解实际经济分析中计量经济学模型违背各个基本假设的经济背景；从经济学和数学两个方面理解违背基本假设的后果；理解并熟练掌握常用的检验方法；熟悉各种基本假设违背情况下模型最有效和最常用的估计方法，如加权最小二乘法、可行的广义最小二乘法、差分法与广义差分法、工具变量法等，以及它们在应用软件中的实现。在本章结束时要求学生对前面完成的综合练习进行计量经济学检验，重新估计模型，对结果进行分析，并提交一篇报告。

第五章，经典单方程计量经济学模型的几个专门问题，作为前面三章经典单方程计量经济学模型理论方法的补充，在理论和应用上都是不可缺少的。通过教学，要求学生达到：理解在模型中引入虚拟变量和滞后变量的问题背景、引入原则和方法；熟悉分布滞后模型和自回归模型及其参数估计方法；熟练应用格兰杰检验于模型变量选择和变量关系分析；理解模型的变量选择和关系设定可能带来模型的确定性偏误；掌握常用的检验方法。

第六章，联立方程计量经济学模型理论与方法，是课程的重点内容之一。通过教学，要求学生达到：理解线性联立方程计量经济学模型的基本概念和有关模型识别、检验的理论与方法；熟练掌握几种主要的单方程估计方法，能够运用矩阵描述、推导和证明与这些方法有关的过程和结论；能够独立完成由3~5个方程组成的简单联立方程计量经济学模型的建模全过程工作；能够应用计量经济学软件。在本章结束前要求学生独立完成一个综合练习，建立一个3~5个方程的中国宏观经济模型，自己建立理论模型，收集样本数据，用几种方法进行模型的估计，对结果进行分析，最后提交一篇报告。

第七章，经典计量经济学应用模型，是课程的重点内容之一。通过本章前三节的教学，一方面使学生熟悉常用的计量经济学应用模型的理论模型和估计方法；另一方面，也是更重要的方面，使学生了解这些模型是如何提出与发展的，为学生在未来的实践中自己提出与发展新的模型打下方法论基础。所以在本章的每一节都应有不同的建模方法论重点。例如，在生产函数模型中，着重介绍各种生产函数模型是如何沿着要素之间替代性质的描述和技术要素的描述这两条线索逐渐发展的；在需求函数模型中，着重介绍各种需求函数模型是如何依赖于效用函数而发展的；在消费函数模型中，着重介绍各种消费函数模型是如何依赖于各种消费理论假设而提出的，等等。在教学内容安排上，视学生的宏观经济学和微观经济学水平及专业方向而有所取舍。本章中的宏观计量经济学模型是课程的选学内容，可以视学时安排和教学要求选择全部或部分内容，或者不选。通过教学，使学生达到：了解计量经济学模型的一个重要研究与应用领域——宏观经济；掌握宏观计量经济学模型的设定理论；了解中国宏观计量经济学模型的主要特征、总体结构和主要模块与方程的设计；能够看懂和应用已有的宏观计量经济学模型。

第八章，扩展的单方程计量经济学模型，是课程的选学内容，可以视学生的基础水平和教学要求选择全部或部分内容，或者不选。通过本章教学，一方面扩展学生的知识面，为学生今后进一步学习和应用计量经济学理论与方法打下基础，使学生理解：单方程计量经济学模型是一个内容广泛的体系，经典的线性模型是其中最基本和最重要的一部分，以及几类扩展模型的研究对象、基本理论和方法思路。另一方面，使学生掌握一些重要的知识点。例如，确定性变参数模型的经济含义和估计方法；非线性普通最小二乘法的原理及其在应用软件中的实现；二元离散选择模型的实际应用价值，从原始模型到效用模型的原理，二元 Probit 模型和 Logit 模型的参数估计方法及其在应用软件中的实现；平行数据(panel data)模型的设定检验，固定影响变截距模型的最小二乘虚拟变量估计方法和固定影响变系数模型的可行广义最小二乘估计方法。

第九章,时间序列计量经济学模型。虽然是课程的选学内容,但它是现代计量经济学的重要组成部分,已经形成了独立的分支和课程,在学生的基础水平和学时允许的情况下应尽可能选学。通过教学,要求学生达到:了解时间序列平稳性的概念、重要性和检验方法,尤其是单位根检验;掌握三类常用的随机时间序列模型的识别、估计和检验方法;了解协整的概念、重要性和检验方法;了解误差修正模型的经济意义和建立误差修正模型的全过程,并能够建立实际的误差修正模型;熟悉应用软件中时间序列分析的基本功能,并能够应用软件完成时间序列平稳性检验、单位根检验和协整检验。

(五)

本书作为高等教育出版社“高等教育百门精品课程教材建设计划”立项项目,已列入新闻出版总署“十五”国家重点图书出版规划。同时,本书还是国家精品课程配套教材。本书尚有专门的习题集与之配套,所以在教材的每章只附有少量的习题。这些习题只是为了帮助学生把握课程内容的重点和难点,并不足以帮助学生深入地理解和正确地应用计量经济学的理论方法,即使是习题集也是这样。而要做到这一点,综合练习是不可缺少的。在课程学习的同时,选择适当的现实经济问题,建立计量经济学模型,完成建模的全过程,是对课程内容最好的复习,是最好的“习题”。

本书配有相关的电子课件,包括电子教案、数据集和相关试卷等,读者可通过书后所附回执免费索取。在电子课件的制作过程中,我们注重的是内容,而在技术上着力不够。教材的修订往往要间隔一段时间,但是电子课件更新是很方便的,我们努力争取在本书每一次重印时,都会更新电子课件的内容。同时,读者还可通过书后配套的学习卡登录高等教育出版社的网站(http://4a.hep.edu.cn,http://la.hep.com.cn),浏览相关的网络课程并进行教学答疑。

(六)

在本书编著过程中,参考了国内外许多计量经济学教科书,包括国外最新的教材,在本书的参考文献中列出了书名。

“计量经济学”作为清华大学首批重点建设的精品课程之一,得到了学校教学管理部门的指导和支持。本书作为课程建设成果之一,通过了学校组织的专家评审,并已经在清华大学的课堂上使用两届,专家和学生们提出了许多宝贵的意见。高等教育出版社将本书列入“高等教育百门精品课程教材建设计划”,并给予大力指导和支持。在此,对于高等教育出版社、清华大学教学管理部门、有关参考书的作者、专家和学生们一并表示最衷心的感谢。

由于我们水平有限,即使在计量经济学领域学识也很肤浅,书中定有不妥甚至错误之处,恳请读者批评指正。

李子奈

2004年9月于清华大学

第一版序言

计量经济学作为一门课程，在我国一部分高等院校的经济学科、管理学科相关专业中开设，已经有近20年的历史，它的重要性也逐渐为人们所认识。1996年7月，我作为召集人承担了教育部（原国家教委）“高等教育面向21世纪教学内容和课程体系改革计划”的重点项目“经济类专业数量分析系列课程设置和教学内容研究”的研究工作，在广泛调查研究的基础上，提出了课程设置的初步方案；1997年7月，利用中国数量经济学会年会的机会，在近百所高校教师中进行了充分讨论，正式提出了“经济类专业数量分析系列课程设置研究报告”，建议将计量经济学列入经济类专业核心课程，所有专业都要开设。随后我即开始准备编写一本教材，作为项目的一个研究成果。1998年7月，教育部高等学校经济学学科教学指导委员会成立，在第一次会议上，讨论并确定了高等学校经济学门类各专业的8门共同核心课程，其中包括计量经济学。将计量经济学首次列入经济类专业核心课程，是我国经济学学科教学走向现代化和科学化的重要标志，必将对我国经济学人才培养质量产生重要影响，也使我受到很大的鼓舞，加快了编写该教材的步伐。

我自1986年起，一直从事计量经济学的教学工作。1992年由清华大学出版社出版的由我编著的《计量经济学——方法与应用》一书，属于中级水平的计量经济学教材，为许多学校所采用，并获得1995年国家教委优秀教材一等奖。1994年至1995年间，全国高等院校数量经济学会在原国家教委高教司的支持下，组织有关高校编写了计量经济学教学大纲，并于1995年5月在《数量经济技术经济研究》上发表。这两项成果为编写本教材提供了重要基础。同时，近年来在全国高校悄然兴起的关于教育思想的讨论，尤其是关于如何培养学生不断地学习新知识，从事新工作的能力的讨论，也为本教材的编写提供了指导原则。

本教材按照50~70课内学时，课内外学时比为1∶2设计其内容体系。以微积分、线性代数、概率论与数理统计、微观经济学、宏观经济学和经济统计学为先修课程。试图通过课程教学，使学生达到：(1) 了解现代经济学的特征，了解经济数量分析课程在经济学课程体系中的地位，了解经济数量分析在经济学科的发展和实际经济工作中的作用；(2) 掌握基本的经典计量经济学理论与方法，并对计量经济学理论与方法的扩展和新发展有概念性了解；(3) 能够建立并应用简单的计量经济学模型，对现实经济现象中的数量关系进行实际分析；(4) 具有进一步学习与应用计量经济学理论、方法与模型的基础和能力。

本教材内容体系的设计原则是：(1) 定位于初级与中级之间的水平上。计量经济学按照内容深度一般分为初级、中级和高级三个层次。初级以计量经济学的数理统计学基础知识和经典的线性单方程计量经济学模型理论与方法为主要内容；中级以用矩阵描述的经典的线性单方程计量经济学模型理论与方法,经典的线性联立方程计量经济学模型理论与方法,以及传统的应用模型为主要内容;高级以扩展的单方程计量经济学模型理论与方法,非线性模型理论与方法,以及动态计量经济学理论与方法为主要内容。考虑到在我国高等院校本科阶段,一般只设置一个层次的计量经济学课程,而且学生具备数理统计学基础,所以将课程定位于初级与中级之间的水平上。(2) 理论与应用并重。计量经济学按照研究对象可以分为理论计量经济学和应用计量经济学。理论计量经济学以计量经济学的理论与方法为主要内容,强调方法的数学基础,侧重于模型方法的数学证明与推导;应用计量经济学则以计量经济学的理论与方法的应用为主要内容,强调应用模型的经济学和经济统计学基础,侧重于建立与应用模型过程中实际问题的处理。本课程将在初级与中级之间的水平上理论与应用并重。(3) 在理论方法部分,重在基本原理和方法思路,尽量精简复杂的数学推导与证明。(4) 必需的数学基础知识,包括矩阵运算和数理统计中的回归分析、假设检验等,属于经济类专业本科生数学课程的基本要求,不出现在课程内容中,由学生自己学习与复习。(5) 属于中、高级的,但是十分重要的内容和非经典的理论方法,在课程中作概念性介绍,为学生进一步学习建立一个基础。(6) 加强综合练习。通过综合练习,给学生以理论、方法与应用的综合能力,并学会使用计量经济学软件包。综合练习不占课内学时。(7) 具有较宽的适用面。不同的学校、不同的专业、不同的先修课程基础,以及不同的学时,对课程教学的要求是不同的。在保证基本教学要求的情况下,整章(例如第三章、第六章)、整节(用“*”标出的)的舍弃,不影响教学内容体系的完整和前后衔接。

全书共分六章和附录。

第一章,绪论,是课程的纲。通过教学,要求学生达到:了解计量经济学的基本概念;了解计量经济学的内容体系以及本课程涉及的内容;理解计量经济学是一门经济学科以及在经济学科中的地位;了解计量经济学的主要应用;了解建立与应用计量经济学模型的工作步骤,以及在每一步骤应注意的关键。对于未接触过计量经济学的学生来讲,并不能全部理解,也不要求学生全部理解,只需要建立一个最基本的概念,对于学习整个课程是大有益处的。

第二章,单方程计量经济学模型理论与方法,是课程的重点和主要内容,应占总课内学时的1/3以上。通过教学,要求学生达到:熟练掌握线性单方程计量经济学模型的理论与方法;能够运用矩阵描述、推导和证明与普通最小二乘法有关的过程和结论;能够独立完成建立线性单方程计量经济学模型的全过程工作;能够应用计量经济学软件。在教学中注意课堂讲授与课外练习的结合。在本章结束前要求学生独立完成一个综合练习,自己选择研究对象,自己建立理论模型,自己收集样本数据,进行模型的估计和检验,最后提交一篇报告。这对于课程内容的理解和能力的培养都是十分必要的。

第三章,扩展的单方程计量经济学模型理论与方法,是课程的选学内容,可以视学生的基础水平和教学要求选择全部、部分内容,或者不选。通过本章教学,一方面扩展学生的知识面,更重要的是为学生今后进一步学习和应用计量经济学理论与方法打下基础。使学生理解:单方程计量经济学模型是一个内容广泛的体系,经典的线性模型是其中最基本和最重要的一部分,以及几类扩展模型的研究对象、基本理论和方法思路。

第四章,联立方程计量经济学模型理论与方法,是课程的重点内容之一。通过教学,要求学生达到:理解线性联立方程计量经济学模型的基本概念和有关模型识别、检验的理论与方法;熟练掌握几种主要的单方程估计方法,能够运用矩阵描述、推导和证明与这些方法有关的过程和结论;能够独立完成由3~5个方程组成的简单联立方程计量经济学模型的建模全过程工作;能够应用计量经济学软件。在本章结束前要求学生独立完成一个综合练习,建立一个3~5个方程的中国宏观经济模型,自己建立理论模型,自己收集样本数据,用几种方法进行模型的估计,对结果进行分析,最后提交一篇报告。

第五章,单方程计量经济学应用模型,是课程的重点内容之一。通过本章教学,一方面使学生熟悉常用的计量经济学应用模型的理论模型和估计方法;另一方面,也是更重要的方面,使学生了解这些模型是如何提出与发展的,为学生在未来的实践中自己提出与发展新的模型打下方法论基础。所以在本章的每一节都有不同的建模方法论重点。例如,在生产函数模型中,着重介绍各种生产函数模型是如何沿着要素之间替代性质的描述和技术要素的描述这两条线索逐渐发展的;在需求函数模型中,着重介绍各种需求函数模型是如何依赖于效用函数而发展的;在消费函数模型中,着重介绍各种消费函数模型是如何依赖于各种消费理论假设而提出的;等等。在教学内容安排上,视学生的宏观、微观经济学水平和专业方向而有所取舍。

第六章,宏观计量经济学模型,是课程的选学内容,可以视学时安排和教学要求选择全部、部分内容,或者不选。通过教学,使学生达到:了解计量经济学模型的一个重要研究与应用领域——宏观经济;掌握宏观计量经济学模型的设定理论;了解不同体制、不同发展阶段下宏观计量经济学模型的异同;了解中国宏观计量经济学模型的主要特征、总体结构和主要模块与方程的设计;能够看懂和应用已有的宏观计量经济学模型。

在附录中,除了几种必用的统计分布表外,还专门介绍了TSP6.5软件的应用。学习计量经济学课程,必须学会使用至少一种应用软件,这是一项基本教学要求。但是,学习使用软件不是依靠课堂,而是靠练习。计量经济学应用软件包种类很多,没有必要规定必须使用哪种,所以没有将最常用的TSP6.5软件的应用介绍放在本书的正文中。

在本书编著过程中,除了主要参考我本人编著的《计量经济学——方法与应用》外,还参考了《经济计量学》(张保法著,河南人民出版社,1992年),《计量经济学》(张寿,于清文编著,上海交通大学出版社,1984年),《计量经济学——理论、方法和模型》(唐国兴编著,复旦大学出版社,1988年),《经济计量学》(G. C. Chow著,郑宗成等译,中国友谊出版公司,1988年),《经济预测与决策技术》(冯文权编著,武汉大学出版社,1989年),《经济计量学教科书》(L. Klein著,谢嘉译,商务印书馆,1983年),《计量经济学》(陈正澄著,台湾三民书局,1980年),《动态经济计量学》(D. Hendry,秦朵著,上海人民出版社,1998年),《经济计量学理论与实践引论》(G. G. Judge等著,周逸江等译,中国统计出版社,1993年),《宏观经济模型论述》(汪同三著,经济管理出版社,1992年),《应用经济计量学教程》(吴承业,龚德恩编著,中国铁道出版社,1996年),*Introductory Econometrics: Theory and Applications*(R. L. Thomas, Longman Inc., 1985), *Econometric Models, Techniques, and Applications*(M. D. Intriligator, R. G. Bodkin, Cheng Hsiao, Prentice-Hall International Inc., 1996), *Introduction to Econometrics*(G. S. Maddala, Prentice-Hall International Inc., 1992), *Econometric Analysis*(W. H. Greene, Prentice-Hall International Inc., 1997)等教科书和专著,

以及我曾经指导过的学生们的学位论文和综合练习。在此向有关作者表示感谢。

由于本人水平有限，即使在计量经济学领域学识也很肤浅，书中定有不妥甚至错误之处，恳请读者批评指正。

李子奈

1998年12月

目录

第一章

绪论

本章是全书的纲，将对计量经济学进行总体上的介绍，并对建立与应用计量经济学模型的步骤和要点进行简要的说明。尽管第一次学习计量经济学的读者可能不能完全理解本章的内容，但是建立起一个概念对于学习全书是十分重要的。

§1.1 计量经济学概述

一、计量经济学的定义

计量经济学是经济学的一个分支学科，是以揭示经济活动中客观存在的数量关系为内容的分支学科。

英文"Econometrics"最早是由挪威经济学家弗里希（R. Frish）于1926年模仿"Biometrics"（生物计量学）提出的，标志着计量经济学的诞生。但人们一般认为，1930年12月29日世界计量经济学会成立和由她创办的学术刊物*Econometrica*于1933年正式出版，标志着计量经济学作为一个独立学科正式诞生了。计量经济学从诞生之日起，就显示了极强的生命力，经过20世纪四五十年代的大发展和60年代的大扩张，已经在经济学科中占据极重要的地位。正如著名计量经济学家、诺贝尔经济学奖获得者克莱因（L. R. Klein）在*A Textbook of Econometrics*的序言中所评价的，"计量经济学已经在经济学科中居于最重要的地位"，"在大多数大学和学院中，计量经济学的讲授已经成为经济学课程表中最有权威的一部分"。著名经济学家、诺贝尔经济学奖获得者萨缪尔森（P. A. Samuelson）甚至说："第二次大战后的经济学是计量经济学的时代。"

弗里希将计量经济学定义为经济理论、统计学和数学三者的结合。1933年在*Econometrica*的创刊号社论中，弗里希写下了一段话："用数学方法探讨经济学可以从好几个方面着手,但任何一个方面都不能和计量经济学混为一谈。计量经济学与经济统计学绝非一码事;它也不同于我们所说的一般经济理论,尽管经济理论大部分具有一定的数量特征;计量经济学也不应视为数学应用于经济学的同义语。经验表明,统计学、经济理论和数学这三者对于真正了解现代经济生活的数量关系来说,都是必要的,但本身并非是充分条件。三者结合起来,就是力量,这种结合便构成了计量经济学。"类似地,萨缪尔森于 1954 年提出:"计量经济学可以定义为实际经济现象的数量分析。这种分析基于理论与观测的并行发展,而理论与观测又是通过适当的推断方法得以联系。"戈登伯格(S. Goldberger)1964 年给出的定义是:"计量经济学可以定义为这样的社会科学:它把经济理论、数学和统计推断作为工具,应用于经济现象分析。"

1980 年以来,计量经济学在我国得到迅速传播与发展。在有关的出版物和课程表中出现了"计量经济学"与"经济计量学"两种名称。"经济计量学"是由英文"econometrics"直译得到的,而且强调该学科的主要内容是经济计量的方法,是估计经济模型和检验经济模型;"计量经济学"则试图通过名称强调它是一门经济学科,强调它的经济学内涵与外延,本书以此为名,也在于这点。但实际上,翻开两类不同名称的出版物,就会发现其内容并无区别。

二、计量经济学模型

模型是对现实的描述和模拟。对现实的各种不同的描述和模拟方法,就构成了各种不同的模型,例如,语义模型(也称逻辑模型)、物理模型、几何模型、经济数学模型和计算机模拟模型等。语义模型是用语言来描述现实,例如,对供给不足下的生产活动,我们可以用"产出量是由资本、劳动等投入要素决定的,在一般情况下,随着各种投入要素的增加,产出量也随之增加,但要素的边际产出是递减的"来描述。物理模型是用简化了的实物来描述现实,例如,一栋楼房的模型,一架飞机的模型。几何模型是用图形来描述现实,例如一个零部件的加工图。计算机模拟模型是随着计算机技术而发展起来的一种描述现实的方法,在经济研究中有广泛的应用,例如人工神经元网络技术就是一种计算机模拟技术。

经济数学模型是用数学方法描述经济活动。根据所采用的数学方法不同、对经济活动揭示的程度不同,构成各类不同的经济数学模型。在这里,我们着重区分数理经济模型和计量经济模型。

数理经济模型揭示经济活动中各个因素之间的理论关系,用确定性的数学方程加以描述。例如,上述用语言描述的生产活动,可以用生产函数描述如下:

$$Q=f(K,L)$$

或者更具体地用某一种生产函数描述为

$$Q=AK^{\alpha}L^{\beta}$$

公式中用 Q 表示产出量,K 表示资本,L 表示劳动。公式描述了资本、劳动与产出量之间的理论关系,认为这种关系是准确实现的。利用数理经济模型,可以分析经济活动中各种因素之间的互相影响,为控制经济活动提供理论指导。但是,数理经济模型并没有揭示因素之间的定量关系,因为在上面的公式中,参数 α、β 是未知的。

计量经济模型揭示经济活动中各个因素之间的定量关系,用随机性的数学方程加以描述。例如,上述生产活动中因素之间的关系,用随机数学方程描述为:

$$Q=AK^{\alpha}L^{\beta}\mu$$

其中,μ 为随机误差项。这就是计量经济学模型的理论形式。例如,考察中国规模以上工业企业的生产活动,以某年中国若干规模以上工业企业生产活动的数据为样本,就可以应用计量经济学方法得到如下关系:

$$Q=0.6479K^{0.3608}L^{0.6756}$$

上式揭示了这个特定问题中资本、劳动与产出量之间的定量关系。利用这个关系,可以对研究对象进行进一步深入研究,例如结构分析、生产预测等。这就是计量经济模型得到高度重视和广泛应用的原因所在。

从上面的例子中也可以看出经济理论、数理经济学和计量经济学在经济研究中各自的位置和作用。

三、计量经济学的内容体系

计量经济学作为经济学的一个分支学科,在经济学科中居于最重要的位置,其理论方法已经形成了庞大的内容体系。作为课程的计量经济学,在国内外的大学中,也绝非一门课程可以涵盖其全部内容,一般分为多个层次的多门课程。于是,出现了关于计量经济学内容体系的各种分类和各种带有计量经济学名称的教科书。下面仅作最简单的介绍并借以说明本教材的定位。

1. 广义计量经济学和狭义计量经济学

广义计量经济学是利用经济理论、数学以及统计学定量研究经济现象的经济计量方法的统称,包括回归分析方法、投入产出分析方法、时间序列分析方法等。在西方许多以"Econometrics"为名称的书中,往往包含如此广泛的内容。这些方法,尽管都是经济理论、统计学和数学的结合,但是它们之间的区别是显而易见的。

狭义计量经济学,也就是我们通常所说的计量经济学,以揭示经济现象中的因果关系为目的,在数学上主要应用回归分析方法。本书中的计量经济学模型,就是这个意义上的经济数学模型。

2. 初、中、高级计量经济学

计量经济学按照内容深度一般分为初级、中级和高级三个层次。初级以计量经济学的数理统计学基础知识和经典的线性单方程模型理论与方法为主要内容;中级以用矩阵描述的经典的线性单方程模型理论与方法、经典的线性联立方程模型理论与方法,以及传统的应用模型为主要内容;高级以非经典的、现代的计量经济学模型理论、方法与应用为主要内容。

考虑到在我国高等院校本科阶段,一般只设置一个层次的计量经济学课程,而且学生具备数理统计学基础,所以将本教材定位于中级水平上。大部分内容属于中级水平,少部分内容属于高级水平,但是它是站在整个学科内容体系的角度来安排的。这就可以使读者在学习与掌握中级内容的同时,对整个学科内容体系形成一个完整的认识,并对它的最新发展有所了解,为进一步学习打好基础。

3. 理论计量经济学和应用计量经济学

计量经济学根据研究对象和内容侧重面不同,可以分为理论计量经济学和应用计量经济学。理论计量经济学是以介绍、研究计量经济学的理论与方法为主要内容,侧重于理论与方法的数学证明与推导,与数理统计联系极为密切。除了介绍计量经济模型的数学理论基础、普遍应用的计量经济模型的参数估计方法与检验方法外,还研究特殊模型的估计方法与检验方法,应用了广泛的数学知识。而应用计量经济学则以建立与应用计量经济学模型为主要内容,强调应用模型的经济学和经济统计学基础,侧重于建立与应用模型过程中实际问题的处理。本书是二者的结合。

4. 经典计量经济学和非经典计量经济学

计量经济学于20世纪20年代末30年代初创立。经过40年代和50年代的发展以及60年代的扩展,应该说,到60年代末,计量经济学作为一门学科已经成熟。进入20世纪70年代以来,由于经济活动复杂性增强和计量经济学应用领域的扩展,计量经济学理论方法得到了很大的发展,并形成了微观计量经济学、非参数计量经济学、时间序列计量经济学和面板数据(Panel Data)计量经济学等新的分支。

经典计量经济学(Classical Econometrics)一般指20世纪70年代以前发展并广泛应用的计量经济学,它们具有显著的共同特征。其理论方法方面特征是:(1) 模型类型:随机模型;(2) 模型导向:以经济理论为导向建立模型;(3) 模型结构:变量之间的关系表现为线性或者可以化为线性,属于因果分析模型,解释变量具有同等地位,模型具有明确的形式和参数;(4) 数据类型:以时间序列数据或者截面数据为样本,被解释变量为服从正态分布的连续随机变量;(5) 估计方法:仅利用样本信息,采用最小二乘方法或者最大似然方法估计模型。其应用方面的特征是:(1) 应用模型方法论基础:实证分析、经验分析、归纳;(2) 应用模型的功能:结构分析、政策评价、经济预测、理论检验与发展;(3) 应用模型的领域:传统的应用领域,例如生产、需求、消费、投资、货币需求以及宏观经济等。

非经典计量经济学一般指20世纪70年代以后发展的计量经济学理论、方法及应用模型,也称为现代计量经济学,主要包括前面所提及的微观计量经济学、非参数计量经济学、时间序列计量经济学和面板数据计量经济学等。也可以按照界定经典模型理论方法的五个方面,即模型类型、模型导向、模型结构、数据类型和估计方法,将所有"非经典"的计量经济学问题分类,使之形成模型类型非经典的计量经济学问题、模型导向非经典的计量经济学问题、模型结构非经典的计量经济学问题、数据类型非经典的计量经济学问题和估计方法非经典的计量经济学问题五大类,构成非经典计量经济学的内容体系。实践表明,这样的划分与界定,至少对于"教"与"学"来讲,是十分有益的。

本书以经典计量经济学为主,适当引入一些简单的、应用较多的现代计量经济学理论方法。一方面,从理论方法角度,经典计量经济学理论方法是非经典计量经济学理论方法的基础;另一方面,从应用的角度,经典计量经济学模型仍然是目前应用最为普遍的计量经济学模型。所以,作为本科生教材,以经典计量经济学为主无疑是适当的。为了进一步学习和应用的需要,对某些应用较多的现代计量经济学理论方法作简单介绍,也是完全必要的。

5. 微观计量经济学和宏观计量经济学

类似于经济学中的微观经济学和宏观经济学,也可以按研究对象将计量经济学分为微观计量经济学(Microeconometrics)和宏观计量经济学(Macroeconometrics)。

2000年诺贝尔经济学奖授予对微观计量经济学作出原创性贡献的经济学家赫克曼(J. Heckman)和麦克法登(D. McFadden)。然而,在2000年诺贝尔经济学奖公布之前,学术界和文献中还没有正式提出“微观计量经济学”这一概念,正是在2000年诺贝尔经济学奖公报中才正式提出。在以“微观计量经济学和微观数据”为题的公报中,将微观计量经济学的内容集中于“对个人和家庭的经济行为进行经验分析”,而“微观计量经济学的原材料是微观数据”,微观数据表现为截面数据和面板数据。正因为近些年来关于个人和家庭的微观数据的显著增加,才使得微观计量经济学得到了很大的发展。2000年以来,关于微观计量经济学的研究形成了新的高潮,*Microeconometrics*、*Advanced Microeconometrics*、*Applied Microeconometrics*、*Topics in Microeconometrics*、*Methods in Microeconometrics* 等教科书纷纷出版,相关课程纷纷设立。微观计量经济学的主要内容包括面板数据模型的理论方法、离散选择模型的理论方法和选择性样本模型的理论方法。它们都属于非经典的现代计量经济学,本书仅仅介绍其中最简单的部分内容。

宏观计量经济学的名称由来已久,但是它的主要内容和研究方向发生了变化。利用计量经济学理论方法,建立宏观经济模型,并对宏观经济进行分析、评价和预测,一直是计量经济学的主要研究领域,因此,长期以来,经典的宏观计量经济模型理论、方法和应用构成宏观计量经济学的主要内容。但是20世纪70年代以后,单位根检验、协整理论以及动态计量经济学则成为宏观计量经济学的主要研究方向,以致在2001年 *Journal of Econometrics* 发行100期的纪念专辑上,刊物特别邀请著名计量经济学家、单位根和协整理论的重要创始人、2003年诺贝尔经济学奖获得者格兰杰(C. W. J. Granger)和在动态时间序列分析领域作出突出贡献的著名计量经济学家斯托克(J. H. Stock)分别以“Macroeconometrics—Past and Future”和“Macroeconometrics”为题发表两篇综述性论文,他们都将单位根和协整理论作为宏观计量经济学重要内容。本书中将详细介绍经典的宏观计量经济学模型,对于宏观计量经济学的新的发展,仅在第五章时间序列计量经济学模型对单位根检验和协整理论作简单的介绍。

四、计量经济学是一门经济学科

经常遇到一些学过或者看过计量经济学教科书的人提出这样的问题:计量经济学是一门经济学科还是应用数学?或者说,学了计量经济学,方法知道了不少,就是不会用,也不知道用在哪里。这是一个重要而又实际的问题。

在本节开篇第一句,我们就指出,计量经济学是经济学的一个分支学科,即它是一门经济学科。为什么?

第一,从计量经济学的定义看。前面已经介绍,弗里希将计量经济学定义为经济理论、统计学和数学三者的结合。他明确提出:“计量经济学与经济统计学绝非一码事;它也不同于我们所说的一般经济理论,尽管经济理论大部分具有一定的数量特征;计量经济学也不应视为数学应用于经济学的同义语。”“经验表明,统计学、经济理论和数学这三者对于真正了解现代经济生活的数量关系来说,都是必要的,但本身并非是充分条件。三者结合起来,就是力量,这种结合便构成了计量经济学。”我们不妨把这种结合称为定量化的经济学或者经济学的定量化。

第二,考察一下计量经济学在西方国家经济学科中的地位,也是有益的。如前所述,在西方国家,“计量经济学已经在经济学科中居于最重要的地位”,“在大多数大学和学院中,计量经济学的讲授已经成为经济学课程表中最有权威的一部分”,甚至可以说,“第二次大战后的经济学是计量经济学的时代”。在这里,可以用诺贝尔经济学奖获得者作为例证。从1969年诺贝尔经济学奖设立时起,至2014年,共有75位经济学家获奖,覆盖了经济学的各个分支学科。直接因为对计量经济学的创立和发展作出贡献而获奖者达12人,居经济学各分支学科之首。1969年第一届获奖者,并不是萨缪尔森、希克斯这样的经济学大家,而是创立计量经济学的弗里希和推广应用计量经济学、建立了第一个用于研究经济周期理论计量经济学模型的丁伯根(J. Tinbergen)。1973年,列昂惕夫(W. Leontief)作为投入产出分析的创始人而获奖,投入产出分析也属于广义的计量经济学。1980年获奖者克莱因是经典计量经济学理论与应用的集大成者。1984年获奖者斯通(R. Stone)是一位统计学家,他的贡献之一是“极大地改善了计量经济分析的数据基础”。1989年,哈维尔莫(T. Haavelmo)因为他于1943年发表的论文奠定了计量经济学的概率论基础而获奖。2000年诺贝尔经济学奖授予两位对微观计量经济学作出原创性贡献的经济学家赫克曼和麦克法登,前者的贡献是选择性样本计量经济学模型,后者的贡献是离散选择模型。2003年的恩格尔(R. F. Engle)和格兰杰,以及2011年的西姆斯(C. Sims)和萨金特(J. Sargent)都因为在时间序列计量经济学领域的贡献而获奖。除此之外,绝大多数诺贝尔经济学奖获得者,即使其主要贡献不在计量经济学领域,但在他们的研究中都普遍应用了计量经济学方法。例如,索罗(R. M. Solow)因他的经济增长理论而获得1987年诺贝尔经济学奖,而他的理论贡献得益于用计量经济学方法建立的总量生产函数以及导出的增长方程;莫迪利安尼(F. Modigliani)由于在家庭储蓄和金融市场作用方面的首创性研究而获得1985年诺贝尔经济学奖,他曾是数学教师,担任过计量经济学会会长,并在研究中广泛应用了计量经济学实证分析方法;1993年得主福格尔(R. W. Fogel)和诺斯(R. C. North),属新制度经济学派,主要研究经济史,但其获奖原因却是“在经济史研究中的定量研究领域所作出的贡献”。这些足以说明计量经济学属于经济学。

第三,计量经济学与数理统计学是有严格区别的。数理统计学作为一门数学学科,它可以应用于经济领域,也可以应用于其他领域,例如社会学和自然科学等。但它与经济理论、经济统计学结合而形成的计量经济学,则只限于经济领域。

第四,也是最重要的,从建立与应用计量经济学模型的全过程可以看出,理论模型的设定和样本数据的收集,必须以对经济理论和所研究的经济现象的透彻认识为基础。即使是涉及数学方法较多的模型参数估计、模型检验等,单靠数学知识也是难以完成的。

诚然,“计量经济学的根本任务是估计经济模型和检验经济模型”;计量经济学方法,“从狭义上看,模型参数估计方法是它的核心内容”,这些写在一些教科书前言中的话都是对的。但是,离开方法提出的经济背景、方法本身的经济学解释和方法应用的经济对象,计量经济学方法将是一堆无用的数学符号。

综上所述,结论是十分清楚的:计量经济学是一门经济学科,而不是应用数学或其他。

五、计量经济学方法论

如上所述,计量经济学是一门经济学科,更进一步说,计量经济学是一门经济学方法论学科。

从方法论角度出发,可以将经济学分为规范经济学(Normative Economics)和实证经济学(Positive Economics)。规范经济学要解决的是“应该是什么”的问题,依据一定的价值判断,提出某些分析和处理经济问题的标准,并以此作为提出经济理论的前提和制定经济政策的依据。而实证经济学不涉及价值判断,旨在回答“是什么”“能不能”之类的实证问题。实证经济学又分为理论(Theoretical)实证和经验(Empirical)实证。理论实证主要采用演绎的方法,经验实证主要采用归纳的方法。目前国内的许多文献将“实证”等同于“经验实证”,凡是经验研究都被称为“实证研究”,其实是不准确的,但已经是约定俗成。

实证经济学一向以揭示具有必然性、一般性、普遍性的经济规律为目标。既然如此,在逻辑上决不会出错的演绎法就一直是基本研究方法,这在经济学发展的早期表现得尤为突出。第一位讨论经济学方法论问题的古典经济学家西尼尔(N. W. Senior)曾说:“(经济学)这门科学依靠的主要是推理而不是观测,其主要困难不是在于事实的调查而是在于术语的使用。”另一位著名古典经济学家穆勒(J. S. Mill)同样认为,作为一门抽象科学,经济学必须使用先验方法,即抽象演绎法。但穆勒清楚地意识到了理论与现实之间的差距,提出了先验方法必须和后验方法(即经验归纳法)结合起来。凯恩斯(J. N. Keynes)在《政治经济学的范围与方法》一书中所展示的新古典主义经济学方法论,基本上沿用了穆勒的观点:经济学的研究方法应当是演绎和归纳的结合。20 世纪 20 年代以后,归纳法在主流经济学研究中的重要性继续上升。哈奇森(Terence W. Hutchison)认为,所有命题可以划分为两类:重复命题和经验命题。前者是不可能出错的同义反复,不否认任何可想象事态的发生;后者则具有经验内容,排除了某些可想象事态的发生。科学的经济学命题应当能够被经验地检验,而已有的经济学命题深陷于限制条件或“其他条件不变”的围护之中,无法被检验,也不能提供信息。经济理论需要经验检验这一点却从此确立,归纳法在经济学研究中的作用也由对演绎法的补充和修正,转变成对经济理论或假说的检验和“判决”。

毫无疑问,计量经济学的产生和迅速发展,集中体现了归纳法或者说经验检验在经济学研究中的兴起。然而,我们却不应由此而简单地断言,计量经济学仅仅是经验归纳法。以上对经济学研究方法发展历程的回顾表明,抽象演绎法一直是主流经济学研究的不可或缺的主干;脱离抽象演绎法的纯粹的经验归纳法在主流经济学中从来不曾存在过。计量经济学作为现代主流经济学的重要组成部分,同样如此。只是,计量经济学对经济系统中各变量之间的数量关系采取了一种更加经验主义的态度。在理论经济学中,经济变量之间的关系或者被视为单一的因果关系链条,或者被视为彼此交织但可以用方程组精确表达出来的函数关系。而在计量经济学中,经济系统被视为服从一定概率分布的随机过程,一般性的因果关系固然存在,但受到各种各样不可控的偶然因素的干扰。计量经济学的任务就是通过应用各种计量方法来尽量“控制住”各种偶然因素,以便在概率论基础上检验实际经济数据是否体现了一般性的经济规律。正是从这个意义上讲,计量经济学比理论经济学更偏重于经验归纳。但是,计量经济学研究什么问题,以怎样的视角去研究,以及怎样采集和处理数据,都是由抽象演绎法预先确定的。因此,说计量经济学仅仅是经验归纳又是不正确的。

事实上,计量经济学应用研究包含两大基本步骤:**设定模型和检验模型**。前者是由一定的前提假设出发,经由逻辑变形而导出可检验的理论假说,并将其形式化为数理模型,属于演绎法的范畴;后者则是依托样本数据,对模型进行回归估计和统计检验,并根据检验结果作出在一定概率水平上接受或拒绝原理论假说的判断,属于归纳法的范畴。如果缺少前一个步骤,而仅仅从事经济数据的调查、收集、整理和统计分析,那就不再是计量经济学,而是经济统计学的工作;如果缺少后一个步骤,而仅仅对经济变量之间的逻辑关系进行数理推导,那也不再是计量经济学,而是数理经济学的工作。**计量经济学综合了上述两个步骤,将抽象演绎法和经验归纳法有机结合,或者说,它既是归纳的,又是演绎的。**

倘若简单地把计量经济学视为经验归纳法,过度拘泥于计量研究中的模型检验阶段,而不对模型设定给予足够的重视,那么,不论回归方法多么复杂和先进,检验步骤多么精细和准确,得出的结论仍然有可能是没有价值的,甚至是完全错误的。必须认识到,**在计量经济学应用研究中,演绎推理和归纳推理是紧密结合在一起的,这种结合不仅意味着彼此补充,也导致了彼此限制。**由于计量研究中归纳推理的作用在于检验演绎推理得出的理论假说,故而演绎阶段对归纳阶段形成了根本性的限制。如果一项计量经济学模型应用研究的演绎基础薄弱甚或错误,归纳阶段做得再好也无法弥补蕴含在待检验理论假说中的缺陷。当然,归纳阶段反过来也会对演绎阶段形成极大限制。从模型的基本形式(截面分析还是时序分析?线性方程还是非线性方程?参数估计还是非参数估计?等等)到变量的选择,甚至最初研究主题的确定,都要受到既定的数据条件和已有的计量分析方法的局限,结果往往和"理想的"经验检验相去甚远。在现实中,后一种限制极为常见,几乎在每一项经济学经验研究中都不同程度地存在。然而重要的是,不能因为遇到后一种限制而忘记前一种限制;不能为了处理归纳阶段的问题而降低演绎阶段的研究质量;从更根本的层面上说,不能片面强调计量经济学的归纳性质而忽视其演绎性质。简言之,演绎法和归纳法是计量经济学的两翼,缺一不可,不能偏废。

六、计量经济学教科书的内容与局限

按照前述的"计量经济学是经济理论、统计学和数学的结合"的定义,以及"计量经济学是演绎和归纳的结合"的方法论,那么计量经济学模型研究的完整框架应该是:关于经济活动的观察(即行为分析)→关于经济理论的抽象(即理论假说)→建立总体回归模型→获取样本观测数据→估计模型→检验模型→应用模型,其中前 3 个步骤可以归结于"设定模型",后 4 个步骤可以归结为"检验模型"。对于这一完整的框架已经形成共识,例如被广泛采用的教科书 *Basic Econometrics* 作者古扎拉蒂(Damodar N. Gujarati)将计量经济学方法归结为以下 8 个步骤:"理论或假说的陈述,理论的数学模型的设定,理论的计量经济模型的设定,获取数据,计量经济模型的参数估计,假设检验,预报或预测,利用模型进行控制或制定政策。"

但是,翻开任何一本国内外计量经济学教科书,都是以模型估计和检验方法作为核心内容,甚至是全部内容。也就是说,计量经济学课程所讲授的,并不是计量经济学模型方法的全部,只是其中的一部分。在计量经济学课程内容中,模型设定、样本采集不见了。关于这一现象,教科书的作者给出了他们的解释。例如,古扎拉蒂在教科书 *Basic Econometrics* 的引言中就明确指出,"计量经济学家的主要兴趣在于经济理论的经验论证","计量经济学家常常采用数理经济学家所提出的数学方程式,将这些方程式改造成适合于经验检验的形式","收集、加工经济数据,是统计学家的工作","这些数据构成了计量经济模型的原始资料"。另一本著名教科书 *Introductory Econometrics* 作者伍德里奇(Jeffrey M. Wooldridge)也明确指出,"在多数情况下,计量经济分析是从一个已经设定的模型开始的,而没有考虑模型构造的细节"。更明确地讲,他们认为,从观察到抽象,即模型的设定,是理论经济学家(包括数理经济学家)的任务,而有关数据的问题则是统计学的任务。作为计量经济学,研究的重点就是模型的估计方法和检验方法,统称为计量经济学理论方法。不断地创新和发展计量经济学理论方法,则是计量经济学家的任务。而计量经济学的课程内容,正是在这个意义上设计的。古扎拉蒂甚至说,正是在这个意义上,"计量经济学才成为一个独立的学科"。

如此设计计量经济学课程内容所带来的问题是多方面的。最主要的,从计量经济学教科书中,很难看出计量经济学课程是"理论经济学、统计学和数学的结合",人们学习了计量经济学课程,却很难正确应用计量经济学模型方法研究实际经济问题。因为作为计量经济学应用的最重要的两步,即如何正确地设定计量经济学模型和正确地采集、处理样本数据,在课程教学内容中几乎没有涉及。

是否需要对计量经济学课程内容进行扩充,使之包含计量经济学模型研究的完整体系?这是一个值得讨论的问题。本书在这一方面进行了一些探索,仅仅是初步的。不管怎样,作为本科生计量经济学教材,在开始就提出这个问题,使初学者在接触课程之初就形成一个认识,是十分重要的。

§1.2 建立经典单方程计量经济学模型的步骤和要点

本节以经典单方程计量经济学模型为对象,介绍建立计量经济学模型的过程。这里的计量经济学模型,按照上节的界定,是指揭示经济现象中客观存在的因果关系,主要采用回归分析方法的经济数学模型。在学习全书之前,首先对建模过程有一个整体的了解,会使学习具体内容时更具目的性、针对性。凡是后续内容中要详细介绍的部分,在本节中只作为一个步骤列出,以示它在整体中的位置,具体内容在后面会详细介绍;凡是后续内容中不再介绍的部分,在本节中进行较为详细的讲解。

作为本书的特色和重点内容之一,第七章将专门讨论建立计量经济学模型中的若干方法论问题,包括模型类型的选择、总体回归模型的设定、模型变量的设定等。为了避免重复,本节只介绍建立模型的步骤，以及每个步骤中比较浅显的要点。至于每个步骤的逻辑学、经济学和统计学内涵以及比较深入的要点，只有在学习全书之后才能真正理解，因此也将在第七章进行较为详细的讨论。

一、理论模型的设计

对所要研究的经济现象进行深入的分析，根据研究的目的，选择模型中将包含的因素，根据数据的可得性选择适当的变量来表征这些因素，并根据经济行为理论和样本数据显示出的变量间的关系，设定描述这些变量之间关系的数学表达式，即理论模型，也称为总体回归模型。例如上节中的生产函数

$$Q=AK^{\alpha}L^{\beta}$$

就是一个理论模型。理论模型的设计主要包含三部分工作，即选择变量、确定变量之间的数学关系、拟定模型中待估计参数的数值范围。

理论模型的设计必须遵循“从一般到简单”的原则。即作为建模起点的总体模型必须能够包容所有经过约化得到的“简洁”的模型。具体讲，它应该包含所有对被解释变量产生影响的变量，尽管其中的某些变量会因为显著性不高或者不满足正交性条件等原因在后来的约化过程中被排除。关于这个原则，将在第七章进行讨论。

1. 确定模型所包含的变量

在单方程计量经济学模型中，变量分为两类。作为研究对象的变量，也就是因果关系中的“果”，例如生产函数中的产出量，是模型中的被解释变量；而作为“原因”的变量，例如生产函数中的资本、劳动、技术，是模型中的解释变量。确定模型所包含的变量，主要是指确定解释变量。可以作为解释变量的有下列几类变量：外生经济变量、外生条件变量、外生政策变量和滞后被解释变量。其中有些变量，如政策变量、条件变量经常以虚变量的形式出现。

严格地说，上述生产函数中的产出量、资本、劳动、技术等，只能称为“因素”，因而这些因素间存在着因果关系。为了建立起计量经济学模型，必须选择适当的变量来表征这些因素，因而这些变量必须具有数据可得性。于是，我们可以用总产值来表征产出量，用固定资产原值来表征资本，用职工人数来表征劳动，用时间作为一个变量来表征技术。这样，最后建立的模型是关于总产值、固定资产原值、职工人数和时间变量之间关系的数学表达式。下面，为了叙述方便，我们将“因素”与“变量”间的区别暂时略去，都以“变量”来表示。

现在问题的关键在于，在确定了被解释变量之后，怎样才能正确地选择解释变量。

第一，需要正确理解和把握所研究的经济现象中暗含的经济学理论和经济行为规律。这是正确选择解释变量的基础。例如，在上述生产问题中，已经明确指出属于供给不足的情况，那么，影响产出量的因素就应该在投入要素方面，而在当前，一般的投入要素主要是技术、资本与劳动。如果属于需求不足的情况，那么影响产出量的因素就应该在需求方面，而不在投入要素方面。这时，如果研究的对象是消费品生产，应该选择居民收入等变量作为解释变量；如果研究的对象是生产资料生产，应该选择固定资产投资总额等变量作为解释变

量。由此可见,同样是建立生产模型,所处的经济环境不同、研究的行业不同,变量选择是不同的。

第二,选择变量要考虑数据的可得性。这就要求对经济统计学有透彻的了解。计量经济学模型是要在样本数据,即变量的样本观测值的支持下,采用一定的数学方法估计参数,以揭示变量之间的定量关系。所以所选择的变量必须是统计指标体系中存在的并且有可靠的数据来源。如果必须引入个别对被解释变量有重要影响的政策变量、条件变量,则应采用虚变量的样本观测值的选取方法。

第三,选择变量时要考虑所有入选变量之间的关系,使得每一个解释变量都是独立的。这是计量经济学模型技术所要求的。当然,在开始时要做到这一点是困难的,如果在所有入选变量中出现相关的变量,可以在建模过程中检验并予以剔除。

从这里可以看出,建立模型的第一步就已经体现了计量经济学是经济理论、统计学和数学三者结合的思想。

在选择变量时容易发生错误。下面的例子都是从已有的计量经济学应用研究成果中发现的,代表了几类容易发生的错误。例如

$$CZSR=4\ 219.1+4.729\ 0\cdot GPRZ$$

其中,CZSR 代表财政收入,GPRZ 代表股票融资额。这里遗漏了重要的变量。显然,影响财政收入的因素较多,最重要的因素是各项税收。股票融资额肯定不是重要的因素,更不是唯一因素。再如

$$NFCK=-107.66+0.13\cdot SSLS+0.22\cdot NFSG$$

其中,NFCK 代表农副产品出口额,SSLS 代表社会商品零售总额,NFSG 代表农副产品收购额。这里选择了无关的变量。因为社会商品零售总额与农副产品出口额无直接关系,更不是影响农副产品出口额的原因。再如,

$$SZJK=0.73\cdot QGTZ+0.21\cdot CK+0.18\cdot SCXF+67.60\cdot D$$

其中,SZJK 代表生产资料进口额,QGTZ 代表轻工业投资,CK 代表出口额,SCXF 代表生产消费,D 代表进出口政策。这里选择了不重要的变量。因为轻工业投资对生产资料进口额虽有影响,但不是重要的,或者说是不完全的,重要的是全社会固定资产投资额,应该选择这个变量。再看一个例子:

$$NYCZ=0.78+0.24\cdot LSCL+0.05\cdot NJDL-0.21\cdot SZMJ$$

其中,NYCZ 代表农业总产值,LSCL 代表粮食产量,NJDL 代表农机动力,SZMJ 代表受灾面积。这里选择了不独立的变量。因为粮食产量是受农机动力和受灾面积影响的,它们之间存在相关性。

值得注意的是上述几个模型都能很好地拟合样本数据,所以绝对不能把对样本数据的拟合程度作为判断模型变量选择是否正确的主要标准。

变量的选择不是一次完成的,往往要经过多次反复。

2. 确定模型的数学形式

选择了适当的变量,接下来就要选择适当的数学形式描述这些变量之间的关系,即建立理论模型。

选择模型数学形式的主要依据是经济行为理论。在数理经济学中,已经对常用的生产

函数、需求函数、消费函数、投资函数等模型的数学形式进行了广泛的研究,可以借鉴这些研究成果。需要指出的是,现代经济学尤其注重实证研究,任何建立在一定经济学理论假设基础上的理论模型,如果不能很好地解释过去,尤其是历史统计数据,那么它就不能为人们所接受。这就要求理论模型的建立要在参数估计、模型检验的全过程中反复修改,以得到一种既能较好地解释经济行为又能较好地反映历史上已经发生的诸变量之间关系的数学模型。忽视任何一方面都是不对的。

也可以根据变量的样本数据作出解释变量与被解释变量之间关系的散点图,并将由散点图显示的变量之间的函数关系作为理论模型的数学形式。这也是人们在建模时经常采用的方法。

在某些情况下,如果无法事先确定模型的数学形式,那么就采用各种可能的形式进行试模拟,然后选择模拟结果较好的一种。

3. 拟定理论模型中待估参数的理论期望值

理论模型中的待估参数一般都具有特定的经济含义,它们的数值要待模型估计和检验后,即经济数学模型完成后才能确定,但对于它们的数值范围,即理论期望值,可以根据它们的经济含义在开始时拟定。这一理论期望值可以用来检验模型的估计结果。

拟定理论模型中待估参数的理论期望值,关键在于理解待估参数的经济含义。例如,上述生产函数理论模型中有 4 个待估参数 α、β、γ 和 A。其中,α 是资本的产出弹性,β 是劳动的产出弹性,γ 近似为技术进步速度,A 是效率系数。根据这些经济含义,它们的数值范围应该是:

$$0<\alpha<1,0<\beta<1,\alpha+\beta\approx 1$$

$$0<\gamma<1(\text{接近 }0),A>0$$

二、样本数据的收集

样本数据的收集与整理,是建立计量经济学模型过程中最为费时费力的工作,也是对模型质量影响极大的一项工作。从工作程序上讲,它是在理论模型建立之后进行的,但实际上经常是同时进行的,因为能否收集到合适的样本观测值是决定变量取舍的主要因素之一。

1. 几类常用的样本数据

常用的样本数据有三类:时间序列数据、截面数据和面板数据。

时间序列数据是一批按照时间先后排列的统计数据。一般由统计部门提供,在建立计量经济学模型时应充分加以利用,以减少收集数据的工作量。但是,一个重要的问题是:什么样的时间序列数据才能适合于经典计量经济学模型?它们必须是平稳的时间序列。如果是非平稳时间序列,它们之间必须存在经济上的均衡关系和统计上的协整关系。这个问题将在本书第五章进行专门讨论。在利用时间序列数据作样本时,还要注意以下几个问题。一是所选择的样本区间内经济行为的一致性问题。例如,我们建立纺织行业生产模型,选择反映市场需求因素的变量,诸如居民收入、出口额等作为解释变量,而没有选择反映生产能力的变量,诸如资本、劳动等,原因是纺织行业属于供大于求的情况。对于这个模型,利用时间序列数据作样本时,只能选择 20 世纪 80 年代后期以来的数据,因为纺织行业供大于求的局面只出现在这个阶段，而在80年代中期以前的一个长时期里，我国纺织品是供不应求的，那时制约行业产出量的主要因素是投入要素。二是样本数据在不同样本点之间的可比性问题。经济变量的时间序列数据往往是以价值形态出现的，包含了价格因素，而同一件实物在不同年份的价格是不同的，这就造成样本数据在不同样本点之间不可比。需要对原始数据进行调整，消除其不可比因素，方可作为模型的样本数据。三是样本观测值过于集中的问题。经济变量在时间序列上的变化往往是缓慢的，例如，居民收入每年的变化幅度只有5%左右。如果在一个消费函数模型中，以居民消费作为被解释变量，以居民收入作为解释变量，以它的时间序列数据作为解释变量的样本数据，由于样本数据过于集中，所建立的模型很难反映两个变量之间的长期关系。这也是时间序列数据不适宜于对模型中反映长期变化关系的结构参数进行估计的一个主要原因。四是模型随机干扰项的序列相关问题。用时间序列数据作样本，容易引起模型随机干扰项产生序列相关。这个问题后面还要专门讨论。

截面数据是一批发生在同一时间截面上的调查数据。例如，工业普查数据、人口普查数据、家计调查数据等。这些数据主要由统计部门提供。研究者也可以根据研究的需要，设计调查方案，进行实际调查，以获得截面数据。**经典计量经济学模型理论是基于随机抽样的截面数据而建立的，随机抽样是经典模型对截面数据的最重要和最基本的要求。**对于不满足要求的截面数据，必须发展专门的模型。本书第六章将专门介绍几类基于截面数据的非经典计量经济学模型。用截面数据作为计量经济学模型的样本数据，还应注意以下几个问题。一是样本与母体的一致性问题。计量经济学模型的参数估计，从数学上讲，是用从母体中随机抽取的个体样本估计母体的参数，那么要求母体与个体必须是一致的。例如，估计煤炭企业的生产函数模型，只能用煤炭企业的数据作为样本，不能用煤炭行业的数据。那么，截面数据就很难用于一些总量模型的估计，例如，建立煤炭行业的生产函数模型，就无法得到合适的截面数据。二是模型随机干扰项的异方差问题。用截面数据作样本，容易引起模型随机干扰项产生异方差。这个问题后面还要专门讨论。

面板数据(Panel Data)指在时间序列上取多个截面，在这些截面上同时选取样本观测值所构成的样本数据，反映了空间和时间两个维度的经验信息。面板数据还有多种中文名称，诸如综列数据、平行数据、时空数据等。例如，我国31个省(市、自治区)2000年至2014年的地区国内生产总值，共465个数据构成的样本数据；我国1 000家上市公司2000年至2014年的市值，共15 000个数据构成的样本数据。它们既不是单纯的截面数据，也不是单纯的时间序列数据，被称为面板数据。计量经济学模型方法的核心是依据样本信息估计总体参数，那么，充分利用尽可能多的样本信息，是任何一项计量经济学应用研究必须遵循的基本原则。毫无疑问，采用面板数据比单纯采用横截面数据或时间序列数据会使得模型分析更加有效。采用面板数据建立模型，上述截面数据和时间序列数据中的问题同时出现，模型的理论方法更加复杂。

2. 样本数据的质量

样本数据的质量问题大体上可以概括为完整性、准确性、可比性和一致性四个方面。

完整性，即模型中包含的所有变量都必须得到相同容量的样本观测值。这既是模型参数估计的需要，也是经济现象本身应该具有的特征。但是，在实际中，“遗失数据”的现象经常发生,尤其在中国,经济体制和核算体系都处于转轨之中。在出现“遗失数据”时,如果样本容量足够大,样本点之间的联系并不紧密,可以将“遗失数据”所在的样本点整个地去掉;如果样本容量有限,或者样本点之间的联系紧密,那么去掉某个样本点会影响模型的估计质量,则要采取特定的技术将“遗失数据”补上。

准确性,有两方面含义,一是所得到的数据必须准确反映它所描述的经济因素的状态,即统计数据或调查数据本身是准确的;二是它必须是模型研究中所准确需要的,即满足模型对变量口径的要求。前一个方面是显而易见的,而后一个方面则容易被忽视。例如,在生产函数模型中,作为解释变量的资本、劳动等必须是投入到生产过程中的、对产出量起作用的那部分生产要素,以劳动为例,应该是投入到生产过程中的、对产出量起作用的那部分劳动者。于是,在收集样本数据时,就应该收集生产性职工人数,而不能以全体职工人数作为样本数据,尽管全体职工人数在统计上是很准确的,但其中有相当一部分与生产过程无关,不是模型所需要的。

可比性,也就是通常所说的数据口径问题,在计量经济学模型研究中可以说无处不在。而人们容易得到的经济统计数据,一般可比性较差,其原因在于统计范围口径的变化和价格口径的变化,必须进行处理后才能用于模型参数的估计。计量经济学方法,是从样本数据中寻找经济活动本身客观存在的规律性,如果数据是不可比的,得到的规律性就难以反映实际。不同的研究者研究同一个经济现象,采用同样的变量和数学形式,选择的样本点也相同,但可能得到相差甚远的模型参数估计结果。其原因在于样本数据的可比性。例如,采用时间序列数据作为生产函数模型的样本数据,产出量用不变价格计算的总产值,在不同年份间是可比的;资本用当年价格计算的固定资产原值,在不同年份间是不可比的。对于统计资料中直接提供的这个用当年价格计算的固定资产原值,有人直接用于模型估计,有人进行处理后再用于模型的估计,结果当然不会相同。

一致性,即母体与样本的一致性。上面在讨论用截面数据作为计量经济学模型的样本数据时已经作了介绍。违反一致性的情况经常会发生,例如,用企业的数据作为行业生产函数模型的样本数据,用人均收入与消费的数据作为总量消费函数模型的样本数据,用部分省份的数据作为全国总量模型的样本数据,等等。

三、模型参数的估计

模型参数的估计方法是计量经济学的核心内容。在建立了理论模型并收集整理了符合模型要求的样本数据之后,就可以选择适当的方法估计模型,得到模型参数的估计量。模型参数的估计是一个纯技术的过程,包括对模型进行识别(对联立方程模型而言)、估计方法的选择、软件的应用等内容。在后面的章节中将用大量的篇幅讨论估计问题,在此不重复叙述。

四、模型的检验

在得到模型的参数估计量之后,可以说一个计量经济学模型就已经初步建立起来了。

但是，它能否客观揭示所研究的经济现象中诸因素之间的关系，能否付诸应用，还要通过检验才能决定。一般讲，计量经济学模型必须通过四级检验，即经济意义检验、统计检验、计量经济学检验和模型预测检验。

1. 经济意义检验

经济意义检验主要检验模型参数估计量在经济意义上的合理性。其主要方法是将模型参数的估计量与预先拟定的理论期望值进行比较，包括参数估计量的符号、大小、相互之间的关系，以判断其合理性。

首先检验参数估计量的符号。例如，有下列煤炭行业生产模型：

$$MCL=-108.5427+0.00067\cdot GZZ+0.01527\cdot ZGS-0.00681\cdot DHL+0.00256\cdot MHL$$

其中，MCL 代表煤炭产量，GZZ 代表固定资产原值，ZGS 代表职工人数，DHL 代表电力消耗量，MHL 代表木材消耗量。在该模型中，电力消耗量前的参数估计量为负，意味着电力消耗越多，煤炭产量越低，从经济行为上无法解释。模型不能通过检验，应该找出原因重新建立模型。

如果所有参数估计量的符号正确，则要进一步检验参数估计量的大小。例如，有下列煤炭企业生产函数模型：

$$\ln MCL=2.69+1.85\ln GZZ+0.51\ln ZGS$$

因为该模型是一个对数线性模型，所以在该模型中，固定资产原值前的参数的经济意义是明确的，即固定资产原值的产出弹性，表示当固定资产原值增加 1%时煤炭产量增加的百分数。根据产出弹性的概念，该参数估计量应该是 0 与 1 之间的一个数，模型中的参数估计量虽然符号正确，但是数值范围与理论期望值不符，不能通过检验，应该找出原因重新建立模型。

即使模型参数估计量的符号正确、数值范围适当，仍然不能说已经通过经济意义检验，还要对参数之间的关系进行检验。例如，有下列职工家庭日用品需求模型：

$$\ln GMZC=-3.69+1.20\ln SR-6.40\ln JG$$

其中，被解释变量 GMZC 为人均购买日用品支出额，解释变量 SR 和 JG 分别表示人均收入和日用品类价格。该模型也是一个对数线性模型，所以在该模型中，人均收入和日用品类价格前的参数的经济意义是明确的，即它们各自的需求弹性。这两个参数估计量的符号是正确的，数值范围大体适当。但是根据经济意义，这两个参数估计量之和应该在 1 左右，因为当收入增长 1%、价格增长 1%时，人均购买日用品支出额也应该增长 1%左右。显然该模型的参数估计量不能通过检验，应该找出原因重新建立模型。

只有当模型中的参数估计量通过所有经济意义的检验，方可进行下一步检验。模型参数估计量的经济意义检验是一项最基本的检验，经济意义不合理，不管其他方面的质量多么高，模型也是没有实际价值的。

2. 统计检验

统计检验是由统计理论决定的，目的在于检验模型的统计学性质。通常最广泛应用的统计检验准则有拟合优度检验、变量和方程的显著性检验等。

3. 计量经济学检验

计量经济学检验是由计量经济学理论决定的，目的在于检验模型的计量经济学性质。

通常最主要的检验准则有随机干扰项的序列相关检验和异方差性检验，解释变量的内生性检验和多重共线性检验等。

4. 模型预测检验

预测检验主要检验模型参数估计量的稳定性以及相对样本容量变化时的灵敏度，确定所建立的模型是否可以用于样本观测值以外的范围，即所谓模型的超样本特性。具体检验方法为：(1) 利用扩大了的样本重新估计模型参数，将新的估计值与原来的估计值进行比较，并检验二者之间差距的显著性；(2) 将所建立的模型用于样本以外某一时期的实际预测，并将该预测值与实际观测值进行比较，并检验二者之间差距的显著性。

经历并通过了上述步骤的检验后，可以说已经建立了所需要的计量经济学模型，并可以将它应用于预定的目的。

五、计量经济学模型成功的三要素

从上述建立计量经济学模型的步骤中，不难看出，任何一项计量经济学研究、任何一个计量经济学模型赖以成功的要素应该有三个：理论、方法和数据。理论，即经济理论，所研究的经济现象的行为理论，是计量经济学研究的基础。方法，主要包括模型方法和计算方法，是计量经济学研究的工具与手段，是计量经济学不同于其他经济学分支学科的主要特征。数据，反映研究对象的活动水平、相互间联系以及外部环境的数据，或更广义讲是信息，是计量经济学研究的原料。这三方面缺一不可。

一般情况下，在计量经济学研究中，方法的研究是人们关注的重点，方法的水平往往成为衡量一项研究成果水平的主要依据。这是正常的。计量经济学理论方法的研究是计量经济学研究工作者义不容辞的义务。但是，不能因此而忽视对经济学理论的探讨，一个不懂得经济学理论、不了解经济行为的人，是无法从事计量经济学研究工作的，是不可能建立起一个哪怕是极其简单的计量经济学模型的。所以，计量经济学家首先应该是一个经济学家。相比之下，人们对数据，尤其是数据质量问题的重视更显不足。在申请一项研究项目或评审一项研究成果时，对数据的可得性、可用性、可靠性缺乏认真的推敲；在研究过程中出现问题时，较少从数据质量方面去找原因。而目前的实际情况是，数据已经成为制约计量经济学发展的重要问题。

六、计量经济学应用软件介绍

随着计量经济学理论与方法的发展，其数学过程也越来越复杂，于是推动了计算机应用软件的发展。反过来，也正是有了方便的应用软件，才使计量经济学有今天的繁荣。常用的计量经济学软件很多，它们的侧重面不同，但都具有基本的计量经济分析功能。

1. EViews

EViews(Econometric Views)是目前世界上最流行的计量经济学软件之一。EViews 具有数据处理、作图、统计分析、建模分析、预测和模拟等功能，在建模分析方面，包括单方程的线性模型和非线性模型、联立方程计量经济学模型、时间序列分析模型、分布滞后模型、向量自回归模型、误差修正模型、离散选择模型等多种估计方法。EViews 的操作简单、灵活，使用的命令接近自然语言，具有丰富的多层次的菜单提示，使用者不需要编写程序，只要根据需要逐层选择菜单中所列的项目即能完成分析工作。

2. SPSS/PC

SPSS/PC 的原意是统计分析软件包，是 20 世纪 70—80 年代国际上广泛流行的统计分析软件包之一。它提供了经典计量经济学分析的大部分功能，但并不局限于计量经济分析，而是面向一般的社会科学，例如社会学、人口学、气象学等，即凡是有关的统计分析问题，均可以使用该软件包进行各种分析。与 Micro TSP 相比较，它特别适用于对截面资料或调查资料的数理统计分析。

3. SAS

SAS 的原意是统计分析系统，于 1976 年商品化以来，以其超凡的功能和可靠的技术支持著称于世，经过多年的完善与发展，在国际上已经被誉为数据分析的标准软件，在各个领域得到广泛的应用。SAS 是集数据管理、数据分析和信息处理为一体的应用软件系统。它是一种集成软件，用户可以将各种模块适当组合以满足各自不同的需要。将其用于计量经济分析，不仅能完成经典计量经济学模型的估计和检验，而且具有模型诊断的功能，例如检查数据中的异常点、指出模型中需要增加的变量等。

4. GAUSS

GAUSS 的原意是一种程序语言，是一种为矩阵运算而设计的计算机语言。通常也把用这种语言编写的应用软件称为 GAUSS，这些软件具有极强的矩阵运算功能。计量经济分析应用广泛的矩阵运算，所以 GAUSS 为计量经济分析与应用提供了强有力的技术支持。LSQ/GAUSS，即集中于基本计量经济分析的 GAUSS 软件，在使用方便和计算快捷方面较其他软件具有明显的优越性。对于非线性计量经济学模型的估计，GAUSS 更具有其他软件不可比拟的优点。

5. Stata

Stata 是一个用于分析和管理数据的功能强大又小巧玲珑的实用统计分析软件，由美国计算机资源中心（Computer Resource Center）研制。从 1985 到现在，Stata 已连续推出多个版本，通过不断更新和扩充，其内容日趋完善。它同时具有数据管理软件、统计分析软件、绘图软件、矩阵计算软件和程序语言的特点。在统计分析中，几乎具有所有计量经济学模型估计和检验的功能，特别在面板数据分析方面具有优势。Stata 也是采用命令方式进行操作，使用上远比 SAS 简单。目前，Stata 在一般计量经济学应用模型研究中被广泛使用。

实际应用的计量经济学软件还很多，以上列举的只是我们安装或曾经安装的几种，当然也是最为流行的几种。

建立与应用计量经济学模型必须掌握至少一种计量经济学软件。学习应用软件的最好方法是实践，是自己实际地采用一种软件去建立模型。尽管软件应用十分重要，但读者所使用的软件各不相同，所以在本书中并不对软件的应用作更多的介绍。本书第一版中的所有例题都是采用 TSP6.5 完成的，而在后来的版本中，所有例题都是采用 EViews 完成的。

§1.3 计量经济学模型的应用

经济系统中各部分之间、经济过程中各环节之间、经济活动中各因素之间，除了存在经济行为理论上的相互联系之外，还存在数量上的相互依存关系。研究客观存在的这些数量关系，是经济研究的一项重要任务，是经济决策的一项基础性工作，是发展经济理论的一种重要手段。所以说，计量经济学是经济数量分析最重要的分支学科。

计量经济学模型的应用大体可以概括为四个方面：结构分析、经济预测、政策评价、检验与发展经济理论。在本书后续章节中将结合具体计量经济学模型来解释每个方面的应用，这里，仅作一些概念性介绍，以期对后续课程的学习发挥指导作用。

一、结构分析

经济学中的结构分析是对经济现象中变量之间相互关系的研究。它不同于人们通常所说的，诸如产业结构、产品结构、消费结构、投资结构中的结构分析。它研究的是当一个变量或几个变量发生变化时会对其他变量乃至经济系统产生什么样的影响，从这个意义上讲，我们所进行的经济系统定量研究工作，说到底就是结构分析。结构分析所采用的主要方法是弹性分析、乘数分析与比较静力分析。

弹性，是经济学中一个重要概念，是某一变量的相对变化引起另一变量的相对变化的度量，即变量的变化率之比。在经济研究中，除了需要研究经济系统中变量绝对量之间的关系，还要掌握变量的相对变化所带来的相互影响，以掌握经济活动的数量规律和有效地控制经济系统。计量经济学模型结构式揭示了变量之间的直接因果关系，从模型出发进一步揭示变量相对变化量之间的关系是十分方便的。

乘数，也是经济学中一个重要概念，是某一变量的绝对变化引起另一变量的绝对变化的度量，即变量的变化量之比，也称倍数。它直接度量经济系统中变量之间的相互影响，经常被用来研究外生变量的变化对内生变量的影响，对于实现经济系统的调控有重要作用。乘数可以从计量经济学模型的简化式求得。关于计量经济学模型结构式和简化式的概念，简单地说，结构式的解释变量中可以出现内生变量，而简化式的解释变量中全部为外生或滞后内生变量。

比较静力分析，是比较经济系统的不同平衡位置之间的联系，探索经济系统从一个平衡点到另一个平衡点时变量的变化，研究系统中某个变量或参数的变化对另外变量或参数的影响。显然，弹性分析和乘数分析都是比较静力分析的形式。计量经济学模型为比较静力分析提供了一个基础，没有定量描述变量之间关系的、包含变量和参数的计量经济学模型，比较静力分析将无从着手。

结构分析过去是、现在是、将来也仍然是计量经济学模型应用的一个主要方面。尤其将计量经济学模型用于企业、家庭、个人等微观主体的行为研究，以及将计量经济学的应用扩展到管理学、社会学等领域，结构分析几乎成为其最重要的应用。而且，正是因为计量经济学模型具有结构分析的功能，才使得它能够用于经济预测、政策评价和理论检验。所以说，结构分析功能是计量经济学其他功能的基础。

二、经济预测

计量经济学模型作为一类经济数学模型，是从用于经济预测，特别是短期预测而发展起来的。在 20 世纪 50—60 年代，计量经济学在西方国家经济预测中不乏成功的实例，成为经济预测的一种主要模型方法。但是，进入 70 年代以后，人们对计量经济学模型的预测功能提出了质疑，起因并不是它未能对发生于 1973 年和 1979 年的两次“石油危机”提出预报，而是几乎所有的模型都无法预测“石油危机”对经济造成的影响。对计量经济学模型预测功能的批评是有道理的，或者说计量经济学模型的预测功能曾经被夸大了。应该看到，计量经济学模型是以模拟历史、从已经发生的经济活动中找出变化规律为主要技术手段的。于是，对于非稳定发展的经济过程，对于缺乏规范行为理论的经济活动，计量经济学模型显得无能为力。同时，还应该看到，20 世纪 40—60 年代甚至后来建立的计量经济学模型都是以凯恩斯理论为经济理论基础的，而经济理论本身已经有了很大的发展，滞后于经济现实与经济理论的模型在应用中当然要遇到障碍。

为了适应经济预测的需要，计量经济学模型技术也在不断发展。将计量经济学模型与其他经济数学模型相结合，是一个重要的发展方向。

三、政策评价

政策评价是指从许多不同的政策中选择较好的政策予以实行，或者说是研究不同的政策对经济目标所产生的影响的差异。从宏观经济领域到微观经济领域，每时每刻都存在政策评价的问题。经济政策具有不可实验性。当然，有时在采取某项政策前，在局部范围内先进行实验，然后推行，但即使如此，在局部可行的在全局上并不一定可行。这就使得政策评价显得尤其重要。

经济数学模型可以起到“经济政策实验室”的作用。尤其是计量经济学模型，揭示了经济系统中变量之间的相互联系，将经济目标作为被解释变量，经济政策作为解释变量，可以很方便地评价各种不同政策对目标的影响。将计量经济学模型和计算机技术结合起来，可以建成名副其实的“经济政策实验室”。

计量经济学模型用于政策评价，主要有三种方法。一是工具—目标法，给定目标变量的预期值，即我们希望达到的目标，通过求解模型，可以得到政策变量值。二是政策模拟，即将各种不同的政策代入模型，计算各自的目标值，然后比较其优劣，决定政策的取舍。三是最优控制方法，将计量经济学模型与最优化方法结合起来，选择使得目标最优的政策或政策组合。

四、检验与发展经济理论

实践的观点是唯物辩证法首要和基本的观点,实践是检验真理的唯一标准。任何经济学理论,只有当它成功地解释了过去,才能为人们所接受。计量经济学模型提供了一种检验经济理论很好的方法。从建立计量经济学模型的步骤中不难发现,一个成功的模型,必须很好地拟合样本数据,而样本数据则是已经发生的经济活动的客观再现,所以在模型中表现出来的经济活动的数量关系,则是经济活动所遵循的经济规律,即理论的客观再现。按照某种经济理论去建立模型,然后用表现已经发生的经济活动的样本数据去拟合,如果拟合很好,则这种经济理论得到了检验。这就是检验理论。

有人认为,计量经济学模型只能检验,不能发现。它强调的是对理论假说的经验检验,只是"辩护"的逻辑,而非"发现"的逻辑;它只是对业已存在的理论假说进行证实或证伪,只是检验理论假说;它不产生理论假说,理论假说(新的知识)并不能靠这种方法所获得。这些甚至已经成为一种普遍的认识。这样的认识是否正确?

本章第1节曾经指出,传统的计量经济学教科书以模型估计和模型检验为其核心内容,说到底,就是回归分析。回归分析是一种统计分析方法,它针对已经设定的总体回归模型,按照随机抽样理论抽取样本观测值,采用适当的模型估计方法估计模型参数,并进行严格的检验,得到样本回归函数,完成了统计分析的全过程。统计分析给出的只是必要条件而非充分条件。经济行为中客观存在的经济关系,一定能够通过表征经济行为的数据的统计分析而得到检验;如果不能通过必要性检验,在表征经济行为的数据是准确的和采用的统计分析方法是正确的前提下,只能怀疑所设定的经济关系的合理性和客观性。但是反过来,如果在统计分析中发现了新的数据之间的统计关系,并不能就此说发现了新的经济行为关系,因为统计关系不是经济关系的充分条件。毫无疑问,从这个意义上讲,计量经济学模型只能检验理论而不能发现理论。

而完整的计量经济学模型理论与方法,并不仅仅局限于传统的计量经济学教科书。按照计量经济学的定义和计量经济学模型研究的完整框架,任何一项规范的计量经济学模型研究,都是首先在观察和行为分析的基础上,提出理论假说,即首先设定模型,然后进行检验。这样的实证研究,就不是"只能检验,不能发现",而是一个完整的科学发现的研究。

§1.4 本书内容安排说明

本节将扼要说明本书的内容安排,通常,这些话应该出现在教科书的序言中。但是,序言一般不作为教学内容,甚至有个别学生学完了全书,就是没有阅读序言。而一本教材的内容是如何安排的，为什么这样安排，理解这些问题，对于教和学，都是十分重要的。因此，本节对教材内容安排进行简要说明。

一、关于经典单方程计量经济学模型

本书第二、三、四章系统介绍经典单方程计量经济学模型的理论方法，包括有关模型的基本概念、基本假设、参数估计、统计检验、计量经济学检验等内容。这些是任何一本本科计量经济学教科书都必须包含的内容，是课程教学的基本要求和重点。

需要特别说明的是，从本教材第四版开始，删除了这些章节中所有采用时间序列数据作样本的例题和习题，全部例题和习题都采用截面数据为样本。为什么？这里涉及计量经济学模型方法论基础的问题。经典计量经济学模型的数学基础是极限法则，即大数定律和中心极限定理。以独立随机抽样的截面数据为样本，如果模型设定是正确的，模型随机干扰项满足极限法则和由极限法则导出的基本假设，继而进行的参数估计和统计推断是可靠的。以时间序列数据为样本，时间序列性破坏了随机抽样的假定，那么，经典计量经济学模型的数学基础能否被满足，自然成为一个有待讨论的问题。大多数教科书，包括本书的第一、二、三版，在经典单方程计量经济学模型理论方法的章节中，大量采用时间序列数据作样本的例题和习题，那么就会给初学者产生误导：对于任何时间序列数据，都可以建立经典计量经济学模型；而且必然与后续的时间序列计量经济学模型章节的内容产生矛盾。曾经考虑是否将这些章节的名称改为“经典截面数据计量经济学模型”，也觉得不妥。因为在这些章节中介绍的理论方法，例如最小二乘法、最大似然法、矩估计方法，以及模型检验方法，并不仅仅适用于截面数据模型，也适用于满足特定条件的时间序列数据模型，以及其他类型计量经济学模型。

二、关于联立方程计量经济学模型

在大多数计量经济学教科书，包括本书的第一、二、三版中，都包含或多或少的联立方程计量经济学模型的内容，但从第四版开始，删除了联立方程模型。理由有三：

一是应用价值较小。早期的联立方程计量经济学模型，主要用于宏观经济分析，包括经济预测和政策评价，正如本章第一节所介绍的，曾经是宏观计量经济学的主要内容。20 世纪 70 年代发生的对经典计量经济学理论的反思与批判，所针对的主要就是 40 年代至 60 年代发展并广泛应用的联立方程计量经济学模型。随之，现代宏观计量经济学，即现代时间序列计量经济学得到了迅速发展，时间序列的单位根检验和协整检验理论，以及向量自回归模型得到了广泛的应用，成为现代宏观计量经济学的主流，而采用结构方程的经典联立方程模型的应用越来越少。另外，通过对我国计量经济学应用研究的现状进行调查后发现，除了几家国家综合性研究结构外，很少有采用联立方程模型的应用研究发表成果，尤其对于本科毕业生，甚至很难遇到需要采用联立方程模型的研究课题。

二是其核心内容可以纳入其他章节。联立方程计量经济学模型，其理论方法的核心是如何处理每个结构方程中解释变量的内生性问题。例如，本书第三版中介绍的狭义的工具变量法、间接最小二乘法和二阶段最小二乘法，目的就是解决内生解释变量问题。而内生解释变量问题，在单方程模型中也是普遍存在的；在教科书的经典单方程模型部分，也有专门章节讨论内生解释变量问题。从这个角度出发，在课程教学中删除联立方程模型，并不会造成课程内容体系的不完整或者知识的显著短缺。

三是课程学时的限制。通过对本书第三版采用情况的调查发现，在 3 学分或者 4 学分的有限学时内，能够完成全书内容教学的课堂很少，相当多的课堂以经典单方程模型和联立方程模型为主要教学内容，后续的有关现代计量经济学模型的章节被忽略了。这是很不合理的。所以，在教科书中删除联立方程模型的内容，可以保证有足够的学时完成后续章节的教学。

三、关于时间序列计量经济学模型

本书第五章介绍时间序列计量经济学模型的理论方法。如本章第二节所述，时间序列数据是一批按照时间先后排列的统计数据，一般由统计部门提供。由于时间序列数据具有良好的可得性和准确性，在计量经济学应用研究中被广泛采用。时间序列计量经济学模型的理论方法，无论是经典的和现代的，一直是计量经济学模型理论方法的重要组成部分。

本书从第四版开始，将之前各版散见于不同章节的有关时间序列的内容，集中于第五章中，进行重新组织和编写。本章应该成为课程教学的基本要求和重点。

四、关于非经典截面数据计量经济学模型

本书第六章介绍扩展的截面数据计量经济学模型，也可以称为非经典截面数据模型。经典截面数据计量经济学模型要求样本是随机独立抽取的，并且模型被解释变量必须是连续的随机变量。如果样本不是随机独立抽取的，受到某种限制，称为“选择性样本”问题；如果模型被解释变量不是连续的随机变量，而是离散的，例如表征选择结果，或者计数数据，称为“离散被解释变量”问题。这两类问题，在进行微观个体（企业、家庭、个人等）行为研究时经常出现，其理论方法构成微观计量经济学的主要内容。另外，面板数据计量经济学模型，虽然已经形成了独立的分支，当截面个体数量较多、时点相对较少时，也可以认为是截面数据模型的扩展，即样本数据由一个截面扩展到多个截面。

第六章将对上述 3 类问题中最基础、实用的模型进行扼要的讨论。目的有三：一是对微观计量经济学和面板数据计量经济学理论方法有一个基础性的了解；二是针对实际非经典的截面数据问题，能够建立一些正确的实用的模型，不至于发生模型类型设定的错误；三是反过来进一步加深对经典截面数据模型理论方法的理解，尤其是它的基本假设和实际经济背景。所以，本章应该成为本科课程教学内容的一部分。

五、关于计量经济学应用模型

从本书第三版开始，对原教材中的计量经济学应用模型部分进行了彻底的改造。国内

外所有的计量经济学教科书,都以模型的估计和检验为核心内容,尽管也介绍应用模型,也有大量来自实际应用的例题,但是往往是摆出一个模型,告诉学生应该怎么估计,怎么检验,偏偏没有告诉学生这个模型是按照什么思路建立起来的。如果考察一下应用研究的实际,不难发现,错误大量存在,而且错误并不主要出现在模型的估计和检验方面,恰恰是在模型设定方面,即如何针对实际经济问题,设定一个正确的待估计和检验的模型。应用研究的实践对计量经济学教科书和课程教学提出了严重的挑战,也是本书第三版重新编写"计量经济学应用模型"部分的动因。

本书第七章基本沿用第三版、第四版中的内容,按照计量经济学应用模型研究的步骤,设计了 4 节内容。第 1 节是关于计量经济学应用模型的类型设定,讨论如何针对研究对象选择计量经济学模型类型。即确定所应该建立的是参数模型还是非参数模型,是单方程模型还是联立方程模型,是截面数据模型还是时间序列数据模型或者面板数据模型,是经典截面数据模型还是非经典的选择性样本模型、计数数据模型、离散选择模型或者持续时间数据模型等,并着重讨论了模型类型对数据类型的依赖性。这显然是应用模型设定的第一步。第 2 节是关于计量经济学应用模型总体回归模型设定中的变量选择问题,讨论在模型类型确定之后,应该按照什么原则选择进入模型的变量。对"研究目的导向""先验理论导向"和"数据关系导向"进行了分析和批评,提出了应该按照"一般性""现实性""统计检验必要性"和"经济主体动力学关系导向"的原则选择变量。这是应用模型设定的第二步。第 3 节是关于计量经济学应用模型函数关系设定,讨论如何在经济学理论和统计分析的指导下,设定模型中解释变量和被解释变量之间的关系,即模型的函数形式。这是应用模型设定的第三步。至此完成了一个应用研究的总体回归模型设定工作。第 4 节是关于计量经济学应用模型变量性质设定,讨论如何确定被选择进入模型的变量的性质。包括:它们对被解释变量具有直接影响还是间接影响?它们是内生变量还是外生变量?它们是随机变量还是确定性变量?重点讨论了变量性质设定的相对性。这是进行模型估计之前必须进行的工作,是应用模型设定的第四步。

在一些学校,如果由于学时的限制,不能将本章内容全部引入课堂教学,也应该鼓励学生进行适当的自学和讨论。哪怕只是建立了一点概念,引起对于模型设定的重视,也是十分有益的。

本章练习题

1. 什么是计量经济学?计量经济学方法与一般经济数学方法有什么区别?

2. 计量经济学的研究的对象和内容是什么?计量经济学模型研究的经济关系有哪两个基本特征?

3. 为什么说计量经济学模型研究是演绎和归纳的结合?

4. 建立与应用计量经济学模型的主要步骤有哪些?

5. 计量经济学模型主要有哪些应用领域?各自的原理是什么?

6. 模型的检验包括几个方面？其具体含义是什么？

7. 下列假想模型是否属于揭示因果关系的计量经济学模型？为什么？（单位：亿元）

（1）$S_t = 112.0 + 0.12R_t$，其中 S_t 为第 t 年农村居民储蓄增加额，R_t 为第 t 年城镇居民可支配收入总额。

（2）$S_{t-1} = 4\ 432.0 + 0.30R_t$，其中 S_{t-1} 为第 $t-1$ 年底农村居民储蓄余额，R_t 为第 t 年农村居民纯收入总额。

8. 指出下列假想模型中的错误，并说明理由：

$$RS_t = 8\ 300.0 - 0.24RI_t + 1.12IV_t$$

其中，RS_t 为第 t 年社会消费品零售总额，RI_t 为第 t 年居民收入总额（城镇居民可支配收入总额与农村居民纯收入总额之和），IV_t 为第 t 年全社会固定资产投资总额（单位：亿元）。

即测即评

第二章

经典单方程计量经济学模型：一元线性回归模型

单方程计量经济学模型是相对于联立方程模型而言的，它以单一经济现象为研究对象，模型中只包括一个方程，是应用最为普遍的计量经济学模型。经典单方程计量经济学模型的理论与方法，不仅是计量经济学内容体系中最重要的组成部分，也是联立方程计量经济学模型理论与方法的基础。本章首先从简单一元线性回归模型入手，介绍经典单方程计量经济学模型的设定与估计问题，为以后各章的学习打下基础。

§2.1 回归分析概述

一、回归分析基本概念

1. 变量间的相互关系

无论是自然现象还是社会经济现象，大都存在着不同程度的联系。计量经济学的主要问题之一就是要探寻各种经济变量之间的相互联系程度、联系方式及其运动规律。各种经济变量间的关系可分为两类：一类是确定的函数关系，另一类是不确定的统计相关关系。

确定性现象间的关系常常表现为函数关系。如圆面积 S 与圆半径 r 间的关系，只要给定半径值 r，与之对应的圆面积 S 也就随之确定：$S=\pi r^2$。

非确定性现象间的关系常常表现为统计相关关系，如农作物产量 Y 与施肥量 X 间的关系。其特点是，农作物产量 Y 随着施肥量 X 的变化呈现某种规律性的变化，在适当的范围内，随着 X 的增加，Y 也增加。但与上述函数关系不同的是，给定施肥量 X，与之对应的农作物产量 Y 并不能确定。主要原因在于，除了施肥量，还有诸如阳光、气温、降雨等其他许多因素都在影响着农作物的产出量。这时，我们无法确定农作物产量与施肥量间确定的函数关系，但却能通过统计计量等方法研究它们间的统计相关关系。农作物产量 Y 作为非确定性变量,也称为随机变量。

当然,变量间的函数关系与相关关系并不是绝对的,在一定条件下两者可相互转化。例如,在对确定性现象的观测中,往往存在测量误差,这时函数关系常会通过相关关系表现出来;反之,如果对非确定性现象的影响因素能够一一辨认出来,并全部纳入变量间的依存关系式中,则变量间的相关关系就会向函数关系转化。相关分析与回归分析主要研究非确定性现象间的统计相关关系。

2. 相关分析与回归分析

变量间的统计相关关系可以通过相关分析与回归分析来研究,相关分析(correlation analysis)主要研究随机变量间的相关形式及相关程度。

从变量间相关的表现形式看,有线性相关与非线性相关之分,前者往往表现为变量的散点图接近于一条直线。变量间线性相关程度的大小可通过相关系数来测量,两个变量 X 和 Y 的总体相关系数为:

$$\rho_{XY}=\frac{\mathrm{Cov}(X,Y)}{\sqrt{\mathrm{Var}(X)\mathrm{Var}(Y)}} \tag{2.1.1}$$

式中,$\mathrm{Cov}(X,Y)$ 是变量 X 和 Y 的协方差,$\mathrm{Var}(X)$ 和 $\mathrm{Var}(Y)$ 分别是变量 X 和 Y 的方差。

如果给出 X 与 Y 的一组样本 (X_i,Y_i),$i=1,2,\cdots,n$,则样本相关系数为:

$$r_{XY}=\frac{\sum_{i=1}^{n}(X_i-\bar{X})(Y_i-\bar{Y})}{\sqrt{\sum_{i=1}^{n}(X_i-\bar{X})^2\sum_{i=1}^{n}(Y_i-\bar{Y})^2}} \tag{2.1.2}$$

式中,$\bar{X}$ 与 $\bar{Y}$ 分别是变量 X 与 Y 的样本均值。

多个变量间的线性相关程度,可用复相关系数与偏相关系数来度量。

具有相关关系的变量间有时存在着因果关系,这时,我们可以通过回归分析(regression analysis)来研究它们间的具体依存关系。例如,根据经济学理论,消费支出与可支配收入之间不但密切相关,而且有着因果关系,即可支配收入的变化往往是消费支出变化的原因。这时,不仅可以通过相关分析研究两者间的相关程度,而且可以通过回归分析研究两者间的具体依存关系,即考察可支配收入每 1 元的变化所引起的消费支出的平均变化。

回归分析是研究一个变量关于另一个(些)变量的依赖关系的计算方法和理论。其目的在于通过后者的已知或设定值,去估计和(或)预测前者的(总体)均值。前一个变量称为被解释变量(explained variable)或应变量(dependent variable),后一个变量称为解释变量(explanatory variable)或自变量(independent variable)。

相关分析与回归分析既有联系又有区别。首先,两者都是研究非确定性变量间的统计依赖关系,并能度量线性依赖程度的大小。其次,两者间又有明显的区别。相关分析仅仅是从统计数据上测度变量间的相关程度,而无须考察两者间是否有因果关系,因此,变量的地位在相关分析中是对称的,而且都是随机变量;回归分析则更关注具有统计相关关系的变量间的因果关系分析,变量的地位是不对称的,有解释变量与被解释变量之分,而且解释变量也可以被假设为非随机变量。再次,相关分析只关注变量间的联系程度,不关注具体的依赖关系;而回归分析则更加关注变量间的具体依赖关系,因此可以进一步通过解释变量的变化来估计或预测被解释变量的变化,达到深入分析变量间依存关系、掌握其运动规律的目的。

回归分析构成计量经济学的方法论基础,其主要内容包括:

(1) 根据样本观察值对计量经济学模型参数进行估计,求得样本回归函数;

(2) 对样本回归函数、参数估计值进行统计显著性检验;

(3) 利用样本回归函数进行分析、评价及预测。

二、总体回归函数

回归分析沿用了推断统计中通过样本信息推断未知总体相关特征的思想,即回归分析关心的是根据解释变量的已知或给定值,考察被解释变量的总体均值。

例 2.1.1

一个假想的社区是由 99 户家庭组成的总体,要研究该社区每月家庭消费支出 Y 与每月家庭可支配收入 X 的关系,即根据家庭的每月可支配收入,考察该社区家庭每月消费支出的平均水平。为研究方便,将该 99 户家庭组成的总体按可支配收入水平划分为 10 组,并分别分析每一组的家庭消费支出(表 2.1.1)。

表 2.1.1　某社区家庭每月可支配收入与消费支出统计表　　单位:元

家庭每月可支配收入 X	800	1 100	1 400	1 700	2 000	2 300	2 600	2 900	3 200	3 500
家庭每月消费支出 Y	561	638	869	1 023	1 254	1 408	1 650	1 969	2 090	2 299
	594	748	913	1 100	1 309	1 452	1 738	1 991	2 134	2 321
	627	814	924	1 144	1 364	1 551	1 749	2 046	2 178	2 530
	638	847	979	1 155	1 397	1 595	1 804	2 068	2 266	2 629
		935	1 012	1 210	1 408	1 650	1 848	2 101	2 354	2 860
		968	1 045	1 243	1 474	1 672	1 881	2 189	2 486	2 871
			1 078	1 254	1 496	1 683	1 925	2 233	2 552	
			1 122	1 298	1 496	1 716	1 969	2 244	2 585	
			1 155	1 331	1 562	1 749	2 013	2 299	2 640	
			1 188	1 364	1 573	1 771	2 035	2 310		
			1 210	1 408	1 606	1 804	2 101			
				1 430	1 650	1 870	2 112			
				1 485	1 716	1 947	2 200			
						2 002				
共计	2 420	4 950	11 495	16 445	19 305	23 870	25 025	21 450	21 285	15 510

由于不确定因素的影响,对同一可支配收入水平 X,不同家庭的消费支出不完全相同。但由于调查的完备性,给定可支配收入水平 X 的消费支出 Y 的分布是确定的,即以 X 的给定值为条件的 Y 的条件分布(conditional distribution)是已知的,如 $P(Y=561 \mid X=800)=1/4$。因此,给定可支配收入 X 的值,可得消费支出 Y 的**条件均值**(conditional mean)或**条件期望**(conditional expectation),如 $\mathrm{E}(Y \mid X=800)=605$。表 2.1.2 给出了 10 组可支配收入水平下相应家庭消费支出的条件概率,以及各可支配收入水平组家庭消费支出的条件均值。

表 2.1.2 各可支配收入水平组相应家庭消费支出的条件概率与条件均值 单位:元

收入水平	800	1 100	1 400	1 700	2 000	2 300	2 600	2 900	3 200	3 500
条件概率	1/4	1/6	1/11	1/13	1/13	1/14	1/13	1/10	1/9	1/6
条件均值	605	825	1 045	1 265	1 485	1 705	1 925	2 145	2 365	2 585

以表 2.1.1 中的数据绘出可支配收入 X 与家庭消费支出 Y 的散点图(图 2.1.1)。从该散点图可以看出,虽然不同的家庭消费支出存在差异,但平均来说,随着可支配收入的增加,家庭消费支出也在增加。进一步,该例中 Y 的条件均值恰好落在一条正斜率的直线上,这条直线称为**总体回归线**。

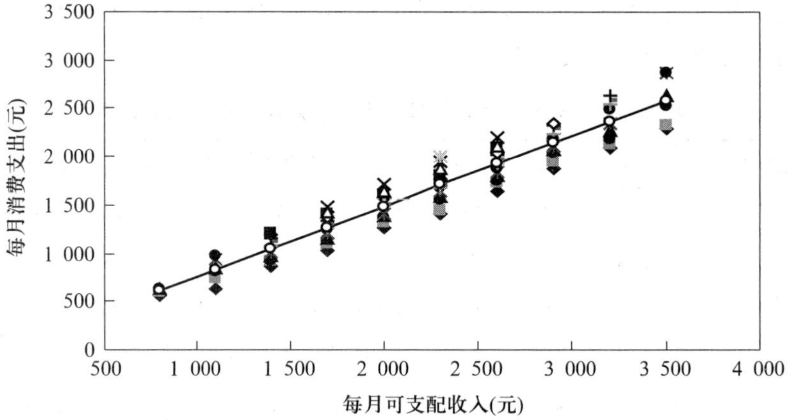

图 2.1.1 不同可支配收入水平组家庭消费支出的条件分布图

在给定解释变量 X 条件下被解释变量 Y 的期望轨迹称为**总体回归线**(population regression line),或更一般地称为**总体回归曲线**(population regression curve)。相应的函数:

$$\mathrm{E}(Y \mid X)=f(X) \tag{2.1.3}$$

称为(双变量)**总体回归函数**(population regression function,PRF)。

总体回归函数表明被解释变量 Y 的平均状态(总体条件期望)随解释变量 X 变化的规律。至于具体的函数形式,是由所考察总体固有的特征来决定的。由于实践中总体往往无法全部考察到,因此总体回归函数形式的选择就是一个经验方面的问题。这时经济学等相关学科的理论就显得很重要。如生产函数常以 Cobb-Douglas 幂函数的形式出现,U 形边际成本函数以二次多项式的形式出现,等等。将居民消费支出看成是其可支配收入的线性函数时，式(2.1.3)可进一步写成：

$$E(Y|X)=\beta_0+\beta_1 X \tag{2.1.4}$$

其中，β_0，β_1是未知参数，称为**回归参数**(regression coefficients)。式(2.1.4)也称为**线性总体回归函数**。线性函数形式最为简单，其中参数的估计与检验也相对容易，而且多数非线性函数可转换为线性形式，因此，为了研究的方便，计量经济学中总体回归函数常设定成线性形式。

需注意的是，经典计量经济方法中所涉及的线性函数，指被解释变量关于回归参数是线性的，即回归参数只以它的一次方出现，对解释变量则可以不是线性的。

三、随机误差项

在上述家庭可支配收入-消费支出的例子中，总体回归函数描述了所考察总体的家庭消费支出平均说来随可支配收入变化的规律，但对某一个别家庭，其消费支出 Y 不一定恰好就是给定可支配收入 X 下的消费的平均值 $E(Y|X)$。图 2.1.1 显示，个别家庭消费支出 Y 聚集在给定可支配收入水平 X 下所有家庭平均消费支出 $E(Y|X)$ 的周围。

对每个个别家庭，记

$$\mu=Y-E(Y|X) \tag{2.1.5}$$

称 μ 为观察值 Y 围绕它的期望值 $E(Y|X)$ 的离差(deviation)，它是一个不可观测的随机变量，称为**随机误差项**(stochastic error)，通常又不加区别地称为**随机干扰项**(stochastic disturbance)。

由式(2.1.5)，个别家庭的消费支出为：

$$Y=E(Y|X)+\mu \tag{2.1.6}$$

或者在线性假设下

$$Y=\beta_0+\beta_1 X+\mu \tag{2.1.7}$$

即给定可支配收入水平 X，个别家庭的消费支出可表示为两部分之和：(1) 该收入水平下所有家庭的平均消费支出 $E(Y|X)$，称为系统性(systematic)或确定性(deterministic)部分；(2) 其他随机部分或非系统性(nonsystematic)部分 μ。

式(2.1.6)或式(2.1.7)称为**总体回归函数的随机设定形式**。它表明被解释变量 Y 除了受解释变量 X 的系统性影响外，还受其他未包括在模型中的诸多因素的随机性影响，μ 即为这些影响因素的综合代表。由于方程中引入了随机项，成为计量经济学模型，因此也称为**总体回归模型**(population regression model)。

在总体回归函数中引入随机干扰项，主要有以下 6 个方面的原因：

(1) 代表未知的影响因素。由于对所考察总体认识上的非完备性，许多未知的影响因素还无法引入模型，因此，只能用随机干扰项代表这些未知的影响因素。

(2) 代表残缺数据。即使所有的影响变量都能被包括在模型中，也会有某些变量的数据无法取得。如经济理论指出，居民消费支出除受可支配收入的影响外，还受财富拥有量的影响，但后者在实践中往往是无法收集到的。这时，模型中不得不省略这一变量，而将其归入随机干扰项。

（3）代表众多细小影响因素。有一些影响因素已经被认识，而且其数据也可以收集到，但它们对被解释变量的影响却是细小的。考虑到模型的简洁性，以及取得诸多变量数据可能带来较大成本，建模时往往省掉这些细小变量，而将它们的影响综合到随机干扰项中。

（4）代表数据观测误差。由于某些主客观的原因，在取得观测数据时，往往存在测量误差，这些观测误差也被归入随机干扰项。

（5）代表模型设定误差。由于经济现象的复杂性，模型的真实函数形式往往是未知的，因此，实际所设定的模型可能与真实的模型有偏差。随机干扰项包含了这种模型设定误差。

（6）变量的内在随机性。即使模型没有设定误差，也不存在数据观测误差，由于某些变量所固有的内在随机性，也对被解释变量产生随机性影响。这种影响只能被归入随机干扰项中。

总之，随机干扰项具有非常丰富的内容，在计量经济模型的建立中起着重要的作用。如果进一步分析，可以发现，当随机干扰项仅包含上述（3）和（6）时，称为原生的随机干扰，是模型所固有的；当随机干扰项仅包含上述（1）、（2）、（4）、（5）时，称为衍生的随机误差，是在模型设定过程中产生的，是可以避免的。尽管本书对此不加区别，但认识这一点是重要的。

四、样本回归函数

尽管总体回归函数揭示了所考察总体的被解释变量与解释变量间的平均变化规律，但总体的信息往往无法全部获得，因此，总体回归函数实际上是未知的。现实的情况往往是，通过抽样，得到总体的样本，再通过样本的信息来估计总体回归函数。

仍以例 2.1.1 中社区家庭可支配收入与消费支出的关系为例，假设从该总体中按每组可支配收入水平各取一个家庭进行观测，得到表 2.1.3 所示的一个样本。问题归结为：能否通过该样本预测整个总体对应于选定 X 的平均每月消费支出，即能否从该样本估计总体回归函数？

表 2.1.3　家庭消费支出与可支配收入的一个随机样本　　单位：元

X	800	1 100	1 400	1 700	2 000	2 300	2 600	2 900	3 200	3 500
Y	638	935	1 155	1 254	1 408	1 650	1 925	2 068	2 266	2 530

该样本的散点图如图 2.1.2 所示，可以看出，该样本散点图近似于一条直线。画一条直线以尽好地拟合该散点图（图中虚线），由于样本取自总体，可用该线近似地代表总体回归线。该直线称为样本回归线（sample regression line），其函数形式记为：

$$\hat{Y}=f(X)=\hat{\beta}_0+\hat{\beta}_1 X \tag{2.1.8}$$

称为样本回归函数（sample regression function，SRF）。

将式（2.1.8）看成式（2.1.4）的近似替代，则 $\hat{Y}$ 就为 $\mathrm{E}(Y|X)$ 的估计量；$\hat{\beta}_j$ 为 β_j 的估计量，这里 $j=0,1$。

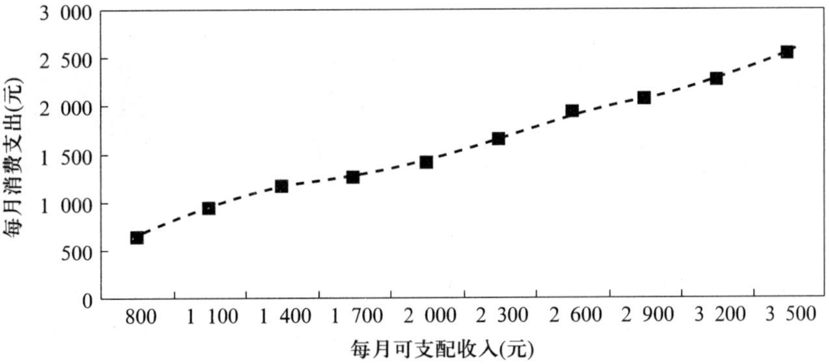

图 2.1.2　家庭可支配收入与消费支出的样本散点图

同样地，样本回归函数也有如下的随机形式：

$$Y=\hat{Y}+\hat{\mu}=\hat{\beta}_0+\hat{\beta}_1X+e \tag{2.1.9}$$

式中，e 称为(样本)残差(或剩余)项(residual)，代表了其他影响 Y 的随机因素的集合，可看成是 μ 的估计量 $\hat{\mu}$。式(2.1.9)称为样本回归函数的随机设定形式。由于函数中引入了随机项，成为计量经济模型，因此也称为**样本回归模型**(sample regression model)。

回归分析的主要目的，就是根据样本回归函数估计总体回归函数。也就是根据

$$Y=\hat{Y}+e=\hat{\beta}_0+\hat{\beta}_1X+e$$

估计

$$Y=\mathrm{E}(Y|X)+\mu=\beta_0+\beta_1X+\mu$$

换言之，回归分析需要设计某些“方法”构造样本回归函数，以使其尽可能“接近”总体回归函数，或者说设计寻找 $\hat{\beta}_j(j=0,1)$ 的“方法”，以使 $\hat{\beta}_j(j=0,1)$ 尽可能接近 $\beta_j(j=0,1)$。图 2.1.3 给出了总体回归线与样本回归线的基本关系。图中 Y_i 是对应 $X=X_i$ 的样本观测值，$\hat{Y}_i$ 是样本回归线上的对应点，$\mathrm{E}(Y|X_i)$ 是总体回归线上的对应点；该点处的残差为 $e_i=Y_i-\hat{Y}_i$，它是该点处随机干扰项 μ_i 的一个估计。

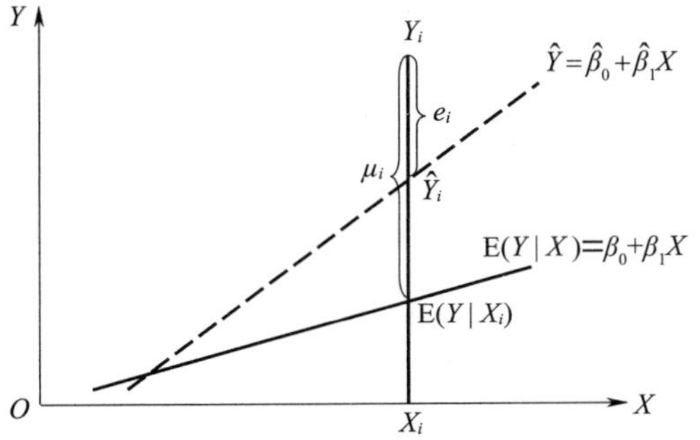

图 2.1.3　总体回归线与样本回归线的基本关系

§2.2　一元线性回归模型的参数估计

单方程计量经济学模型分为线性模型和非线性模型两大类。在线性模型中,变量之间的关系呈线性关系;在非线性模型中,变量之间的关系呈非线性关系。线性回归模型的数学基础是回归分析,即用回归分析方法建立线性模型,用以揭示经济现象中的因果关系。

一元线性回归模型是最简单的计量经济学模型,在模型中只有一个解释变量,其一般形式是:

$$Y=\beta_0+\beta_1 X+\mu \tag{2.2.1}$$

其中,Y 为被解释变量,X 为解释变量,β_0与 β_1为待估参数,分别为模型的截距项(或常数项)与斜率项,μ 为随机干扰项或随机误差项。在有 n 个样本观测点$\{(X_i,Y_i):i=1,2,\cdots,n\}$的情况下,式(2.2.1)也可写成如下形式:

$$Y_i=\beta_0+\beta_1 X_i+\mu_i,i=1,2,\cdots,n \tag{2.2.2}$$

一元线性回归模型的参数估计,是在一个简单随机样本$\{(X_i,Y_i):i=1,2,\cdots,n\}$下,通过一定的参数估计方法,估计出样本回归函数(样本回归线)。本节学习回归分析中最普遍使用的一种估计方法:普通最小二乘法(ordinary least squares,OLS)。

一、参数估计的普通最小二乘法

已知一组样本观测值$\{(X_i,Y_i):i=1,2,\cdots,n\}$,普通最小二乘法要求样本回归函数尽可能地拟合这组值,即样本回归线上的点 $\hat{Y}_i$与真实观测点 Y_i的总体误差尽可能地小。普通最小二乘法给出的判断标准是:被解释变量的估计值与实际观测值之差的平方和

$$Q=\sum_{i=1}^{n} e_i^2=\sum_{i=1}^{n}(Y_i-\hat{Y}_i)^2=\sum_{i=1}^{n}[Y_i-(\hat{\beta}_0+\hat{\beta}_1 X_i)]^2 \tag{2.2.3}$$

最小。即在给定样本观测值之下,选择 $\hat{\beta}_0$,$\hat{\beta}_1$使 Y_i与 $\hat{Y}_i$之差的平方和最小。

为什么用平方和? 因为样本回归线上的点 $\hat{Y}_i$与真实观测点 Y_i之差可正可负,简单求和可能将很大的误差抵消掉,只有平方和才能反映二者在所有观测点上综合起来的接近程度。这就是最小二乘原理。

根据微积分学的运算,当 Q 对 $\hat{\beta}_0$,$\hat{\beta}_1$的一阶偏导数为 0 时,Q 达到最小。即

$$\begin{cases}\dfrac{\partial Q}{\partial \hat{\beta}_0}=0\\[2ex]\dfrac{\partial Q}{\partial \hat{\beta}_1}=0\end{cases}$$

可推得用于估计 $\hat{\beta}_0,\hat{\beta}_1$ 的下列方程组：

$$\begin{cases}\sum(Y_i-\hat{\beta}_0-\hat{\beta}_1X_i)=0\\ \sum X_i(Y_i-\hat{\beta}_0-\hat{\beta}_1X_i)=0\end{cases}\tag{2.2.4}$$

或

$$\begin{cases}\sum Y_i=n\hat{\beta}_0+\hat{\beta}_1\sum X_i\\ \sum X_iY_i=\hat{\beta}_0\sum X_i+\hat{\beta}_1\sum X_i^2\end{cases}\tag{2.2.5}$$

解得：

$$\begin{cases}\hat{\beta}_0=\dfrac{\sum X_i^2\sum Y_i-\sum X_i\sum X_iY_i}{n\sum X_i^2-(\sum X_i)^2}\\[3ex]\hat{\beta}_1=\dfrac{n\sum Y_iX_i-\sum Y_i\sum X_i}{n\sum X_i^2-(\sum X_i)^2}\end{cases}\tag{2.2.6}$$

方程组(2.2.4)或(2.2.5)称为正规方程组(normal equations)。记

$$\sum x_i^2=\sum(X_i-\overline{X})^2=\sum X_i^2-\frac{1}{n}(\sum X_i)^2$$

$$\sum x_iy_i=\sum(X_i-\overline{X})(Y_i-\overline{Y})=\sum X_iY_i-\frac{1}{n}\sum X_i\sum Y_i$$

方程组(2.2.6)的参数估计量可以写成：

$$\begin{cases}\hat{\beta}_1=\dfrac{\sum x_iy_i}{\sum x_i^2}\\[3ex]\hat{\beta}_0=\overline{Y}-\hat{\beta}_1\overline{X}\end{cases}\tag{2.2.7}$$

称为 OLS 估计量的离差形式(deviation form)。在本书中，以小写字母表示对均值的离差。由于 $\hat{\beta}_0,\hat{\beta}_1$ 的估计结果是从最小二乘原理得到的，故称为普通最小二乘估计量(ordinary least squares estimator)。

顺便指出，记 $\hat{y}_i=\hat{Y}_i-\overline{Y}$，则有

$$\begin{aligned}\hat{y}_i&=(\hat{\beta}_0+\hat{\beta}_1X_i)-(\hat{\beta}_0+\hat{\beta}_1\overline{X}+\overline{e})\\&=\hat{\beta}_1(X_i-\overline{X})-\frac{1}{n}\sum e_i\end{aligned}$$

可得

$$\hat{y}_i=\hat{\beta}_1x_i\tag{2.2.8}$$

其中，用到了正规方程组的第一个方程

$$\sum e_i=\sum(Y_i-(\hat{\beta}_0+\hat{\beta}_1X_i))=0$$

式(2.2.8)也称为样本回归函数的离差形式。

在结束普通最小二乘估计的时候，需要交代一个重要的概念，即"估计量"(estimator)和"估计值"(estimate)的区别。由式(2.2.6)或式(2.2.7)给出的参数估计结果是由一个具体样本资料计算出来的，它是一个"估计值"，或者"点估计值"，是参数估计量 $\hat{\beta}_0$ 和 $\hat{\beta}_1$ 的一个具体数值；但从另一个角度，仅仅把式(2.2.6)或式(2.2.7)看成 $\hat{\beta}_0$ 和 $\hat{\beta}_1$ 的一个算法表达式，那么，它就是 Y_i 的函数，而 Y_i 是随机变量，所以 $\hat{\beta}_0$ 和 $\hat{\beta}_1$ 也是随机变量，从这个角度考虑，称之为"估计量"。在本章后续内容中，有时把 $\hat{\beta}_0$ 和 $\hat{\beta}_1$ 作为随机变量，有时又把 $\hat{\beta}_0$ 和 $\hat{\beta}_1$ 作为确定的数值，道理就在于此。

例 2.2.1

在例 2.1.1 家庭可支配收入-消费支出的例子中，对于所抽出的一组样本数，参数估计的计算可通过表 2.2.1 进行。

表 2.2.1　参数估计的计算表

序号	X_i	Y_i	x_i	y_i	x_iy_i	x_i^2	y_i^2	X_i^2	Y_i^2
1	800	638	−1 350	−945	1 275 615	1 822 500	892 836	640 000	407 044
2	1 100	935	−1 050	−648	680 295	1 102 500	419 774	1 210 000	874 225
3	1 400	1 155	−750	−428	320 925	562 500	183 098	1 960 000	1 334 025
4	1 700	1 254	−450	−329	148 005	202 500	108 175	2 890 000	1 572 516
5	2 000	1 408	−150	−175	26 235	22 500	30 590	4 000 000	1 982 464
6	2 300	1 650	150	67	10 065	22 500	4 502	5 290 000	2 722 500
7	2 600	1 925	450	342	153 945	202 500	117 032	6 760 000	3 705 625
8	2 900	2 068	750	485	363 825	562 500	235 322	8 410 000	4 276 624
9	3 200	2 266	1 050	683	717 255	1 102 500	466 626	10 240 000	5 134 756
10	3 500	2 530	1 350	947	1 278 585	1 822 500	896 998	12 250 000	6 400 900
求和	21 500	15 829			4 974 750	7 425 000	3 354 955	53 650 000	28 410 679
平均	2 150	1 583							

注：本表采用 excel 计算，计算过程中有四舍五入。

由式(2.2.7)计算得：

$$\hat{\beta}_1=\frac{\sum x_iy_i}{\sum x_i^2}=\frac{4\ 974\ 750}{7\ 425\ 000}=0.67$$

$$\hat{\beta}_0=\overline{Y}-\hat{\beta}_1\overline{X}=1\ 583-0.670\times2\ 150=142.4$$

因此，由该样本估计的回归方程为：

$$\hat{Y}_i=142.4+0.67X_i$$

二、拟合优度

样本回归函数,或者说样本回归线是在一个从总体中抽取的样本下,通过普通最小二乘法,使样本线上的点尽可能地接近实际观测的样本点而估计出来的。那么如何度量样本线上的点与实际观测的样本点到底有多"近"呢?拟合优度(goodness-of-fit)给出了一个可以测度拟合程度的指标。它是通过解释变量的变化在被解释变量的变化中所占的比例来测度的。

1. 总离差平方和的分解

已知由一组样本观测值$\{(X_i,Y_i):i=1,2,\cdots,n\}$得到如下样本回归直线

$$\hat{Y}_i=\hat{\beta}_0+\hat{\beta}_1X_i$$

Y 的第 i 个观测值与样本均值的离差 $y_i=Y_i-\overline{Y}$ 可分解为两部分之和:

$$y_i=Y_i-\overline{Y}=(Y_i-\hat{Y}_i)+(\hat{Y}_i-\overline{Y})=e_i+\hat{y}_i \tag{2.2.9}$$

图 2.2.1 表示了这种分解,其中,$\hat{y}_i=\hat{Y}_i-\overline{Y}$ 是样本回归直线理论值(回归拟合值)与观测值 Y_i的平均值之差,可认为是由回归直线解释的部分;$e_i=(Y_i-\hat{Y}_i)$是实际观测值与回归拟合值之差,是回归直线不能解释的部分。显然,如果 Y_i落在样本回归直线上,则 Y 的第 i 个观测值与样本均值的离差,全部来自样本回归拟合值与样本均值的离差,即完全可由样本回归直线解释,表明在该点处实现完全拟合。

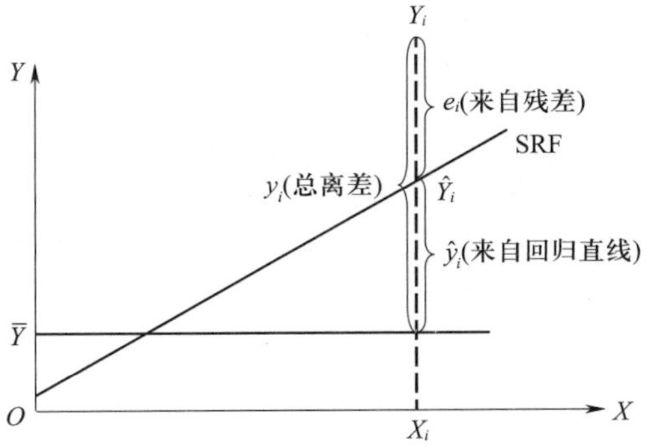

图 2.2.1 离差分解示意图

对于所有样本点,则需考虑这些点与样本均值离差的平方和。由于

$$\sum y_i^2=\sum \hat{y}_i^2+\sum e_i^2+2\sum \hat{y}_ie_i$$

可以证明$\sum \hat{Y}_ie_i=0$(留作练习),所以有

$$\sum y_i^2=\sum \hat{y}_i^2+\sum e_i^2 \tag{2.2.10}$$

记$\sum y_i^2=\sum(Y_i-\overline{Y})^2=\mathrm{TSS}$,称为总离差平方和(total sum of squares),反映样本观测值总体离差的大小;$\sum \hat{y}_i^2=\sum(\hat{Y}_i-\overline{Y})^2=\mathrm{ESS}$,称为回归平方和(explained sum of squares),反映由模型中解释变量的变异所解释的那部分离差的大小;$\sum e_i^2=\sum(Y_i-\hat{Y}_i)^2=\mathrm{RSS}$,称为残差平方和(residual sum of squares),反映样本观测值与估计值偏离的大小,也是模型中解释变量未解释的那部分离差的大小。

式(2.2.10)表明 Y 的观测值围绕其均值的总离差平方和可分解为两部分,一部分来自回归线,另一部分则来自随机势力。因此,可用来自回归线的回归平方和占 Y 的总离差的平方和的比例来判断样本回归线与样本观测值的拟合优度。

2. 可决系数 R^2 统计量

根据上述关系,可以用

$$R^2=\frac{\text{ESS}}{\text{TSS}}=1-\frac{\text{RSS}}{\text{TSS}} \tag{2.2.11}$$

测度模型的拟合优度,称 R^2 为可决系数(coefficient of determination)。显然,在代表被解释变量变化的总离差平方和中,代表解释变量变化的回归平方和所占的比重越大,残差平方和所占的比重越小,意味着被解释变量的变化中可由解释变量的变化解释的部分占比越大,表明回归线与样本点拟合得越好。显然,可决系数的取值范围为 $0\leqslant R^2\leqslant 1$,如果模型与样本观测值完全拟合,则有 $R^2=1$。当然,模型与样本观测值完全拟合的情况很少发生,少有 $R^2=1$ 的情况。但毫无疑问的是该统计量越接近于 1,模型的拟合优度越高。

在实际计算可决系数时,在 $\hat{\beta}_1$ 已经有估计值以后,一个较为简单的计算公式为:

$$R^2=\hat{\beta}_1^2\left(\frac{\sum x_i^2}{\sum y_i^2}\right) \tag{2.2.12}$$

这里用到了样本回归函数的离差形式来计算回归平方和:

$$\text{ESS}=\sum\hat{y}_i^2=\sum(\hat{\beta}_1x_i)^2=\hat{\beta}_1^2\sum x_i^2。$$

在例 2.1.1 及例 2.2.1 的可支配收入-消费支出例子中,

$$R^2=\hat{\beta}_1^2\frac{\sum x_i^2}{\sum y_i^2}=\frac{0.67^2\times 7\ 425\ 000}{3\ 354\ 955}=0.993\ 5$$

说明在线性回归模型家庭消费支出总离差中,由家庭可支配收入的离差解释的部分占 99.35%,模型的拟合优度较高。

§2.3　基本假设与普通最小二乘估计量的统计性质

一、一元线性回归模型的基本假设

对一元线性回归模型:

$$Y=\beta_0+\beta_1X+\mu \tag{2.3.1}$$

或

$$Y_i=\beta_0+\beta_1X_i+\mu_i, i=1,2,\cdots,n \tag{2.3.2}$$

可通过普通最小二乘法估计出相应的样本回归函数

$$\hat{Y}_i=\hat{\beta}_0+\hat{\beta}_1X_i, i=1,2,\cdots,n \tag{2.3.3}$$

为什么采用普通最小二乘法呢？主要有两方面的原因：一是普通最小二乘法原理简单、易于理解、易于操作；另一个原因就是在对模型给予一定的基本假设的情况下，普通最小二乘估计量具有良好的统计性质。回归分析的主要目的是寻找尽可能“接近”总体回归函数的样本回归函数。为保证样本函数中参数的普通最小二乘估计量具有良好的统计性质，通常对模型提出若干基本假设。

对模型(2.3.1)或(2.3.2)，基本假设包括对模型设定的假设、对解释变量 X 的假设以及对随机干扰项 μ 的假设：

1. 对模型设定的假设

假设 1：回归模型是正确设定的。

计量经济模型是对所关注经济现象或经济理论进行经验研究的基本工具，因此刻画经济现象或描述经济理论的计量模型的正确设定最为重要。模型的正确设定主要包括两方面的内容：(1) 模型选择了正确的变量；(2) 模型选择了正确的函数形式。

模型选择了正确的变量指在设定总体回归函数时，既没有遗漏重要的相关变量，也没有多选无关的变量。模型选择了正确的函数形式是指当被解释量与解释变量间呈现什么样的函数形式时，我们所设定的总体回归方程恰为该函数形式。如生产函数的设定中，如果产出量与资本投入及劳动投入间呈现幂函数的形式，我们在总体回归模型的设定中就设定了该幂函数的形式。

当假设 1 满足时，称为模型没有**设定偏误**(specification error)，否则就会出现模型的设定偏误。第四章将详细讨论模型的设定偏误问题。

2. 对解释变量的假设

假设 2：解释变量 X 在简单随机抽样中具有变异性，而且随着样本容量的无限增加，解释变量 X 的样本方差依概率收敛于一非零的有限常数。即

$$P\lim_{n\to\infty}\sum_{i=1}^{n}(X_i-\bar{X})^2/n\to Q \tag{2.3.4}$$

在以因果关系为基础的回归分析中，往往就是通过解释变量 X 的变化来解释被解释变量 Y 的变化，因此，解释变量 X 要有足够的变异性。而对其样本方差的概率极限为非零的有限常数的假设，则旨在排除数据取值出现无界的变量作为解释变量，因为这类数据将使大样本统计推断变得无效。

需要说明的是，大多数初级和中级教材还假设了 X 是固定的非随机变量，在实验或可控条件下，X 的非随机性往往能得到满足，但对社会调查数据则基本不具有这种特点，尤其通过随机抽样调查获得的数据，被解释变量与解释变量更具有随机特征。因此，本书认为解释变量 X 是随机变量，不再假设它是固定的非随机变量。

3. 对随机干扰项的假设

假设 3：给定解释变量 X 的任何值，随机干扰项 μ_i 的均值为零，即

$$E(\mu_i | X) = 0 \qquad i=1,2,\cdots,n \tag{2.3.5}$$

随机干扰项 μ 的条件零均值假设意味着 μ 的期望不依赖于 X 的任何观测点取值的变化而变化,且总为常数零。该假设表明 μ 与 X 不存在任何形式的相关性,因此该假设成立时也往往称 X 为外生解释变量(exogenous explanatory variable)或称 X 是严格外生的(strictly exogenous),否则称 X 为内生解释变量(endogenous explanatory variable)。该假设最为重要,只有该假设成立时,总体回归函数的随机形式(2.1.7)才能等价于非随机形式(2.1.4)。

需要注意的是,当随机干扰项 μ 的条件零均值假设成立时,根据期望迭代法则(law of iterated expectations)一定有如下非条件零均值性质:

$$E(\mu_i) = E(E(\mu_i | X)) = E(0) = 0 \tag{2.3.6}$$

同时,当随机干扰项 μ 的条件零均值假设成立时,可得到随机干扰项与解释变量之间的不相关性,即

$$\mathrm{Cov}(X,\mu_i) = E(X\mu_i) - E(X)E(\mu_i) = E(X\mu_i) = 0$$

其中最后一个等式仍可通过期望迭代法则推出。这一性质意味着任何观测点处的 X 都与 μ_i 不相关,当然也包括第 i 个观测点处的 X_i 与 μ_i 的不相关性,即有

$$\mathrm{Cov}(X_i,\mu_i) = E(X_i\mu_i) = 0 \tag{2.3.7}$$

这时,也称 X 是同期外生的(contemporaneously exogenous)或称 X 与 μ 同期不相关(contemporaneously uncorrelated)。这一特征在回归分析中十分重要,尤其是在模型的参数估计中扮演着重要的角色,第三章、第四章中将进一步讨论。

假设 4:随机干扰项 μ 具有给定 X 任何值条件下的同方差性及不序列相关性,即

$$\mathrm{Var}(\mu_i | X) = \sigma^2 \qquad i=1,2,\cdots,n \tag{2.3.8}$$

$$\mathrm{Cov}(\mu_i,\mu_j | X) = 0 \quad i \neq j \tag{2.3.9}$$

随机干扰项 μ 的条件同方差假设意味着 μ 的方差不依赖于 X 的变化而变化,且总为常数 σ^2。在 μ 的条件零均值与条件同方差假设下,总体回归函数可显示为图 2.3.1。

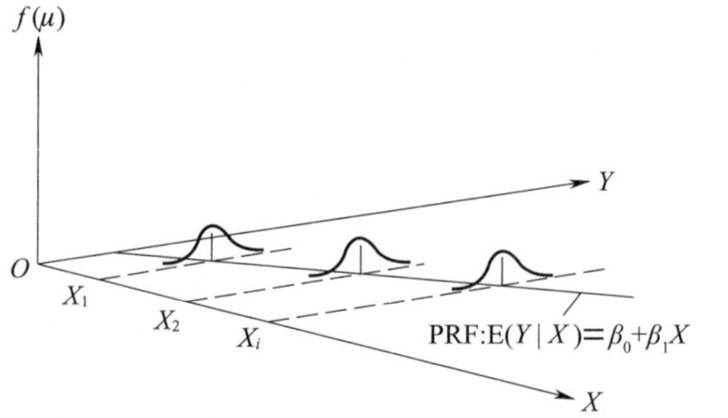

图 2.3.1　μ 的条件零均值与条件同方差假设下的总体回归函数

同样地,随机干扰项 μ 的条件同方差假设成立时,根据期望迭代法则一定有如下非条件同方差性质:

$$\mathrm{Var}(\mu_i) = \sigma^2 \tag{2.3.10}$$

另外,在随机干扰项零均值的假设下,同方差还可写成如下的表达式:

$$\mathrm{Var}(\mu_i|X)=\mathrm{E}(\mu_i^2|X)-[\mathrm{E}(\mu_i|X)]^2$$

$$=\mathrm{E}(\mu_i^2|X)=\sigma \qquad (2.3.11)$$

或

$$\mathrm{Var}(\mu_i)=\mathrm{E}(\mu_i^2)-[\mathrm{E}(\mu_i)]^2=\mathrm{E}(\mu_i^2)=\sigma^2 \qquad (2.3.12)$$

随机干扰项 μ 的条件不序列相关性表明在给定解释变量的任何值时，任意两个不同观测点的随机干扰项不相关。同样地，式(2.3.9)可等价地表示为：

$$\mathrm{Cov}(\mu_i,\mu_j|X)=\mathrm{E}[(\mu_i|X)(\mu_j|X)]=0 \qquad (2.3.13)$$

假设 5：随机干扰项服从零均值、同方差的正态分布。即

$$\mu_i|X\sim N(0,\sigma^2) \qquad (2.3.14)$$

假设 5 是为通过样本回归函数推断总体回归函数的需要而提出的，尤其是在小样本下，该假设显得十分重要。在大样本的情况下，正态性假设可以放松，因为根据中心极限定理，当样本容量趋于无穷大时，在大多数情况下，随机干扰项的分布会越来越接近正态分布。

以上假设也称为线性回归模型的经典假设(classical assumption)，满足该假设的线性回归模型，也称为经典线性回归模型(classical linear regression model，CLRM)。而前 4 个假设也专门称为高斯-马尔可夫假设(Gauss-Markov assumption)，这些假设能够保证模型参数的最小二乘估计量具有良好的统计性质。

最后需要指出，在上述经典假设下，线性回归模型(2.3.1)中被解释变量 Y 具有如下条件分布特征：

$$Y|X\sim N(\beta_0+\beta_1X,\sigma^2) \qquad (2.3.15)$$

图 2.3.2 描绘出了总体回归函数与 Y 的条件分布状况。

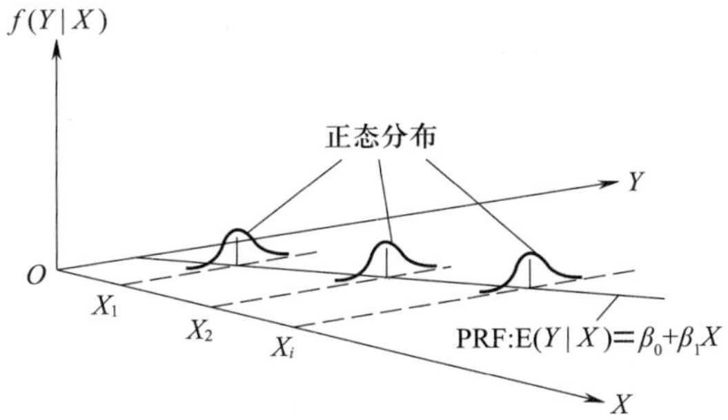

图 2.3.2 总体回归函数与 Y 的条件分布图

在实际建立模型的过程中，除了随机干扰项的正态性假设外，对模型是否满足其他假设都要进行检验。这就是“建立计量经济学模型步骤”中“计量经济学检验”的任务。对于随机干扰项的正态性假设，根据中心极限定理，如果仅包括原生的随机干扰，当样本容量趋于无穷大时，都是满足的。如果包括衍生的随机误差，即使样本容量趋于无穷大，正态性假设也经常是不满足的。

二、普通最小二乘估计量的统计性质

根据统计学知识，用于估计总体参数的样本统计量，主要从如下几个方面考察其优劣

性:(1) 无偏性,即它的期望值是否等于总体参数的真实值;(2) 有效性,即它的是否在无偏估计量中具有最小方差;(3) 一致性,即样本容量趋于无穷大时,它是否依概率收敛于总体的真值。

这里,前两个准则也称作估计量的有限样本性质或小样本性质(small-sample properties),因为一旦某估计量具有该类性质,它是不以样本的大小而改变的。后一个准则称为估计量的无限样本性质或大样本渐近性质(large-sample asymptotic properties)。一个"好"的估计量应既满足小样本性质,也满足大样本性质。在现实中,估计量的小样本性质有时无法满足,这时考察样本容量无限增大时估计量的渐近性质就显得格外重要。需要说明的是,在大样本下,人们还会关注估计量的渐近有效性,即考察样本容量趋于无穷大时,它在所有的一致估计量中是否具有最小的渐近方差。由于有效性涉及与其他估计量方差的比较,有时考察过程十分复杂,甚至无法比较,因此,人们更多地关注一致性。另外,虽然不重要,有时人们也会关心估计量是否具有线性性,即它是否是另一随机变量的线性函数。如果是,会对问题的讨论带来方便。

1. 最小二乘估计量的小样本性质

(1) 线性性。即估计量 $\hat{\beta}_0$,$\hat{\beta}_1$是 Y_i的线性组合。由式(2.2.7)可知

$$\hat{\beta}_1=\frac{\sum x_i y_i}{\sum x_i^2}=\frac{\sum x_i(Y_i-\overline{Y})}{\sum x_i^2}=\frac{\sum x_i Y_i}{\sum x_i^2}+\frac{\overline{Y}\sum x_i}{\sum x_i^2}=\sum k_i Y_i$$

其中,$k_i=\frac{x_i}{\sum x_i^2}$。同样可得

$$\hat{\beta}_0=\overline{Y}-\hat{\beta}_1\overline{X}=\frac{1}{n}\sum Y_i-\sum k_i Y_i\overline{X}=\sum\left(\frac{1}{n}-\overline{X}k_i\right)Y_i=\sum w_i Y_i$$

其中,$w_i=\frac{1}{n}-\overline{X}k_i$。

(2) 无偏性。即以 X 的所有样本值为条件,估计量 $\hat{\beta}_0$,$\hat{\beta}_1$的期望等于总体回归参数真值 β_0与 β_1。由线性性得

$$\hat{\beta}_1=\sum k_i Y_i=\sum k_i(\beta_0+\beta_1 X_i+\mu_i)=\beta_0\sum k_i+\beta_1\sum k_i X_i+\sum k_i\mu_i$$

易知,$\sum k_i=\frac{\sum x_i}{\sum x_i^2}=0$,$\sum k_i X_i=1$,故

$$\hat{\beta}_1=\beta_1+\sum k_i\mu_i$$

$$\mathrm{E}(\hat{\beta}_1|X)=\mathrm{E}[(\beta_1+\sum k_i\mu_i)|X]=\beta_1+\sum k_i\mathrm{E}(\mu_i|X)=\beta_1$$

同样地,容易得出

$$\mathrm{E}(\hat{\beta}_0|X)=\mathrm{E}[(\beta_0+\sum w_i\mu_i)|X]=\beta_0+\sum k_i\mathrm{E}(\mu_i|X)=\beta_0$$

(3) 有效性(最小方差性)。即在所有线性无偏估计量中,普通最小二乘估计量 $\hat{\beta}_0$,$\hat{\beta}_1$具有最小方差。

首先,由 $\hat{\beta}_1$,$\hat{\beta}_0$是关于 Y_i的线性函数,可求得它们的条件方差为

$$\mathrm{Var}(\hat{\beta}_1|X)=\mathrm{Var}(\sum k_iY_i|X)=\sum k_i^2\mathrm{Var}[(\beta_0+\beta_1X_i+\mu_i)|X]=\sum k_i^2\mathrm{Var}(\mu_i|X)$$

$$=\sum\left(\frac{x_i}{\sum x_i^2}\right)^2\sigma^2=\frac{\sigma^2}{\sum x_i^2} \tag{2.3.16}$$

$$\mathrm{Var}(\hat{\beta}_0|X)=\mathrm{Var}(\sum w_iY_i|X)=\sum w_i^2\mathrm{Var}[(\beta_0+\beta_1X_i+\mu_i)|X]=\sum(1/n-\overline{X}k_i)^2\sigma^2$$

$$=\sum\left[\left(\frac{1}{n}\right)^2-2\frac{1}{n}\overline{X}k_i+\overline{X}^2k_i^2\right]\sigma^2=\left(\frac{1}{n}-\frac{2}{n}\overline{X}\sum k_i+\overline{X}^2\sum\left(\frac{x_i}{\sum x_i^2}\right)^2\right)\sigma^2$$

$$=\left(\frac{1}{n}+\frac{\overline{X}^2}{\sum x_i^2}\right)\sigma^2=\frac{\sum x_i^2+n\overline{X}^2}{n\sum x_i^2}\sigma^2=\frac{\sum X_i^2}{n\sum x_i^2}\sigma^2 \tag{2.3.17}$$

其次,假设 $\hat{\beta}_1^*$ 是其他估计方法得到的关于 β_1 的线性无偏估计量:

$$\hat{\beta}_1^*=\sum c_iY_i$$

其中,$c_i=k_i+d_i$,d_i 为不全为零的常数,则容易证明(参见:潘文卿,李子奈. 计量经济学(第五版)学习指南与练习.北京:高等教育出版社,2021)。

$$\mathrm{Var}(\hat{\beta}_1^*|X)\geqslant\mathrm{Var}(\hat{\beta}_1|X)$$

同理,设 $\hat{\beta}_0^*$ 是其他估计方法得到的关于 β_0 的线性无偏估计量,则有

$$\mathrm{Var}(\hat{\beta}_0^*|X)\geqslant\mathrm{Var}(\hat{\beta}_0|X)$$

由以上分析可以看出,普通最小二乘估计量具有线性性、无偏性、有效性等优良性质,称为**最佳线性无偏估计量**(best linear unbiased estimator,BLUE),这就是著名的**高斯-马尔可夫定理**(Gauss-Markov theorem)。显然这些优良的性质依赖于对模型的基本假设。

2. 最小二乘估计量的大样本性质

对于线性回归模型的普通最小二乘估计量,除了拥有一个"好"的估计量所应具备的小样本性质外,它也拥有"好"的大样本性质,即 $\hat{\beta}_0$,$\hat{\beta}_1$ 具有一致性。下面给出 $\hat{\beta}_1$ 一致性的证明,$\hat{\beta}_0$ 一致性的证明留作练习。

$$P\lim(\hat{\beta}_1)=P\lim(\beta_1+\sum k_i\mu_i)=P\lim(\beta_1)+P\lim\left(\frac{\sum x_i\mu_i}{\sum x_i^2}\right)$$

$$=\beta_1+\frac{P\lim(\sum x_i\mu_i/n)}{P\lim(\sum x_i^2/n)}$$

在简单随机抽样中,样本观测点相互独立,并且具有与总体相同的概率分布,因此根据大数定律(the law of large numbers),等式右边第二项分子是 X_i 与 μ_i 的样本协方差的概率极限,$P\lim(\sum x_i\mu_i/n)=P\lim[\sum(X_i-\overline{X})(\mu_i-\overline{\mu})/n]=\mathrm{Cov}(X_i,\mu_i)=\mathrm{E}(X_i\mu_i)$,根据基本假设,其值为0;而分母是 X 的样本方差的概率极限,$P\lim(\sum x_i^2/n)=\mathrm{Var}(X_i)$,由基本假设,它为一有限常数 Q,因此

$$P\lim(\hat{\beta}_1)=\beta_1+\frac{0}{Q}=\beta_1$$

值得注意的是,从一致性的证明中可看到,在大样本下,有些基本假设是可以放松的。

在小样本下无偏性的证明中，要求假设 3 成立，即随机干扰项 μ_i 关于解释变量的任何取值的条件期望为零，或者说解释变量 X 是严格外生的。但在一致性的证明中，只要求 X_i 与 μ_i 的协方差 $\mathrm{Cov}(X_i,\mu_i)$ 为零，或者说 X 与 μ 不同期相关（X 同期外生）即可。这一条件比 X 的严格外生要求弱。

§2.4 一元线性回归模型的统计检验

回归分析是要定量考察变量间的因果关系。在一元线性模型的经典假设下，通过普通最小二乘法估计出的样本回归函数具有良好的统计性质，因此可通过样本回归函数对总体的变量间的关系进行统计检验，如解释变量 X 是否对被解释变量 Y 呈现显著的线性影响关系。统计检验也称为统计推断（statistical inference），主要包括变量的显著性检验及参数的区间估计。

一、参数估计量的概率分布及随机干扰项方差的估计

1. 参数估计量 $\hat{\beta}_0$ 和 $\hat{\beta}_1$ 的概率分布

通过参数的样本估计量对总体的未知参数进行统计检验或统计推断，首先需要进一步确定参数估计量的概率分布。由于普通最小二乘估计量 $\hat{\beta}_1$ 和 $\hat{\beta}_0$ 分别是 Y_i 的线性组合，因此 $\hat{\beta}_1$，$\hat{\beta}_0$ 的概率分布取决于 Y 的分布。在 μ 是正态分布的假设下，以 X 为条件，Y 呈现正态分布：

$$Y|X\sim N(\beta_0+\beta_1X,\sigma^2) \tag{2.4.1}$$

因此，$\hat{\beta}_1$ 和 $\hat{\beta}_0$ 也服从正态分布，其分布特征由其均值和方差唯一决定。由此，以 X 的样本值为条件，有

$$\hat{\beta}_1\sim N\left(\beta_1,\frac{\sigma^2}{\sum x_i^2}\right) \tag{2.4.2}$$

$$\hat{\beta}_0\sim N\left(\beta_0,\frac{\sum X_i^2}{n\sum x_i^2}\sigma^2\right) \tag{2.4.3}$$

在大样本下，可以放松经典假设，如将 X 的严格外生假设放松至与 μ 同期无关，同时无须 μ 的正态分布假设，只要像简单随机抽样那样获得的样本观测点是独立、同分布的（independent and identically distributed，i. i. d），也可以得到 $\hat{\beta}_1$ 和 $\hat{\beta}_0$ 的渐近分布呈现形如式（2.4.2）与式（2.4.3）的正态分布（证明超出本书范围，可参考：潘文卿，李子奈. 计量经济学（第五

版)学习指南与练习.北京:高等教育出版社,2021),可记为

$$\hat{\beta}_1 \overset{a}{\sim} N\left(\beta_1, \frac{\sigma^2}{\sum x_i^2}\right) \tag{2.4.4}$$

$$\hat{\beta}_0 \overset{a}{\sim} N\left(\beta_0, \frac{\sum X_i^2}{n\sum x_i^2}\sigma^2\right) \tag{2.4.5}$$

2. 随机干扰项 μ 的方差 σ^2 的估计

在估计的参数 $\hat{\beta}_0$ 和 $\hat{\beta}_1$ 的方差表达式中,都含有随机干扰项的方差 σ^2。由于 σ^2 实际上是未知的,因此 $\hat{\beta}_0$ 和 $\hat{\beta}_1$ 的方差实际上无法得到,这就需要对其进行估计。由于随机干扰项 μ_i 不可观测,只能从 μ_i 的估计——残差 e_i 出发,对总体方差 σ^2 进行估计。可以证明 σ^2 的最小二乘估计量为(参见:潘文卿,李子奈.计量经济学(第五版)学习指南与练习.北京:高等教育出版社,2021)

$$\hat{\sigma}^2 = \frac{\sum e_i^2}{n-2} \tag{2.4.6}$$

它是关于 σ^2 的无偏估计量。

在随机干扰项 μ_i 的方差 σ^2 被估计出后,参数 $\hat{\beta}_1$ 和 $\hat{\beta}_0$ 的方差的样本估计量分别是:

$$S_{\hat{\beta}_1}^2 = \hat{\sigma}^2 / \sum x_i^2, \quad S_{\hat{\beta}_0}^2 = \hat{\sigma}^2 \sum X_i^2 / n\sum x_i^2 \tag{2.4.7}$$

二、变量的显著性检验

变量的显著性检验,旨在对模型中被解释变量与解释变量之间的线性关系是否显著成立做出推断,或者说考察所选择的解释变量是否对被解释变量有显著的线性影响。变量的显著性检验所应用的方法是统计学中的假设检验。

1. 假设检验

假设检验是统计推断的一个主要内容,它的基本任务是根据样本所提供的信息,对未知总体分布某些方面的假设做出合理的判断。

假设检验的程序是,先根据实际问题的要求提出一个论断,称为统计假设,记为 H_0;然后根据样本的有关信息,对 H_0 的真伪进行判断,做出拒绝 H_0 或不拒绝 H_0 的决策。

假设检验的基本思想是概率性质的反证法。为了检验原假设 H_0 是否正确,先假定这个假设是正确的,看由此能推出什么结果。如果导致一个不合理的结果,则表明"假设 H_0 为正确"是错误的,即原假设 H_0 不正确,因此要拒绝原假设 H_0。如果没有导致一个不合理现象的出现,则不能认为原假设 H_0 不正确,因此不能拒绝原假设 H_0。

概率性质的反证法的根据是小概率事件原理,该原理认为"小概率事件在一次试验中几乎是不可能发生的"。在原假设 H_0 下构造一个事件,这个事件在"原假设 H_0 是正确"的条件下是一个小概率事件。随机抽取一组容量为 n 的样本观测值进行该事件的试验,如果该事件发生了,说明"原假设 H_0 正确"是错误的,因为不应该出现的小概率事件出现了。因而应该拒绝原假设 H_0。反之,如果该小概率事件没有出现,就没有理由拒绝原假设 H_0。

2. 变量的显著性检验：t 检验

对于一元线性回归方程中的 $\hat{\beta}_1$，在满足基本经典假设条件下，它服从正态分布

$$\hat{\beta}_1 \sim N\left(\beta_1, \frac{\sigma^2}{\sum x_i^2}\right)$$

进一步根据统计学中的定义，如果真实的 σ^2 未知，而用它的无偏估计量 $\hat{\sigma}^2 = \sum e_i^2/(n-2)$ 替代时，可构造如下统计量

$$t = \frac{\hat{\beta}_1 - \beta_1}{\sqrt{\hat{\sigma}^2/\sum x_i^2}} = \frac{\hat{\beta}_1 - \beta_1}{S_{\hat{\beta}_1}} \tag{2.4.8}$$

则该统计量服从自由度为 $n-2$ 的 t 分布。因此，可用该统计量作为 β_1 显著性检验的 t 统计量。

在大样本下，只要样本是通过简单随机抽样获得的，则无须随机干扰项的正态分布假设，也可得到如式(2.4.4)所示的 $\hat{\beta}_1$ 的渐近正态分布。因此，也可构造形如式(2.4.8)的 t 统计量，这时该统计量渐近地服从自由度为 $n-2$ 的 t 分布，记为

$$t = \frac{\hat{\beta}_1 - \beta_1}{\sqrt{\hat{\sigma}^2/\sum x_i^2}} = \frac{\hat{\beta}_1 - \beta_1}{S_{\hat{\beta}_1}} \overset{a}{\sim} t(n-2) \tag{2.4.9}$$

因此，大样本下，仍然可以用传统的 t 统计量来检验 β_1 的显著性。

在一元回归分析中，人们关心的是解释变量 X 是否对被解释变量有显著的线性影响关系，于是，在变量显著性检验中设计的原假设与备择假设分别为：

$$H_0: \beta_1 = 0 \qquad H_1: \beta_1 \neq 0$$

通过样本完成参数估计后，由式(2.4.8)计算 t 的数值（其中 $\beta_1 = 0$）。给定一个显著性水平 α，比如 0.05，查 t 分布表（见附录），得到临界值 $t_{\frac{\alpha}{2}}(n-2)$。如果发生了 $|t| > t_{\frac{\alpha}{2}}(n-2)$，表明原假设下小概率事件发生了，则在 α 的显著性水平下拒绝原假设 H_0，称变量 X 是显著的；否则，称 X 不显著。

类似地，对于一元线性回归方程中的截距项 β_0，可构造如下 t 统计量进行显著性检验：

$$t = \frac{\hat{\beta}_0 - \beta_0}{\sqrt{\hat{\sigma}^2 \sum X_i^2 / n \sum x_i^2}} = \frac{\hat{\beta}_0 - \beta_0}{S_{\hat{\beta}_0}} \tag{2.4.10}$$

小样本下，当模型满足基本经典假设时，该统计量服从自由度为 $n-2$ 的 t 分布；大样本下，只要样本观测点满足独立、同分布性（i. i. d.），无须随机干扰项的正态性假设，该统计量渐近地服从自由度为 $n-2$ 的 t 分布。检验的原假设一般仍为 $\beta_0 = 0$。

需要说明的是，在小样本与大样本下，变量显著性检验的 t 统计量的构造是相同的，只不过在小样本下，当模型的随机干扰项满足正态性假设时，构造的 t 统计量服从标准的 t 分布；如果不满足正态性假设，则构造的 t 统计量不再恰好是 t 分布。这时如果仍沿用 t 分布的信息进行检验，则会误导结论。而在大样本下，该统计量又近似地服从 t 分布，可沿用 t 分布的信息进行检验。那么，当样本容量多大时才被认为是大样本呢？目前仍没有一个一般性的规定。统计学上给出的一个经验说法是，$n \geqslant 30$ 时为大样本。而对计量经济学模型来

说，当模型中包含更多的解释变量时，为了保证自由度，样本容量应该更大一些。

在例 2.1.1 及例 2.2.1 的可支配收入-消费支出例子中，首先计算 σ^2 的估计值

$$\hat{\sigma}^2=\frac{\sum e_i^2}{n-2}=\frac{\sum y_i^2-\hat{\beta}_1^2\sum x_i^2}{n-2}=\frac{3\ 354\ 955-0.67^2\times 7\ 425\ 000}{10-2}=2\ 734$$

于是 $\hat{\beta}_1$ 和 $\hat{\beta}_0$ 的标准差的估计值分别是：

$$S_{\hat{\beta}_1}=\sqrt{\hat{\sigma}^2/\sum x_i^2}=\sqrt{2\ 734/7\ 425\ 000}=\sqrt{0.000\ 4}=0.019$$

$$S_{\hat{\beta}_0}=\sqrt{\hat{\sigma}^2\sum X_i^2/n\sum x_i^2}=\sqrt{2\ 734\times 53\ 650\ 000/10\times 7\ 425\ 000}=44.45$$

t 统计量的计算结果分别为：

$$t_1=\hat{\beta}_1/S_{\hat{\beta}_1}=0.67/0.019=35.26$$

$$t_0=\hat{\beta}_0/S_{\hat{\beta}_0}=142.40/44.45=3.20$$

给定一个显著性水平 $\alpha=0.05$，查 t 分布表中自由度为 8（在这个例子中 $n-2=8$）、$\alpha=0.05$ 的临界值，得到 $t_{\frac{\alpha}{2}}(8)=2.306$。可见 $|t_1|>t_{\frac{\alpha}{2}}(n-2)$，说明家庭可支配收入在 5%的显著性水平下显著，即通过了变量显著性检验。同样地，$|t_0|>t_{\frac{\alpha}{2}}(n-2)$，表明在 5%的显著性水平下，拒绝截距项为零的假设。

三、参数检验的置信区间估计

假设检验可以通过一次抽样的结果检验总体参数可能值的范围（最常用的假设是总体参数值为零），但它一次只能检验一个“点”。参数的置信区间估计，则可以一次估计出参数可能取值的一个区间范围，而且这个区间范围能够给予一个概率上的保证。

参数的置信区间估计的基本做法是，预先选择一个概率 $\alpha(0<\alpha<1)$，并求一个正数 δ，使得随机区间（random interval）$(\hat{\beta}_j-\delta,\hat{\beta}_j+\delta)$ 包含参数 β_j 的真值的概率为 $1-\alpha$。即：

$$P(\hat{\beta}_j-\delta\leqslant\beta_j\leqslant\hat{\beta}_j+\delta)=1-\alpha$$

如果存在这样一个区间，称为置信区间（confidence interval）；$1-\alpha$ 称为置信系数（置信度）（confidence coefficient），α 称为显著性水平（level of significance）；置信区间的端点称为置信限（confidence limit）。

在变量的显著性检验中，构造如下 t 统计量：

$$t=\frac{\hat{\beta}_j-\beta_j}{S_{\hat{\beta}_j}}\qquad j=0,1$$

小样本下，模型满足基本经典假设时，它服从精确的 t 分布；大样本下，放松基本假设，它也近似服从 t 分布。这就是说，在小样本或大样本下，如果给定置信度 $1-\alpha$，都可从 t 分布表中查得自由度为 $n-2$ 的临界值 $t_{\frac{\alpha}{2}}$，那么 t 值处在 $(-t_{\frac{\alpha}{2}},t_{\frac{\alpha}{2}})$ 的概率是 $1-\alpha$。表示为：

$$P(-t_{\frac{\alpha}{2}}<t<t_{\frac{\alpha}{2}})=1-\alpha$$

即

$$P\left(-t_{\frac{\alpha}{2}}<\frac{\hat{\beta}_j-\beta_j}{S_{\hat{\beta}_j}}<t_{\frac{\alpha}{2}}\right)=1-\alpha$$

$$P(\hat{\beta}_j-t_{\frac{\alpha}{2}}\times S_{\hat{\beta}_j}<\beta_j<\hat{\beta}_j+t_{\frac{\alpha}{2}}\times S_{\hat{\beta}_j})=1-\alpha$$

于是 $1-\alpha$ 的置信度下 β_j 的置信区间是

$$(\hat{\beta}_j-t_{\frac{\alpha}{2}}\times S_{\hat{\beta}_j},\hat{\beta}_j+t_{\frac{\alpha}{2}}\times S_{\hat{\beta}_j}) \tag{2.4.11}$$

在例 2.1.1 与例 2.2.1 中，如果给定 $\alpha=0.01$，查表得：

$$t_{\frac{\alpha}{2}}(n-2)=t_{0.005}(8)=3.355$$

从假设检验中已经得到：

$$S_{\hat{\beta}_1}=0.019,\quad S_{\hat{\beta}_0}=44.45$$

于是，根据式(2.4.11)计算得到 β_1，β_0 的 99% 的置信区间分别为(0.61，0.73)和(−6.73，291.53)。显然，参数 β_1 的置信区间小于 β_0 的置信区间。

由于置信区间是一个以样本估计值为中心的参数值可能范围的区间，它也一定程度地给出了样本参数估计值与总体参数真值的“接近”程度，因此，置信区间越小越好。如何才能缩小置信区间？从式(2.4.11)不难看出：(1) 增大样本容量 n。样本容量变大，可使样本参数估计量的标准差减小；同时，在同样的显著性水平下，n 越大，t 分布表中的临界值越小。(2) 提高模型的拟合优度，因为样本参数估计量的标准差与残差平方和成正比，模型拟合优度越高，残差平方和越小。

§2.5　一元线性回归分析的应用：预测问题

计量经济学模型的一个重要应用是经济预测。对于一元线性回归模型

$$\hat{Y}_i=\hat{\beta}_0+\hat{\beta}_1X_i$$

如果给定样本以外的解释变量的观测值 X_0，可以得到被解释变量的预测值 $\hat{Y}_0$，可以此作为其条件均值 $\mathrm{E}(Y|X=X_0)$ 或个别值 Y 的一个近似估计。严格地说，这只是被解释变量的预测值的估计值，而不是预测值。原因在于两方面：一是模型中的参数估计量是不确定的，二是随机项的影响。所以，我们得到的仅是预测值的一个估计值，预测值仅以某一个置信度处于以该估计值为中心的一个区间中。预测在更大程度上说是一个区间估计问题。

一、预测值是条件均值或个别值的一个无偏估计

在总体回归函数为 $\mathrm{E}(Y|X)=\beta_0+\beta_1X$ 的情况下，Y 在 $X=X_0$ 时的条件均值为

$$E(Y|X=X_0)=\beta_0+\beta_1 X_0$$

通过样本回归函数 $\hat{Y}=\hat{\beta}_0+\hat{\beta}_1 X$,求得 $X=X_0$条件下的拟合值为

$$\hat{Y}_0=\hat{\beta}_0+\hat{\beta}_1 X_0$$

$$E(\hat{Y}_0)=E(\hat{\beta}_0+\hat{\beta}_1 X_0)=E(\hat{\beta}_0)+X_0 E(\hat{\beta}_1)=\beta_0+\beta_1 X_0 \tag{2.5.1}$$

另一方面,在总体回归模型为 $Y=\beta_0+\beta_1 X+\mu$ 的情况下,Y 在 $X=X_0$条件下的值为

$$Y_0=\beta_0+\beta_1 X_0+\mu$$

$$E(Y_0)=E(\beta_0+\beta_1 X_0+\mu)=\beta_0+\beta_1 X_0+E(\mu)=\beta_0+\beta_1 X_0 \tag{2.5.2}$$

式(2.5.1)与式(2.5.2)说明,在 $X=X_0$条件下,样本估计值 $\hat{Y}_0$是总体均值 $E(Y|X=X_0)$和个别值 Y_0的无偏估计,因此可用 $\hat{Y}_0$作为 $E(Y|X=X_0)$与 Y_0的预测值。

二、总体条件均值与个别值预测值的置信区间

1. 总体条件均值预测值的置信区间

由于

$$\hat{Y}_0=\hat{\beta}_0+\hat{\beta}_1 X_0$$

且

$$\hat{\beta}_1 \sim N\left(\beta_1,\frac{\sigma^2}{\sum x_i^2}\right),\ \hat{\beta}_0 \sim N\left(\beta_0,\frac{\sum X_i^2}{n\sum x_i^2}\sigma^2\right)$$

则

$$E(\hat{Y}_0)=E(\hat{\beta}_0)+X_0 E(\hat{\beta}_1)=\beta_0+\beta_1 X_0$$

$$\mathrm{Var}(\hat{Y}_0)=\mathrm{Var}(\hat{\beta}_0)+2X_0\mathrm{Cov}(\hat{\beta}_0,\hat{\beta}_1)+X_0^2\mathrm{Var}(\hat{\beta}_1) \tag{2.5.3}$$

可以证明(参见:潘文卿,李子奈.计量经济学(第五版)学习指南与练习.北京:高等教育出版社,2021)。

$$\mathrm{Cov}(\hat{\beta}_0,\hat{\beta}_1)=-\sigma^2\bar{X}/\sum x_i^2$$

因此

$$\begin{aligned}\mathrm{Var}(\hat{Y}_0)&=\frac{\sigma^2\sum X_i^2}{n\sum x_i^2}-\frac{2X_0\bar{X}\sigma^2}{\sum x_i^2}+\frac{X_0^2\sigma^2}{\sum x_i^2}\\&=\frac{\sigma^2}{\sum x_i^2}\left(\frac{\sum X_i^2-n\bar{X}^2}{n}+\bar{X}^2-2X_0\bar{X}+X_0^2\right)\\&=\frac{\sigma^2}{\sum x_i^2}\left[\frac{\sum x_i^2}{n}+(X_0-\bar{X})^2\right]\\&=\sigma^2\left[\frac{1}{n}+\frac{(X_0-\bar{X})^2}{\sum x_i^2}\right]\end{aligned}$$

故

$$\hat{Y}_0 \sim N\left\{\beta_0+\beta_1 X_0,\sigma^2\left[\frac{1}{n}+\frac{(X_0-\bar{X})^2}{\sum x_i^2}\right]\right\} \tag{2.5.4}$$

将未知的 σ^2代以它的无偏估计量 $\hat{\sigma}^2$,则可构造 t 统计量

$$t=\frac{\hat{Y}_0-(\beta_0+\beta_1 X_0)}{S_{\hat{Y}_0}} \sim t(n-2)$$

其中
$$S_{\hat{Y}_0}=\sqrt{\hat{\sigma}^2\left(\frac{1}{n}+\frac{(X_0-\bar{X})^2}{\sum x_i^2}\right)}$$

于是,在 $1-\alpha$ 的置信度下,总体均值 $E(Y|X_0)$ 的置信区间为

$$\hat{Y}_0-t_{\frac{\alpha}{2}}\times S_{\hat{Y}_0}<E(Y|X_0)<\hat{Y}_0+t_{\frac{\alpha}{2}}\times S_{\hat{Y}_0} \tag{2.5.5}$$

2. 总体个别值预测值的置信区间

由 $Y_0=\beta_0+\beta_1X_0+\mu$ 知

$$Y_0\sim N(\beta_0+\beta_1X_0,\sigma^2)$$

于是
$$\hat{Y}_0-Y_0\sim N\left\{0,\sigma^2\left[1+\frac{1}{n}+\frac{(X_0-\bar{X})^2}{\sum x_i^2}\right]\right\} \tag{2.5.6}$$

将未知的 σ^2 代以它的无偏估计量 $\hat{\sigma}^2$,则可构造 t 统计量

$$t=\frac{\hat{Y}_0-Y_0}{S_{\hat{Y}_0-Y_0}}\sim t(n-2)$$

式中
$$S_{\hat{Y}_0-Y_0}=\sqrt{\hat{\sigma}^2\left[1+\frac{1}{n}+\frac{(X_0-\bar{X})^2}{\sum x_i^2}\right]}$$

从而在 $1-\alpha$ 的置信度下,Y_0 的置信区间为

$$\hat{Y}_0-t_{\frac{\alpha}{2}}\times S_{\hat{Y}_0-Y_0}<Y_0<\hat{Y}_0+t_{\frac{\alpha}{2}}\times S_{\hat{Y}_0-Y_0} \tag{2.5.7}$$

在例 2.1.1 及例 2.2.1 的可支配收入-消费支出例子中,得到的样本回归函数为

$$\hat{Y}_i=142.4+0.67X_i$$

则在 $X_0=1\ 000$ 处,

$$\hat{Y}_0=142.4+0.67\times1\ 000=812.4$$

它可作为总体均值 $E(Y|X=1\ 000)$ 或 Y 的个别值在 $X=1\ 000$ 处预测的估计值。而

$$\mathrm{Var}(\hat{Y}_0)=2\ 734\times\left[\frac{1}{10}+\frac{(1\ 000-2\ 150)^2}{7\ 425\ 000}\right]=760.4$$

$$S_{\hat{Y}_0}=27.6$$

因此,总体均值 $E(Y|X=1\ 000)$ 的 95%的置信区间为:

$$812.4-2.306\times27.6<E(Y|X=1\ 000)<812.4+2.306\times27.6$$

或为
$$(748.8,875.9)$$

同样地,对于 Y 在 $X=1\ 000$ 的个体值 Y_0,易知其 95%的置信区间为:

$$812.4-2.306\times59.1<Y|_{X=1\ 000}<812.4+2.306\times59.1$$

或为
$$(676.1,948.7)$$

如图 2.5.1 所示,如果对每个 X 值求其总体均值 $E(Y|X)$ 的 95%的置信区间,将区间端点连接起来,可以得到关于总体回归函数的置信带(域)(confidence band)。同样地,对每个 X 值求其个别值 Y 的 95%的置信区间,将区间端点连接起来,可以得到关于个别值 Y_0 的置信带(域)。可以看出,Y 的个别值 Y_0 的置信带比其总体均值的置信带宽。

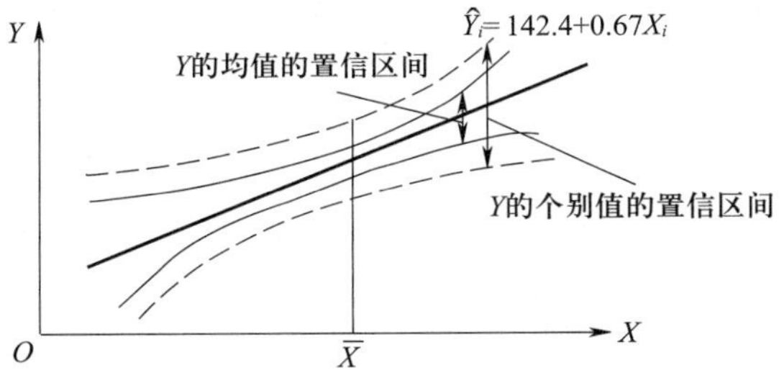

图 2.5.1 Y 的均值与个别值的置信区间

对于 Y 的总体均值 $E(Y_0)$ 与个别值 Y_0 的预测区间（置信区间），有：(1) 样本容量 n 越大，预测精度越高，反之预测精度越低。(2) 样本容量一定时，置信带的宽度在 X 的均值处最小，在其附近进行预测（插值预测）精度高；X 越远离其均值，置信带越宽，预测精度下降。

§2.6 建模实例

本节通过一个截面数据（cross-sectional data）的实例演示计量经济学模型建立的一般过程。

例 2.6.1

为考察中国内地居民 2018 年人均可支配收入与人均消费支出的关系，表 2.6.1 给出了内地 31 个省、直辖市、自治区以当年价测算的居民家庭年人均可支配收入（X）与年人均消费支出（Y）两组数据。由于表中是同一年份中不同地区居民家庭的人均可支配收入与人均消费支出数据，因此也称为截面数据（cross-sectional data）。

1. 建立模型

本例中我们假设拟建立如下一元回归模型：

$$Y=\beta_0+\beta_1 X+\mu$$

图 2.6.1 给出了采用软件 EViews9.0 对表 2.6.1 中的数据进行回归计算的结果。一般地，可写出如下回归结果：

$$\hat{Y}_i = 2\ 372.62+0.623\ 2X_i$$

$$(546.03) \quad (0.018)$$

$$n=31 \quad R^2=0.976\ 4 \quad F=1\ 199.28$$

表 2.6.1　中国内地各地区居民家庭人均全年可支配收入与人均全年消费支出　　单位：元

地区	可支配收入 X	消费支出 Y	地区	可支配收入 X	消费支出 Y
北京	62 361.2	39 842.7	湖北	25 814.5	19 537.8
天津	39 506.1	29 902.9	湖南	25 240.7	18 807.9
河北	23 445.7	16 722.0	广东	35 809.9	26 054.0
山西	21 990.1	14 810.1	广西	21 485.0	14 934.8
内蒙古	28 375.7	19 665.2	海南	24 579.0	17 528.4
辽宁	29 701.4	21 398.3	重庆	26 385.8	19 248.5
吉林	22 798.4	17 200.4	四川	22 460.6	17 663.6
黑龙江	22 725.8	16 994.0	贵州	18 430.2	13 798.1
上海	64 182.6	43 351.3	云南	20 084.2	14 249.9
江苏	38 095.8	25 007.4	西藏	17 286.1	11 520.2
浙江	45 839.8	29 470.7	陕西	22 528.3	16 159.7
安徽	23 983.6	17 044.6	甘肃	17 488.4	14 624.0
福建	32 643.9	22 996.0	青海	20 757.3	16 557.2
江西	24 079.7	15 792.0	宁夏	22 400.4	16 715.1
山东	29 204.6	18 779.8	新疆	21 500.2	16 189.1
河南	21 963.5	15 168.5			

资料来源：《中国统计年鉴》(2019)。

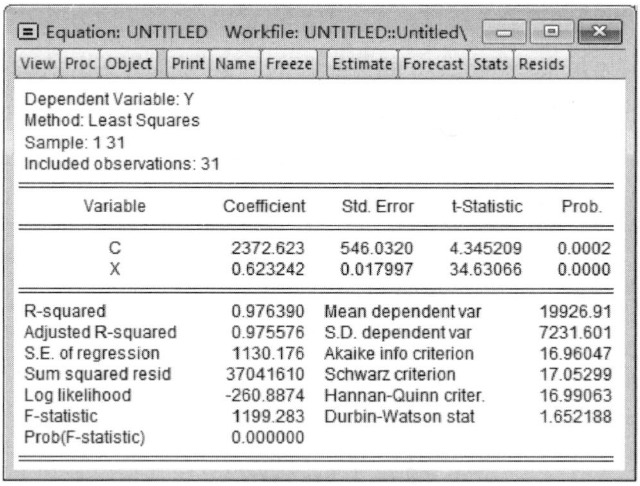
Equation: UNTITLED　Workfile: UNTITLED::Untitled\

View | Proc | Object | Print | Name | Freeze | Estimate | Forecast | Stats | Resids

Dependent Variable: Y
Method: Least Squares
Sample: 1 31
Included observations: 31

Variable	Coefficient	Std. Error	t-Statistic	Prob.
C	2372.623	546.0320	4.345209	0.0002
X	0.623242	0.017997	34.63066	0.0000

R-squared	0.976390	Mean dependent var	19926.91
Adjusted R-squared	0.975576	S.D. dependent var	7231.601
S.E. of regression	1130.176	Akaike info criterion	16.96047
Sum squared resid	37041610	Schwarz criterion	17.05299
Log likelihood	-260.8874	Hannan-Quinn criter.	16.99063
F-statistic	1199.283	Durbin-Watson stat	1.652188
Prob(F-statistic)	0.000000		

图 2.6.1　中国内地居民人均消费支出一元回归估计

其中，n 为样本容量，R^2 是可决系数，F 是一个重要的检验统计量，其含义将在后面的章节中介绍。参数估计下面的括号内的数字往往报告相应参数估计的标准差，有时括号中也可报告 t 统计量。目前越来越流行报告标准差，一个原因是对总体参数的假设并非一定都是零，当对其他取值的假设进行检验时，有了标准差就会更容易计算 t 值；另一个原因是有了标准差，计算置信区间也会更容易一些。在经验分析中，如果自由度超过 20，仍然检验的是总体参数为零这一原假设，则在报告标准差的情况下，可以看参数估计值的绝对值是否超过了标准差的 2 倍，如果是，往往意味着在 5% 的显著性水平下，拒绝参数为零的原假设，这即所谓经验上的"2 倍 t"法则("2-t" Rule)。

2. 模型检验

从回归估计的结果看，模型拟合较好。可决系数 $R^2=0.976\ 4$，表明中国内地居民人均消费支出变化的 97.64% 可由人均可支配收入的变化来解释。斜率项的 t 检验值为 $t=0.623\ 2/0.018\ 0=34.63$，大于 5% 显著性水平下自由度为 $n-2=29$ 的临界值 $t_{0.025}(29)=2.045$，且该斜率值有，$0<0.623\ 2<1$，符合经济理论中边际消费倾向在 0 与 1 之间的绝对收入假说，表明 2018 年中国内地居民家庭人均可支配收入每增加 1 元，人均消费支出增加 0.623 2元。

3. 预测

假设我们需要关注 2018 年人均可支配收入在 20 000 元这一档的家庭的人均消费支出问题。由上述回归方程可得该类家庭人均消费支出的预测值：

$$\hat{Y}_0=2\ 372.62+0.623\ 2\times 20\ 000=14\ 836.6(\text{元})$$

下面给出该类家庭人均消费支出 95% 置信度的预测区间。

由于人均可支配收入 X 的样本均值与样本的离差平方和为：

$$\bar{X}=28\ 166.1,\ \sum x_i^2=3\ 943\ 671\ 436$$

于是，在 95% 的置信度下，所有可支配收入在 20 000 元这一档的中国内地家庭人均消费支出的均值 $\mathrm{E}(Y_0)$ 的预测区间为：

$$14\ 836.6\pm 2.045\times\sqrt{\frac{37\ 041\ 610}{31-2}\times\left(\frac{1}{31}+\frac{(20\ 000-28\ 166.1)^2}{3\ 943\ 671\ 436}\right)}$$

$$=14\ 836.6\pm 512.5$$

或

$$(14\ 324.1,15\ 349.1)$$

如果我们想知道某地区某个家庭人均可支配收入为 20 000 元时，该家庭人均消费支出的个别值预测，则仍通过上述样本回归方程得到 14 836.6 元的消费支出预测值。

同样地，在 95% 的置信度下，该家庭人均消费支出的预测区间为：

$$14\ 836.6\pm 2.045\times\sqrt{\frac{37\ 041\ 610}{31-2}\times\left(1+\frac{1}{31}+\frac{(20\ 000-28\ 166.1)^2}{3\ 943\ 671\ 436}\right)}$$

$$=14\ 836.6\pm 2\ 367.3$$

或

$$(12\ 469.3,17\ 204.0)$$

本章练习题

1. 为什么计量经济学模型的理论方程中必须包含随机干扰项？

2. 下列计量经济学方程哪些是正确的？哪些是错误的？为什么？

(1) $Y_i=\alpha+\beta X_i \quad i=1,2,\cdots,n$；

(2) $Y_i=\alpha+\beta X_i+\mu_i \quad i=1,2,\cdots,n$；

(3) $Y_i=\hat{\alpha}+\hat{\beta} X_i+\mu_i \quad i=1,2,\cdots,n$；

(4) $\hat{Y}_i=\hat{\alpha}+\hat{\beta} X_i+\mu_i \quad i=1,2,\cdots,n$；

(5) $Y_i=\hat{\alpha}+\hat{\beta} X_i \quad i=1,2,\cdots,n$；

(6) $\hat{Y}_i=\hat{\alpha}+\hat{\beta} X_i \quad i=1,2,\cdots,n$；

(7) $Y_i=\hat{\alpha}+\hat{\beta} X_i+\hat{\mu}_i \quad i=1,2,\cdots,n$；

(8) $\hat{Y}_i=\hat{\alpha}+\hat{\beta} X_i+\hat{\mu}_i \quad i=1,2,\cdots,n$。

其中带“^”者表示“估计值”。

3. 一元线性回归模型的基本假设主要有哪些？违背基本假设的计量经济学模型是否就不可以估计？

4. 线性回归模型

$$Y_i=\alpha+\beta X_i+\mu_i \quad i=1,2,\cdots,n$$

的零均值假设是否可以表示为$\frac{1}{n}\sum_{i=1}^{n}\mu_i=0$？为什么？

5. 假设已经得到关系式 $Y=\beta_0+\beta_1 X$ 的最小二乘估计，试回答：

(1) 假设决定把变量 X 的单位扩大 10 倍，这样对原回归的斜率和截距会有什么样的影响？如果把变量 Y 的单位扩大 10 倍，又会怎样？

(2) 假定给 X 的每个观测值都增加 2，对原回归的斜率和截距会有什么样的影响？如果给 Y 的每个观测值都增加 2，又会怎样？

6. 假设在回归模型 $Y_i=\beta_0+\beta_1 X_i+\mu_i$ 中，用不为零的常数 δ 去乘每一个 X 值，这会不会改变 Y 的拟合值及残差？如果对每个 X 都加大一个非零常数 δ，又会怎样？

7. 假设有人做了如下的回归：

$$y_i=\hat{\beta}_0+\hat{\beta}_1 x_i+e_i$$

其中，y_i，x_i 分别为 Y_i，X_i 关于各自均值的离差。问 $\hat{\beta}_1$ 和 $\hat{\beta}_0$ 将分别取何值？

8. 记样本回归模型为 $Y_i=\hat{\beta}_0+\hat{\beta}_1 X_i+e_i$，试证明普通最小二乘估计的如下数值特征：

(1) 估计的 Y 的均值等于实测的 Y 的均值：$\overline{\hat{Y}}=\overline{Y}$；

（2）点$(\overline{X},\overline{Y})$总在样本回归线上；

（3）残差和为零，从而残差的均值为零：$\sum e_i=0,\bar{e}=0$；

（4）残差与 X 不相关：$\sum e_iX_i=0$；

（5）残差与估计的 Y 不相关：$\sum e_i\hat{Y}_i=0$；

（6）残差项与 Y 离差的估计不相关：$\sum e_i\hat{y}_i=0$。

9. 令 $\hat{\beta}_{YX}$ 和 $\hat{\beta}_{XY}$ 分别为 Y 对 X 回归和 X 对 Y 回归中的斜率，试证明：

$$\hat{\beta}_{YX}\hat{\beta}_{XY}=r^2$$

其中，r 为 X 与 Y 之相的线性相关系数。

10. 试证明：Y 关于 X 的普通最小二乘回归，其可决系数 R^2 就是 X 与 Y 之间线性相关系数 r 的平方。

11. 试证明：一元线性回归模型的截距项的普通最小二乘估计量 $\hat{\beta}_0$ 具有一致性。

12. 下面数据是依据 10 对 X 和 Y 的观察值得到的：

$$\sum Y_i=1\ 110;\ \sum X_i=1\ 680;\ \sum X_iY_i=204\ 200$$

$$\sum X_i^2=315\ 400;\ \sum Y_i^2=133\ 300$$

假定满足所有的古典线性回归模型的假设。试求：

（1）β_0,β_1 的估计值及其标准差。

（2）可决系数 R^2。

（3）对 β_0,β_1 分别建立 95% 的置信区间。利用置信区间法，你可以接受零假设 $\beta_1=0$ 吗？

13. 下表是中国内地某年各地区税收 Y 和国内生产总值 GDP 的统计资料。

单位：亿元

地区	Y	GDP	地区	Y	GDP
北京	1 435.7	9 353.3	湖北	434.0	9 230.7
天津	438.4	5 050.4	湖南	410.7	9 200.0
河北	618.3	13 709.5	广东	2 415.5	31 084.4
山西	430.5	5 733.4	广西	282.7	5 955.7
内蒙古	347.9	6 091.1	海南	88.0	1 223.3
辽宁	815.7	11 023.5	重庆	294.5	4 122.5
吉林	237.4	5 284.7	四川	629.0	10 505.3
黑龙江	335.0	7 065.0	贵州	211.9	2 741.9
上海	1 975.5	12 188.9	云南	378.6	4 741.3
江苏	1 894.8	25 741.2	西藏	11.7	342.2
浙江	1 535.4	18 780.4	陕西	355.5	5 465.8
安徽	401.9	7 364.2	甘肃	142.1	2 702.4
福建	594.0	9 249.1	青海	43.3	783.6
江西	281.9	5 500.3	宁夏	58.8	889.2
山东	1 308.4	25 965.9	新疆	220.6	3 523.2
河南	625.0	15 012.5			

要求，以手工和运用 EViews 软件（或其他软件）：

（1）作出散点图，建立税收随国内生产总值 GDP 变化的一元线性回归方程，并解释斜率的经济意义；

（2）对所建立的回归方程进行检验；

（3）若该年某地区国内生产总值为 8 500 亿元，求该地区税收的预测值及预测区间。

即测即评

第三章

经典单方程计量经济学模型：多元线性回归模型

在实际经济问题中，一个变量往往受到多个变量的影响。如家庭消费支出，除了受家庭可支配收入的影响外，还受诸如家庭所拥有的财富、物价水平、金融机构存款利息，甚至广告、就业状况等多种因素的影响，表现在线性回归模型中的解释变量有多个。这样的模型被称为**多元线性回归模型**。多元线性回归模型参数估计的原理与一元线性回归模型相同，只是计算更为复杂。

§3.1 多元线性回归模型

一、多元线性回归模型的形式

多元线性回归模型的一般形式为：

$$Y=\beta_0+\beta_1 X_1+\beta_2 X_2+\cdots+\beta_k X_k+\mu \tag{3.1.1}$$

其中 k 为解释变量的数目，$\beta_j(j=1,2,\cdots,k)$ 称为**回归参数**（regression coefficient）。人们习惯上把常数项看成一个虚变量的参数，在参数估计过程中该虚变量的样本观测值始终取 1。这样，模型中解释变量的数目为 $k+1$。

同一元回归分析一样，式（3.1.1）也被称为**总体回归函数**（population regression function）的随机表达形式。它的非随机表达式为

$$E(Y|X_1,X_2,\cdots X_k)=\beta_0+\beta_1 X_1+\beta_2 X_2+\cdots+\beta_k X_k \tag{3.1.2}$$

可见，多元回归分析是以多个解释变量的给定值为条件的回归分析，方程（3.1.2）表示各解释变量 X 值给定时 Y 的平均响应。β_j 也被称为**偏回归系数**（partial regression coefficient），表示在其他解释变量保持不变的情况下，X_j 每变化 1 单位时，Y 的均值 $E(Y)$ 的变化，或者说 β_j 给出 X_j 的单位变化对 Y 均值的“直接”或“净”（不含其他变量）影响。

如果给出一组观测值$\{(X_{i1},X_{i2},\cdots,X_{ik},Y_i):i=1,2,\cdots,n\}$,则总体回归模型还可写成如下形式

$$Y_i=\beta_0+\beta_1X_{i1}+\beta_2X_{i2}+\cdots+\beta_kX_{ik}+\mu_i \quad i=1,2\cdots,n \tag{3.1.3}$$

或

$$Y_i=\boldsymbol{X}_i\boldsymbol{\beta}+\mu_i \quad i=1,2\cdots,n \tag{3.1.4}$$

其中,$\boldsymbol{X}_i=(1,X_{i1},X_{i2},\cdots,X_{ik})$,这里 $\boldsymbol{X}_i$ 代表向量;$\boldsymbol{\beta}=(\beta_0,\beta_1,\cdots,\beta_k)'$。

由式(3.1.3)或式(3.1.4)表示的 n 个随机方程的矩阵表达式为:

$$\boldsymbol{Y}=\boldsymbol{X\beta}+\boldsymbol{\mu} \tag{3.1.5}$$

其中

$$\boldsymbol{Y}=\begin{bmatrix}Y_1\\Y_2\\\vdots\\Y_n\end{bmatrix}_{n\times1},\boldsymbol{X}=\begin{bmatrix}1&X_{11}&X_{12}&\cdots&X_{1k}\\1&X_{21}&X_{22}&\cdots&X_{2k}\\\vdots&\vdots&\vdots&&\vdots\\1&X_{n1}&X_{n2}&\cdots&X_{nk}\end{bmatrix}_{n\times(k+1)},\boldsymbol{\beta}=\begin{bmatrix}\beta_0\\\beta_1\\\vdots\\\beta_k\end{bmatrix}_{(k+1)\times1},\boldsymbol{\mu}=\begin{bmatrix}\mu_1\\\mu_2\\\vdots\\\mu_n\end{bmatrix}_{n\times1}$$

与一元回归分析相仿,在给出总体中的一个样本时,我们估计样本回归函数(sample regression function),并让它近似代表未知的总体回归函数。

样本回归函数可表示为

$$\hat{Y}=\hat{\beta}_0+\hat{\beta}_1X_1+\hat{\beta}_2X_2+\cdots+\hat{\beta}_kX_k \tag{3.1.6}$$

其随机表达式为

$$Y=\hat{\beta}_0+\hat{\beta}_1X_1+\hat{\beta}_2X_2+\cdots+\hat{\beta}_kX_k+e \tag{3.1.7}$$

其中 e 称为残差或剩余项(residual),可看成是总体回归函数中随机干扰项 μ 的近似替代。

在一个容量为 n 的样本下,样本回归函数式(3.1.6)与式(3.1.7)也可表示如下

$$\hat{Y}_i=\hat{\beta}_0+\hat{\beta}_1X_{i1}+\hat{\beta}_2X_{i2}+\cdots+\hat{\beta}_kX_{ik} \tag{3.1.8}$$

$$Y_i=\hat{\beta}_0+\hat{\beta}_1X_{i1}+\hat{\beta}_2X_{i2}+\cdots+\hat{\beta}_kX_{ik}+e_i \tag{3.1.9}$$

同样地,式(3.1.8)与式(3.1.9)中样本回归函数的矩阵表达式分别为:

$$\hat{\boldsymbol{Y}}=\boldsymbol{X}\hat{\boldsymbol{\beta}} \tag{3.1.10}$$

$$\boldsymbol{Y}=\boldsymbol{X}\hat{\boldsymbol{\beta}}+\boldsymbol{e} \tag{3.1.11}$$

其中

$$\hat{\boldsymbol{Y}}=\begin{pmatrix}\hat{Y}_1\\\hat{Y}_2\\\vdots\\\hat{Y}_n\end{pmatrix},\hat{\boldsymbol{\beta}}=\begin{pmatrix}\hat{\beta}_0\\\hat{\beta}_1\\\vdots\\\hat{\beta}_k\end{pmatrix},\boldsymbol{e}=\begin{pmatrix}e_1\\e_2\\\vdots\\e_n\end{pmatrix}$$

二、多元线性回归模型的基本假定

为了使参数估计量具有良好的统计性质,对多元线性回归模型可做出类似于一元线性

回归分析那样的若干基本假设。

假设 1:回归模型是正确设定的。

假设 2:解释变量 $X_1,X_2,\cdots,X_k$ 在简单随机抽取的样本中具有变异性,各 $X_j(j=1,2,\cdots,k)$ 之间不存在严格线性相关性(无完全多重共线性),而且随着样本容量的无限增加,解释变量的样本形成的矩阵 $\boldsymbol{X}'\boldsymbol{X}/n$ 依概率收敛于一可逆的有限常矩阵 $\boldsymbol{Q}$。

假设 3:随机干扰项具有条件零均值性。

$$\mathrm{E}(\mu_i|X_1,X_2,\cdots,X_k)=0 \quad i=1,2,\cdots,n$$

假设 4:随机干扰项具有条件同方差及不序列相关性

$$\mathrm{Var}(\mu_i|X_1,X_2,\cdots,X_k)=\sigma^2 \quad i=1,2,\cdots,n$$

$$\mathrm{Cov}(\mu_i,\mu_j|X_1,X_2,\cdots,X_k)=0,i\neq j \quad i,j=1,2,\cdots,n$$

假设 5:随机干扰项满足正态分布

$$\mu_i|X_1,X_2,\cdots,X_k\sim N(0,\sigma^2)$$

与一元线性回归模型的假设相比,假设 2 中对各 X_j 之间不存在严格线性相关性的要求是多元回归模型所特有的。同样地,与一元线性回归模型相类似,由假设 3 可以得到随机干扰项的非条件零均值特性,以及与各解释变量间的不相关特性:

$$\mathrm{E}(\mu_i)=0$$

$$\mathrm{Cov}(\mu_i,X_j)=\mathrm{E}(X_j\mu_i)=0 \quad j=1,2,\cdots,k$$

为了书写方便,上述假设 2 至假设 5 还可用矩阵符号来表示:

假设 2:$n\times(k+1)$ 矩阵 $\boldsymbol{X}$ 的秩 $R(\boldsymbol{X})=k+1$,即 $\boldsymbol{X}$ 列满秩,且

$$\underset{n\to\infty}{P\lim}\boldsymbol{X}'\boldsymbol{X}/n\to\boldsymbol{Q} \tag{3.1.12}$$

其中,$\boldsymbol{Q}$ 为一可逆有限矩阵

假设 3:

$$\mathrm{E}(\boldsymbol{\mu}|\boldsymbol{X})=\boldsymbol{0} \tag{3.1.13}$$

假设 4:

$$\mathrm{Var}(\boldsymbol{\mu}|\boldsymbol{X})=\mathrm{E}(\boldsymbol{\mu}\boldsymbol{\mu}'|\boldsymbol{X})=\mathrm{E}\left(\begin{pmatrix}\mu_1^2 & \cdots & \mu_1\mu_n\\ \vdots & & \vdots\\ \mu_n\mu_1 & \cdots & \mu_n^2\end{pmatrix}\middle|\boldsymbol{X}\right)$$

$$=\begin{pmatrix}\sigma^2 & \cdots & 0\\ \vdots & & \vdots\\ 0 & \cdots & \sigma^2\end{pmatrix}=\sigma^2\boldsymbol{I}_n \tag{3.1.14}$$

其中,$\boldsymbol{I}_n$ 为一 n 阶单位矩阵。

假设 5:向量 $\boldsymbol{\mu}$ 服从一多维正态分布:

$$\boldsymbol{\mu}|\boldsymbol{X}\sim N(\boldsymbol{0},\sigma^2\boldsymbol{I}_n) \tag{3.1.15}$$

需要说明的是,由假设 3 得到的随机干扰项与各解释变量不相关特性,意味着任何观测点处的 μ 与任何观测点处的各 X 都是不相关的,其中自然包括了第 i 个观测点处的 μ 与该点处各 X 的不相关性,即各 X 是同期外生的或与 μ 同期不相关。记 $\boldsymbol{X}_i=(1,X_{i1},X_{i2},\cdots,X_{ik})$,则随机干扰项的非条件零均值特征及与各解释变量的同期不相关特征一并可写成如下矩阵形式:

$$\mathrm{E}(\boldsymbol{X}_i'\mu_i)=\mathbf{0} \quad i=1,2,\cdots,n \tag{3.1.16}$$

式(3.1.16)将在多元回归模型参数的估计中扮演重要的角色。

§3.2 多元线性回归模型的参数估计

同一元线性回归模型的参数估计一样，多元线性回归模型参数估计的任务有两项：一是求得反映变量之间数量关系的结构参数的估计量 $\hat{\beta}_j(j=0,1,\cdots,k)$；二是求得随机干扰项的方差估计 $\hat{\sigma}^2$。普通最小二乘法仍然是估计多元线性回归模型未知参数最常用的方法，可以证明，多元线性回归模型在满足 §3.1 所列的基本假设的情况下，可以得到参数的最佳线性无偏估计量。除了普通最小二乘法外，矩估计法以及最大似然法也是比较常用的估计方法，它们在基本假设下也可以得到具有良好统计性质的参数估计量。

一、普通最小二乘估计

1. 普通最小二乘估计及其矩阵表达

随机抽取容量为 n 的样本观测值 $\{(X_{i1},X_{i2},\cdots,X_{ik},Y_i):i=1,2,\cdots,n\}$，如果样本函数的参数估计值已经得到，则有：

$$\hat{Y}_i=\hat{\beta}_0+\hat{\beta}_1X_{i1}+\hat{\beta}_2X_{i2}+\cdots+\hat{\beta}_kX_{ik} \quad i=1,2\cdots,n \tag{3.2.1}$$

根据最小二乘原理，参数估计值应使

$$\begin{aligned} Q &= \sum_{i=1}^{n} e_i^2 = \sum_{i=1}^{n}(Y_i-\hat{Y}_i)^2 \\ &= \sum_{i=1}^{n}[Y_i-(\hat{\beta}_0+\hat{\beta}_1X_{i1}+\hat{\beta}_2X_{i2}+\cdots+\hat{\beta}_kX_{ik})]^2 \end{aligned} \tag{3.2.2}$$

达到最小。由微积分知识可知，只需要求 Q 关于 $\hat{\beta}_j(j=0,1\cdots,k)$ 的偏导数，并令其值为零，则可得到参数估计值的正规方程组：

$$\begin{cases} \sum(\hat{\beta}_0+\hat{\beta}_1X_{i1}+\hat{\beta}_2X_{i2}+\cdots+\hat{\beta}_kX_{ik})=\sum Y_i \\ \sum X_{i1}(\hat{\beta}_0+\hat{\beta}_1X_{i1}+\hat{\beta}_2X_{i2}+\cdots+\hat{\beta}_kX_{ik})=\sum X_{i1}Y_i \\ \sum X_{i2}(\hat{\beta}_0+\hat{\beta}_1X_{i1}+\hat{\beta}_2X_{i2}+\cdots+\hat{\beta}_kX_{ik})=\sum X_{i2}Y_i \\ \cdots\cdots\cdots\cdots \\ \sum X_{ik}(\hat{\beta}_0+\hat{\beta}_1X_{i1}+\hat{\beta}_2X_{i2}+\cdots+\hat{\beta}_kX_{ik})=\sum X_{ik}Y_i \end{cases} \tag{3.2.3}$$

解这 $k+1$ 个方程组成的线性代数方程组，即可得到 $k+1$ 个参数的估计值 $\hat{\beta}_j, j=0,1,2,\cdots,k$。

式(3.2.3)的矩阵形式如下：

$$\begin{pmatrix} n & \sum X_{i1} & \cdots & \sum X_{ik} \\ \sum X_{i1} & \sum X_{i1}^2 & \cdots & \sum X_{i1}X_{ik} \\ \vdots & \vdots & & \vdots \\ \sum X_{ik} & \sum X_{ik}X_{i1} & \cdots & \sum X_{ik}^2 \end{pmatrix} \begin{pmatrix} \hat{\beta}_0 \\ \hat{\beta}_1 \\ \vdots \\ \hat{\beta}_k \end{pmatrix} = \begin{pmatrix} 1 & 1 & \cdots & 1 \\ X_{11} & X_{21} & \cdots & X_{n1} \\ \vdots & \vdots & & \vdots \\ X_{1k} & X_{2k} & \cdots & X_{nk} \end{pmatrix} \begin{pmatrix} Y_1 \\ Y_2 \\ \vdots \\ Y_n \end{pmatrix}$$

即

$$(\boldsymbol{X}'\boldsymbol{X})\hat{\boldsymbol{\beta}} = \boldsymbol{X}'\boldsymbol{Y} \tag{3.2.4}$$

由 $\boldsymbol{X}$ 的列满秩性可得 $\boldsymbol{X}'\boldsymbol{X}$ 为满秩对称阵，故有

$$\hat{\boldsymbol{\beta}} = (\boldsymbol{X}'\boldsymbol{X})^{-1}\boldsymbol{X}'\boldsymbol{Y} \tag{3.2.5}$$

例 3.2.1

在例 2.1.1 的家庭可支配收入-消费支出例中，

$$(\boldsymbol{X}'\boldsymbol{X}) = \begin{pmatrix} 1 & 1 & \cdots & 1 \\ X_1 & X_2 & \cdots & X_n \end{pmatrix} \begin{pmatrix} 1 & X_1 \\ 1 & X_2 \\ \vdots & \vdots \\ 1 & X_n \end{pmatrix} = \begin{pmatrix} n & \sum X_i \\ \sum X_i & \sum X_i^2 \end{pmatrix} = \begin{pmatrix} 10 & 21\ 500 \\ 21\ 500 & 53\ 650\ 000 \end{pmatrix}$$

$$\boldsymbol{X}'\boldsymbol{Y} = \begin{pmatrix} 1 & 1 & \cdots & 1 \\ X_1 & X_2 & \cdots & X_n \end{pmatrix} \begin{pmatrix} Y_1 \\ Y_2 \\ \vdots \\ Y_n \end{pmatrix} = \begin{pmatrix} \sum Y_i \\ \sum X_i Y_i \end{pmatrix} = \begin{pmatrix} 15\ 829 \\ 39\ 007\ 100 \end{pmatrix}$$

可求得

$$(\boldsymbol{X}'\boldsymbol{X})^{-1} = \begin{pmatrix} 0.722\ 6 & -0.000\ 3 \\ -0.000\ 3 & 1.35\times10^{-7} \end{pmatrix}$$

于是

$$\hat{\boldsymbol{\beta}} = \begin{pmatrix} \hat{\beta}_0 \\ \hat{\beta}_1 \end{pmatrix} = \begin{pmatrix} 0.722\ 6 & -0.000\ 3 \\ -0.000\ 3 & 1.35\times10^{-7} \end{pmatrix} \begin{pmatrix} 15\ 829 \\ 39\ 007\ 100 \end{pmatrix} = \begin{pmatrix} 142.4 \\ 0.67 \end{pmatrix}$$ ①

2. 离差形式的普通最小二乘估计

对于式(3.2.3)的正规方程组

$$\boldsymbol{X}'\boldsymbol{X}\hat{\boldsymbol{\beta}} = \boldsymbol{X}'\boldsymbol{Y}$$

将 $\boldsymbol{Y} = \boldsymbol{X}\hat{\boldsymbol{\beta}} + \boldsymbol{e}$ 代入得

① 该数据为软件计算所得，由于计算过程存在四舍五入，与手工计算结果会存在出入。

$$\boldsymbol{X}'\boldsymbol{X}\hat{\boldsymbol{\beta}}=\boldsymbol{X}'\boldsymbol{X}\hat{\boldsymbol{\beta}}+\boldsymbol{X}'\boldsymbol{e}$$

于是

$$\boldsymbol{X}'\boldsymbol{e}=\boldsymbol{0} \tag{3.2.6}$$

或

$$\begin{cases}\sum e_i=0\\ \sum_i X_{ij}e_i=0 \quad j=1,2,\cdots,k\end{cases}$$

式(3.2.6)是多元线性回归模型正规方程组的另一种写法。由此容易得到多元回归分析中的样本回归模型的离差形式：

$$y_i=\hat{\beta}_1x_{i1}+\hat{\beta}_2x_{i2}+\cdots+\hat{\beta}_kx_{ik}+e_i \quad i=1,2,\cdots,n \tag{3.2.7}$$

其矩阵形式为：

$$\boldsymbol{y}=\boldsymbol{x}\,\hat{\boldsymbol{\beta}}+\boldsymbol{e} \tag{3.2.8}$$

其中，

$$\boldsymbol{y}=\begin{pmatrix}y_1\\y_2\\\vdots\\y_n\end{pmatrix},\boldsymbol{x}=\begin{pmatrix}x_{11}&x_{12}&\cdots&x_{1k}\\x_{21}&x_{22}&\cdots&x_{2k}\\\vdots&\vdots&&\vdots\\x_{n1}&x_{n2}&\cdots&x_{nk}\end{pmatrix},\hat{\boldsymbol{\beta}}=\begin{pmatrix}\hat{\beta}_1\\\hat{\beta}_2\\\vdots\\\hat{\beta}_k\end{pmatrix}$$

于是容易推出，离差形式下参数的最小二乘估计结果：

$$\begin{cases}\hat{\boldsymbol{\beta}}=(\boldsymbol{x}'\boldsymbol{x})^{-1}\boldsymbol{x}'\boldsymbol{y}\\ \hat{\beta}_0=\overline{Y}-\hat{\beta}_1\overline{X}_1-\cdots-\hat{\beta}_k\overline{X}_k\end{cases} \tag{3.2.9}$$

3. 随机干扰项 μ 的方差的普通最小二乘估计

可以证明（参见：潘文卿，李子奈．计量经济学（第五版）学习指南与练习．北京：高等教育教育出版社，2021），在普通最小二乘法下，随机干扰项 μ 的方差的无偏估计量为：

$$\hat{\sigma}^2=\frac{\sum e_i^2}{n-k-1}=\frac{\boldsymbol{e}'\boldsymbol{e}}{n-k-1} \tag{3.2.10}$$

二、矩估计(MM)

普通最小二乘估计是通过得到一个关于参数估计值的正规方程组并对它进行求解而完成的。正规方程组(3.2.3)或(3.2.4)可以从矩估计(method of moment, MM)的思路来导出。

矩估计的基本原理是寻找一组总体矩条件，并通过对应的样本矩条件来推导出未知参数的解。§3.1 对多元线性回归模型的假设中，通过随机干扰项的条件零均值假设可以得到它的非条件零均值性以及它与各解释变量的同期不相关性，即存在如下一组总体矩条件：

$$\mathrm{E}(\boldsymbol{X}'_i\mu_i)=\boldsymbol{0} \tag{3.2.11}$$

其中，$\boldsymbol{X}_i=[1 \quad X_{i1} \quad X_{i2} \quad \cdots \quad X_{ik}]$。于是，对应的样本矩条件可写为

$$\frac{1}{n}\sum \boldsymbol{X}'_i(Y_i-\boldsymbol{X}_i\hat{\boldsymbol{\beta}}_{\mathrm{MM}})=\boldsymbol{0} \tag{3.2.12}$$

其中，$\hat{\boldsymbol{\beta}}_{\mathrm{MM}}$为该矩估计法下的矩估计量。可以证明（参见：潘文卿，李子奈．计量经济学（第五版）学习指南与练习．北京：高等教育出版社，2021），式（3.2.12）可等价地写为如下矩阵形式

$$\frac{1}{n}\boldsymbol{X}'(\boldsymbol{Y}-\boldsymbol{X}\hat{\boldsymbol{\beta}}_{\mathrm{MM}})=\boldsymbol{0}$$

由此得到形如式（3.2.4）的正规方程组

$$(\boldsymbol{X}'\boldsymbol{X})\hat{\boldsymbol{\beta}}_{\mathrm{MM}}=\boldsymbol{X}'\boldsymbol{Y}$$

解此正规方程组即得参数的矩估计量

$$\hat{\boldsymbol{\beta}}_{\mathrm{MM}}=(\boldsymbol{X}'\boldsymbol{X})^{-1}\boldsymbol{X}'\boldsymbol{Y} \tag{3.2.13}$$

可见矩估计的结果与普通最小二乘法的结果一致。当模型结构参数 $\hat{\boldsymbol{\beta}}$ 被估计出来之后，仍然通过

$$\hat{\sigma}_{\mathrm{MM}}^2=\frac{(\boldsymbol{Y}-\boldsymbol{X}\hat{\boldsymbol{\beta}}_{\mathrm{MM}})'(\boldsymbol{Y}-\boldsymbol{X}\hat{\boldsymbol{\beta}}_{\mathrm{MM}})}{n-k-1}=\frac{\sum e_i^2}{n-k-1} \tag{3.2.14}$$

来估计模型随机干扰项的方差，它也与普通最小二乘估计的结果相同。

值得一提的是，矩估计法是统计学中通过样本估计总体未知参数的一种最基本的方法，它与极大似然估计方法一起组成了参数估计的两大类估计方法。在对线性回归模型参数的估计中，矩估计与普通最小二乘法是完全等价的。

三、极大似然估计（ML）

极大似然法（maximum likelihood，ML），是统计学中不同于最小二乘法或矩估计法的另一种基本的参数估计方法，它是从最大似然原理出发发展起来的其他估计方法的基础。虽然在线性回归分析中其应用没有最小二乘法普遍，但在计量经济学理论上占据很重要的地位，因为极大似然原理比最小二乘原理更本质地揭示了通过样本估计总体参数的内在机理。计量经济学理论的发展更多地是以极大似然原理为基础的，对于一些特殊的计量经济学模型，只有极大似然方法才是成功的估计方法。

对于最小二乘法，当从模型总体随机抽取 n 组样本观测值后，最合理的参数估计量应该使得模型能最好地拟合样本数据。而对于极大似然法，当从模型总体随机抽取 n 组样本观测值后，最合理的参数估计量应该使得从模型中抽取该 n 组样本观测值的概率最大。显然，这是从不同原理出发的两种参数估计方法。

从总体中随机抽取容量为 n 的样本，由于在抽样中，样本观测值都会以一定的概率出现，如果已经知道总体的参数，当然由变量的频率函数可以计算其概率。如果只知道总体服从某种分布，但不知道其分布参数，则可以通过随机样本求出总体的参数估计量。以正态分布的总体为例，不同的参数对应不同的总体，如果已经得到容量为 n 的样本，要问的是哪个总体最可能产生这个样本呢？显然，应该是使该样本观测点的联合概率最大的那个总体。将样本观测值联合概率函数称为似然函数（likelihood function），则使似然函数取极大值的总体就是所要寻找的总体，该总体的参数即是所要求的参数。通过似然函数极大化以求得总

体参数估计量的方法被称为极大似然法。

对于多元线性回归模型(3.1.4)，由基本假设

$$\mu_i \sim N(0,\sigma^2)$$

所以

$$Y_i \sim N(\boldsymbol{X}_i\boldsymbol{\beta},\sigma^2)$$

简单随机抽样下，$\boldsymbol{Y}$ 的 n 个样本观测值的联合概率为

$$\begin{aligned} L(\boldsymbol{\beta},\sigma^2) &= P(Y_1,Y_2,\cdots,Y_n) \\ &= \frac{1}{(2\pi)^{\frac{n}{2}}\sigma^n} \mathrm{e}^{-\frac{1}{2\sigma^2}\sum[Y_i-(\beta_0+\beta_1X_{i1}+\beta_2X_{i2}+\cdots+\beta_kX_{ik})]^2} \\ &= \frac{1}{(2\pi)^{\frac{n}{2}}\sigma^n} \mathrm{e}^{-\frac{1}{2\sigma^2}(\boldsymbol{Y}-\boldsymbol{X\beta})'(\boldsymbol{Y}-\boldsymbol{X\beta})} \end{aligned} \tag{3.2.15}$$

这就是变量 $\boldsymbol{Y}$ 的似然函数。对数似然函数为

$$\begin{aligned} L^* &= \ln L \\ &= -n\ln(\sqrt{2\pi}\,\sigma) - \frac{1}{2\sigma^2}(\boldsymbol{Y}-\boldsymbol{X\beta})'(\boldsymbol{Y}-\boldsymbol{X\beta}) \end{aligned} \tag{3.2.16}$$

设 $\hat{\boldsymbol{\beta}}_{\mathrm{ML}}$ 与 $\hat{\sigma}^2_{\mathrm{ML}}$ 为使该似然函数最得最大值的参数估计，则有

$$\frac{\partial L^*}{\partial \hat{\boldsymbol{\beta}}^2_{\mathrm{ML}}} = \frac{1}{\hat{\sigma}^2_{\mathrm{ML}}}\boldsymbol{X}'(\boldsymbol{Y}-\boldsymbol{X}\hat{\boldsymbol{\beta}}_{\mathrm{ML}}) = \boldsymbol{0}$$

$$\frac{\partial L^*}{\partial \hat{\sigma}^2_{\mathrm{ML}}} = -\frac{n\pi}{2\pi\hat{\sigma}^2_{\mathrm{ML}}} + \frac{(\boldsymbol{Y}-\boldsymbol{X}\hat{\boldsymbol{\beta}}_{\mathrm{ML}})'(\boldsymbol{Y}-\boldsymbol{X}\hat{\boldsymbol{\beta}}_{\mathrm{ML}})}{2\hat{\sigma}^4_{\mathrm{ML}}} = 0$$

解该方程组，可得到参数的极大似然估计

$$\hat{\boldsymbol{\beta}}_{\mathrm{ML}} = (\boldsymbol{X}'\boldsymbol{X})^{-1}\boldsymbol{X}'\boldsymbol{Y} \tag{3.2.17}$$

$$\hat{\sigma}^2_{\mathrm{ML}} = \frac{(\boldsymbol{Y}-\boldsymbol{X}\hat{\boldsymbol{\beta}})'(\boldsymbol{Y}-\boldsymbol{X}\hat{\boldsymbol{\beta}})}{n} = \frac{\boldsymbol{e}'\boldsymbol{e}}{n} = \frac{\sum e_i^2}{n} \tag{3.2.18}$$

可以看出，模型结构参数 $\boldsymbol{\beta}$ 的极大似然估计量与普通最小二乘估计量以及矩估计量完全相同，但分布参数 σ^2 的极大似然估计量却与普通最小二乘估计量以及矩估计量略有差异。需要注意的是，在线性回归模型的随机干扰项正态分布假设下，模型结构参数 $\boldsymbol{\beta}$ 的极大似然估计量恰好与普通最小二乘估计量以及矩估计量相同，如果干扰项不是正态分布，则参数 $\boldsymbol{\beta}$ 的极大似然估计量会有所不同。

四、拟合优度

1. 可决系数

在一元线性回归模型中，使用可决系数 R^2 来衡量样本回归线对样本观测值的拟合程度。在多元线性回归模型中，也是用该统计量来衡量样本回归线对样本观测值的拟合程度的。

记 $\mathrm{TSS}=\sum(Y_i-\overline{Y})^2=\sum y_i^2$ 为总离差平方和，$\mathrm{ESS}=\sum(\hat{Y}_i-\overline{Y})^2=\sum \hat{y}_i^2$ 为回归平方和，RSS＝

$\sum(Y_i-\hat{Y}_i)^2=\sum e_i^2$为剩余平方和，则类似于一元回归总离差平方和的分解，有

$$\sum y_i^2=\sum \hat{y}_i^2+\sum e_i^2+2\sum \hat{y}_i e_i$$

多元回归中仍可以证明$\sum \hat{y}_i e_i=0$（留作练习），所以有

$$\sum y_i^2=\sum \hat{y}_i^2+\sum e_i^2$$

或

$$\text{TSS}=\text{ESS}+\text{RSS} \tag{3.2.19}$$

即总离差平方和可分解为回归平方和与剩余平方和两部分。回归平方和反映了总离差平方和中可由样本回归线解释的部分，它越大，剩余平方和越小，表明样本回归线与样本观测值的拟合程度越高。因此，类似于一元回归中对拟合优度的定义，可用回归平方和占总离差平方和的比重来衡量样本回归线对样本观测值的拟合程度：

$$R^2=\frac{\text{ESS}}{\text{TSS}}=1-\frac{\text{RSS}}{\text{TSS}} \tag{3.2.20}$$

R^2越接近于1，模型的拟合优度越高。

2. 调整的可决系数

在应用过程中发现，如果在模型中增加一个解释变量，R^2往往增大。这是因为残差平方和往往随着解释变量个数的增加而减少，至少不会增加。这就给人一个错觉：要想使模型拟合得好，只要增加解释变量即可。但是，现实情况可能是，由增加解释变量个数引起的R^2的增大与拟合好坏无关，因此在多元回归模型之间比较拟合优度，R^2就不是一个适合的指标，必须加以调整。

在样本容量一定的情况下，增加解释变量必定使得自由度减少，所以调整的思路是将残差平方和与总离差平方和分别除以各自的自由度，以剔除变量个数对拟合优度的影响。记$\bar{R}^2$为调整的可决系数（adjusted coefficient of determination），则有

$$\bar{R}^2=1-\frac{\text{RSS}/(n-k-1)}{\text{TSS}/(n-1)} \tag{3.2.21}$$

其中$n-k-1$为残差平方和的自由度，$n-1$为总离差平方和的自由度。显然，如果增加的解释变量没有解释能力，则对残差平方和RSS的减小没有多大帮助，却增加待估参数的个数，从而使$\bar{R}^2$不增反降。因此，在多元回归中，调整的可决系数往往用来帮助判断是否将一个新的变量作为解释变量引入模型。如果新解释变量的引入使得$\bar{R}^2$增大了，表明该变量对被解释变量的变化有解释能力，可以引入模型。当然，是否真的需要引入，还需要与其他统计检验一起进行综合判断。在下一部分中，将推导出$\bar{R}^2$与另一个统计量F的关系，那时会对$\bar{R}^2$有新的认识。

*3. 赤池信息准则和施瓦茨准则

为了比较所含解释变量个数不同的多元回归模型的拟合优度，常用的标准还有赤池信息准则（Akaike information criterion，AIC）和施瓦茨准则（Schwarz criterion，SC，有时也称为贝叶斯信息准则（Bayesian information criterion，BIC））。它们有不同的计算版本，但其基本定义式分别为

$$\mathrm{AIC}=\ln\frac{\boldsymbol{e}'\boldsymbol{e}}{n}+\frac{2(k+1)}{n} \tag{3.2.22}$$

$$\mathrm{SC}=\ln\frac{\boldsymbol{e}'\boldsymbol{e}}{n}+\frac{k+1}{n}\ln n \tag{3.2.23}$$

这两准则均要求仅当所增加的解释变量能够减少 AIC 值或 SC 值时才在原模型中增加该解释变量。显然,与调整的可决系数相仿,如果增加的解释变量没有解释能力,则对残差平方和 $\boldsymbol{e}'\boldsymbol{e}$ 的减小没有多大帮助,却增加 k 的值,这时可能导致 AIC 值或 SC 值增加。

五、多元线性回归模型估计实例

例 3.2.2

居民的收入水平决定了其消费支出水平,但不同收入来源水平的变动对消费水平的影响是有差异的。从中国的统计资料看,城镇居民人均收入来源主要包括工资收入、经营收入、财产收入与转移收入 4 大项,而从当前的情况看,广大居民的收入主要来源于工资收入,其他 3 项来源的收入相对来说要小得多。表 3.2.1 给出了 2018 年中国内地 31 个省、市、自治区城镇居民人均工资收入、其他收入以及人均消费支出的数据,从 31 个省、市、自治区简单算术平均数据看,人均工资收入为 22 995.4 元,人均其他收入为 14 755.0 元,前者约是后者的 1.6 倍。为了考察人均工资收入与其他收入的变动如何具体影响城镇居民的人均消费支出,我们考虑建立二元线性模型。

表 3.2.1 中国内地各地区城镇居民人均收入与人均消费支出 单位:元

地区	工资收入 X_1	其他收入 X_2	消费支出 Y	地区	工资收入 X_1	其他收入 X_2	消费支出 Y
北京	40 489.3	27 500.6	42 925.6	湖北	18 997.1	15 457.5	23 995.9
天津	27 557.0	15 419.3	32 655.1	湖南	20 021.5	16 676.7	25 064.2
河北	20 988.0	11 989.2	22 127.4	广东	32 180.1	12 160.9	30 924.3
山西	18 572.4	12 462.4	19 789.8	广西	18 083.9	14 352.1	20 159.4
内蒙古	23 302.3	15 002.4	24 437.1	海南	21 506.3	11 842.3	22 971.2
辽宁	20 626.2	16 715.7	26 447.9	重庆	20 054.0	14 835.3	24 154.2
吉林	18 978.2	11 193.7	22 393.7	四川	19 032.7	14 183.2	23 483.9
黑龙江	16 705.7	12 485.6	21 035.5	贵州	17 392.1	14 199.8	20 787.9
上海	39 145.5	28 888.1	46 015.2	云南	18 743.9	14 744.0	21 626.4
江苏	28 136.3	19 063.6	29 461.9	西藏	25 499.8	8 297.6	23 029.4
浙江	31 148.0	24 426.3	34 597.9	陕西	19 352.5	13 966.7	21 966.4
安徽	20 974.0	13 419.1	21 522.7	甘肃	19 930.1	10 026.9	22 606.0
福建	25 890.9	16 230.4	28 145.1	青海	21 718.7	9 795.8	22 997.5
江西	21 451.1	12 368.3	20 760.0	宁夏	21 337.5	10 557.7	21 976.7
山东	25 040.7	14 508.7	24 798.4	新疆	21 953.0	10 810.6	24 191.4
河南	18 049.3	13 824.9	20 989.2				

资料来源:根据《中国统计年鉴》(2019)整理。

软件 EViews9.0 估计结果如图 3.2.1 所示。可将该二元线性回归模型的估计报告如下：

$$\hat{Y}=1\ 873.4+0.713\ 6X_1+0.483\ 7X_2$$
$$(1\ 098.4)\quad(0.067)\quad(0.084)$$
$$n=31,\quad R^2=0.946\ 8,\quad \bar{R}^2=0.943\ 0,\quad F=249.26$$

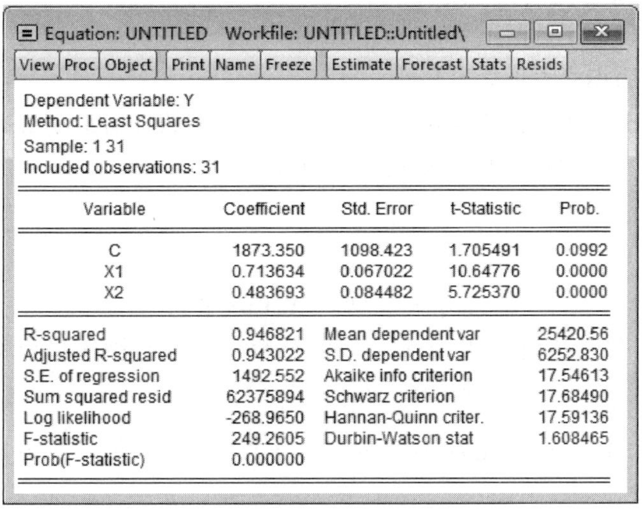

Equation: UNTITLED Workfile: UNTITLED::Untitled\

View | Proc | Object | Print | Name | Freeze | Estimate | Forecast | Stats | Resids

Dependent Variable: Y
Method: Least Squares
Sample: 1 31
Included observations: 31

Variable	Coefficient	Std. Error	t-Statistic	Prob.
C	1873.350	1098.423	1.705491	0.0992
X1	0.713634	0.067022	10.64776	0.0000
X2	0.483693	0.084482	5.725370	0.0000

R-squared	0.946821	Mean dependent var	25420.56
Adjusted R-squared	0.943022	S.D. dependent var	6252.830
S.E. of regression	1492.552	Akaike info criterion	17.54613
Sum squared resid	62375894	Schwarz criterion	17.68490
Log likelihood	-268.9650	Hannan-Quinn criter.	17.59136
F-statistic	249.2605	Durbin-Watson stat	1.608465
Prob(F-statistic)	0.000000		

图 3.2.1 中国城镇居民人均消费支出二元回归估计

上述样本回归函数下面括号中的数字为参数估计的标准差，n 为样本容量。可以看出，两个解释变量的参数估计值分别为 0.713 6、0.483 7，都为正数，且都处于 0 与 1 之间，这些参数估计值的经济含义是合理的。随机误差项的方差的估计值为

$$\hat{\sigma}^2=62\ 375\ 894/(31-3)=2\ 227\ 710.5$$

模型中的拟合优度为 $R^2=0.946\ 8$，调整的可决系数 $\bar{R}^2=0.943\ 0$，这对截面数据来说应是很好的拟合结果了。如果去掉其他来源的收入项 X_2，只保留工资收入项，则回归结果显示 $\bar{R}^2=0.940$。因此，模型中引入其他来源的收入项提高了模型的解释能力，换言之，其他收入项应该作为重要的解释变量引入模型中来。类似地，当引入其他来源的收入项时，AIC 值与 SC 值分别为 17.55 与 17.68。如果去掉其他来源的收入项，则 AIC 值与 SC 值分别变化成 18.26 与 18.35。因此，仍需将其他来源的收入项作为解释变量引入模型中。

§3.3 多元线性回归模型的统计性质与统计检验

多元线性回归模型的参数估计出来，即求出样本回归函数后，还需进一步对参数估计量

的统计性质进行考察,分析不同的估计方法下是否具有良好的小样本性质与大样本性质。如果统计性质优良,则意味着相应的估计方法是可取的,可以进一步通过该样本回归函数对总体回归模型的特征进行统计检验。

一、参数估计量的统计性质

1. 参数估计量的小样本性质

在多元线性回归模型满足基本假设的情况下,其参数的普通最小二乘估计量、矩估计量及极大似然估计量仍具有线性性、无偏性和有效性。

(1) 线性性。

由于

$$\hat{\boldsymbol{\beta}}=(\boldsymbol{X}'\boldsymbol{X})^{-1}\boldsymbol{X}'\boldsymbol{Y}=\boldsymbol{C}\boldsymbol{Y}$$

其中 $\boldsymbol{C}=(\boldsymbol{X}'\boldsymbol{X})^{-1}\boldsymbol{X}'$ 仅与给定的 $\boldsymbol{X}$ 有关,可见,参数估计量是被解释变量观测值 Y_i 的线性组合。

(2) 无偏性。在各解释变量样本值给定的条件下,参数估计量 $\hat{\boldsymbol{\beta}}$ 具有无偏性。证明如下:

由于

$$\hat{\boldsymbol{\beta}}=(\boldsymbol{X}'\boldsymbol{X})^{-1}\boldsymbol{X}'\boldsymbol{Y}=(\boldsymbol{X}'\boldsymbol{X})^{-1}\boldsymbol{X}'(\boldsymbol{X}\boldsymbol{\beta}+\boldsymbol{\mu})=\boldsymbol{\beta}+(\boldsymbol{X}'\boldsymbol{X})^{-1}\boldsymbol{X}'\boldsymbol{\mu}$$

于是

$$\mathrm{E}(\hat{\boldsymbol{\beta}}\mid\boldsymbol{X})=\boldsymbol{\beta}+(\boldsymbol{X}'\boldsymbol{X})^{-1}\boldsymbol{X}'\mathrm{E}(\boldsymbol{\mu}\mid\boldsymbol{X})=\boldsymbol{\beta} \tag{3.3.1}$$

这里利用了随机干扰项条件零均值的假设 $\mathrm{E}(\boldsymbol{\mu}\mid\boldsymbol{X})=\boldsymbol{0}$。

(3) 有效性。首先给出参数估计量 $\hat{\boldsymbol{\beta}}$ 的方差-协方差矩阵,给定 $\boldsymbol{X}$ 的条件下:

$$\begin{aligned}\mathrm{Var}(\hat{\boldsymbol{\beta}}\mid\boldsymbol{X})&=\mathrm{E}[(\hat{\boldsymbol{\beta}}-\mathrm{E}(\hat{\boldsymbol{\beta}}))(\hat{\boldsymbol{\beta}}-\mathrm{E}(\hat{\boldsymbol{\beta}}))'\mid\boldsymbol{X}]\\&=\mathrm{E}[(\hat{\boldsymbol{\beta}}-\boldsymbol{\beta})(\hat{\boldsymbol{\beta}}-\boldsymbol{\beta})'\mid\boldsymbol{X}]\\&=\mathrm{E}[(\boldsymbol{X}'\boldsymbol{X})^{-1}\boldsymbol{X}'\boldsymbol{\mu}\boldsymbol{\mu}'\boldsymbol{X}(\boldsymbol{X}'\boldsymbol{X})^{-1}\mid\boldsymbol{X}]\\&=(\boldsymbol{X}'\boldsymbol{X})^{-1}\boldsymbol{X}'\mathrm{E}(\boldsymbol{\mu}\boldsymbol{\mu}'\mid\boldsymbol{X})\boldsymbol{X}(\boldsymbol{X}'\boldsymbol{X})^{-1}\\&=(\boldsymbol{X}'\boldsymbol{X})^{-1}\boldsymbol{X}'\sigma^2\boldsymbol{I}_n\boldsymbol{X}(\boldsymbol{X}'\boldsymbol{X})^{-1}\\&=\sigma^2(\boldsymbol{X}'\boldsymbol{X})^{-1}\end{aligned} \tag{3.3.2}$$

其中利用了 $\hat{\boldsymbol{\beta}}=\boldsymbol{\beta}+(\boldsymbol{X}'\boldsymbol{X})^{-1}\boldsymbol{X}'\boldsymbol{\mu}$ 和 $\mathrm{E}(\boldsymbol{\mu}\boldsymbol{\mu}'\mid\boldsymbol{X})=\sigma^2\boldsymbol{I}_n$。于是,记 c_{jj} 为矩阵 $(\boldsymbol{X}'\boldsymbol{X})^{-1}$ 主对角线第 j 个元素 $(j=0,1,2,\cdots,k)$,这里 c_{00} 为矩阵的左上角元素,c_{kk} 为矩阵的右下角元素,则 $\hat{\beta}_j$ 的方差为

$$\hat{\beta}_j=\sigma^2c_{jj},\quad j=0,1,2,\cdots,k \tag{3.3.3}$$

可以证明,式(3.3.2)表示的方差矩阵在所有线性无偏估计量的方差矩阵中是最"小"的,意味着各参数估计量具有有效性,这就是高斯-马尔可夫定理。(证明见:潘文卿,李子奈.计量经济学(第五版)学习指南与练习.北京:高等教育出版社,2021)。

2. 参数估计量的大样本性质

(1) 一致性。与一元回归模型相仿,在放松基本假设的情况下,多元线性回归模型的参数估计量,随着样本容量增加,具有一致性。

已知多元线性回归模型的普通最小二乘估计量、矩估计量以及极大似然估计量都为

$$\hat{\boldsymbol{\beta}}=(\boldsymbol{X}'\boldsymbol{X})^{-1}\boldsymbol{X}'\boldsymbol{Y}$$

将 $\boldsymbol{Y}=\boldsymbol{X\beta}+\boldsymbol{\mu}$ 代入上式得:

$$\hat{\boldsymbol{\beta}}=(\boldsymbol{X}'\boldsymbol{X})^{-1}\boldsymbol{X}'(\boldsymbol{X\beta}+\boldsymbol{\mu})=\boldsymbol{\beta}+(\boldsymbol{X}'\boldsymbol{X})^{-1}\boldsymbol{X}'\boldsymbol{\mu}$$

容易验证

$$\boldsymbol{X}'\boldsymbol{X}=\begin{pmatrix} n & \sum X_{i1} & \cdots & \sum X_{ik} \\ \sum X_{i1} & \sum X_{i1}^2 & \cdots & \sum X_{i1}X_{ik} \\ \vdots & \vdots & & \vdots \\ \sum X_{ik} & \sum X_{ik}X_{i1} & \cdots & \sum X_{ik}^2 \end{pmatrix}=\sum \boldsymbol{X}_i{}'\boldsymbol{X}_i$$

$$\boldsymbol{X}'\boldsymbol{\mu}=\begin{pmatrix} 1 & 1 & \cdots & 1 \\ X_{11} & X_{21} & \cdots & X_{n1} \\ \vdots & \vdots & & \vdots \\ X_{1k} & X_{2k} & \cdots & X_{nk} \end{pmatrix}\begin{pmatrix} \mu_1 \\ \mu_2 \\ \vdots \\ \mu_n \end{pmatrix}=\begin{pmatrix} \sum \mu_i \\ \sum X_{i1}\mu_i \\ \vdots \\ \sum X_{ik}\mu_i \end{pmatrix}=\sum \boldsymbol{X}_i{}'\mu_i$$

其中,$\boldsymbol{X}_i=(1,X_{i1},X_{i2},\cdots,X_{ik})$。于是

$$P\lim \hat{\boldsymbol{\beta}}=\boldsymbol{\beta}+P\lim(\boldsymbol{X}'\boldsymbol{X})^{-1}\boldsymbol{X}'\boldsymbol{\mu}=\boldsymbol{\beta}+\left(P\lim \frac{1}{n}\boldsymbol{X}'\boldsymbol{X}\right)^{-1}P\lim\left(\frac{1}{n}\boldsymbol{X}'\boldsymbol{\mu}\right)$$

根据大数定律:

$$P\lim \frac{1}{n}\boldsymbol{X}'\boldsymbol{X}=P\lim \frac{1}{n}\sum \boldsymbol{X}_i\boldsymbol{X}_i'=\mathrm{E}(\boldsymbol{X}_i\boldsymbol{X}_i')=\boldsymbol{Q}$$

$$P\lim \frac{1}{n}\boldsymbol{X}'\boldsymbol{\mu}=P\lim \frac{1}{n}\sum \boldsymbol{X}_i'\mu_i=\mathrm{E}(\boldsymbol{X}_i'\mu_i)=\boldsymbol{0}$$

这里,第一个式子基于多元线性回归模型的假设 2,概率极限 $P\lim \frac{1}{n}\boldsymbol{X}'\boldsymbol{X}$ 存在且为有限的可逆矩阵 $\boldsymbol{Q}$;第二个式子基于多元线性回归模型的假设 3 而得到的 $\boldsymbol{X}_i$ 与 μ_i 同期无关性(这在条件零均值假设下是显然的)。于是

$$P\lim\hat{\boldsymbol{\beta}}=\boldsymbol{\beta}+P\lim(\boldsymbol{X}'\boldsymbol{X})^{-1}\boldsymbol{X}'\boldsymbol{\mu}=\boldsymbol{\beta}+(\boldsymbol{Q})^{-1}\cdot\boldsymbol{0}=\boldsymbol{\beta}$$

与一元线性回归模型的情形相仿,在大样本下,将解释变量的严格外生性条件放松到了它们与随机干扰项不同期相关就可以得到参数估计量具有一致性的良好性质。

(2) 渐近有效性。在随机干扰项服从正态分布的假设下,可以通过极大似然估计方法得到结构参数 $\boldsymbol{\beta}$ 的极大似然估计量,而且它们与普通最小二乘估计量以及矩估计量是完全相同的。而极大似然估计量的一个天然优势是,在模型正确设定的情况下,一定具有最小的渐近方差(证明超出本书范围,可参考相关书籍),因此,可以说在基本假设满足的条件下,线性回归模型的普通最小二乘估计量、矩估计量以及极大似然估计量是渐近有效的。

二、变量的显著性检验

在基本假设成立的情况下，多元线性回归模型的普通最小二乘估计、矩估计以及极大似然估计量均具有良好的统计性质（小样本性质与大样本性质），因此可用样本回归函数对总体回归模型进行统计检验（统计推断）。对总体回归模型的统计检验主要包括对变量的显著性检验以及对模型总体线性的显著性检验。前者包括对单个参数的假设检验与区间估计，后者涉及对多个参数的联合假设检验。

1. 参数估计量的概率分布

为了能够对多元回归模型各变量的参数进行统计检验或统计推断，首先需要知道各参数估计量的概率分布特征。

在小样本下，依据模型随机干扰项的正态性假设（3. 1. 15），可以得到在给定解释变量的样本观测值的条件下，被解释变量 Y 服从正态分布

$$\boldsymbol{Y}|\boldsymbol{X}\sim N(\boldsymbol{X\beta},\sigma^2\boldsymbol{I}_n)$$

而参数估计量 $\hat{\boldsymbol{\beta}}$ 是 Y_i 的线性函数 $\hat{\boldsymbol{\beta}}=(\boldsymbol{X}'\boldsymbol{X})^{-1}\boldsymbol{X}'\boldsymbol{Y}$，因此也服从正态分布。在 $\hat{\boldsymbol{\beta}}$ 的小样本性质讨论中已经知道它的期望与方差，故可得到

$$\hat{\boldsymbol{\beta}}|\boldsymbol{X}\sim N[\boldsymbol{\beta},\sigma^2(\boldsymbol{X}'\boldsymbol{X})^{-1}] \tag{3.3.4}$$

于是，在给定样本的条件下，各 $\hat{\beta}_j$ 服从如下形式的正态分布

$$\hat{\beta}_j\sim N(\beta_j,\sigma^2c_{jj}),\quad j=0,1,2,\cdots,k \tag{3.3.5}$$

在大样本下，类似于一元线性回归模型，只要样本具有独立、同方差的随机分布性质（i. i. d），如通过简单随机抽样获取的，则无须随机干扰项的正态性假设，同时将解释变量的严格外生性假设放松至它们与随机干扰项不同期相关，通过中心极限定理，可以证明参数估计量 $\hat{\boldsymbol{\beta}}$ 的渐近分布仍然具有式（3. 3. 4）的形式：

$$\hat{\boldsymbol{\beta}}\overset{a}{\sim}N[\boldsymbol{\beta},\sigma^2(\boldsymbol{X}'\boldsymbol{X})^{-1}] \tag{3.3.6}$$

因此，各 $\hat{\beta}_j$ 在大样本下的渐近分布仍然是具有式（3. 3. 5）形式的正态分布。

2. 变量的显著性检验（t 检验）

在获取各参数估计量分布形式的信息后，就可依据样本函数对总体模型的参数进行显著性检验。

对于多元线性回归模型，无论是小样本还是大样本，参数估计量都服从形如式（3. 3. 5）所示的正态分布，而在随机干扰项的方差未知并通过样本来估计时，可通过构造 t 统计量

$$t=\frac{\hat{\beta}_j-\beta_j}{S_{\hat{\beta}_j}}=\frac{\hat{\beta}_j-\beta_j}{\sqrt{c_{jj}\hat{\sigma}^2}}\sim t(n-k-1) \tag{3.3.7}$$

来对总体未知参数 β_j 的假设进行显著性检验。其中，$S_{\hat{\beta}_j}$ 为 $\hat{\beta}_j$ 的标准差，随机干扰项的方差估

计可采用其无偏估计量 $\hat{\sigma}^2=\frac{\boldsymbol{e}'\boldsymbol{e}}{n-k-1}$。在小样本下，式(3.3.7)构造的 t 统计量服从精确的自由度为 $n-k-1$ 的 t 分布；在大样本下，其渐近分布是自由度为 $n-k-1$ 的 t 分布。

在回归分析中，往往关心某个解释变量 X 是否对 Y 有显著的影响，因此针对某变量 $X_j(j=1,2,\cdots,k)$ 设计的原假设与备择假设为：

$$H_0:\beta_j=0,\quad H_1:\beta_j\neq 0$$

给定显著性水平 α，得到临界值 $t_{\frac{\alpha}{2}}(n-k-1)$，于是可根据

$$|t|>t_{\frac{\alpha}{2}}(n-k-1)$$

或

$$|t|\leqslant t_{\frac{\alpha}{2}}(n-k-1)$$

来决定拒绝或不拒绝原假设 H_0，从而判定对应的解释变量是否对被解释变量有影响。

在例 3.2.2 中，已经由应用软件计算出了 2 个变量 X_1、X_2 的 t 值，分别为：$t_1=10.65$，$t_2=5.73$。给定显著性水平 $\alpha=0.05$，查 t 分布表中自由度为 28(在这个例子中 $n-k-1=28$)的相应临界值，得到 $t_{\frac{\alpha}{2}}(28)=2.048$。可见，变量 X_1、X_2 的 t 值的绝对值都大于该临界值，所以拒绝原假设。即是说，模型中引入的 X_1、X_2 在 5%的显著性水平下通过了显著性检验。该检验结果意味着，对中国城镇居民来说，工资性收入及其他收入的变化都会影响消费支出的变动。

经常遇到一些实际问题，各个变量的 t 值相差较大，有的在很小的显著性水平下显著，有的则在不太小的显著性水平下显著，是否都认为通过显著性检验？没有绝对的显著性水平，关键仍然是考察变量在经济关系上是否对被解释变量有影响。有时我们看到某解释变量的经济显著性(economic significance)很大(即其参数估计值较“大”)，但统计显著性较小甚至不显著，有可能是其他原因造成的(如多重共线性等)，因此不要简单地剔除那些经济含义较强、经济显著性较大但统计显著性不强的变量。在多元回归中，还需要通过 F 检验来考察有明确经济关联性的若干解释变量联合起来是否对被解释变量有显著的影响。

三、参数的置信区间

参数的假设检验用来判断总体参数的真值是否是某个假设的值，尤其是当假设参数值为 0 时，就用来判别某解释变量是否对被解释变量有显著的线性影响。如果说参数的假设检验是通过对单个“点”来考察参数真值可能的取值，那么参数的区间估计就是直接以一定的概率大小来考察参数真值可能所在的区间范围。

类似于一元回归中的分析过程，在多元回归中，由于已经知道：

$$t=\frac{\hat{\beta}_j-\beta_j}{S_{\hat{\beta}_j}}\sim t(n-k-1)$$

容易推出：在 $1-\alpha$ 的置信度下 β_j 的置信区间是

$$(\hat{\beta}_j-t_{\frac{\alpha}{2}}\times S_{\hat{\beta}_j},\hat{\beta}_j+t_{\frac{\alpha}{2}}\times S_{\hat{\beta}_j})\tag{3.3.8}$$

其中，$t_{\frac{\alpha}{2}}$ 为 t 分布表中显著性水平为 α、自由度为 $n-k-1$ 的临界值。

在例 3.2.2 中，如果给定 $\alpha=0.05$，查表得：

$$t_{\frac{\alpha}{2}}(n-k-1)=t_{0.025}(28)=2.048$$

从回归计算(图 3.2.1)中得到：

$$\hat{\beta}_1=0.7136 \quad S_{\hat{\beta}_1}=0.0670$$

$$\hat{\beta}_2=0.4837 \quad S_{\hat{\beta}_2}=0.0845$$

根据式(3.3.8)计算得到 β_1、β_2 的 95%的置信区间分别为(0.5764,0.8508)、(0.3106,0.6568)。显然,参数 β_1 的置信区间比 β_2 的相对小一些,意味着在同样的置信度下,β_1 的估计精度要比 β_2 更高。

同样地,在实际应用中,我们希望置信度越大越好,置信区间越小越好。**如何才能缩小置信区间?** 从式(3.3.8)中可看出:(1) **增大样本容量** n。在同样的置信度下,n 越大,临界值 $t_{\frac{\alpha}{2}}$ 越小;同时,增大样本容量,在一般情况下可使 $S_{\hat{\beta}_j}=\sqrt{c_{jj}\dfrac{\boldsymbol{e}'\boldsymbol{e}}{n-k-1}}$ 减小,因为式中分母的增大是肯定的,分子并不一定增大。(2) **更主要的是提高模型的拟合优度**,以减小残差平方和 $\boldsymbol{e}'\boldsymbol{e}$。设想一种极端情况,如果模型完全拟合样本观测值,残差平方和为 0,则置信区间也为 0。(3) **提高样本观测值的分散度**。在一般情况下,样本观测值越分散,c_{jj} 越小。

值得注意的是,置信度的大小与置信区间的大小存在此消彼长的关系。置信度越大,在其他情况不变时,临界值 $t_{\frac{\alpha}{2}}$ 越大,置信区间越大。如果要求缩小置信区间,在其他情况不变时,就必须降低对置信度的要求。

四、方程的显著性检验(*F* 检验)

变量的显著性检验或区间估计是对单个参数 β_j 的考察,如通过检验 β_j 是否等于 0 来考察其对应的解释变量是否对被解释变量有显著的线性影响。而对方程总体线性显著性检验,旨在对模型中所有解释变量与被解释变量之间的线性关系在总体上是否显著成立做出推断。

1. 方程显著性的 F 检验

方程显著性的 F 检验是要检验模型

$$Y_i=\beta_0+\beta_1X_{1i}+\beta_2X_{2i}+\cdots+\beta_kX_{ki}+\mu_i \quad i=1,2,\cdots,n$$

中各 X 的参数是否显著不为零。按照假设检验的原理与程序,原假设与备择假设分别为

$$H_0:\beta_1=0,\beta_2=0,\cdots,\beta_k=0$$

$$H_1:\beta_j(j=1,2,\cdots,k)\text{不全为零}$$

F 检验的思想来自总离差平方和的分解式:

$$\text{TSS}=\text{ESS}+\text{RSS}$$

由于回归平方和 $\text{ESS}=\sum\hat{y}_i^2$ 是解释变量 X 的联合体对被解释变量 Y 的线性作用的结果,考虑比值

$$\text{ESS}/\text{RSS}=\sum\hat{y}_i^2/\sum e_i^2$$

如果这个比值较大,则 X 的联合体对 Y 的解释程度高,可认为总体存在线性关系,反之总体

上可能不存在线性关系。因此可通过该比值的大小对总体线性关系进行推断。

根据统计学知识,在原假设 H_0成立的条件下,统计量

$$F=\frac{\mathrm{ESS}/k}{\mathrm{RSS}/(n-k-1)} \tag{3.3.9}$$

服从自由度为$(k,n-k-1)$的 F 分布。因此,给定显著性水平 α,查表得到临界值 $F_\alpha(k,n-k-1)$,根据样本求出 F 统计量的数值后,可通过是否有

$$F>F_\alpha(k,n-k-1)$$

来拒绝或不拒绝原假设 H_0,以判定原方程总体上的线性关系是否显著成立。

对于例 3.2.2,计算得到 $F=249.26$,给定显著性水平 $\alpha=0.05$,查 F 分布表,得到临界值 $F_{0.05}(2,28)=3.34$(例中解释变量数目为 2,样本容量为 31),显然有

$$F>F_\alpha(k,n-k-1)$$

表明模型的线性关系在 5%的显著性水平下显著成立。

需注意的是,在一元线性回归中,t 检验与 F 检验是一致的。

一方面,t 检验与 F 检验都是对相同的原假设 H_0: $\beta_1=0$ 进行检验;另一方面,两个统计量之间有如下关系:

$$\begin{aligned}F&=\frac{\sum\hat{y}_i^2}{\sum e_i^2/(n-2)}=\frac{\hat{\beta}_1^2\sum x_i^2}{\sum e_i^2/(n-2)}\\&=\frac{\hat{\beta}_1^2}{\sum e_i^2/(n-2)\sum x_i^2}=\left(\frac{\hat{\beta}_1}{\sqrt{\sum e_i^2/(n-2)\sum x_i^2}}\right)^2\\&=\left(\hat{\beta}_1\Big/\sqrt{\frac{\sum e_i^2}{n-2}\cdot\frac{1}{\sum x_i^2}}\right)^2=t^2\end{aligned}$$

2. 关于拟合优度与方程显著性检验关系的讨论

到目前为止,我们对拟合优度的解释仅仅是它测度了样本回归函数对样本观测点的拟合程度。但从拟合优度计算公式看,它本质上考察的是回归平方和占被解释变量总离差平方和的比例。显然,该比例值越大,表明各解释变量的变化对被解释变量变化的解释能力越强,这也意味着各解释变量联合起来对被解释变量有更强的线性影响。因此,拟合优度也可以看成是检验模型总体线性关系的另一个统计指标。表征拟合优度的 R^2或 $\bar{R}^2$越接近 1,表明模型总体线性关系越显著。

事实上,用式(3.2.20)、式(3.2.21)和式(3.3.9)分别表示的 R^2、$\bar{R}^2$、F 统计量之间存在下列关系:

$$\bar{R}^2=1-\frac{n-1}{n-k-1+kF} \tag{3.3.10}$$

或

$$F=\frac{R^2/k}{(1-R^2)/(n-k-1)} \tag{3.3.11}$$

由式(3.3.11)可知 F 与 R^2同向变化:当 $R^2=0$ 时,$F=0$;R^2越大,F 值也越大;当 $R^2=1$ 时,F 为无穷大。因此,通过 F 统计检验原假设 H_0: $\beta_1=0,\beta_2=0,\cdots,\beta_k=0$,等价于检验 $R^2=0$ 这一

虚拟假设。

对于例 3.2.2，给定显著性水平 $\alpha=0.05$ 时，查 F 分布表，得到临界值 $F_{0.05}(2,28)=3.34$，即是说，只要 F 统计量的值大于 3.34，模型的线性关系在 5%的显著性水平下是显著成立的。将该数值代入式(3.3.10)，计算得到对应的 $\bar{R}^2$ 为 0.135 4。如果首先得到 $\bar{R}^2$ 为 0.135 4，肯定认为该模型质量不高，殊不知它的总体线性关系的置信度达到 95%。这样，在应用中不必对 $\bar{R}^2$ 过分苛求，重要的是需考察模型的经济关系是否合理，F 检验是否通过。

五、样本容量问题

模型参数估计是在样本观测值的支持下完成的。计量经济学模型，说到底是从表现已经发生的经济活动的样本数据中寻找经济活动内含的规律性，所以，它对样本数据具有很强的依赖性。而收集与整理样本数据又是一件困难的工作，于是选择合适的样本容量，既能满足建模的需要，又能减轻收集数据的困难，是一个重要的实际问题。

从建模需要来讲，当然是样本容量越大越好，这是显而易见的。这里需要讨论的是满足基本要求的样本容量和最小样本容量。

1. 最小样本容量

所谓“最小样本容量”，即从最小二乘原理和最大似然原理出发，欲得到参数估计量，不管其质量如何，所要求的样本容量的下限。

从参数估计量

$$\hat{\boldsymbol{\beta}}=(\boldsymbol{X}'\boldsymbol{X})^{-1}\boldsymbol{X}'\boldsymbol{Y}$$

中可以看到，欲使 $\hat{\boldsymbol{\beta}}$ 存在，必须使得 $(\boldsymbol{X}'\boldsymbol{X})^{-1}$存在。为使得 $(\boldsymbol{X}'\boldsymbol{X})^{-1}$存在，必须满足

$$|\boldsymbol{X}'\boldsymbol{X}|\neq 0$$

即矩阵$(\boldsymbol{X}'\boldsymbol{X})$为 $k+1$ 阶满秩矩阵。而矩阵乘积的秩不超过各个因子矩阵的秩，即

$$R(\boldsymbol{AB})\leqslant \min[R(\boldsymbol{A}),R(\boldsymbol{B})]$$

其中符号 R 表示矩阵的秩。所以，只有当

$$R(\boldsymbol{X})\geqslant k+1$$

时，矩阵$(\boldsymbol{X}'\boldsymbol{X})$才为 $k+1$ 阶满秩矩阵。而 $\boldsymbol{X}$ 为 $n\times(k+1)$矩阵，其秩最大为 $k+1$，此时必须有

$$n\geqslant k+1$$

即样本容量必须不少于模型中解释变量的数目(包括常数项)。这就是最小样本容量。

2. 满足基本要求的样本容量

虽然当 $n\geqslant k+1$ 时可以得到参数估计量，但在 n 较小时，除了参数估计量质量不好以外，一些建立模型所必需的后续工作也无法进行。例如，参数的统计检验要求样本容量必须足够大，Z 检验在 $n<30$ 时不能应用；t 检验为检验变量显著性的最常用方法，经验表明，当 $n-k\geqslant 8$时 t 分布较为稳定，检验才较为有效。所以，一般经验认为，当 $n\geqslant 30$ 或者至少 $n\geqslant 3(k+1)$时，才能说满足模型估计的基本要求。

如果出现样本容量较小，甚至少于“最小样本容量”，那么只依靠样本信息是无法完成模型估计的。这时需要引入非样本信息，例如先验信息和后验信息，并采用其他估计方法，例

如贝叶斯(Bayes)估计方法,才能完成模型的参数估计。

3. 大样本

虽然在统计学中,通过样本均值近似总体均值的估计,往往以 $n\geqslant 30$ 来经验地判断是否为大样本,但在计量经济学中,情况要复杂很多。因为一方面,模型中随机干扰项的分布可能差异很大,$n=30$ 不足以对付随机干扰项所有可能的分布;另一方面,大样本下的近似程度,不仅取决于样本容量 n 本身,更要取决于自由度 $n-k-1$。有的计量经济学教材提到 $n\geqslant 100$为大样本,但遗憾的是目前还没有一个被广泛接受的经验数字。无论如何,样本容量越大,越能够保证模型估计的精确性以及做出更符合现实的统计推断。在目前大数据时代下,样本容量达到成千上万的水平已不是问题。

§3.4 多元线性回归模型的预测

计量经济学模型的一个重要应用是经济预测。对于模型

$$\hat{\boldsymbol{Y}}=\boldsymbol{X}\hat{\boldsymbol{\beta}}$$

如果给定样本以外的解释变量的观测值 $\boldsymbol{X}_0=(1,X_{01},X_{02},\cdots,X_{0k})$,可以得到被解释变量的预测值

$$\hat{Y}_0=\boldsymbol{X}_0\hat{\boldsymbol{\beta}}$$

同样地,严格地说,这只是被解释变量预测值的估计值,而不是预测值。原因在于模型中参数估计量的不确定性及随机项的影响两个方面。因此,我们得到的仅是预测值的一个估计值。为了进行科学预测,还需求出预测值的置信区间,包括均值 $\mathrm{E}(Y_0)$ 和点预测值 Y_0 的置信区间。

一、$E(Y_0)$的置信区间

从参数估计量性质的讨论中易知,在 $\boldsymbol{X}=\boldsymbol{X}_0$的条件下

$$\mathrm{E}(\hat{Y}_0)=\mathrm{E}(\boldsymbol{X}_0\hat{\boldsymbol{\beta}})=\boldsymbol{X}_0\mathrm{E}(\hat{\boldsymbol{\beta}})=\boldsymbol{x}_0\boldsymbol{\beta}=\mathrm{E}(Y_0)$$

$$\mathrm{Var}(\hat{Y}_0)=\mathrm{E}(\boldsymbol{X}_0\hat{\boldsymbol{\beta}}-\boldsymbol{X}_0\boldsymbol{\beta})^2=\mathrm{E}[\boldsymbol{X}_0(\hat{\boldsymbol{\beta}}-\boldsymbol{\beta})(\hat{\boldsymbol{\beta}}-\boldsymbol{\beta})'\boldsymbol{X}_0']=\boldsymbol{X}_0\mathrm{Var}(\boldsymbol{\beta})\boldsymbol{X}_0'$$

在 $\hat{\boldsymbol{\beta}}$ 的有效性的证明中,已得到 $\mathrm{Var}(\hat{\boldsymbol{\beta}})=\sigma^2(\boldsymbol{X}'\boldsymbol{X})^{-1}$,因此

$$\mathrm{Var}(\hat{Y}_0)=\sigma^2\boldsymbol{X}_0(\boldsymbol{X}'\boldsymbol{X})^{-1}\boldsymbol{X}_0'$$

从而

$$\hat{Y}_0\sim N[\boldsymbol{X}_0\boldsymbol{\beta},\sigma^2\boldsymbol{X}_0(\boldsymbol{X}'\boldsymbol{X})^{-1}\boldsymbol{X}_0']$$

取随机干扰项的样本估计量 $\hat{\sigma}^2$,可构造如下 t 统计量

$$\frac{\hat{Y}_0-\mathrm{E}(Y_0)}{\hat{\sigma}\sqrt{\boldsymbol{X}_0(\boldsymbol{X}'\boldsymbol{X})^{-1}\boldsymbol{X}_0'}}\sim t(n-k-1)$$

于是,得到 $1-\alpha$ 的置信度下 $\mathrm{E}(Y_0)$ 的置信区间:

$$\hat{Y}_0-t_{\frac{\alpha}{2}}\times\hat{\sigma}\sqrt{\boldsymbol{X}_0(\boldsymbol{X}'\boldsymbol{X})^{-1}\boldsymbol{X}_0'}<\mathrm{E}(Y_0)<\hat{Y}_0+t_{\frac{\alpha}{2}}\times\hat{\sigma}\sqrt{\boldsymbol{X}_0(\boldsymbol{X}'\boldsymbol{X})^{-1}\boldsymbol{X}_0'} \tag{3.4.1}$$

二、Y_0 的置信区间

如果已经知道实际的预测值 Y_0,那么预测误差为:

$$e_0=Y_0-\hat{Y}_0$$

容易证明,在 $\boldsymbol{X}=\boldsymbol{X}_0$ 的条件下

$$\mathrm{E}(e_0)=\mathrm{E}(\boldsymbol{X}_0\boldsymbol{\beta}+\mu_0-\boldsymbol{X}_0\hat{\boldsymbol{\beta}})=\mathrm{E}[\mu_0-\boldsymbol{X}_0(\hat{\boldsymbol{\beta}}-\boldsymbol{\beta})]=\mathrm{E}(\mu_0)-\boldsymbol{X}_0\mathrm{E}(\hat{\boldsymbol{\beta}}-\boldsymbol{\beta})=\mathrm{E}(\mu_0)=0$$

$$\mathrm{Var}(e_0)=\mathrm{E}(e_0^2)=\mathrm{E}[\mu_0-\boldsymbol{X}_0(\boldsymbol{X}'\boldsymbol{X})^{-1}\boldsymbol{X}'\boldsymbol{\mu}]^2=\boldsymbol{\sigma}^2[1+\boldsymbol{X}_0(\boldsymbol{X}'\boldsymbol{X})^{-1}\boldsymbol{X}'_0]$$

这里第二个式子用到了 $\hat{\boldsymbol{\beta}}-\boldsymbol{\beta}=(\boldsymbol{X}'\boldsymbol{X})^{-1}\boldsymbol{X}'\boldsymbol{\mu}$。于是 e_0 服从如下正态分布:

$$e_0\sim N\{0,\boldsymbol{\sigma}^2[1+\boldsymbol{X}_0(\boldsymbol{X}'\boldsymbol{X})^{-1}\boldsymbol{X}'_0]\}$$

取随机干扰项的样本估计量 $\hat{\sigma}^2$,可得 e_0 的方差的估计量

$$\hat{\sigma}_{e_0}^2=\hat{\sigma}^2[1+\boldsymbol{X}_0(\boldsymbol{X}'\boldsymbol{X})^{-1}\boldsymbol{X}'_0]$$

构造统 t 计量

$$t=\frac{\hat{Y}_0-Y_0}{\hat{\sigma}_{e_0}}\sim t(n-k-1)$$

可得给定 $1-\alpha$ 的置信水平下 Y_0 的置信区间:

$$\hat{Y}_0-t_{\frac{\alpha}{2}}\times\hat{\sigma}\sqrt{1+\boldsymbol{X}_0(\boldsymbol{X}'\boldsymbol{X})^{-1}\boldsymbol{X}'_0}<Y_0<\hat{Y}_0+t_{\frac{\alpha}{2}}\times\hat{\sigma}\sqrt{1+\boldsymbol{X}_0(\boldsymbol{X}'\boldsymbol{X})^{-1}\boldsymbol{X}'_0} \tag{3.4.2}$$

在例 3.2.2 中,假设某城镇居民 2018 年工资收入为 20 000 元,其他收入为 10 000 元,则该居民 2018 年消费支出的预测值为

$$\hat{Y}=1\ 873.4+0.713\ 6\times 20\ 000+0.483\ 7\times 10\ 000=20\ 982.4(\text{元})$$

而就全国平均情况看,2018 年具有人均工资收入 20 000 元、其他收入 10 000 元的城镇居民,当年平均的消费支出预测值的置信区间可如下求出:

在 95%的置信度下,临界值 $t_{0.025}(28)=2.048$,随机干扰项方差的估计值为 $\hat{\sigma}^2=62\ 375\ 894/(31-2-1)=2\ 227\ 710.5$,由于

$$\boldsymbol{X}_0=(1,20\ 000,10\ 000)$$

$$(\boldsymbol{X}'\boldsymbol{X})^{-1}=\begin{pmatrix}0.541\ 602 & -0.000\ 019 & -0.000\ 005\\ -0.000\ 019 & 0.000\ 000 & -0.000\ 000\\ -0.000\ 005 & -0.000\ 000 & 0.000\ 000\end{pmatrix}$$

$$\boldsymbol{X}_0(\boldsymbol{X}'\boldsymbol{X})^{-1}\boldsymbol{X}'_0=0.070\ 1$$

于是 $E(Y_0)$ 的 95%的置信区间为

$$20\ 982.4 \pm 2.048 \times \sqrt{2\ 227\ 710.5} \times \sqrt{0.070\ 1}$$

或 $(20\ 173.1, 21\ 791.7)$

同样地，就工资收入 20 000 元、其他收入 10 000 元的某城镇居民来说，也易得其 2018 年消费支出 Y_0 的 95%的置信区间：

$$20\ 982.4 \pm 2.048 \times \sqrt{2\ 227\ 710.5} \times \sqrt{1+0.070\ 1}$$

或 $(17\ 820.3, 24\ 144.5)$

需要指出的是，我们经常听到这样的说法，“如果给定解释变量值，根据模型就可以得到被解释变量的预测值为……”，这种说法是不科学的，也是计量经济学模型无法达到的。如果一定要给出一个具体的预测值，那么它的置信度则为 0；如果一定要回答以 100%的置信度处在什么区间中，那么这个区间是$(-\infty, +\infty)$。

§3.5 可化为线性的多元非线性回归模型

迄今为止，我们假设未知的总体回归线是线性的，拟合优度检验以及变量显著性检验也都是对函数形式的线性性检验。然而，在实际经济活动中，经济变量的关系是复杂的，直接表现为线性关系的情况并不多见。如著名的恩格尔曲线(Engle curve)表现为幂函数曲线形式，宏观经济学中的菲利普斯曲线(Pillips curve)表现为双曲线形式等。但是，它们中的大部分又可以通过一些简单的数学处理，化为数学上的线性关系，从而可以运用线性回归的方法建立线性计量经济学模型。下面通过一些常见的例子说明常用的数学处理方法。

一、模型的类型与变换

1. 倒数模型、多项式模型与变量的直接置换法

例如，商品的需求曲线是一种双曲线形式，商品需求量 Q 与商品价格 P 之间的关系表现为非线性关系：

$$\frac{1}{Q}=a+b\frac{1}{P}+\mu \tag{3.5.1}$$

显然，可以用 $Y=1/Q$ 和 $X=1/P$ 的置换，将方程变成：

$$Y=a+bX+\mu \tag{3.5.2}$$

再如，著名的拉弗曲线描述的税收 s 和税率 r 的关系是一种抛物线形式：

$$s=a+br+cr^2+\mu \quad c<0 \tag{3.5.3}$$

可以用 $X_1=r, X_2=r^2$ 进行置换，将方程变成：

$$s=a+bX_1+cX_2+\mu \quad c<0 \tag{3.5.4}$$

一般讲，关于解释变量的非线性问题都可以通过变量置换变成线性问题。

2. 幂函数模型、指数函数模型与函数变换法

如果是关于参数的非线性问题，变量置换方法就无能为力了，函数变换是常用的方法。

例如，著名的柯布-道格拉斯（C-D）生产函数将产出量 Q 与投入要素（K,L）之间的关系描述为幂函数的形式：

$$Q=AK^{\alpha}L^{\beta}\mathrm{e}^{\mu} \tag{3.5.5}$$

方程两边取对数后，即成为一个线性形式：

$$\ln Q=\ln A+\alpha\ln K+\beta\ln L+\mu \tag{3.5.6}$$

再如，生产中成本 C 与产量 Q 的关系呈现指数关系：

$$C=ab^{Q}\mathrm{e}^{\mu} \tag{3.5.7}$$

方程两边取对数后，即成为一个线性形式：

$$\ln C=\ln a+Q\ln b+\mu \tag{3.5.8}$$

3. 复杂函数模型与级数展开法

例如，著名的 CES 生产函数将产出量 Q 与投入要素（K,L）之间的关系描述为如下的复杂函数形式：

$$Q=A(\delta_1K^{-\rho}+\delta_2L^{-\rho})^{-\frac{1}{\rho}}\mathrm{e}^{\mu} \quad (\delta_1+\delta_2=1) \tag{3.5.9}$$

方程两边取对数后，得到：

$$\ln Q=\ln A-\frac{1}{\rho}\ln(\delta_1K^{-\rho}+\delta_2L^{-\rho})+\mu \tag{3.5.10}$$

将式中 $\ln(\delta_1K^{-\rho}+\delta_2L^{-\rho})$ 在 $\rho=0$ 处展开泰勒（Taylor）级数，取关于 ρ 的线性项，即得到一个线性近似式。如取 0 阶、1 阶、2 阶项，可得

$$\ln Y=\ln A+\delta_1\ln K+\delta_2\ln L-\frac{1}{2}\rho\ \delta_1\delta_2\left[\ln\left(\frac{K}{L}\right)\right]^2$$

当然，并非所有的非线性函数形式都可以线性化。无法线性化模型的一般形式为

$$Y=f(X_1,X_2,\cdots,X_k)+\mu \tag{3.5.11}$$

其中 $f(X_1,X_2,\cdots,X_k)$ 为非线性函数。如形如

$$Q=AK^{\alpha}L^{\beta}+\mu \tag{3.5.12}$$

的生产函数模型就无法线性化，需要采用非线性方法估计其参数。

二、可以化为线性的非线性回归实例

例 3.5.1

建立中国工业生产函数（production function）模型。生产函数是指，在既定的工程技术知识水平下，给定投入之后的最大产出。因此，在仅考虑资本与劳动这两类主要的要素投入时，生产函数就是产出关于资本与劳动投入的函数：

$$Y=f(K,L) \tag{3.5.13}$$

其中,Y 为总产出,K,L 分别为资本、劳动投入要素。生产函数的一个最大特征是能够刻画要素的边际收益递减规律(law of diminishing returns),即当其他要素投入不变时,随着某一要素投入量的增加,获得的产出增量越来越少。当然,通过生产函数,还可以考察当所有要素投入等比例变化时,产出量是否也会等比例变化,即考察所谓的规模收益(returns to scale)问题。

首先确定生产函数的具体函数形式。根据要素投入的边际收益递减规律,可将生产函数设定为幂函数的形式:

$$Y=AK^{\beta_1}L^{\beta_2} \tag{3.5.14}$$

其中,A 代表了既定的工程技术水平,β_1,β_2分别为资本与劳动投入的产出弹性。当 $\beta_1+\beta_2=1$ 时,表明规模收益不变;当大于 1 或小于 1 时,表明规模收益递增或递减。显然,如果规模收益不变,则式(3.5.14)可等价地变换为

$$Y/L=A(K/L)^{\beta_1} \tag{3.5.15}$$

为了进行比较,分别估计式(3.5.14)与式(3.5.15)。经对数变换,式(3.5.14)可用如下双对数线性回归模型进行估计:

$$\ln Y=\beta_0+\beta_1\ln K+\beta_2\ln L+\mu \tag{3.5.16}$$

式中,$\beta_0=\ln A$。同样地,式(3.5.15)可用如下线性回归模型进行估计:

$$\ln\frac{Y}{L}=\beta_0+\beta_1\ln\frac{K}{L}+\mu \tag{3.5.17}$$

采用双对数线性回归模型,能够方便地考察生产函数中规模收益的特征。显然,对式(3.5.16)施加 $\beta_1+\beta_2=1$ 的约束,即可化为式(3.5.17)。因此,对式(3.5.17)进行回归,就意味着原生产函数具有规模收益不变的特征。

表 3.5.1 列出了 2010 年中国 39 个工业各行业的工业总产值(Y)与固定资产净值(K_1)、流动资产(K_2)以及年均的从业人员(L)。将固定资产净值与流动资产合计成总的资本投入(K)后建立 2010 年中国工业生产函数。

表 3.5.1　2010 年中国工业各行业的总产出及要素投入

编号	行业	Y(亿元)	K(亿元)	L(万人)	K_1(亿元)	K_2(亿元)
1	煤炭开采和洗选业	22 109.3	21 785.1	527.2	9 186.86	12 598.27
2	石油和天然气开采业	9 917.8	12 904.0	106.1	9 381.72	3 522.31
3	黑色金属矿采选业	5 999.3	4 182.5	67.0	1 630.93	2 551.53
4	有色金属矿采选业	3 799.4	2 317.5	55.4	1 109.92	1 207.54
5	非金属矿采选业	3 093.5	1 424.4	56.5	675.55	748.83
6	其他采矿业	31.3	14.2	0.5	7.64	6.58
7	农副食品加工业	34 928.1	14 373.1	369.0	5 493.82	8 879.32
8	食品制造业	11 350.6	6 113.6	175.9	2 515.71	3 597.87
9	饮料制造业	9 152.6	6 527.0	130.0	2 540.24	3 986.79
10	烟草制品业	5 842.5	4 569.6	21.1	859.08	3 710.47
11	纺织业	28 507.9	16 253.0	647.3	6 276.68	9 976.28

续表

编号	行业	Y(亿元)	K(亿元)	L(万人)	K_1(亿元)	K_2(亿元)
12	纺织服装、鞋、帽制造业	12 331.2	6 044.7	447.0	1 791.52	4 253.18
13	皮革、毛皮、羽毛(绒)及其制品业	7 897.5	3 410.6	276.4	963.81	2 446.80
14	木材加工及木、竹、藤、棕、草制品业	7 393.2	3 037.7	142.3	1 404.12	1 633.60
15	家具制造业	4 414.8	2 261.3	111.7	741.82	1 519.47
16	造纸及纸制品业	10 434.1	7 949.1	157.9	3 797.64	4 151.47
17	印刷业和记录媒介的复制	3 562.9	2 801.6	85.1	1 146.82	1 654.82
18	文教体育用品制造业	3 135.4	1 602.1	128.1	517.56	1 084.54
19	石油加工、炼焦及核燃料加工业	29 238.8	13 360.6	92.2	6 561.08	6 799.50
20	化学原料及化学制品制造业	47 920.0	31 948.6	474.1	14 679.02	17 269.53
21	医药制造业	11 741.3	9 017.0	173.2	3 023.11	5 993.89
22	化学纤维制造业	4 954.0	3 526.1	43.9	1 361.12	2 164.94
23	橡胶制品业	5 906.7	3 595.5	102.9	1 503.38	2 092.10
24	塑料制品业	13 872.2	8 033.2	283.3	2 808.75	5 224.49
25	非金属矿物制品业	32 057.3	21 490.5	544.6	10 382.38	11 108.09
26	黑色金属冶炼及压延加工业	51 833.6	37 101.9	345.6	17 309.25	19 792.66
27	有色金属冶炼及压延加工业	28 119.0	16 992.7	191.6	6 768.77	10 223.92
28	金属制品业	20 134.6	11 477.4	344.6	3 701.16	7 776.22
29	通用设备制造业	35 132.7	24 005.6	539.4	7 200.64	16 804.98
30	专用设备制造业	2 1561.8	16 879.4	334.2	4 426.12	12 453.31
31	交通运输设备制造业	55 452.6	40 224.8	573.7	10 364.94	29 859.82
32	电气机械及器材制造业	43 344.4	27 454.8	604.3	6 467.85	20 986.90
33	通信设备、计算机及其他电子设备制造业	54 970.7	34 005.4	772.8	10 437.66	23 567.72
34	仪器仪表及文化、办公用机械制造业	6 399.1	4 565.8	124.9	1 140.44	3 425.38
35	工艺品及其他制造业	5 662.7	2 904.5	140.4	819.12	2 085.35
36	废弃资源和废旧材料回收加工业	2 306.1	829.8	13.9	206.13	623.67
37	电力、热力的生产和供应业	40 550.8	58 989.3	275.6	47 901.41	11 087.90
38	燃气生产和供应业	2 393.4	2 263.8	19.0	1 255.33	1 008.42
39	水的生产和供应业	1 137.1	4 207.7	45.9	2 858.79	1 348.86

资料来源：根据《中国统计年鉴》(2011)整理。

按式(3.5.16)回归，软件 EViews9.0 的输出结果如图 3.5.1 所示。式(3.5.18)给出了通常的报告式。

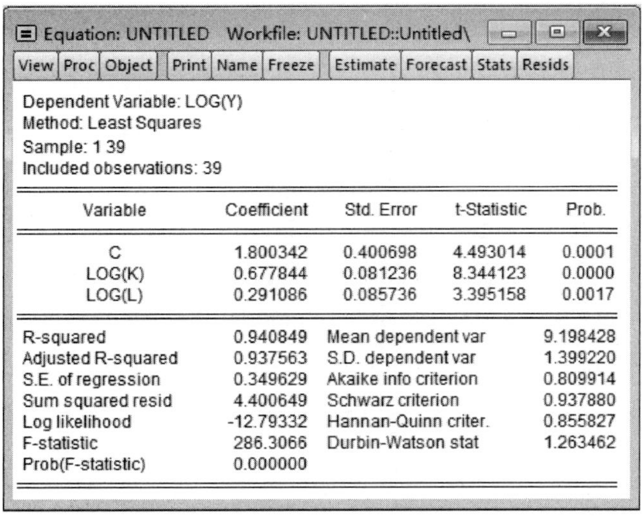

Variable	Coefficient	Std. Error	t-Statistic	Prob.
C	1.800342	0.400698	4.493014	0.0001
LOG(K)	0.677844	0.081236	8.344123	0.0000
LOG(L)	0.291086	0.085736	3.395158	0.0017

R-squared	0.940849	Mean dependent var	9.198428
Adjusted R-squared	0.937563	S.D. dependent var	1.399220
S.E. of regression	0.349629	Akaike info criterion	0.809914
Sum squared resid	4.400649	Schwarz criterion	0.937880
Log likelihood	-12.79332	Hannan-Quinn criter.	0.855827
F-statistic	286.3066	Durbin-Watson stat	1.263462
Prob(F-statistic)	0.000000		

图 3.5.1 中国工业生产函数估计(1)

$$\ln\hat{Y}=1.800+0.678\ln K+0.291\ln L \tag{3.5.18}$$

$$(0.400)\quad(0.081)\quad(0.086)$$

$$R^2=0.9408\quad \bar{R}^2=0.9376\quad F=286.31$$

回归结果表明，在 2010 年，$\ln Y$ 变化的 94.1% 可由资本与劳动投入的变化来解释。在 5% 的显著性水平下，F 统计量的临界值为 $F_{0.05}(2,36)=5.25$，而计算的 F 统计量的值远大于该临界值，表明模型的线性关系显著成立。自由度 $n-k-1=36$ 的 t 统计量的临界值为 $t_{0.025}(36)=2.03$，因此 $\ln K$ 与 $\ln L$ 的参数显著地异于零。

从 $\ln K$ 前的参数估计看，2010 年，中国工业总产出关于资本投入的产出弹性为 0.678，表明当其他因素保持不变时，工业的资本投入增加 1%，总产出将增长 0.678%；同样地，$\ln L$ 前的参数估计为 0.291，表明在其他因素保持不变时，劳动力投入每增加 1%，工业总产出将增长 0.291%。可见资本投入的增加对工业总产出的增长起到了更大的作用。

估计的资本投入 K 与劳动投入 L 的产出弹性之和 $\hat{\beta}_1+\hat{\beta}_2=0.969$，很接近于 1，但不为 1。在§3.7 将进一步从统计学的意义上考察，看它是否为 1，即估计的生产函数是否具有规模收益不变的特征。

按式(3.5.17)回归，EViews9.0 软件的输出结果如图 3.5.2 所示。可简单报告如下：

$$\ln\frac{\hat{Y}}{L}=1.613+0.687\ln\frac{K}{L} \tag{3.5.19}$$

$$(0.311)\quad(0.080)$$

$$R^2=0.6661\quad \bar{R}^2=0.6570\quad F=73.80$$

Equation: UNTITLED Workfile: UNTITLED::Untitled\

View | Proc | Object | Print | Name | Freeze | Estimate | Forecast | Stats | Resids

Dependent Variable: LOG(Y/L)
Method: Least Squares
Sample: 1 39
Included observations: 39

Variable	Coefficient	Std. Error	t-Statistic	Prob.
C	1.612969	0.311445	5.178990	0.0000
LOG(K/L)	0.686577	0.079921	8.590703	0.0000

R-squared	0.666066	Mean dependent var	4.245435
Adjusted R-squared	0.657040	S.D. dependent var	0.593476
S.E. of regression	0.347556	Akaike info criterion	0.774139
Sum squared resid	4.469425	Schwarz criterion	0.859450
Log likelihood	-13.09572	Hannan-Quinn criter.	0.804748
F-statistic	73.80018	Durbin-Watson stat	1.323769
Prob(F-statistic)	0.000000		

图 3.5.2 中国工业生产函数估计(2)

从回归结果看，$\ln\frac{K}{L}$前的参数在1%的显著性水平下显著地异于零，表明劳均资本增加，会促使劳均工业总产值的增加，劳均产出关于劳均资本投入的弹性值为0.687。

为了与式(3.5.18)作比较，将式(3.5.19)改写为

$$\ln\frac{\hat{Y}}{L}=1.613+0.687(\ln K-\ln L)$$

或
$$\ln\hat{Y}=1.613+0.687\ln K+0.313\ln L \tag{3.5.20}$$

可看出式(3.5.20)与式(3.5.18)比较接近，这意味着式(3.5.18)资本与劳动投入的弹性和可能为1，即所建立的2010年的中国工业生产函数可能具有规模收益不变的特性。

*三、非线性普通最小二乘法

可化为线性的多元回归模型也可以直接采用非线性普通最小二乘法或者非线性最大似然法估计。下面简单介绍非线性普通最小二乘法的原理。

1. 普通最小二乘原理

将可化为线性的多元回归模型的一般形式表示为：

$$Y=f(X_1,X_2,\cdots,X_k,\beta_0,\beta_1,\cdots,\beta_k)+\mu \tag{3.5.21}$$

模型(3.5.21)中，如果随机误差项服从零均值、同方差的正态分布，且无序列相关，则可以从普通最小二乘原理出发，构造模型的估计方法。为了简单，下面只对有一个参数的非线性模型进行讨论。

对于只有一个参数的非线性模型，在有n组观测值的情况下，式(3.5.21)写成：

$$Y_i=f(X_i,\beta)+\mu_i \quad i=1,2,\cdots,n \tag{3.5.22}$$

如果参数估计值已经得到，则应使得残差平方和最小。即

$$Q(\hat{\beta})=\sum_{i=1}^{n}[Y_i-f(X_i,\hat{\beta})]^2 \tag{3.5.23}$$

最小。式(3.5.23)取极小值的一阶条件为：

$$\frac{\mathrm{d}Q(\hat{\beta})}{\mathrm{d}\hat{\beta}}=-2\sum_{i=1}^{n}[Y_i-f(X_i,\hat{\beta})]\frac{-\mathrm{d}f(X_i,\hat{\beta})}{\mathrm{d}\hat{\beta}}=0$$

即

$$\sum_{i=1}^{n}[Y_i-f(X_i,\hat{\beta})]\frac{\mathrm{d}f(X_i,\hat{\beta})}{\mathrm{d}\hat{\beta}}=0 \tag{3.5.24}$$

现在的问题在于如何求解非线性方程(3.5.24)。

对于多参数非线性模型，用矩阵形式表示式(3.5.21)为：

$$\boldsymbol{Y}=f(\boldsymbol{X},\boldsymbol{\beta})+\boldsymbol{\mu} \tag{3.5.25}$$

其中各个符号的意义与线性模型相同。向量 $\boldsymbol{\beta}$ 的普通最小平方估计值 $\hat{\boldsymbol{\beta}}$ 应该使得残差平方和

$$Q(\hat{\boldsymbol{\beta}})=[\boldsymbol{Y}-f(\boldsymbol{X},\hat{\boldsymbol{\beta}})]'[\boldsymbol{Y}-f(\boldsymbol{X},\hat{\boldsymbol{\beta}})]$$

达到最小值。即 $\hat{\boldsymbol{\beta}}$ 应该满足下列条件：

$$\frac{\partial}{\partial\hat{\boldsymbol{\beta}}}Q(\hat{\boldsymbol{\beta}})=-2\frac{\partial}{\partial\hat{\boldsymbol{\beta}}}f(\boldsymbol{X},\hat{\boldsymbol{\beta}})'[\boldsymbol{Y}-f(\boldsymbol{X},\hat{\boldsymbol{\beta}})]=\boldsymbol{0}$$

即

$$\frac{\partial}{\partial\hat{\boldsymbol{\beta}}}f(\boldsymbol{X},\hat{\boldsymbol{\beta}})'[\boldsymbol{Y}-f(\boldsymbol{X},\hat{\boldsymbol{\beta}})]=\boldsymbol{0} \tag{3.5.26}$$

其中 $\frac{\partial}{\partial\hat{\boldsymbol{\beta}}}f(\boldsymbol{X},\hat{\boldsymbol{\beta}})'$ 是一个 $k\times n$ 偏微分矩阵，其第 (j,i) 个元素为 $\frac{\partial}{\partial\hat{\beta}_j}f(\boldsymbol{X}_i,\hat{\boldsymbol{\beta}})'$。求解式(3.5.26)的原理和方法与求解式(3.5.24)相同，只是数学描述更为复杂。在下面关于求解方法的讨论中，我们只以式(3.5.24)为例，即以单参数非线性模型为例。

2. 高斯-牛顿(Gauss-Newton)迭代法

对于非线性方程组(3.5.24)，直接解法已不适用，只能采用迭代解法，高斯-牛顿迭代法就是较为实用的一种。

(1) 高斯-牛顿迭代法的原理。迭代是从式(3.5.23)出发的。

根据经验给出参数估计值 $\hat{\beta}$ 的初值 $\hat{\beta}_{(0)}$，将式(3.5.23)中的 $f(X_i,\hat{\beta})$ 在 $\hat{\beta}_{(0)}$ 处展开泰勒级数，取一阶近似值。即有：

$$f(X_i,\hat{\beta})\approx f(X_i,\hat{\beta}_{(0)})+\frac{\mathrm{d}f(X_i,\hat{\beta})}{\mathrm{d}\hat{\beta}}\bigg|_{\hat{\beta}_{(0)}}(\hat{\beta}-\hat{\beta}_{(0)}) \tag{3.5.27}$$

令

$$Z_i(\hat{\beta})=\frac{\mathrm{d}f(X_i,\hat{\beta})}{\mathrm{d}\hat{\beta}}$$

于是

$$Z_i(\hat{\beta}_{(0)})=\frac{\mathrm{d}f(X_i,\hat{\beta})}{\mathrm{d}\hat{\beta}}\bigg|_{\hat{\beta}_{(0)}}$$

代入式(3.5.23),得到:

$$\begin{aligned} Q(\hat{\beta}) &= \sum_{i=1}^{n}[Y_i - f(X_i,\hat{\beta}_{(0)}) - Z_i(\hat{\beta}_{(0)})(\hat{\beta}-\hat{\beta}_{(0)})]^2 \\ &= \sum_{i=1}^{n}[Y_i - f(X_i,\hat{\beta}_{(0)}) + Z_i(\hat{\beta}_{(0)})\hat{\beta}_{(0)} - Z_i(\hat{\beta}_{(0)})\hat{\beta}]^2 \\ &= \sum_{i=1}^{n}[\widetilde{Y}_i(\hat{\beta}_{(0)}) - Z_i(\hat{\beta}_{(0)})\hat{\beta}]^2 \end{aligned} \tag{3.5.28}$$

其中 $\widetilde{Y}_i(\hat{\beta}_{(0)})=Y_i-f(X_i,\hat{\beta}_{(0)})+Z_i(\hat{\beta}_{(0)})\hat{\beta}_{(0)}$,可见,一旦给出参数估计值 $\hat{\beta}$ 的初值 $\hat{\beta}_{(0)}$,可以计算出式(3.5.28)中的 $\widetilde{Y}_i(\hat{\beta}_{(0)})$ 和 $Z_i(\hat{\beta}_{(0)})$ 的确定的观测值。于是,将式(3.5.23)取极小值变成对式(3.5.28)取极小值。

如果有一个线性模型:

$$\widetilde{Y}_i(\hat{\beta}_{(0)}) = Z_i(\hat{\beta}_{(0)})\beta+\varepsilon_i \tag{3.5.29}$$

很容易求得其参数 β 的普通最小二乘估计值 $\hat{\beta}_{(1)}$,该估计值使得残差平方和

$$Q(\hat{\beta}_{(1)}) = \sum_{i=1}^{n}[\widetilde{Y}_i(\hat{\beta}_{(0)}) - Z_i(\hat{\beta}_{(0)})\hat{\beta}_{(1)}]^2 \tag{3.5.30}$$

最小。比较式(3.5.28)与式(3.5.30)后发现,满足使式(3.5.30)达到最小的估计值 $\hat{\beta}_{(1)}$ 同时也是使式(3.5.28)达到最小的 $\hat{\beta}$。换句话说,线性模型(3.5.29)的普通最小二乘估计值就是模型(3.5.22)的一个近似估计值。因为它是在给定参数估计值 $\hat{\beta}$ 的初值 $\hat{\beta}_{(0)}$ 的情况下得到的,将它记作参数估计值 $\hat{\beta}$ 的第一次迭代值 $\hat{\beta}_{(1)}$。它是通过对线性模型(3.5.29)进行普通最小二乘估计得到的,而线性模型(3.5.29)实际上并不存在,故称之为线性伪模型。

将 $\hat{\beta}_{(1)}$ 作为 $\hat{\beta}$ 的新的给定值,将式(3.5.23)中的 $f(X_i,\hat{\beta})$ 在 $\hat{\beta}_{(1)}$ 处展开泰勒级数,取一阶近似值,又可以构造一个新的线性伪模型,对其进行普通最小二乘估计,得到 $\hat{\beta}$ 的第二次迭代值 $\hat{\beta}_{(2)}$……如此迭代下去,直到收敛(连续两次得到的参数估计值之差满足确定的标准)。至此完成了非线性模型的普通最小二乘估计。

(2)高斯-牛顿迭代法的步骤。在对上述采用高斯-牛顿迭代法实现非线性模型参数最小二乘估计的原理了解之后,可以将高斯-牛顿迭代法的步骤简洁地归纳如下:

第一步:给出参数估计值 $\hat{\beta}$ 的初值 $\hat{\beta}_{(0)}$,将 $f(X_i,\hat{\beta})$ 在 $\hat{\beta}_{(0)}$ 处展开泰勒级数,取一阶近似值;

第二步:计算 $Z_i=\dfrac{\mathrm{d}f(X_i,\hat{\beta})}{\mathrm{d}\hat{\beta}}\Big|_{\hat{\beta}_{(0)}}$ 和 $\widetilde{Y}_i=Y_i-f(X_i,\hat{\beta}_{(0)})+Z_i\cdot\hat{\beta}_{(0)}$ 的样本观测值;

第三步:采用普通最小二乘法估计模型 $\widetilde{Y}_i=Z_i\beta+\varepsilon_i$,得到 β 的估计值 $\hat{\beta}_{(1)}$;

第四步:用 $\hat{\beta}_{(1)}$ 代替第一步中的 $\hat{\beta}_{(0)}$,重复这一过程,直至收敛。

3. 牛顿-拉夫森(Newton-Raphson)迭代法

牛顿-拉夫森迭代法作为高斯-牛顿迭代法的改进,当给出参数估计值 $\hat{\beta}$ 的初值 $\hat{\beta}_{(0)}$,将式(3.5.23)在 $\hat{\beta}_{(0)}$ 处展开泰勒级数,取二阶近似值。即

$$Q(\hat{\beta}) \approx Q(\hat{\beta}_{(0)}) + \frac{\mathrm{d}Q(\hat{\beta})}{\mathrm{d}\hat{\beta}}\bigg|_{\hat{\beta}_{(0)}} (\hat{\beta}-\hat{\beta}_{(0)}) + \frac{1}{2}\frac{\mathrm{d}^2Q(\hat{\beta})}{\mathrm{d}\hat{\beta}^2}\bigg|_{\hat{\beta}_{(0)}} (\hat{\beta}-\hat{\beta}_{(0)})^2 \tag{3.5.31}$$

这里与高斯-牛顿迭代法有两点不同:一是直接对 $Q(\hat{\beta})$ 展开泰勒级数,而不是对其中的 $f(X_i,\hat{\beta})$ 展开;二是取二阶近似值,而不是取一阶近似值。

使式(3.5.31)达到极小的条件是:

$$\frac{\mathrm{d}Q(\hat{\beta})}{\mathrm{d}\hat{\beta}} = 0$$

注意,这里的 $Q(\hat{\beta})$ 已经用式(3.5.31)的近似式代入,而不是式(3.5.23)。再对 $\frac{\mathrm{d}Q(\hat{\beta})}{\mathrm{d}\hat{\beta}}$ 取一阶近似,则有:

$$\frac{\mathrm{d}Q(\hat{\beta})}{\mathrm{d}\hat{\beta}} \approx \frac{\mathrm{d}Q(\hat{\beta})}{\mathrm{d}\hat{\beta}}\bigg|_{\hat{\beta}_{(0)}} + \frac{\mathrm{d}^2Q(\hat{\beta})}{\mathrm{d}\hat{\beta}^2}\bigg|_{\hat{\beta}_{(0)}} \cdot (\hat{\beta}-\hat{\beta}_{(0)}) = 0$$

于是得到

$$\hat{\beta} = \hat{\beta}_{(0)} - \left(\frac{\mathrm{d}^2Q(\hat{\beta})}{\mathrm{d}\hat{\beta}^2}\bigg|_{\hat{\beta}_{(0)}}\right)^{-1} \cdot \frac{\mathrm{d}Q(\hat{\beta})}{\mathrm{d}\hat{\beta}}\bigg|_{\hat{\beta}_{(0)}} \tag{3.5.32}$$

由式(3.5.32)得到的 $\hat{\beta}$ 并不是最后的参数估计值,将它作为第一次迭代值 $\hat{\beta}_{(1)}$,再进行上述过程,直至收敛。

无论是高斯-牛顿迭代法还是牛顿-拉夫森迭代法,都存在一个问题,即如何保证迭代所逼近的是总体极小值(即最小值)而不是局部极小值?这就需要选择不同的初值,进行多次迭代求解。

非线性普通最小二乘法早已经出现在计量经济学应用软件中,即使是目前使用最普遍、最简单的 EViews 中也有非线性普通最小二乘法估计方法。在选择了该估计方法、给定参数初始值后,只要将非线性方程的形式输入,就可以得到参数的估计量。

例 3.5.2

下面直接用非线性普通最小二乘法进行例 3.5.1 的估计。

首先,估计式(3.5.16)对应的非线性模型

$$Y = AK^{\beta_1}L^{\beta_2}$$

这里可以将等式右边的 A 改写为 $\exp(\beta_0)$,软件 EViews9.0 的估计结果如图 3.5.3 所示。

与原双对数线性模型的估计结果相比,无论是常数项,还是资本投入 K 或劳动投入 L

项，相应参数的估计结果都较为接近，且都通过了 1% 显著性水平的检验。

其次，估计式(3.5.17)对应的非线性模型

$$Y/L=A(K/L)^{\beta_1} \tag{3.5.33}$$

这里仍需将等式右边的 A 改写为 $\exp(\beta_0)$，且取参数 β_0、β_1 的初值均为 1。EViews 软件的估计结果如图 3.5.4 所示。可以看出，这里 2 个参数的估计结果与对应的双对数线性模型的估计结果也较为相似。

Equation: UNTITLED　Workfile: UNTITLED::Untitled\

View | Proc | Object | Print | Name | Freeze | Estimate | Forecast | Stats | Resids

Dependent Variable: Y
Method: Least Squares (Gauss-Newton / Marquardt steps)
Sample: 1 39
Included observations: 39
Convergence achieved after 8 iterations
Coefficient covariance computed using outer product of gradients
Y=EXP(C(1))*K^C(2)*L^C(3)

	Coefficient	Std. Error	t-Statistic	Prob.
C(1)	2.197037	0.622332	3.530330	0.0012
C(2)	0.618190	0.062040	9.964360	0.0000
C(3)	0.332525	0.074115	4.486628	0.0001

R-squared	0.912519	Mean dependent var	17912.57
Adjusted R-squared	0.907659	S.D. dependent var	16771.61
S.E. of regression	5096.506	Akaike info criterion	19.98430
Sum squared resid	9.35E+08	Schwarz criterion	20.11227
Log likelihood	-386.6939	Hannan-Quinn criter.	20.03021
Durbin-Watson stat	1.451020		

图 3.5.3　中国工业生产函数的非线性估计(1)

Equation: UNTITLED　Workfile: UNTITLED::Untitled\

View | Proc | Object | Print | Name | Freeze | Estimate | Forecast | Stats | Resids

Dependent Variable: Y/L
Method: Least Squares (Gauss-Newton / Marquardt steps)
Sample: 1 39
Included observations: 39
Convergence achieved after 5 iterations
Coefficient covariance computed using outer product of gradients
Y/L=EXP(C(1))*(K/L)^C(2)

	Coefficient	Std. Error	t-Statistic	Prob.
C(1)	1.422413	0.426420	3.335706	0.0019
C(2)	0.748719	0.091934	8.144085	0.0000

R-squared	0.634704	Mean dependent var	84.23677
Adjusted R-squared	0.624831	S.D. dependent var	61.81957
S.E. of regression	37.86513	Akaike info criterion	10.15586
Sum squared resid	53049.43	Schwarz criterion	10.24117
Log likelihood	-196.0392	Hannan-Quinn criter.	10.18647
Durbin-Watson stat	1.803876		

图 3.5.4　中国工业生产函数的非线性估计(2)

§3.6 含有虚拟变量的多元线性回归模型

到目前为止,我们遇到的多元回归模型,无论是被解释变量还是解释变量,都具有定量的含义。如商品需求量、价格、收入、产量等,变量所赋值的大小都传递了明确的“定量”信息。然而,这些定量的变量还不能刻画经济生活中遇到的全部现象。例如,当考察某一突发事件对经济行为带来的影响时,如何“量化”这一突发事件呢?该突发事件又是如何引入模型并参与到模型的估计呢?本节将对这一问题进行探讨。

一、含有虚拟变量的模型

在对经济现象的描述中,通常会有一些影响经济变量的因素无法度量,如职业、性别对收入的影响,战争、自然灾害对 GDP 的影响,季节对某些产品(如冷饮)销售的影响等。为了在模型中能够反映这些因素的影响,并提高模型的精度,需要将它们“量化”,这种“量化”通常是通过引入“虚拟变量”来完成的。根据这些因素的属性类型,构造只取“0”或“1”的人工变量,通常称为虚拟变量(dummy variables),记为 D。例如,反映文化程度的虚拟变量可取为:

$$D=\begin{cases}1 & \text{本科及以上学历}\\0 & \text{本科以下学历}\end{cases}$$

一般地,在虚拟变量的设置中,基础类型、肯定类型取值为1;比较类型、否定类型取值为0。同时含有一般解释变量与虚拟变量的模型称为含有虚拟变量的模型。一个以性别为虚拟变量来考察员工薪金的模型如下:

$$Y_i=\beta_0+\beta_1 X_i+\beta_2 D_i+\mu_i \tag{3.6.1}$$

其中,Y_i为员工的薪金;X_i为工龄;若是男性,$D_i=1$,若是女性,$D_i=0$。

二、虚拟变量的引入

虚拟变量作为解释变量引入模型有两种基本方式:加法方式和乘法方式。

1. 加法方式

上述员工薪金模型中性别虚拟变量的引入采取了加法方式,即模型中将虚拟变量以相加的形式引入模型。在该模型中,如果仍假定 $\mathrm{E}(\mu_i|X,D)=0$,则

女员工的平均薪金为:

$$\mathrm{E}(Y_i|X,D=0)=\beta_0+\beta_1 X_i \tag{3.6.2}$$

男员工的平均薪金为:

$$E(Y_i|X,D=1)=(\beta_0+\beta_2)+\beta_1X_i \tag{3.6.3}$$

从几何意义上看(图 3.6.1),假定 $\beta_2>0$,则两个函数有相同的斜率,但有不同的截距。即,男女员工平均薪金对工龄的变化率是一样的,但两者的平均薪金水平相差 β_2。可以通过传统的回归检验,对 β_2 的统计显著性进行检验,以判断男女员工的平均薪金水平是否有显著差异。

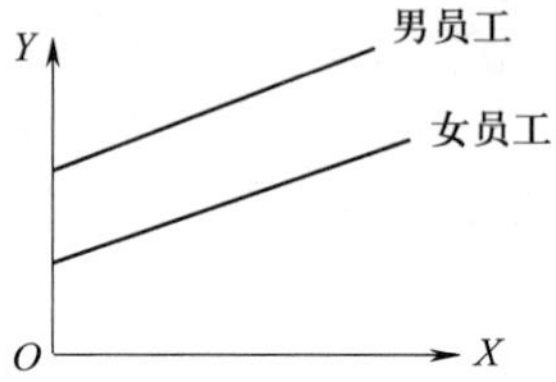

图 3.6.1　男女员工平均薪金示意图

又例如,在截面数据基础上,考虑个人保健支出对个人收入和教育水平的回归。教育水平考虑三个层次:高中以下,高中,大学及以上。这时需要引入两个虚拟变量:

$$D_1=\begin{cases}1 & 高中\\0 & 其他\end{cases}\qquad D_2=\begin{cases}1 & 大学及以上\\0 & 其他\end{cases}$$

模型可设定如下:

$$Y_i=\beta_0+\beta_1X_i+\beta_2D_1+\beta_3D_2+\mu_i \tag{3.6.4}$$

在 $E(\mu_i|X,D_1,D_2)=0$ 的初始假定下,容易得到高中以下、高中、大学及以上教育水平下个人保健支出的函数:

高中以下:　$E(Y_i|X,D_1=0,D_2=0)=\beta_0+\beta_1X_i$

高中:　$E(Y_i|X,D_1=1,D_2=0)=(\beta_0+\beta_2)+\beta_1X_i$

大学及以上:　$E(Y_i|X,D_1=0,D_2=1)=(\beta_0+\beta_3)+\beta_1X_i$

假定 $\beta_3>\beta_2$,则其几何意义如图 3.6.2 所示。

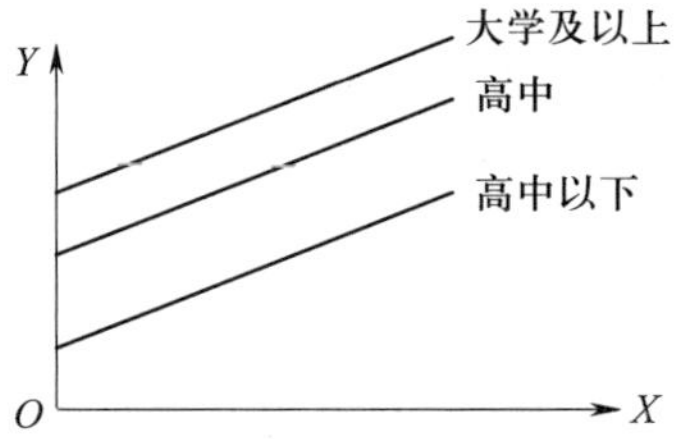

图 3.6.2　不同教育程度人员保健支出示意图

还可将多个虚拟变量引入模型中以考察多种"定性"因素的影响。如在上述员工薪金的例子中,再引入学历的虚拟变量 D_2:

$$D_2=\begin{cases}1 & 本科及以上学历\\0 & 本科以下学历\end{cases}$$

则员工薪金的回归模型可设计如下:

$$Y_i=\beta_0+\beta_1X_i+\beta_2D_1+\beta_3D_2+\mu_i \tag{3.6.5}$$

于是,不同性别、不同学历员工的平均薪金分别由下面各式给出:

女员工本科以下学历的平均薪金:$E(Y_i|X,D_1=0,D_2=0)=\beta_0+\beta_1X_i$

男员工本科以下学历的平均薪金:$E(Y_i|X,D_1=1,D_2=0)=(\beta_0+\beta_2)+\beta_1X_i$

女员工本科以上学历的平均薪金:$E(Y_i|X,D_1=0,D_2=1)=(\beta_0+\beta_3)+\beta_1X_i$

男员工本科以上学历的平均薪金:$E(Y_i|X,D_1=1,D_2=1)=(\beta_0+\beta_2+\beta_3)+\beta_1X_i$

2. 乘法方式

加法方式引入虚拟变量,可以考察截距的不同,而在许多情况下,往往是只有斜率发生变化,或斜率、截距同时发生变化。斜率的变化可通过以乘法的方式引入虚拟变量来测度。

例如,中国农村居民的边际消费倾向与城镇居民的边际消费倾向不同吗?这种消费倾向的差异可通过在收入的系数中引入虚拟变量来考察。

如，设
$$D_i=\begin{cases}1 & 农村居民\\0 & 城镇居民\end{cases}$$
则全体居民的消费模型可建立如下：
$$C_i=\beta_0+\beta_1X_i+\beta_2D_iX_i+\mu_i \tag{3.6.6}$$
这里，C、X 分别表示居民家庭人均年消费支出与年可支配收入，虚拟变量 D 以与 X 相乘的方式引入模型中，从而可用来考察边际消费倾向的差异。在 $\mathrm{E}(\mu_i|X,D)=0$ 的假定下，上述模型所表示的函数可化为：

农村居民：$\mathrm{E}(C_i|X,D=1)=\beta_0+(\beta_1+\beta_2)X_i$

城镇居民：$\mathrm{E}(C_i|X,D=0)=\beta_0+\beta_1X_i$

显然，如果 β_2 显著地异于 0，则可判定农村居民与城镇居民的边际消费倾向有差异。

例 3.6.1

扩大内需是中国进入 21 世纪以来促进经济发展的一项长期政策，有观点认为农村居民比城镇居民有着更高的边际消费倾向，增加农村居民的收入有助于中国消费需求的扩大。表 3.6.1 中给出了 2018 年中国内地农村居民与城镇居民人均工资收入 X_1、经营收入 X_2、其他收入 X_3（主要是财产性收入与转移收入）以及人均消费支出 Y 的相关数据。通过这组数据可以检验 2018 年中国农村居民与城镇居民不同来源的收入对消费支出的影响是否有差异。

表 3.6.1 2018 年中国内地居民人均收入与人均消费支出数据 单位：元

地区	农村居民				城镇居民			
	消费支出 Y	工资收入 X_1	经营收入 X_2	其他收入 X_3	消费支出 Y	工资收入 X_1	经营收入 X_2	其他收入 X_3
北京	20 195.3	19 826.7	2 021.7	4 641.8	42 925.6	40 489.3	1 072.9	26 427.7
天津	16 863.3	13 568.1	5 334.6	4 162.6	32 655.1	27 557.0	2 923.8	12495.4
河北	11 382.8	7 454.1	4 611.5	1 965.2	22 127.4	20 988.0	2 436.2	9 553.0
山西	9 172.2	5 735.8	3 075.2	2 939.0	19 789.8	18 572.4	2 574.3	9 888.1
内蒙古	12 661.5	2 896.6	7 180.7	3 725.2	24 437.1	23 302.3	7 127.6	7 874.7
辽宁	11 455.0	5 644.8	6 263.8	2 747.7	26 447.9	20 626.2	4 638.9	12 076.8
吉林	10 826.2	3 521.5	7 756.2	2 470.4	22 393.7	18 978.2	2 789.5	8 404.2
黑龙江	11 416.8	3 009.1	7 053.3	3 741.2	21 035.5	16 705.7	3 301.8	9 183.9
上海	19 964.7	19 503.5	1 753.2	9 118.0	46 015.2	39 145.5	1 828.6	27 059.5
江苏	16 567.0	10 221.6	6 016.6	4 606.9	29 461.9	28 136.3	5 053.4	14 010.3

续表

地区	农村居民				城镇居民			
	消费支出 Y	工资收入 X_1	经营收入 X_2	其他收入 X_3	消费支出 Y	工资收入 X_1	经营收入 X_2	其他收入 X_3
浙江	19 706.8	16 898.4	6 677.0	3 727.0	34 597.9	31 148.0	8 316.1	16 110.2
安徽	12 748.1	5 058.0	5 411.5	3 526.5	21 522.7	20 974.0	5 548.1	7 871.0
福建	14 942.8	8 214.7	6 705.6	2 900.8	28 145.1	25 890.9	5 573.9	10 656.5
江西	10 885.2	6 121.0	5 271.9	3 067.0	20 760.0	21 451.1	2 824.2	9 544.1
山东	11 270.1	6 550.0	7 193.6	2 553.4	24 798.4	25 040.7	5 583.9	8 924.8
河南	10 392.0	5 335.6	4 790.7	3 704.4	20 989.2	18 049.3	4 531.7	9 293.1
湖北	13 946.3	4 886.8	6 270.8	3 820.2	23 995.9	18 997.1	4 796.6	10 660.9
湖南	12 720.5	5 769.3	4 785.7	3 537.5	25 064.2	20 021.5	5 252.5	11 424.2
广东	15 411.3	8 510.7	4 432.7	4 224.4	30 924.3	32 180.1	4 872.6	7 288.3
广西	10 617.0	3 691.4	5 393.4	3 350.0	20 159.4	18 083.9	5 594.9	8 757.2
海南	10 955.8	5 611.4	5 806.1	2 571.5	22 971.2	21 506.3	3 348.6	8 493.7
重庆	11 976.8	4 847.8	4 812.9	4 120.5	24 154.2	20 054.0	3 973.1	10 862.2
四川	12 723.2	4 311.0	5 117.2	3 903.2	23 483.9	19 032.7	3 899.5	10 283.7
贵州	9 170.2	4 276.2	3 226.7	2 213.2	20 787.9	17 392.1	5 262.4	8 937.4
云南	9 122.9	3 259.9	5 599.0	1 909.0	21 626.4	18 743.9	3 855.1	10 888.9
西藏	7 452.1	3 037.2	5 888.9	2 523.8	23 029.4	25 499.8	912.0	7 385.6
陕西	10 070.8	4 620.8	3 508.0	3 084.1	21 966.4	19 352.5	2 581.9	11 384.8
甘肃	9 064.6	2 534.7	3 823.7	2 445.7	22 606.0	19 930.1	2 333.8	7 693.1
青海	10 352.4	3 047.3	3 904.6	3 441.5	22 997.5	21 718.7	2 089.2	7 706.6
宁夏	10 789.6	4 547.8	4 638.5	2 521.3	21 976.7	21 337.5	3 354.2	7 203.5
新疆	9 421.3	2 945.2	6 623.9	2 405.4	24 191.4	21 953.0	3 414.0	7 396.6
平均	12 395.0	6 627.6	5 191.9	3 408.7	25 420.6	22 995.4	3 924.7	10 830.3

资料来源:根据《中国统计年鉴》(2019)整理。

农村与城镇居民人均消费函数可写成:

农村居民:　　$Y_i=\alpha_0+\alpha_1 X_{i1}+\alpha_2 X_{i2}+\alpha_3 X_{i3}+\mu_{1i},\quad i=1,2,\cdots,n_1$

城镇居民:　　$Y_i=\beta_0+\beta_1 X_{i1}+\beta_2 X_{i2}+\beta_3 X_{i3}+\mu_{2i},\quad i=1,2,\cdots,n_2$

我们可能会关心是否截距项不同、斜率项不同或者截距项与斜率项都不同。而当我们关心是否截距项与斜率项都不同时,可以通过引入加法以及乘法形式的虚拟变量来进行考察。将本例中的 n_1 与 n_2 次观察值合并,并用以估计以下回归模型:

$$Y_i=\beta_0+\delta_0 D_i+\beta_1 X_{i1}+\delta_1(D_i X_{i1})+\beta_2 X_{i2}+\delta_2(D_i X_{i2})+\beta_3 X_{i3}+\delta_3(D_i X_{i3})+\mu_i \tag{3.6.7}$$

其中 D_i 为引入的虚拟变量，农村居民取值 1，城镇居民取值 0，则有

$$E(Y_i|D=0,X_1,X_2,X_3)=\beta_0+\beta_1X_{i1}+\beta_2X_{i2}+\beta_3X_{i3}$$

$$E(Y_i|D=1,X_1,X_2,X_3)=(\beta_0+\delta_0)+(\beta_1+\delta_1)X_{i1}+(\beta_2+\delta_2)X_{i2}+(\beta_3+\delta_3)X_{i3}$$

分别表示城镇居民消费函数与农村居民消费函数。在显著性检验中，如果 $\delta_0=0$ 或者 $\delta_1=0$ 或者 $\delta_2=0$ 或者 $\delta_3=0$ 的假设被拒绝，则说明农村居民与城镇居民的消费行为是不同的。

由表 3.6.1 中数据得到的具体回归结果为：

$$\hat{Y}_i=3\ 148.1+24.5D_i+0.672X_{i1}-0.09D_iX_{i1}+0.248X_{i2}+0.32D_iX_{i2}+0.539X_{i3}+0.17D_iX_{i3}$$

$$(1\ 162.4)\ (1\ 783.3)\quad(0.06)\quad(0.09)\qquad(0.14)\qquad(0.23)\qquad(0.08)\qquad(0.26)$$

$$n=62\quad R^2=0.978\ 0\quad \bar{R}^2=0.975\ 2\quad F=343.04$$

在 5%的显著性水平下，自由度为 54 的 t 统计量的临界值为 $t_{0.025}(54)=2.00$。容易计算 δ_0、δ_1、δ_2、δ_3 的 t 统计量的绝对值均未超过 2.00，表明在 5%的显著性水平下无法拒绝各 δ 等于 0 的假设，即各 δ 对应的变量是统计不显著的。从这里可以看出，2018 年中国内地农村居民的消费支出行为与城镇居民的消费支出行为没有显著差异，如果农村居民与城镇居民在各项收入来源上增加同等的收入，则他们消费支出的增加也会相同。可以验证，如果将 3 项不同来源的收入加总成 1 项人均可支配收入，仍然显示 2018 年农村居民与城镇居民的消费支出函数没有显著差异（留作练习）。当然，可以验证，β_1 与 β_3 都通过了 5%的显著性水平的统计检验，β_2 通过了 10%的显著性水平的统计检验，表明无论是农村居民，还是城镇居民，工资收入、经营收入以及其他收入的增加仍然决定着消费支出的增加，尤其是工资收入与其他收入的影响力度更大。

三、虚拟变量的设置原则

虚拟变量的个数须按以下原则确定：每一定性变量所需的虚拟变量个数要比该定性变量的类别数少 1，即如果有 m 个定性变量，只在模型中引入 $m-1$ 个虚拟变量。

例如，已知冷饮的销售量 Y 除受 k 种定量变量 X_k 的影响外，还受春、夏、秋、冬四季变化的影响。要考察四季的影响，只需引入三个虚拟变量即可：

$$D_{i1}=\begin{cases}1 & \text{春季}\\0 & \text{其他}\end{cases};D_{i2}=\begin{cases}1 & \text{夏季}\\0 & \text{其他}\end{cases};D_{i3}=\begin{cases}1 & \text{秋季}\\0 & \text{其他}\end{cases}$$

则冷饮销售量的模型为：

$$Y_i=\beta_0+\beta_1X_{i1}+\cdots+\beta_kX_{ik}+\alpha_1D_{i1}+\alpha_2D_{i2}+\alpha_3D_{i3}+\mu_i$$

在上述模型中，若再引入第四个虚拟变量 $D_{i4}=\begin{cases}1 & \text{冬季}\\0 & \text{其他}\end{cases}$，则冷饮销售模型变量为：

$$Y_i=\beta_0+\beta_1X_{i1}+\cdots+\beta_kX_{ik}+\alpha_1D_{i1}+\alpha_2D_{i2}+\alpha_3D_{i3}+\alpha_4D_{i4}+\mu_i$$

其矩阵形式为：
$$\boldsymbol{Y}=(\boldsymbol{X},\boldsymbol{D})\begin{pmatrix}\boldsymbol{\beta}\\\boldsymbol{\alpha}\end{pmatrix}+\boldsymbol{\mu}$$

如果只取六个观测值，其中春季与夏季取了两次，秋、冬各取到一次观测值，则式中的：

$$
(\boldsymbol{X},\boldsymbol{D})=\begin{pmatrix}1 & X_{11} & \cdots & X_{1k} & 1 & 0 & 0 & 0\\1 & X_{21} & \cdots & X_{2k} & 0 & 1 & 0 & 0\\1 & X_{31} & \cdots & X_{3k} & 0 & 0 & 1 & 0\\1 & X_{41} & \cdots & X_{4k} & 0 & 0 & 0 & 1\\1 & X_{51} & \cdots & X_{5k} & 0 & 1 & 0 & 0\\1 & X_{61} & \cdots & X_{6k} & 1 & 0 & 0 & 0\end{pmatrix},\boldsymbol{\beta}=\begin{pmatrix}\beta_0\\\beta_1\\\vdots\\\beta_k\end{pmatrix},\boldsymbol{\alpha}=\begin{pmatrix}\alpha_1\\\alpha_2\\\alpha_3\\\alpha_4\end{pmatrix}
$$

显然，$(\boldsymbol{X},\boldsymbol{D})$中的第 1 列可表示成后 4 列的线性组合，从而$(\boldsymbol{X},\boldsymbol{D})$不满秩，参数无法唯一求出。这就是所谓的“虚拟变量陷阱”，应避免这种情况发生。

§3.7　受约束回归

在建立回归模型时，有时根据经济理论需要对模型中变量的参数施加一定的约束条件。例如，在估计以幂函数的形式表示的生产函数模型时，有时也施加产出关于资本与劳动的弹性和为 1 的约束。模型施加约束条件后进行回归，称为受约束回归(restricted regression)，与此对应，不加任何约束的回归称为无约束回归(unrestricted regression)。

一、模型参数的线性约束

一般地，估计线性模型时可对模型参数施加若干个线性约束条件。例如，对模型

$$Y=\beta_0+\beta_1X_1+\beta_2X_2+\cdots+\beta_kX_k+\mu \tag{3.7.1}$$

可施加

$$\beta_1+\beta_2=1,\beta_{k-1}=\beta_k \tag{3.7.2}$$

于是，对式(3.7.1)的回归可转化为对施加上述约束条件后如下模型的回归：

$$Y=\beta_0+\beta_1X_1+(1-\beta_1)X_2+\cdots+\beta_{k-1}X_{k-1}+\beta_{k-1}X_k+\mu^* \tag{3.7.3}$$

或

$$Y^*=\beta_0+\beta_1X_1^*+\beta_3X_3+\cdots+\beta_{k-1}X_{k-1}^*+\mu^* \tag{3.7.4}$$

其中，$Y^*=Y-X_2,X_1^*=X_1-X_2,X_{k-1}^*=X_{k-1}+X_k$。

如果运用普通最小二乘法得到参数的估计结果$\hat{\beta}_0,\hat{\beta}_1,\hat{\beta}_3,\cdots,\hat{\beta}_{k-1}$，可由上述约束条件得到$\hat{\beta}_2=1-\hat{\beta}_1,\hat{\beta}_k=\hat{\beta}_{k-1}$。

然而，对所考察的具体问题能否施加约束条件，或者说能否直接对施加约束后的模型进行回归，还需进一步进行相应的检验。常用的检验有 F 检验、χ^2检验与 t 检验，这里主要介绍 F 检验。

在同一数据样本下，记无约束样本回归模型的矩阵式为

$$\boldsymbol{Y}=\boldsymbol{X}\hat{\boldsymbol{\beta}}+\boldsymbol{e} \tag{3.7.5}$$

记受约束样本回归模型的矩阵式为

$$\boldsymbol{Y}=\boldsymbol{X}\hat{\boldsymbol{\beta}}_*+\boldsymbol{e}_* \tag{3.7.6}$$

于是,受约束样本回归模型的残差项可写为

$$\boldsymbol{e}_*=\boldsymbol{Y}-\boldsymbol{X}\hat{\boldsymbol{\beta}}_*=\boldsymbol{X}\hat{\boldsymbol{\beta}}+\boldsymbol{e}-\boldsymbol{X}\hat{\boldsymbol{\beta}}_*=\boldsymbol{e}-\boldsymbol{X}(\hat{\boldsymbol{\beta}}_*-\hat{\boldsymbol{\beta}})$$

得受约束样本回归模型的残差平方和 $\mathrm{RSS_R}$ 为

$$\boldsymbol{e}_*'\boldsymbol{e}_*=\boldsymbol{e}'\boldsymbol{e}+(\hat{\boldsymbol{\beta}}_*-\hat{\boldsymbol{\beta}})'\boldsymbol{X}'\boldsymbol{X}(\hat{\boldsymbol{\beta}}_*-\hat{\boldsymbol{\beta}}) \tag{3.7.7}$$

式中第二项为一非负标量,于是

$$\boldsymbol{e}_*'\boldsymbol{e}_*\geqslant\boldsymbol{e}'\boldsymbol{e} \tag{3.7.8}$$

其中,$\boldsymbol{e}'\boldsymbol{e}$ 为无约束样本回归模型的残差平方和 $\mathrm{RSS_U}$。

在式(3.7.5)与式(3.7.6)两个回归模型中,有着相同的被解释变量 Y 与相同的数据样本,于是 Y 的总离差平方和 TSS 也相同。式(3.7.8)表明受约束样本回归模型的残差平方和不小于无约束样本回归模型的残差平方和,于是,受约束样本回归模型的回归平方和 $\mathrm{ESS_R}$ 不大于无约束样本回归模型的回归平方和 $\mathrm{ESS_U}$。这意味着,通常情况下,对模型施加约束条件会降低模型的解释能力。

但是,如果约束条件为真,则受约束回归模型与无约束回归模型具有相同的解释能力,从而使得 $\mathrm{RSS_U}$ 与 $\mathrm{RSS_R}$ 的差异变小。于是,可用 $\mathrm{RSS_R}-\mathrm{RSS_U}$ 的大小来检验约束条件的真实性。

根据数理统计学的知识,$\dfrac{\mathrm{RSS}}{\sigma^2}\sim\chi^2(n-k-1)$,其中 k 为回归模型中解释变量的个数,σ^2 为回归模型随机干扰项的方差。于是,

$$\frac{\mathrm{RSS_U}}{\sigma^2}\sim\chi^2(n-k_\mathrm{U}-1) \tag{3.7.9}$$

$$\frac{\mathrm{RSS_R}}{\sigma^2}\sim\chi^2(n-k_\mathrm{R}-1) \tag{3.7.10}$$

$$\frac{\mathrm{RSS_R}-\mathrm{RSS_U}}{\sigma^2}\sim\chi^2(k_\mathrm{U}-k_\mathrm{R}) \tag{3.7.11}$$

其中,k_U,k_R分别为无约束与受约束回归模型的解释变量的个数(不包括常数项)。于是可通过计算式(3.7.11)的χ^2统计量来进行相应的χ^2检验。当然,由于随机干扰项的方差 σ^2往往未知,检验时需用它的估计量 $\hat{\sigma}^2$替代,这时在大样本下,式(3.7.11)是渐近成立的,可以直接使用。但在小样本下,即使用 $\hat{\sigma}^2$替代 σ^2,也不能采用式(3.7.11)进行假设检验。这时,需要采用下面进一步得到的 F 统计量进行检验。

当约束条件为真时,由式(3.7.9)与式(3.7.11)可进一步得到如下的 F 统计量:

$$F=\frac{(\mathrm{RSS_R}-\mathrm{RSS_U})/(k_\mathrm{U}-k_\mathrm{R})}{\mathrm{RSS_U}/(n-k_\mathrm{U}-1)}\sim F(k_\mathrm{U}-k_\mathrm{R},n-k_\mathrm{U}-1) \tag{3.7.12}$$

F 统计量无须估计随机干扰项的方差 σ^2。根据该统计量,如果约束条件无效,则 $\mathrm{RSS_R}$ 与

RSS_U的差异较大,计算的 F 值也较大。于是,可用计算的 F 统计量的值与所给定的显著性水平下的临界值作比较,来对约束条件的真实性进行检验。需注意的是,k_U-k_R恰为约束条件的个数。

例 3.7.1

在§3.5 的例 3.5.1 中,讨论了 2010 年中国工业生产函数。如果规模收益不变,则式(3.5.16)可等价地变换为式(3.5.17),前者为无约束模型,后者为受约束模型。从回归结果看,无约束回归模型的残差平方和 $RSS_U=4.400\ 6$,受约束回归模型的残差平方和 $RSS_R=4.469\ 4$,样本容量 $n=39$,无约束回归模型变量个数 $k_U=2$,约束条件个数 $k_U-k_R=2-1=1$。于是

$$F=\frac{(4.469\ 4-4.400\ 6)/1}{4.400\ 6/36}=0.563\ 0$$

在 5%的显著性水平下,自由度为(1,36)的 F 统计量的临界值为 $F_{0.05}=4.11$。计算的 F 值小于临界值,不能拒绝 2010 年中国工业生产函数具有规模收益不变这一假设。

需要指出的是,这里介绍的 F 检验适合所有关于参数线性约束的检验,§3.4 中对回归模型总体的线性性检验,可以归结到这里的 F 检验上来。如对线性模型

$$Y=\beta_0+\beta_1X_1+\beta_2X_2+\cdots+\beta_kX_k+\mu$$

的总体线性性检验,就是要检验联合假设:

$$H_0:\quad \beta_j=0,\quad j=1,2,\cdots,k$$

因此,受约束回归模型为

$$Y=\beta_0+\mu_*$$

由式(3.7.12),检验的 F 统计量为

$$\begin{aligned}F&=\frac{(RSS_R-RSS_U)/(k_U-k_R)}{RSS_U/(n-k_U-1)}=\frac{(TSS-ESS_R-RSS_U)/k}{RSS_U/(n-k-1)}\\&=\frac{(TSS-RSS_U)/k}{RSS_U/(n-k-1)}=\frac{ESS_U/k}{RSS_U/(n-k-1)}\end{aligned}$$

这里,运用了受约束回归模型的回归平方和 $ESS_R=0$。该 F 统计量的另一个等价式为

$$F=\frac{R_U^2/k}{(1-R_U^2)/(n-k-1)}\qquad(3.7.13)$$

其中,R_U^2为无约束模型的可决系数。

二、对回归模型增加或减少解释变量

在建立回归模型时,一个重要的问题是如何判断增加重要的解释变量或去掉不必要的解释变量。t 检验可对单个变量的取舍进行判断,而上面介绍的 F 检验除能对单个变量的取舍进行判断外,还可对多个变量的同时取舍进行判断。

考虑如下两个回归模型:

$$Y=\beta_0+\beta_1X_1+\cdots+\beta_kX_k+\mu \tag{3.7.14}$$

$$Y=\beta_0+\beta_1X_1+\cdots+\beta_kX_k+\beta_{k+1}X_{k+1}+\cdots+\beta_{k+q}X_{k+q}+\mu \tag{3.7.15}$$

式(3.7.14)可以看成是式(3.7.15)施加如下约束条件的受约束回归：

$$H_0:\beta_{k+1}=\beta_{k+2}=\cdots=\beta_{k+q}=0$$

相应的 F 统计量为：

$$F=\frac{(\mathrm{RSS_R}-\mathrm{RSS_U})/q}{\mathrm{RSS_U}/[n-(k+q+1)]}$$

$$=\frac{(\mathrm{ESS_U}-\mathrm{ESS_R})/q}{\mathrm{RSS_U}/[n-(k+q+1)]}\sim F[q,n-(k+q+1)] \tag{3.7.16}$$

如果约束条件为真，即额外的变量 $X_{k+1},\cdots,X_{k+q}$ 对 Y 没有解释能力，则 F 统计量较小；否则，约束条件为假，意味着额外的变量 $X_{k+1},\cdots,X_{k+q}$ 对 Y 有较强的解释能力，则 F 统计量较大。因此，可通过给定某一显著性水平下 F 分布的临界值与 F 统计量的计算值的比较，来判断额外变量 $X_{k+1},\cdots,X_{k+q}$ 是否应包括在模型中。

由式(3.7.16)可得到 F 统计量的另一个等价的式子(留作练习)：

$$F=\frac{(R_U^2-R_R^2)/q}{(1-R_U^2)/[n-(k+q+1)]} \tag{3.7.17}$$

式中，R_U^2、R_R^2 分别为无约束回归与受约束回归方程的可决系数，表明通过变量增减前后回归方程的可决系数 R^2 是否有“足够大”的变化来判断变量的增减与否。

例 3.7.2

居民的食品消费中，大致有粮食类、油脂类、蔬菜类以及蛋白类的食物。在蛋白类的食品中主要有肉禽类、蛋类及水产类食品。表 3.7.1 中列出了 2012 年中国内地 31 个省、自治区、直辖市农村居民人均消费蛋类食物的数量以及各类主要食品的价格指数，同时也列出了农村居民人均生活消费支出及农村居民的居民消费价格指数(北京、天津、上海、重庆四个直辖市没有农村居民消费价格指数，用城市居民消费价格指数替代)。为了考察农村居民的生活消费支出(它与纯收入有关)以及各类食物价格变动与蛋类食品的人均消费量的关系，可建立如下回归模型：

$$\ln Q=\beta_0+\beta_1\ln(X/P_0)+\beta_2(P_1/P)+\beta_3(P_2/P)+\beta_4P_{01}+\beta_5P_{02}+\beta_6P_{03}+\mu$$

其中，Q 为蛋类食品的人均消费量，X 为人均生活消费支出，P_0 为居民消费价格指数，P 为蛋类食品的居民消费价格指数，P_1、P_2 分别为肉禽类及水产类食品的居民消费价格指数，P_{01}、P_{02}、P_{03} 分别为粮食类、油脂类及蔬菜类食品的居民消费价格指数。由于三类蛋白类食品有一定的替代性，因此我们需要考察蛋类食品价格与肉禽类、水产类价格的相对变化对蛋类食品消费需求的影响；而粮食类、油脂类、蔬菜类食物与蛋白类食物的替代性不是太强，我们仅考察它们价格的变化对蛋类食物消费可能产生的影响。

表 3.7.1 2012 年中国内地农村居民对蛋类食品的消费及相关食物的价格指数

地区	蛋类食品消费量 Q(千克)	各类食品的消费价格指数(上年=100)						居民消费价格指数 P_0(上年=100)	人均消费支出 X(元)
		蛋类 P	肉禽类 P_1	水产类 P_2	粮食 P_{01}	油脂 P_{02}	蔬菜 P_{03}		
北京	11.05	96.9	106.7	104.8	102.6	104.5	112.0	103.3	11 878.92
天津	12.84	101.7	105.7	106.7	102.4	103.7	119.6	102.7	8 336.55
河北	10.42	96.4	101.1	104.8	102.9	106.3	114.9	102.5	5 364.14
山西	7.82	96.2	101.4	107.4	103.0	105.2	114.2	102.6	5 566.19
内蒙古	6.45	98.1	105.3	107.7	105.7	105.3	112.3	102.5	6 381.97
辽宁	8.48	96.2	102.6	107.3	103.6	105.0	117.5	102.5	5 998.39
吉林	7.90	94.6	103.7	108.5	104.2	105.7	110.5	102.4	6 186.17
黑龙江	6.33	98.3	105.4	104.8	104.6	102.6	115.3	102.9	5 718.05
上海	8.92	98.2	105.1	105.8	102.9	103.8	111.1	102.8	11 971.50
江苏	6.96	97.0	102.5	108.4	102.3	104.2	109.0	102.6	9 138.18
浙江	5.56	97.6	100.9	108.8	103.7	103.7	115.2	102.3	10 652.73
安徽	7.23	94.3	98.7	110.8	104.2	105.8	113.3	102.4	5 555.99
福建	5.32	96.8	102.0	107.8	103.0	105.4	116.5	102.4	7 401.92
江西	4.22	96.9	98.9	112.6	103.8	104.2	118.2	103.0	5 129.47
山东	12.32	95.9	101.6	108.8	102.5	107.5	111.2	102.0	6 775.95
河南	9.06	94.4	99.4	108.9	104.1	105.0	113.2	102.4	5 032.14
湖北	5.02	98.6	101.7	111.1	105.3	105.2	113.2	103.0	5 726.73
湖南	4.92	100.1	98.5	110.9	105.3	102.5	110.8	101.6	5 870.12
广东	3.39	98.2	104.4	107.3	105.0	106.0	114.9	102.9	7 458.56
广西	2.22	97.3	103.0	104.9	103.8	108.2	116.7	103.3	4 933.58
海南	2.43	102.7	103.8	102.2	104.1	106.2	115.6	103.2	4 776.30
重庆	5.18	100.6	99.1	106.7	107.7	106.0	112.3	102.6	5 018.64
四川	4.87	97.7	99.9	111.5	104.9	105.2	118.1	102.0	5 366.71
贵州	2.35	95.7	101.3	107.6	104.5	104.4	109.0	102.8	3 901.71
云南	2.82	100.1	103.1	104.9	103.5	102.9	117.8	102.3	4 561.33
西藏	0.56	102.4	108.9	102.8	103.0	105.5	114.6	103.4	2 967.56
陕西	3.91	97.6	101.5	110.4	103.3	105.9	111.7	103.1	5 114.68
甘肃	3.93	97.4	104.2	105.2	102.3	104.5	108.5	103.1	4 146.24
青海	1.58	99.2	107.6	109.6	102.8	105.6	112.8	103.1	5 338.91
宁夏	3.40	97.7	104.8	107.2	101.0	103.0	108.7	101.7	5 351.36
新疆	3.62	102.1	105.9	105.2	107.3	105.3	117.6	104.7	5 301.25

资料来源:《中国统计年鉴》(2013)。

上述无约束模型的 OLS 估计结果如下:

$$\ln\hat{Q} = -11.15 + 1.328\ln(X/P_0) - 1.453(P_1/P) + 5.127(P_2/P)$$
$$(12.75)\quad(0.326)\qquad(4.210)\qquad(2.281)$$

$$+0.015P_{01}+0.005P_{02}+0.010P_{03}$$
$$(0.077)\quad(0.076)\quad(0.033)$$

$$R^2=0.5273\quad \bar{R}^2=0.4091\quad F=4.46\quad \mathrm{RSS}_{\mathrm{U}}^2=6.3187$$

运用 t 检验,在5%的显著性水平下,容易得知除真实的居民生活消费支出项以及水产品与蛋类产品的相对价格项显著异于零外,其他各项均没有通过显著性检验。表明在其他条件不变的情况下,农村居民真实的生活消费支出的增加会带动对蛋类食品的消费增长,而当水产品价格比蛋类产品价格上升更快时,会刺激农村居民消费更多的蛋类产品,意味着在中国农村,水产品与蛋类产品有着一定的替代性,但肉禽类产品与蛋类产品没有明显的替代效应。同样地,粮食类、油脂类、蔬菜类食物价格的上升也不会对蛋类产品的消费有显著的影响。

可以通过 F 检验来考察是否需要将粮食类、油脂类、蔬菜类食物的价格引入农村居民对蛋类食品的消费需求函数中来,即针对上述无约束模型,检验联合假设

$$H_0:\beta_4=0,\beta_5=0,\beta_6=0$$

该联合假设成立时的受约束模型估计如下

$$\ln\hat{Q}=-7.01+1.323\ln(X/P_0)-2.120(P_1/P)+4.973(P_2/P)$$
$$(3.909)\quad(0.297)\qquad(3.332)\qquad(2.089)$$

$$R^2=0.5241\quad \bar{R}^2=0.4712\quad F=9.91\quad \mathrm{RSS}_{\mathrm{R}}^2=6.3617$$

相应的 F 检验为

$$F=\frac{(6.3617-6.3187)/3}{6.3187/(31-6)}=0.0567$$

该值小于5%显著性水平下相应的临界值 $F_{0.05}(3,25)=2.99$,因此,不拒绝上述联合假设,可将 P_{01}、P_{02}、P_{03} 从原模型中去掉。当然,也可以将 $\beta_2=0$ 加入上面的联合假设 H_0 中,进行受约束、无约束的 F 检验,以考察对应的变量项是否应从原模型中去掉。

三、检验不同组之间回归函数的差异

运用受约束、无约束模型的 F 检验,可以考察不同组之间的回归函数是否有差异。

假设我们需要建立的模型为

$$Y=\beta_0+\beta_1X_1+\cdots+\beta_kX_k+\mu$$

对两个不同的组各自对应的样本 $(1,2,\cdots,n_1)$ 与 $(1,2,\cdots,n_2)$,相应的模型分别为

$$Y=\beta_0+\beta_1X_1+\cdots+\beta_kX_k+\mu_1 \tag{3.7.18}$$

$$Y=\alpha_0+\alpha_1X_1+\cdots+\alpha_kX_k+\mu_2 \tag{3.7.19}$$

合并两个样本的大样本为 $(1,2,\cdots,n_1,n_1+1,\cdots,n_1+n_2)$,则可写出如下无约束回归模型:

$$\begin{pmatrix}\boldsymbol{Y}_1\\ \boldsymbol{Y}_2\end{pmatrix}=\begin{pmatrix}\boldsymbol{X}_1 & \boldsymbol{0}\\ \boldsymbol{0} & \boldsymbol{X}_2\end{pmatrix}\begin{pmatrix}\boldsymbol{\beta}\\ \boldsymbol{\alpha}\end{pmatrix}+\begin{pmatrix}\boldsymbol{\mu}_1\\ \boldsymbol{\mu}_2\end{pmatrix} \tag{3.7.20}$$

其中,$\boldsymbol{\beta}$、$\boldsymbol{\alpha}$ 分别是两样本组对应模型中的参数列向量,$\boldsymbol{Y}_i(i=1,2)$ 是对应模型的被解释变量以其样本为元素的列向量,$\boldsymbol{X}_i(i=1,2)$ 是对应模型的解释变量矩阵。

如果 $\boldsymbol{\beta}=\boldsymbol{\alpha}$，表示两个组别在回归函数上无差别，因此可针对如下假设进行检验：

$$H_0:\boldsymbol{\beta}=\boldsymbol{\alpha}$$

式（3.7.20）施加该约束条件后变换为受约束回归模型

$$\begin{pmatrix}\boldsymbol{Y}_1\\ \boldsymbol{Y}_2\end{pmatrix}=\begin{pmatrix}\boldsymbol{X}_1\\ \boldsymbol{X}_2\end{pmatrix}\boldsymbol{\beta}+\begin{pmatrix}\boldsymbol{\mu}_1\\ \boldsymbol{\mu}_2\end{pmatrix} \tag{3.7.21}$$

因此，仍可用如下 F 统计量进行检验：

$$F=\frac{(\mathrm{RSS}_{\mathrm{R}}-\mathrm{RSS}_{\mathrm{U}})/(k+1)}{\mathrm{RSS}_{\mathrm{U}}/[n_1+n_2-2(k+1)]}\sim F[k+1,n_1+n_2-2(k+1)] \tag{3.7.22}$$

其中，$\mathrm{RSS}_{\mathrm{U}}$ 与 $\mathrm{RSS}_{\mathrm{R}}$ 分别为对应于无约束模型（3.7.20）与受约束模型（3.7.21）的残差平方和。

记 RSS_1 与 RSS_2 为两个样本组对应的回归模型（3.7.18）与（3.7.19）在各自的样本下分别回归后所得的残差平方和，容易验证（留作练习）

$$\mathrm{RSS}_{\mathrm{U}}=\mathrm{RSS}_1+\mathrm{RSS}_2$$

于是，F 统计量可写为

$$F=\frac{[\mathrm{RSS}_{\mathrm{R}}-(\mathrm{RSS}_1+\mathrm{RSS}_2)]/(k+1)}{(\mathrm{RSS}_1+\mathrm{RSS}_2)/[n_1+n_2-2(k+1)]}\sim F[k+1,n_1+n_2-2(k+1)] \tag{3.7.23}$$

因此，检验两个样本组在回归函数上有无差异的步骤为：首先，分别对两个样本组各自的样本运用式（3.7.1）进行普通最二乘回归，得到相应的残差平方和 RSS_1 与 RSS_2；然后，将两个样本并为一个大样本后运用式（3.7.1）进行回归，得到大样本下的残差平方和 $\mathrm{RSS}_{\mathrm{R}}$；最后，通过式（3.7.23）的 F 统计量，在事先给定的显著性水平下进行假设检验。如果 F 大于相应的临界值，则拒绝原假设，认为两个样本组的回归函数有差异，即它们的参数不完全相同。该检验方法也被称为邹氏参数稳定性检验（Chow test for parameter stability）。

例 3.7.3

在§3.6 的例 3.6.1 中，考察了中国内地农村居民与城镇居民人均消费函数是否有差异。这也可以通过邹氏参数稳定性检验来完成。

记农村或城镇居民的人均消费支出函数为

$$Y_i=\beta_0+\beta_1X_{i1}+\beta_2X_{i2}+\beta_3X_{i3}+\mu_i$$

对农村居民，有如下回归结果

$$\hat{Y}_i=3\ 172.6+0.580X_{i1}+0.568X_{i2}+0.714X_{i3}$$
$$(1\ 183.6)\quad(0.060)\quad(0.154)\quad(0.219)$$

$$R^2=0.895\ 6\quad \bar{R}^2=0.884\ 0\quad F=77.20\quad \mathrm{RSS}_1=34\ 839\ 491$$

对城镇居民，有如下回归结果

$$\hat{Y}_i=3\ 148.1+0.672X_{i1}+0.248X_{i2}+0.539X_{i3}$$
$$(1\ 291.2)\quad(0.069)\quad(0.159)\quad(0.088)$$

$$R^2=0.952\ 1\quad \bar{R}^2=0.946\ 8\quad F=179.06\quad \mathrm{RSS}_2=56\ 134\ 457$$

将农村居民与城镇居民对应的样本合成一个大样本后，有如下回归结果

$$\hat{Y}_i = 4\ 322.7 + 0.575X_{i1} + 0.401X_{i2} + 0.596X_{i3}$$
$$(695.5)\quad(0.036)\quad(0.110)\quad(0.068)$$
$$R^2 = 0.975\ 5\quad \bar{R}^2 = 0.974\ 2\quad F = 770.14\quad \mathrm{RSS_R} = 101\ 296\ 369$$①

于是，可进行如下 F 检验

$$F = \frac{[101\ 296\ 369 - (34\ 839\ 491 + 56\ 134\ 457)]/4}{(34\ 839\ 491 + 56\ 134\ 457)/(62-8)} = 1.53$$

5%显著性水平下相应的临界值为 $F_{0.05}(4,54) = 2.54$。因此，在5%的显著性水平下不拒绝中国农村居民与城镇居民在消费支出上无差异的假设，这与例3.6.1通过引入虚拟变量的模型的检验结果相一致。

需要说明的是，上述邹氏参数稳定性检验在引入虚拟变量模型的视角下更容易理解。将两个样本组合并成一个大样本后，引入虚拟变量 D，对第1组样本的观测，取值为1，对第2组样本的观测，取值为0，则无约束模型可写为

$$Y_i = \beta_0 + \delta_0 D_i + \beta_1 X_{i1} + \delta_1(D_i X_{i1}) + \cdots + \beta_k X_{ik} + \delta_k(D_i X_{ik}) + \mu_i \tag{3.7.24}$$

这时，第1组样本对应的回归函数为

$$Y_i = (\beta_0 + \delta_0) + (\beta_1 + \delta_1)X_{i1} + \cdots + (\beta_k + \delta_k)X_{ik} + \mu_i$$

第2组样本对应的回归函数为

$$Y_i = \beta_0 + \beta_1 X_{i1} + \cdots + \beta_k X_{ik} + \mu_i$$

如果两个样本组对应的回归函数完全相同，则意味着如下约束条件为真

$$H_0: \delta_0 = 0, \delta_1 = 0, \cdots, \delta_k = 0$$

约束条件为真时大样本对应的回归函数为

$$Y_i = \beta_0 + \beta_1 X_{i1} + \cdots + \beta_k X_{ik} + \mu_i \tag{3.7.25}$$

因此，在合并的大样本下，以式(3.7.24)为无约束模型、以式(3.7.25)为受约束模型进行无约束、受约束回归，仍可通过式(3.7.22)所示的 F 统计量对约束条件进行检验。

可以验证，例3.7.3对中国内地农村居民与城镇居民人均消费函数是否有差异的检验可以完全通过虚拟变量模型来完成，无约束与受约束回归的残差平方和以及 F 统计量的值都与例3.7.3相同(留作练习)。可以看出，虚拟变量的方法更直观、简单，而且虚拟变量方法还可能通过 t 统计量更细致地检验出差异是在截距项上，还是在某个斜率项上。

*四、非线性约束

估计线性模型时也可对模型参数施加非线性约束。如对模型

$$Y = \beta_0 + \beta_1 X_1 + \beta_2 X_2 + \cdots + \beta_k X_k + \mu$$

---

① EViews9.0 显示的 RSS 为 101E+08，为科学记法的显示结果。为了得到确切的值，可用 EViews9.0 给出的 S. E. of Regression(即模型的标准差 σ)的值 1 321.548，通过 $\mathrm{RSS} = (n-k-1) \times \hat{\sigma}^2$ 计算得到 101 296 369。

施加非线性约束 $\beta_1\beta_2=1$。然而,这时再无法找到一个类似于式(3.7.3)或式(3.7.4)那样简单的受约束回归模型,只能得到如下受约束回归模型

$$Y=\beta_0+\beta_1X_1+\frac{1}{\beta_1}X_2+\cdots+\beta_kX_k+\mu^* \tag{3.7.26}$$

该模型是无法运用通常的普通最小二乘法进行估计的。必须采用非线性最小二乘法(nonlinear least squares)进行估计。

非线性最小二乘法的主要问题在于其参数估计量并不必然具有我们期望的小样本性质。然而,从最小二乘估计原理与极大似然估计原理来看,受约束的残差平方和最小化问题等价于受约束的极大似然函数最大化的问题,且最小二乘估计量就是极大似然估计量,因此,估计量具有一致性与渐近有效性等大样本性质。

有鉴于此,非线性约束检验是建立在极大似然估计原理基础上的。有三个著名的检验:**似然比检验**(likelihood ratio test,LR)、**沃尔德检验**(Wald test,WD)与**拉格朗日乘数检验**(Lagrange multiplier test,LM)。它们的共同特点是:在大样本下,以共同的 χ^2 检验为基础,自由度就是约束条件的个数。

1. 似然比检验(LR)

似然比检验仍需估计无约束回归模型与受约束回归模型,但运用的估计方法是极大似然法,检验的是两个似然函数值的差异是否“足够”大。

记 $L(\boldsymbol{\beta},\sigma^2)$ 为似然函数,对给定的样本数据,无约束回归就是求一组参数 $\hat{\boldsymbol{\beta}}$ 与 $\hat{\sigma}^2$,以使似然函数 $L(\hat{\boldsymbol{\beta}},\hat{\sigma}^2)$ 的值最大。如果给定约束条件 $g(\boldsymbol{\beta})=\mathbf{0}$,有约束的回归则是在该约束条件下,求另一组参数 $\tilde{\boldsymbol{\beta}}$ 与 $\tilde{\sigma}^2$,以使似然函数 $L(\tilde{\boldsymbol{\beta}},\tilde{\sigma}^2)$ 的值最大。根据拉格朗日极值算法,就是求如下函数的极值问题

$$\Phi=L(\boldsymbol{\beta},\sigma^2)-\boldsymbol{\lambda}'g(\boldsymbol{\beta}) \tag{3.7.27}$$

其中,$g(\boldsymbol{\beta})$ 是以各约束条件为元素的列向量,$\boldsymbol{\lambda}'$ 则是以相应拉格朗日乘数 λ_i 为元素的行向量。

同样地,受约束的似然函数值不会超过无约束的似然函数值,但如果给出的约束条件为真,则两个函数值就非常“接近”。由此,定义**似然比**(likelihood ratio)为

$$\frac{L(\tilde{\boldsymbol{\beta}},\tilde{\sigma}^2)}{L(\hat{\boldsymbol{\beta}},\hat{\sigma}^2)}$$

如果该比值很小,说明受约束似然函数值与无约束似然函数值差距较大,则应拒绝约束条件为真的假设;如果该比值接近于1,则受约束似然函数值与无约束似然函数值很接近,应接受约束条件为真的假设。

在进行检验时,由于在大样本下

$$\mathrm{LR}=-2[\ln L(\tilde{\boldsymbol{\beta}},\tilde{\sigma}^2)-\ln L(\hat{\boldsymbol{\beta}},\hat{\sigma}^2)]\sim\chi^2(h) \tag{3.7.28}$$

其中 h 是约束条件的个数,则可以在给定的显著性水平下,通过 LR 的计算值与相应的 χ^2 分布的临界值的比较,来判断是否拒绝给定的约束条件的假设。当然,线性约束是非线性约束的特例,似然比检验也可用来对线性约束的假设进行检验。

可通过普通最小二乘估计与极大似然估计的关系，以普通最小二乘估计的结果计算似然函数的对数值（参见：潘文卿，李子奈．计量经济学（第五版）学习指南与练习．北京：高等教育出版社，2021）。在例 3.5.1 中，以受约束回归模型普通最小二乘估计计算出的最大似然值的对数值为 $\ln L(\tilde{\boldsymbol{\beta}},\tilde{\sigma}^2)=-13.096$，以无约束回归模型普通最小二乘估计计算出的最大似然值的对数值为 $\ln L(\hat{\boldsymbol{\beta}},\hat{\sigma}^2)=-12.793$，于是

$$\mathrm{LR}=-2(-13.096-(-12.793))=0.606$$

该值小于 5%显著性水平下、自由度为 1 的 χ^2 分布的临界值 $\chi^2_{0.05}(1)=3.841$，不拒绝原约束的假设，表明 2010 年的中国工业生产函数具有规模收益不变的特征。

2. 沃尔德检验（WD）

似然比检验不仅要估计无约束模型，还要估计受约束模型。而在沃尔德检验中，只需估计无约束模型。如对模型

$$Y=\beta_0+\beta_1X_1+\beta_2X_2+\cdots+\beta_kX_k+\mu$$

要检验 $\beta_1+\beta_2=1$ 的约束，只需对该模型进行回归，并判断 $\hat{\beta}_1+\hat{\beta}_2$ 与 1 的差距是否足够大。在所有基本假设都成立的条件下，容易证明

$$\hat{\beta}_1+\hat{\beta}_2\sim N(\beta_1+\beta_2,\sigma^2_{\hat{\beta}_1+\hat{\beta}_2})$$

因此，在 $\beta_1+\beta_2=1$ 的约束条件下

$$z=\frac{\hat{\beta}_1+\hat{\beta}_2-1}{\sigma_{\hat{\beta}_1+\hat{\beta}_2}}\sim N(0,1) \tag{3.7.29}$$

由于 $\sigma^2_{\hat{\beta}_1+\hat{\beta}_2}$ 是 $\hat{\beta}_1+\hat{\beta}_2$ 的方差，其值与随机干扰项 μ 的方差有关：

$$\sigma^2_{\hat{\beta}_1+\hat{\beta}_2}=\mathrm{Var}(\hat{\beta}_1)+\mathrm{Var}(\hat{\beta}_2)+2\mathrm{Cov}(\hat{\beta}_1,\hat{\beta}_2)=\sigma^2 f(\boldsymbol{X}),$$

以 σ^2 的极大似然估计量 $\tilde{\sigma}^2=\boldsymbol{e}'\boldsymbol{e}/n$ 代入，并记 $\tilde{\sigma}^2_{\hat{\beta}_1+\hat{\beta}_2}=\tilde{\sigma}^2 f(\boldsymbol{X})$，于是，可建立服从自由度为 1 的 χ^2 分布的沃尔德统计量

$$W=\frac{(\hat{\beta}_1+\hat{\beta}_2-1)^2}{\tilde{\sigma}^2_{\hat{\beta}_1+\hat{\beta}_2}}\sim\chi^2(1) \tag{3.7.30}$$

如果有 h 个约束条件，则可得到 h 个类似于式（3.7.29）的统计量 $z_1,z_2,\cdots,z_h$，当它们相互独立时，其平方和服从自由度为 h 的 χ^2 分布。然而，一般情况下，由 h 个约束条件得到的 h 个 z 统计量不相互独立，因此，无法得到精确的 χ^2 分布。但是在各约束条件为真的情况下，可建立大样本下的服从自由度为 h 的渐近 χ^2 分布统计量

$$W=\boldsymbol{Z}'\boldsymbol{C}^{-1}\boldsymbol{Z}\sim\chi^2(h) \tag{3.7.31}$$

其中，$\boldsymbol{Z}$ 为以 z_i 为元素的列向量，$\boldsymbol{C}$ 是 $\boldsymbol{Z}$ 的方差-协方差矩阵。因此，统计量 W 从总体上测量了无约束回归不满足各约束条件的程度。

对非线性约束，也可类似地建立沃尔德统计量 W，但算法描述要复杂得多。如对式（3.7.1），如果给出非线性约束 $\beta_1\beta_2=1$，也可以证明，在大样本下，$\hat{\beta}_1\hat{\beta}_2\sim N(\beta_1\beta_2,\sigma^2_{\hat{\beta}_1\hat{\beta}_2})$。因

此,如果 $\beta_1\beta_2=1$ 的约束为真,则在大样本下

$$W=\frac{(\hat{\beta}_1\hat{\beta}_2-1)^2}{\widetilde{\sigma}^2_{\hat{\beta}_1\hat{\beta}_2}}\sim\chi^2(1)$$

这里 $\widetilde{\sigma}^2_{\hat{\beta}_1\hat{\beta}_2}$ 的算法比较复杂,可用泰勒公式进行展开计算。

3. 拉格朗日乘数检验(LM)

沃尔德检验只需估计无约束模型,而拉格朗日乘数检验只需估计受约束模型。

在受约束回归极大似然法的极值问题

$$\Phi=L(\boldsymbol{\beta},\sigma^2)-\boldsymbol{\lambda}'g(\boldsymbol{\beta})$$

中,$\boldsymbol{\lambda}'$是以各约束条件相应拉格朗日乘数为元素的行向量,各拉格朗日乘数 λ_i 的大小则衡量了各约束条件对极大似然函数值 $L(\widetilde{\boldsymbol{\beta}},\widetilde{\sigma}^2)$ 的影响程度。如果某一约束为真,则该约束条件对极大似然函数值 $L(\widetilde{\boldsymbol{\beta}},\widetilde{\sigma}^2)$ 的影响很小,于是,相应的拉格朗日乘数的值应接近于零。因此,拉格朗日乘数检验就是检验某些拉格朗日乘数的值是否“足够大”,如果“足够大”,则拒绝约束条件为真的假设。

拉格朗日乘数统计量(Largrange multiplier statistic)本身是一个关于拉格朗日乘数的复杂的函数,在各约束条件为真的情况下,当样本容量趋于无穷大时,渐近地服从一自由度恰为约束条件个数的χ^2分布。同样地,如果为线性约束,LM 统计量的算法会得到简化。例如,如果检验线性回归函数中 h 个参数同时为零的约束(称为多元排除性约束(multiple exclusion restrictions)),则

$$\mathrm{LM}=nR^2\sim\chi^2(h) \tag{3.7.32}$$

其中,n 为样本容量;R^2为如下被称为**辅助回归**(auxiliary regression)的可决系数

$$e_{\mathrm{R}}=\delta_0+\delta_1X_1+\delta_2X_2+\cdots+\delta_kX_k$$

这里,e_{R}为受约束回归模型(排除了参数为 0 的变量后的模型)的残差项。

如果约束是非线性的,辅助回归方程的估计比较复杂,但仍可按式(3.7.32)计算拉格朗日乘数统计量的值。

最后,一般有 $\mathrm{LM}\leqslant\mathrm{LR}\leqslant W$,因此,在有限样本中,它们的数值结果会有所不同。而当样本容量趋于无穷大时,三个统计量的值将趋于相同(即等号成立),它们的渐近分布都是一个相同的自由度恰为约束条件个数的χ^2分布。

本章练习题

1. 多元线性回归模型的基本假设是什么?在证明最小二乘估计量的无偏性和有效性的过程中,哪些基本假设起了作用?

2. 在多元线性回归分析中,t 检验与 F 检验有何不同?在一元线性回归分析中二者是否有等价的作用?

3. 为什么说对模型参数施加约束条件后,其回归的残差平方和一定不比未施加约束的残差平方和小?在什么样的条件下,受约束回归与无约束回归的结果相同?

4. 在一项调查大学生一学期平均成绩(Y)与每周在学习(X_1)、睡觉(X_2)、娱乐(X_3)与其他各种活动(X_4)所用时间的关系的研究中,建立如下回归模型:

$$Y=\beta_0+\beta_1X_1+\beta_2X_2+\beta_3X_3+\beta_4X_4+\mu$$

如果这些活动所用时间的总和为一周的总小时数 168。问:保持其他变量不变,而改变其中一个变量的说法是否有意义?该模型是否有违背基本假设的情况?如何修改此模型以使其更加合理?

5. 考虑下列两个模型:

Ⅰ $Y_i=\alpha_0+\alpha_1X_{i1}+\alpha_2X_{i2}+u_i$

Ⅱ $Y_i-X_{i1}=\beta_0+\beta_1X_{i1}+\beta_2X_{i2}+\nu_i$

(1) 证明:$\hat{\beta}_1=\hat{\alpha}_1-1$,$\hat{\beta}_0=\hat{\alpha}_0$,$\hat{\beta}_2=\hat{\alpha}_2$。

(2) 证明:两个模型的最小二乘残差相等,即对任何 i,有 $\hat{u}_i=\hat{\nu}_i$。

(3) 在什么条件下,模型Ⅱ的 R^2 小于模型Ⅰ的 R^2?

6. 考虑下列三个试验步骤:

(1) 对 $Y_i=\beta_0+\beta_1X_{i1}+\beta_2X_{i2}+u_i$ 进行回归;

(2) 对 $X_{i1}=\alpha_0+\alpha_1X_{i2}+\nu_i$ 进行回归,计算残差 $\hat{\nu}_i$;

(3) 对 $Y_i=\gamma_0+\gamma_1\hat{\nu}_i+\gamma_2X_{i2}+w_i$ 进行回归。

试证明 $\hat{\beta}_1=\hat{\gamma}_1$,并直观地解释该结果。

7. 考虑以下过原点回归:

$$Y_i=\hat{\beta}_1X_{i1}+\hat{\beta}_2X_{i2}+e_i$$

(1) 求参数的 OLS 估计量;

(2) 对该模型,是否仍有结论 $\sum e_i=0$,$\sum e_iX_{i1}=0$,$\sum e_iX_{i2}=0$。

8. 对下列模型:

Ⅰ $Y_i=\alpha+\beta X_i+2Z_i+u_i$

Ⅱ $Y_i=\alpha+\beta X_i-\beta Z_i+u_i$

求出 β 的最小二乘估计值;并将结果与下面的三变量回归方程的最小二乘估计值作比较:

Ⅲ $Y_i=\alpha+\beta X_i+\gamma Z_i+u_i$

你认为哪一个估计值更好?

9. 回归模型中引入虚拟变量的作用是什么?有哪两种基本的引入方式,它们各适用于什么情况?

10. 在一项对北京某大学学生月消费支出的研究中,认为学生的消费支出除受其家庭每月收入水平的影响外,还受在学校中是否得到奖学金、来自农村还是城市、是经济发达地区还是欠发达地区,以及性别等因素的影响。试设定适当的模型,并导出如下情形下学生消费支出的平均水平:

(1) 来自欠发达农村地区的女生,未得到奖学金;

(2) 来自欠发达城市地区的男生,得到奖学金;

(3) 来自发达地区的农村女生,得到奖学金;

(4) 来自发达地区的城市男生,未得到奖学金。

11. 下表给出三变量模型 $Y_i=\beta_0+\beta_1X_{i1}+\beta_2X_{i2}+u_i$ 的回归结果:

方差来源	平方和(SS)	自由度(d.f.)	平方和的均值(MSS)
来自回归	65 965	—	—
来自残差	—	—	—
总离差	66 042	14	

(1) 求样本容量 n、残差平方和 RSS、回归平方和 ESS 以及残差平方和 RSS 的自由度。

(2) 求拟合优度 R^2 及调整的拟合优度 $\overline{R}^2$。

(3) 检验假设:X_1 和 X_2 对 Y 无影响。应采用什么假设检验? 为什么?

(4) 根据以上信息,你能否确定 X_1 和 X_2 各自对 Y 的影响吗?

12. 试由教材中的式(3.7.16)推导出式(3.7.17)。

13. 在考察两组回归函数是否有差异的 F 检验中,试证明

$$\mathrm{RSS_U}=\mathrm{RSS_1}+\mathrm{RSS_2}$$

其中,$\mathrm{RSS_1}$,$\mathrm{RSS_2}$ 分别为两组对应各自样本下回归的残差平方和,$\mathrm{RSS_U}$ 为两组对应的样本合成的大样本下的回归的残差平方和。

14. 在一项对某社区家庭对某种消费品的消费需求调查中,得到如下资料:

序号	对某商品的消费支出 Y(元)	商品单价 X_1(元)	家庭月收入 X_2(元)	序号	对某商品的消费支出 Y(元)	商品单价 X_1(元)	家庭月收入 X_2(元)
1	591.9	23.56	7 620	6	644.4	34.14	12 920
2	654.5	24.44	9 120	7	680	35.3	14 340
3	623.6	32.07	10 670	8	724	38.7	15 960
4	647	32.46	11 160	9	757.1	39.63	18 000
5	674	31.15	11 900	10	706.8	46.68	19 300

请用手工与软件两种方式对该社区家庭对该商品的消费需求支出作二元线性回归分析。其中手工方式要求以矩阵表达式进行运算。

(1) 估计回归方程的参数及随机误差项的方差 $\hat{\sigma}^2$,计算 R^2 及 $\overline{R}^2$;

(2) 对方程进行 F 检验,对参数进行 t 检验,并构造参数 95%的置信区间。

(3) 如果商品单价变为 35 元,则某一月收入为 20 000 元的家庭的消费支出估计是多少? 构造该估计值的 95%的置信区间。

15. 在教材例 3.6.1 中,将 3 项来源的收入合并成 1 项可支配收入 $X=X_1+X_2+X_3$,试通过引入虚拟变量方式检验农村居民的消费函数是否与城镇居民不同。

16. 针对教材例 3.6.1,如果仅针对虚拟变量 D 进行如下回归

$$Y_i=\beta_0+\delta_0 D_i+\mu_i$$

如何解释这里的 β_0 与 δ_0 的含义?请采用该例中的数据进行上述回归,回归结果能否支持你对 β_0 与 δ_0 含义的解释?

17. 针对教材例 3.6.1,包含虚拟变量的模型(3.6.7)为

$Y_i=\beta_0+\delta_0 D_i+\beta_1 X_{i1}+\delta_1(D_i X_{i1})+\beta_2 X_{i2}+\delta_2(D_i X_{i2})+\beta_3 X_{i3}+\delta_3(D_i X_{i3})+\mu_i$ 请检验如下两个联合假设,并回答问题:

(1) $H_0:\delta_1=0,\delta_2=0,\delta_3=0$。并与单参数的 t 检验结果进行对比。

(2) $H_0:\delta_0=0,\delta_1=0,\delta_2=0,\delta_3=0$。并与例 3.7.3 中的邹氏参数稳定性检验的结果进行对比。

18. 在教材例 3.7.2 中,你如何检验联合假设:蛋类消费与肉禽类、水产类消费没有显著的替代关系?

19. 下表列出了某年中国按行业分的全部制造业国有企业及规模以上制造业非国有企业的工业总产值 Y、资产合计 K 及职工人数 L。

序号	工业总产值 Y(亿元)	资产合计 K(亿元)	职工人数 L(万人)	序号	工业总产值 Y(亿元)	资产合计 K(亿元)	职工人数 L(万人)
1	3 722.70	3 078.22	113	17	812.70	1 118.81	43
2	1 442.52	1 684.43	67	18	1 899.70	2 052.16	61
3	1 752.37	2 742.77	84	19	3 692.85	6 113.11	240
4	1 451.29	1 973.82	27	20	4 732.90	9 228.25	222
5	5 149.30	5 917.01	327	21	2 180.23	2 866.65	80
6	2 291.16	1 758.77	120	22	2 539.76	2 545.63	96
7	1 345.17	939.10	58	23	3 046.95	4 787.90	222
8	656.77	694.94	31	24	2 192.63	3 255.29	163
9	370.18	363.48	16	25	5 364.83	8 129.68	244
10	1 590.36	2 511.99	66	26	4 834.68	5 260.20	145
11	616.71	973.73	58	27	7 549.58	7 518.79	138
12	617.94	516.01	28	28	867.91	984.52	46
13	4 429.19	3 785.91	61	29	4 611.39	18 626.94	218
14	5 749.02	8 688.03	254	30	170.30	610.91	19
15	1 781.37	2 798.90	83	31	325.53	1 523.19	45
16	1 243.07	1 808.44	33				

设定模型为： $Y=AK^{\alpha}L^{\beta}e^{\mu}$

(1) 利用上述资料,进行回归分析。

(2) 中国该年的制造业总体是否呈现规模报酬不变状态?

20. 继续 19 题,如果将柯布-道格拉斯生产函数设定为 $Y=AK^{\alpha}L^{\beta}+\mu$,则模型是非线性的,而且无法线性化。试给出这一设定的非线性普通最小二乘估计结果,并与第 19 题的估计结果进行比较。

即测即评

第四章

经典单方程计量经济学模型：放宽基本假定的模型

前述计量经济学模型的回归分析，是在对线性回归模型提出若干基本假定的条件下，应用普通最小二乘法得到了无偏、有效且一致的参数估计量。但是，在实际的计量经济学问题中，完全满足这些基本假定的情况并不多见。不满足基本假定的情况，称为基本假定违背。对截面数据模型来说，违背基本假定的情形主要包括：

（1）解释变量之间存在严重的多重共线性；

（2）随机干扰项存在异方差性；

（3）有解释变量具有内生性；

（4）模型设定有偏误。

在进行计量经济学模型的回归分析时，必须对所研究对象是否满足普通最小二乘估计下的基本假定进行检验，即检验是否存在一种或多种违背基本假定的情况，这种检验称为计量经济学检验。经过计量经济学检验发现出现一种或多种基本假定违背时，则不能直接使用普通最小二乘法进行参数估计，而必须采取补救措施或发展新的估计方法。

§4.1 多重共线性

本节首先讨论模型的解释变量之间存在多重共线性这一违背基本假设的问题。

一、多重共线性的含义

对于模型

$$Y_i=\beta_0+\beta_1 X_{i1}+\beta_2 X_{i2}+\cdots+\beta_k X_{ik}+\mu_i \tag{4.1.1}$$

其基本假设之一是解释变量 $X_1, X_2, \cdots, X_k$ 之间是不线性相关的。如果某两个或多个解释变量之间出现了相关性,则称为存在多重共线性(multicollinearity)。

如果存在

$$c_1X_{i1}+c_2X_{i2}+\cdots+c_kX_{ik}=0 \tag{4.1.2}$$

其中 c 不全为 0,即某一个解释变量可以用其他解释变量的线性组合表示,则称为解释变量间存在完全共线性(perfect multicollinearity)。如果存在

$$c_1X_{i1}+c_2X_{i2}+\cdots+c_kX_{ik}+\nu_i=0 \tag{4.1.3}$$

其中 c 不全为 0,ν_i为随机误差项,则称为近似共线性(approximate multicollinearity)或交互相关(intercorrelated)。

在矩阵表示的线性回归模型

$$\boldsymbol{Y}=\boldsymbol{X\beta}+\boldsymbol{\mu}$$

中,完全共线性指:$R(\boldsymbol{X})<k+1$,即矩阵

$$X=\begin{pmatrix} 1 & X_{11} & X_{12} & \cdots & X_{1k} \\ 1 & X_{21} & X_{22} & \cdots & X_{2k} \\ \vdots & \vdots & \vdots & & \vdots \\ 1 & X_{n1} & X_{n2} & \cdots & X_{nk} \end{pmatrix}$$

中,至少有一列向量可由其他列向量线性表出。例如 $X_2=\lambda X_1$,这时 X_1与 X_2的相关系数为 1,解释变量 X_2对被解释变量的作用完全可由 X_1代替。

完全共线性的情况并不多见,一般出现的是在一定程度上的共线性,即近似共线性。

二、实际经济问题中的多重共线性

一般地,产生多重共线性的主要原因有以下三个方面:

1. 经济变量相关的共同趋势

样本数据中发生多重共线性的主要原因在于许多经济变量存在相关的共同趋势。例如,以某一行业的企业为样本建立企业生产函数模型,以产出量为被解释变量,选择资本、劳动、技术等投入要素为解释变量。这些投入要素的数量往往与产出量成正比,产出量高的企业,投入的各种要素都比较多,这就使得投入要素之间出现线性相关性。如果以简单线性关系作为模型的数学形式,那么多重共线性是难以避免的。

2. 模型设定不谨慎

在计量模型设定中,往往由于不谨慎而导致模型解释变量间出现严重多重共线性。例如,为估计一个常弹性消费函数的扩展形式,将模型设定为

$$\ln C_i=\beta_0+\beta_1\ln Y_i+\beta_2\ln Y_i^2+\mu_i$$

其中,C 为家庭人均消费,Y 为家庭人均收入。显然,模型中引入的家庭人均收入的对数项与人均收入平方的对数项之间有着完全的线性相关性。

又例如,在考察学校支出对学生平均成绩的影响时,将学校的总支出 X_0 分解为对教职员工的工资性支出 X_1 以及其他支出 X_2,并设定如下模型

$$Y_i=\beta_0+\beta_1X_{i0}+\beta_2X_{i1}+\beta_3X_{i2}+\mu_i$$

其中，Y 代表学校的平均成绩。显然，由于 $X_1+X_2=X_0$，模型的解释变量间存在完全共线性。

3. 样本资料的限制

由于完全符合理论模型所要求的样本数据较难收集，在现有数据条件下，特定样本可能存在某种程度的多重共线性。例如，将孩子的考试分数 Y 与家庭教育支出 X_1 和家庭人均收入 X_2 相关联而设定如下模型

$$Y_i=\beta_0+\beta_1X_{i1}+\beta_2X_{i2}+\mu_i$$

一般经验告诉我们，家庭教育支出 X_1 与家庭人均收入 X_2 之间存在一定程度的相关性，如果由于样本收集的原因，恰好导致它们之间显示出很强的相关性，则会出现严重的多重共线性。

三、多重共线性的后果

计量经济学模型一旦出现多重共线性，如果仍采用普通最小二乘法估计模型参数，会产生下列不良后果：

1. 完全共线性下参数估计量不存在

多元线性模型

$$\boldsymbol{Y}=\boldsymbol{X\beta}+\boldsymbol{\mu}$$

的普通最小二乘参数估计量为：

$$\hat{\boldsymbol{\beta}}=(\boldsymbol{X'X})^{-1}\boldsymbol{X'Y}$$

如果出现完全共线性，则$(\boldsymbol{X'X})^{-1}$不存在，无法得到参数的估计量。

例如，对二元回归模型

$$Y=\beta_0+\beta_1X_1+\beta_2X_2+\mu \tag{4.1.4}$$

如果两个解释变量完全相关，如 $X_2=\lambda X_1$，该二元回归模型退化为一元回归模型：

$$Y=\beta_0+(\beta_1+\lambda\beta_2)X_1+\mu$$

这时，只能确定综合参数 $\beta_1+\lambda\beta_2$的估计值：

$$\widehat{\beta_1+\lambda\beta_2}=\sum x_{i1}y_i/\sum x_{i1}^2$$

却无法确定 β_1，β_2各自的估计值。

2. 近似共线性下普通最小二乘估计量的方差变大

在近似共线性下，虽然可以得到参数的普通最小二乘估计量，但是由参数估计量方差的表达式

$$\mathrm{Var}(\hat{\boldsymbol{\beta}})=\sigma^2(\boldsymbol{X'X})^{-1}$$

可知，由于此时$|\boldsymbol{X'X}|\approx 0$，引起$(\boldsymbol{X'X})^{-1}$主对角线元素较大，使得参数估计量的方差增大，从而不能对总体参数做出准确推断。

仍以二元线性模型(4.1.4)为例，离差形式下容易推出 $\hat{\beta}_1$的方差为（参见：潘文卿，李子奈.计量经济学（第五版）学习指南与练习.北京：高等教育出版社，2021）

$$\mathrm{Var}(\hat{\beta}_1)=\frac{\sigma^2\sum x_{i2}^2}{\sum x_{i1}^2\sum x_{i2}^2-(\sum x_{i1}x_{i2})^2}=\frac{\sigma^2/\sum x_{i1}^2}{1-(\sum x_{i1}x_{i2})^2/\sum x_{i1}^2\sum x_{i2}^2}$$

$$=\frac{\sigma^2}{\sum x_{i1}^2}\times\frac{1}{1-r^2} \tag{4.1.5}$$

其中,$\frac{(\sum x_{i1}x_{i2})^2}{\sum x_{i1}^2\sum x_{i2}^2}$恰为 X_1 与 X_2 的线性相关系数的平方 r^2,它也是 X_1 关于 X_2 做普通最小二乘回归的可决系数。由于 $r^2\leqslant 1$,故$\frac{1}{1-r^2}\geqslant 1$。

当完全不共线性时,$r^2=0$,$\mathrm{Var}(\hat{\beta}_1)=\sigma^2/\sum x_{i1}^2$;

当近似共线性时,$0<r^2<1$,$\mathrm{Var}(\hat{\beta}_1)=\frac{\sigma^2}{\sum x_{i1}^2}\times\frac{1}{1-r^2}>\frac{\sigma^2}{\sum x_{i1}^2}$。

即多重共线性使参数估计量的方差增大,方差膨胀因子(variance inflation factor, VIF)为

$$\mathrm{VIF}(\hat{\beta}_1)=1/(1-r^2) \tag{4.1.6}$$

其增大趋势见表 4.1.1。

当完全共线性时,$r^2=1$,$\mathrm{Var}(\hat{\beta}_1)=\infty$

表 4.1.1 方差膨胀因子表

相关系数平方	0	0.5	0.8	0.9	0.95	0.96	0.97	0.98	0.99	0.999
方差膨胀因子	1	2	5	10	20	25	33	50	100	1 000

3. 参数估计量经济意义不合理

如果模型中两个解释变量具有线性相关性,例如 X_1 和 X_2,那么它们中的一个变量可以由另一个变量表征。这时,X_1 和 X_2 前的参数并不反映各自与被解释变量之间的结构关系,而是反映它们对被解释变量的共同影响。所以各自的参数已经失去了应有的经济意义,于是经常表现出似乎反常的现象,例如估计结果本来应该是正的,结果却是负的。经验告诉我们,在多元线性模型的估计中,如果出现参数估计值的经济意义明显不合理的情况,应该首先怀疑是否存在多重共线性。

4. 变量的显著性检验和模型的预测功能失去意义

存在多重共线性时,参数估计值的方差与标准差变大,从而容易使通过样本计算的 t 值小于临界值,误导做出参数为 0 的推断,可能将重要的解释变量排除在模型之外。

变大的方差容易使预测值区间变大,使预测失去意义。

四、多重共线性的检验

由于多重共线性表现为解释变量之间具有相关关系,所以用于多重共线性的检验方法主要是统计方法。例如判定系数检验法、逐步回归检验法等。多重共线性检验的任务是:(1) 检验多重共线性是否存在;(2) 估计多重共线性的范围。

1. 检验多重共线性是否存在

(1) 对两个解释变量的模型,采用简单相关系数法。求出 X_1 与 X_2 的简单相关系数 r,若 $|r|$ 接近 1,则说明两变量存在较强的多重共线性。

(2) 对多个解释变量的模型,采用综合统计检验法。若在普通最小二乘法下,模型的 R^2 与 F 值较大,但各参数估计值的 t 检验值较小,说明各解释变量对 Y 的联合线性作用显著,但各解释变量间存在共线性而使得它们对 Y 的独立作用不能分辨,故 t 检验不显著。

2. 估计多重共线性的范围

如果存在多重共线性,需进一步确定究竟由哪些变量引起。

(1) 判定系数检验法。即使模型中每一个解释变量分别以其余解释变量为解释变量进行回归计算,并计算相应的拟合优度,也称为判定系数。如果在某一种形式中判定系数较大,则说明在该形式中作为被解释变量的 X_j 可以用其他解释变量的线性组合代替,即 X_j 与其他解释变量间存在共线性。

可进一步对上述出现较大判定系数的回归方程作 F 检验:

$$F_j=\frac{R_{j.}^2/(k-1)}{(1-R_{j.}^2)/(n-k)}\sim F(k-1,n-k) \tag{4.1.7}$$

式中 $R_{j.}^2$ 为第 j 个解释变量对其他解释变量的回归方程的可决系数,若存在较强的共线性,则 $R_{j.}^2$ 较大且接近于 1,这时 $(1-R_{j.}^2)$ 较小,从而 F_j 的值较大。因此,可以给定显著性水平 α,通过计算 F 值与相应的临界值的比较来进行检验。此时,原假设为 X_j 与其他解释变量间不存在显著的线性关系。

另一等价的检验是,在模型中排除某一个解释变量 X_j,估计模型,如果拟合优度与包含 X_j 时的拟合优度十分接近,则说明 X_j 与其他解释变量之间存在共线性。

(2) 逐步回归法。即以 Y 为被解释变量,逐个引入解释变量,构成回归模型,进行模型估计。根据拟合优度的变化决定新引入的变量是否可以用其他变量的线性组合代替,而不是作为独立的解释变量。如果拟合优度变化显著,则说明新引入的变量是一个独立解释变量;如果拟合优度变化很不显著,则说明新引入的变量不是一个独立解释变量,它可以用其他变量的线性组合代替,也就是说它与其他变量之间存在共线性的关系。

五、克服多重共线性的方法

如果模型被检验证明存在多重共线性,则需要发展新的方法估计模型,最常用的方法有两类。

1. 第一类方法:排除引起共线性的变量

找出引起多重共线性的解释变量,将它排除出去,是最为有效的克服多重共线性问题的方法。所以逐步回归法得到了最为广泛的应用。但是,需要特别注意的是,当排除了某个或某些变量后,保留在模型中变量系数的经济意义将发生变化,其估计值也将发生变化。例如,在对数线性生产函数模型中,当包含资本、劳动、技术等投入要素时,资本的系数表示资本的产出弹性;但是,当资本和劳动存在共线性因而排除劳动时,资本的系数所表示的经济意义就不是资本的产出弹性,其估计值也将大于资本的产出弹性。

*2. 第二类方法:减小参数估计量的方差

多重共线性的主要后果是参数估计量具有较大的方差,所以采取适当方法减小参数估计量的方差,虽然没有消除模型中的多重共线性,但确能消除多重共线性造成的后果。例如,增加样本容量,可使参数估计量的方差减小。

20 世纪 70 年代发展的岭回归法(ridge regression),以引入偏误为代价减小参数估计量的方差,受到人们的重视。具体方法是:引入矩阵 $\boldsymbol{D}$,使参数估计量为

$$\hat{\boldsymbol{\beta}}=(\boldsymbol{X}'\boldsymbol{X}+\boldsymbol{D})^{-1}\boldsymbol{X}'\boldsymbol{Y} \tag{4.1.8}$$

其中矩阵 $\boldsymbol{D}$ 一般选择为主对角阵,即

$$\boldsymbol{D}=l\boldsymbol{I} \tag{4.1.9}$$

l 为大于 0 的常数。显然,与普通最小二乘估计量相比,式(4.1.8)的估计量有较小的方差。

如何选择 l 是一个复杂的问题,何瑞尔(Hoerl)和肯纳德(Kennard)于 1975 年提出一种估计方法。首先对原模型的解释变量与被解释变量的离差形式进行标准化处理:

$$x_{ik}^{*}=\frac{x_{ik}}{\sqrt{\sum x_{ik}^{2}}},y_{ik}^{*}=\frac{y_{ik}}{\sqrt{\sum y_{ik}^{2}}}$$

得到下列模型:

$$y_{i}^{*}=\beta_{1}^{*}x_{i1}^{*}+\beta_{2}^{*}x_{i2}^{*}+\cdots+\beta_{k}^{*}x_{ik}^{*}+\mu_{i}^{*} \qquad i=1,2,\cdots,n$$

用普通最小二乘法估计该模型,得到参数与随机误差项方差的估计值 $\hat{\beta}_1^*,\hat{\beta}_2^*,\cdots,\hat{\beta}_k^*$ 和 $\hat{\sigma}^2$。选择

$$\hat{l}=\frac{(k-1)\hat{\sigma}^{2}}{\sum_{j=1}^{k}(\hat{\beta}_{j}^{*})^{2}}$$

作为式(4.1.9)中 l 的估计值。

关于多重共线性,有以下几点需要注意:

第一,如果是近似共线性,则模型没有违背任何假设,普通最小二乘估计量仍是最佳线性无偏估计量(BLUE);只不过多重共线性的存在导致了某些估计量的方差较大以至影响了估计精度。而从式(4.1.5)知,随机干扰项的方差、变量的变异程度与方差膨胀因子一起决定着参数估计量的方差。如果存在多重共线性,但随机干扰项的方差很小,或变量的变异程度很大,都可能得到较小的参数估计量的方差。这时,即使有较严重的多重共线性,也不会带来不良后果。因此,只要回归方程估计的参数标准差较小,t 统计值较大,就没有必要太去关心是否存在多重共线性的问题。

第二,可以证明,多元回归中即使某几个解释变量相关性较强,但这不会影响与这几个变量无相关性的其他变量的参数估计的方差(证明超出本教材范围,可参考其他书籍)。因此,如果只关心那些与其他变量没有相关性的变量或相关性很弱的变量的估计精度时,可以不去理会其他变量的相关性。

第三,多重共线性更可能是一种样本现象。同一个模型在一个样本下可能表现出多重共线性,而在另一个样本下可能就不存在多重共线性,因此增加样本容量就有可能消除多重共线性。

六、案例——中国粮食生产函数

例 4.1.1

根据理论和经验分析,影响粮食生产(Y)的主要因素有:粮食播种面积(X_1)、有效灌溉面积(X_2)、化肥施用量(X_3)、大型拖拉机数量(X_4)、小型拖拉机数量(X_5)、农用排灌柴油机数量(X_6)。表 4.1.2 列出了 2013 年中国内地 31 个省、市、自治区粮食生产的相关数据,拟建立 2013 年的中国粮食生产函数。

表 4.1.2 2013 年中国内地粮食生产与相关投入资料

地区	粮食产业 Y(万吨)	粮食播种面积 X_1(千公顷)	有效灌溉面积 X_2(千公顷)	化肥施用量 X_3(万吨)	大型拖拉机数量 X_4(千台)	小型拖拉机数量 X_5(千台)	农用排灌柴油机数量 X_6(千台)
北京	96.1	158.9	153.0	12.8	6.5	2.4	37.7
天津	174.7	332.8	308.9	24.3	15.6	9.2	63.1
河北	3 365.0	6 315.9	4 349.0	331.0	234.3	1 424.2	1 523.9
山西	1 312.8	3 274.3	1 382.8	121.0	107.2	347.4	144.2
内蒙古	2 773.0	5 617.3	2 957.8	202.4	623.4	428.2	180.5
辽宁	2 195.6	3 226.4	1 407.8	151.8	208.0	322.5	809.9
吉林	3 551.0	4 789.9	1 510.1	216.8	440.4	670.8	197.6
黑龙江	6 004.1	11 564.4	5 342.1	245.0	873.3	645.3	131.2
上海	114.2	168.5	184.1	10.8	6.7	3.6	13.5
江苏	3 423.0	5 360.8	3 785.3	326.8	131.3	925.4	415.9
浙江	734.0	1 253.7	1 409.4	92.4	11.7	139.3	863.3
安徽	3 279.6	6 625.3	4 305.5	338.4	179.9	2 249.7	1 174.2
福建	664.4	1 202.1	1 122.4	120.6	3.1	104.5	65.1
江西	2 116.1	3 690.9	1 995.6	141.6	10.2	289.8	221.5
山东	4 528.2	7 294.6	4 729.0	472.7	500.7	1 997	1 259.8
河南	5 713.7	10 081.8	4 969.1	696.4	357.8	3 513.2	1 100.5
湖北	2 501.3	4 258.4	2 791.4	351.9	149.4	1 141.2	698.1
湖南	2 925.7	4 936.6	3 084.3	248.2	106.6	227.5	1 067.8
广东	1 315.9	2 507.6	1 770.8	243.9	23.9	329.2	349.7
广西	1 521.8	3 076.0	1 586.4	255.7	34.2	456.8	271.6

续表

地区	粮食产业 Y（万吨）	粮食播种面积 X_1（千公顷）	有效灌溉面积 X_2（千公顷）	化肥施用量 X_3（万吨）	大型拖拉机数量 X_4（千台）	小型拖拉机数量 X_5（千台）	农用排灌柴油机数量 X_6（千台）
海南	190.9	421.8	260.9	47.6	44.5	52.7	38.0
重庆	1 148.1	2 253.9	675.2	96.6	3.8	7.8	759.5
四川	3 387.1	6 469.9	2 616.5	251.1	121.8	119	307.3
贵州	1 030.0	3 118.4	926.9	97.4	41.9	85.8	225.0
云南	1 824.0	4 499.4	1 660.3	219.0	287.0	377	121.6
西藏	96.2	175.9	239.3	5.7	66.4	138.3	0.9
陕西	1 215.8	3 105.1	1 209.9	241.7	99.3	198.7	322.6
甘肃	1 138.9	2 858.7	1 284.1	94.7	130.4	575.6	130.7
青海	102.4	280.0	186.9	9.8	11.1	243.9	2.5
宁夏	373.4	801.6	498.6	40.4	42.6	179.8	27.0
新疆	1 377.0	2 234.8	4 769.9	203.2	397.2	316.9	69.8

资料来源:《中国统计年鉴》(2014)。

设粮食生产函数为

$$\ln Y=\beta_0+\beta_1\ln X_1+\beta_2\ln X_2+\beta_3\ln X_3+\beta_4\ln X_4+\beta_5\ln X_5+\beta_6\ln X_6+\mu$$

1. 用普通最小二乘法估计模型

$$\ln\hat{Y}=-0.767+0.757\ln X_1+0.246\ln X_2+0.000\,2\ln X_3$$
$$(0.367)\quad(0.092)\qquad(0.097)\qquad(0.108)$$
$$+0.030\ln X_4-0.032\ln X_5+0.051\ln X_6$$
$$(0.032)\qquad(0.034)\qquad(0.042)$$
$$R^2=0.985\,0\qquad \bar{R}^2=0.981\,2\qquad F=262.32$$

由于 R^2 较大且接近于 1,而且 $F=262.32>F_{0.05}(6,24)=2.51$,故认为粮食生产与上述解释变量间总体线性关系显著。但由于其中 X_3、X_4、X_5、X_6 前参数估计值未能通过 t 检验,而且 X_5 的参数符号的经济意义也不合理,故认为解释变量间存在多重共线性。

2. 检验简单相关系数

$\ln X_1$,$\ln X_2$,$\ln X_3$,$\ln X_4$,$\ln X_5$,$\ln X_6$ 的相关系数如表 4.1.3 所示。

表 4.1.3　相关系数表

	$\ln X_1$	$\ln X_2$	$\ln X_3$	$\ln X_4$	$\ln X_5$	$\ln X_6$
$\ln X_1$	1.000 0	0.934 5	0.945 3	0.673 6	0.750 9	0.790 8
$\ln X_2$	0.934 5	1.000 0	0.928 5	0.684 7	0.783 8	0.749 6
$\ln X_3$	0.945 3	0.928 5	1.000 0	0.594 6	0.718 2	0.857 9

续表

	$\ln X_1$	$\ln X_2$	$\ln X_3$	$\ln X_4$	$\ln X_5$	$\ln X_6$
$\ln X_4$	0.673 6	0.684 7	0.594 6	1.000 0	0.726 0	0.334 2
$\ln X_5$	0.750 9	0.783 8	0.718 2	0.726 0	1.000 0	0.440 0
$\ln X_6$	0.790 8	0.749 6	0.857 9	0.334 2	0.440 0	1.000 0

由表中数据显示 $\ln X_1$、$\ln X_2$、$\ln X_3$间存在高度相关性，同时，$\ln X_3$与 $\ln X_6$间的相关性也较高。

3. **找出最简单的回归形式**

分别作 $\ln Y$ 关于 $\ln X_1$，$\ln X_2$，$\ln X_4$，$\ln X_5$，$\ln X_6$的回归，发现 $\ln Y$ 关于 $\ln X_1$的回归具有最大的可决系数：

$$\ln \hat{Y} = -0.684 + 1.004 \ln X_1$$
$$(-3.88)\quad(35.14)$$
$$R^2 = 0.977\,1 \quad \bar{R}^2 = 0.976\,3$$

可见，粮食生产受粮食播种面积的影响最大，与经验相符合，因此选该一元回归模型为初始的回归模型。

4. **逐步回归**

将其他解释变量分别导入上述初始回归模型，寻找最佳回归方程，如表 4.1.4 所示。

表 4.1.4 逐步回归

	(1)	(2)	(3)	(4)	(5)	(6)
$\ln X_1$	1.004 (0.029)	0.812 (0.072)	0.769 (0.089)	0.813 (0.074)	0.820 (0.071)	0.761 (0.075)
$\ln X_2$		0.238 (0.083)	0.209 (0.091)	0.241 (0.086)	0.281 (0.087)	0.231 (0.080)
$\ln X_3$			0.071 (0.088)			
$\ln X_4$				−0.005 (0.028)		
$\ln X_5$					−0.041 (0.029)	
$\ln X_6$						0.050 (0.029)
Cons	−0.684 (0.222)	−0.915 (0.215)	−0.722 (0.321)	−0.930 (0.234)	−1.072 (0.238)	−0.734 (0.231)
$\bar{R}^2$	0.976 3	0.981 0	0.980 8	0.980 3	0.981 7	0.982 3

讨论：

第一步，在初始模型中引入 X_2，模型的 $\bar{R}^2$ 提高，且参数符号合理，变量也通过了显著性水平为5%的 t 检验。

第二步，引入 X_3，模型的 $\bar{R}^2$ 有所下降，虽然参数符号合理，但变量甚至未通过显著性水平为10%的 t 检验。

第三步，去掉 X_3，引入 X_4，模型的 $\bar{R}^2$ 仍没有只有 X_1、X_2 时高，同时，X_4 的参数未能通过显著性水平为10%的 t 检验，且参数符号与经济意义不符。

第四步，去掉 X_4，引入 X_5，模型的 $\bar{R}^2$ 虽有所提高，但 X_5 的参数未能通过显著性水平为10%的 t 检验，且参数符号与经济意义不符。

第五步，去掉 X_5，引入 X_6，模型的 $\bar{R}^2$ 比只有 X_1、X_2 时有所提高，且参数符号与经济意义相符，并通过了显著性水平为10%的 t 检验。

在第五步所得模型的基础上，再尝试引入单个的 X_3、X_4、X_5，或者引入它们的任意线性组合，均达不到以 X_1、X_2、X_6 为解释变量的回归效果。因此，最终的粮食生产函数应以 $Y=f(X_1,X_2,X_6)$ 为最优，拟合结果如下：

$$\ln \hat{Y}=-0.734+0.761\ln X_1+0.231\ln X_2+0.050\ln X_6$$

§4.2　异方差性

对于模型

$$Y_i=\beta_0+\beta_1X_{i1}+\beta_2X_{i2}+\cdots+\beta_kX_{ik}+\mu_i \tag{4.2.1}$$

同方差性假设为

$$\mathrm{Var}(\mu_i|X_1,X_2,\cdots,X_k)=\sigma^2$$

如果出现

$$\mathrm{Var}(\mu_i|X_{i1},X_{i2},\cdots,X_{ik})=\sigma_i^2$$

即对于不同的样本点，随机干扰项的方差不再是常数，而是互不相同，则认为出现了异方差性（heteroskedasticity）。

一、异方差的类型

同方差性假定的意义是指，每个 μ_i 围绕其零平均值的方差并不随解释变量 X_i 的变化而变化，不论解释变量是大还是小，每个 μ_i 的方差保持相同，即 $\sigma_i^2=$常数$\neq f(X_i)$，见图4.2.1。

在异方差的情况下，σ_i^2 已不是常数，它随 X_i 的变化而变化，即 $\sigma_i^2=f(X_i)$。异方差一般可归结为三种类型(见图 4.2.1)：

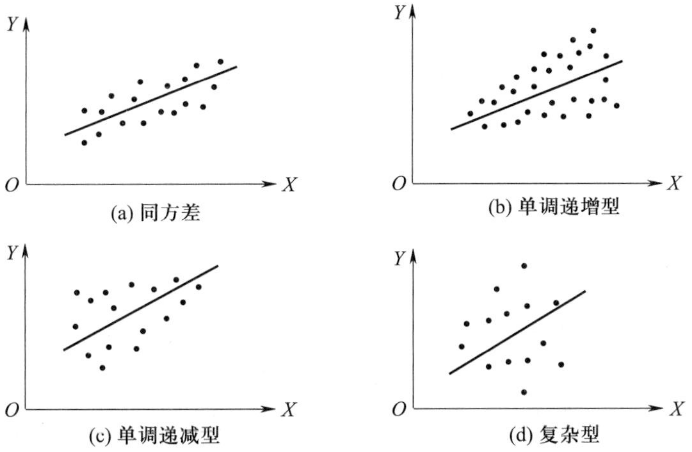

图 4.2.1 异方差的类型

(1) 单调递增型：σ_i^2随 X_i 的增大而增大；

(2) 单调递减型：σ_i^2随 X_i 的增大而减小；

(3) 复杂型：σ_i^2与 X_i 的变化呈复杂形式。

二、实际经济问题中的异方差性

在实际经济问题中，哪些情况容易出现异方差性？下面以三个例子加以说明。

例 4.2.1

以截面数据为样本研究居民家庭的储蓄行为

$$Y_i=\beta_0+\beta_1X_i+\mu_i$$

其中，Y_i为第 i 个家庭的储蓄额，X_i为第 i 个家庭的可支配收入。在该模型中，μ_i项的方差为常数这一假定往往不符合实际情况。对高收入家庭来说，储蓄的差异较大，低收入家庭的储蓄则更有规律性(如为某一特定目的而储蓄)，差异较小。因此 μ_i的方差往往随 X_i的增加而增加，呈单调递增型变化。

例 4.2.2

以绝对收入假设为理论假设，以截面数据为样本建立居民消费函数：

$$C_i=\beta_0+\beta_1Y_i+\mu_i$$

即消费 C 是收入 Y 的函数。将居民按照收入 Y 等距离分成 n 组，取每组平均数为样本观测值。我们知道，一般情况下居民收入服从正态分布，所以处于每个收入组中的人数是不等的，处于中等收入组中的人数最多，处于两端收入组中的人数最少。人数多的组平均数的误差小，人数少的组平均数的误差大。所以样本观测值的观测误差随着解释变量观测值的不同而不同，如果样本观测值的观测误差构成随机误差项的主要部分，那么对于不同的样本点，随机误差项的方差互不相同，出现了异方差性。更进一步分析，在这个例子中，随机误差项的方差随着解释变量 Y 的观测值的增大而呈 U 形变化，是复杂型的一种。

例 4.2.3

以某一行业的企业为样本建立企业生产函数模型

$$Y_i = \beta_0 A_i^{\beta_1} K_i^{\beta_2} L_i^{\beta_3} e^{\mu_i}$$

产出量(Y)为被解释变量，选择资本(K)、劳动(L)、技术(A)等投入要素为解释变量，那么每个企业所处的外部环境对产出量的影响被包含在随机误差项中。由于每个企业所处的外部环境对产出量的影响程度不同，造成了随机误差项的异方差性。这时，随机误差项的方差并不随某一个解释变量观测值的变化而呈规律性变化，为复杂型的一种。

一般经验告诉我们，对于采用截面数据作为样本的计量经济学问题，由于在不同样本点上解释变量以外的其他因素的差异较大，所以往往存在异方差性。

三、异方差性的后果

计量经济学模型一旦出现异方差性，如果仍采用普通最小二乘法估计模型参数，会产生一系列不良的后果。

1. 参数估计量非有效

根据§3.3 中关于参数估计量的无偏性和有效性的证明过程，可以看出，当计量经济学模型出现异方差性时，其普通最小二乘法参数估计量仍然具有线性性、无偏性，但不具有有效性。因为在有效性证明中利用了

$$\mathrm{E}(\boldsymbol{\mu}\boldsymbol{\mu}' | \boldsymbol{X}) = \sigma^2 \boldsymbol{I}$$

而且，在大样本情况下，尽管参数估计量具有一致性，但仍然不具有渐近有效性。

2. 变量的显著性检验失去意义

在§3.3 中关于变量的显著性检验中，构造了 t 统计量，它是建立在随机误差项共同的方差 σ^2 不变而正确估计了参数估计量的标准差 $S_{\hat{\beta}_j}$ 的基础之上的。如果出现了异方差性，估计的 $S_{\hat{\beta}_j}$ 出现偏误(偏大或偏小)，t 检验失去意义。其他检验也是如此。

如对一元回归模型

$$Y_i = \beta_0 + \beta_1 X_i + \mu_i$$

的普通最小二乘估计有

$$\hat{\beta}_1 = \beta_1 + \sum k_i \mu_i = \beta_1 + \frac{\sum x_i \mu_i}{\sum x_i^2}$$

可以证明(留作练习)，存在异方差的情况下正确的 $\hat{\beta}_1$ 的方差应为

$$\text{Var}(\hat{\beta}_1)=\frac{\sum x_i^2\sigma_i^2}{(\sum x_i^2)^2} \tag{4.2.2}$$

而普通最小二乘法仍按下式给出 $\hat{\beta}_1$ 的方差估计

$$\text{Var}(\hat{\beta}_1)=\frac{\sigma^2}{\sum x_i^2} \tag{4.2.3}$$

显然,只有同方差性满足时,式(4.2.2)与式(4.2.3)才会相同,否则普通最小二乘法给出的估计结果就会出现偏误,在有偏误的方差基础上构造的 t 统计量不再服从真实的 t 分布,相应的 t 检验也就失去了意义。

3. 模型的预测失效

以一元模型为例,虽然在 $X=X_0$ 的条件下,$\hat{Y}_0$ 是预测的个值 Y_0 与条件均值 $\text{E}(Y|X=X_0)$ 的无偏估计,但正如式(2.5.3)所示,$\hat{Y}_0$ 的方差 $\text{Var}(\hat{Y}_0)$ 中包含有参数估计量的方差 $\text{Var}(\hat{\beta}_j)$,当模型出现异方差性时,OLS 估计下的 $\text{Var}(\hat{\beta}_j)$ 不再具有最小方差性,意味着 $\hat{Y}_0$ 的波动变大,预测的精确度降低,预测功能失效。

四、异方差性的检验

关于异方差性的检验方法,是计量经济学中一个重要的课题。在一些计量经济学教科书和文献中,可以见到十多种检验方法,例如图示检验法、等级相关系数法、戈里瑟检验、戈德菲尔特-匡特检验、布罗施-帕甘检验、怀特检验等。这些方法尽管不同,但存在一个共同的思路。正如上面所指出的,异方差性,即相对于不同的样本点,也就是相对于不同的解释变量观测值,随机干扰项具有不同的方差,那么检验异方差性,也就是检验随机误差项的方差与解释变量观测值之间的相关性。各种检验方法就是在这个思路下发展起来的。

问题在于用什么来表示随机干扰项的方差。一般的处理方法是首先采用普通最小二乘法估计模型,以求得随机干扰项的估计量

$$e_i=Y_i-(\hat{Y}_i)_{\text{OLS}} \tag{4.2.4}$$

再用 e_i^2 来表示随机干扰项的方差。

下面有选择地介绍三种异方差的检验方法。

1. 图示检验法

既可用 Y-X 的散点图进行判断,也可用某一 e_i^2-X 的散点图进行判断。对前者看是否存在明显的散点扩大、缩小或复杂型趋势(即不在一个固定的带形域中),如图 4.2.1 所示;对后者看是否形成一斜率为零的直线,如图 4.2.2 所示。

图示检验法只能进行大概的判断,其他的统计检验方法则更为严格。

2. 布罗施-帕甘(Breusch-Pagan)检验

布罗施-帕甘检验(B-P 检验)是一种较现代的最为常用的异方差检验方法,它具备将所有检验都放在同一框架之中的好处。

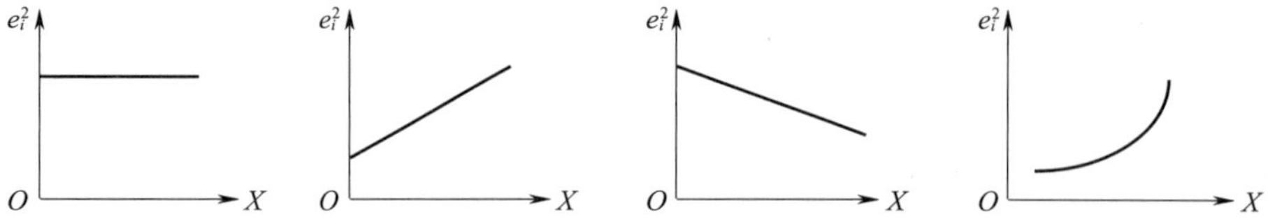

图 4.2.2　不同异方差类型

对线性模型

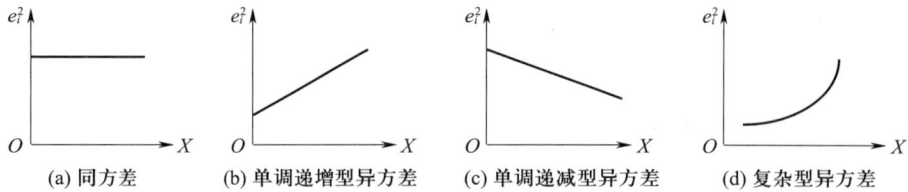

$$Y_i=\beta_0+\beta_1 X_{i1}+\beta_2 X_{i2}+\cdots+\beta_k X_{ik}+\mu_i$$

同方差性意味着

$$\mathrm{Var}(\mu_i \mid X_{i1},X_{i2},\cdots,X_{ik})=\mathrm{Var}(\mu_i \mid X_i)=\sigma^2$$

在随机干扰项具有零条件均值的基本假设下,同方差性也就意味着

$$\mathrm{E}(\mu_i^2 \mid X_i)=\mathrm{E}(\mu_i^2)=\sigma^2$$

即随机干扰项的平方 μ^2 与一个或多个解释变量不相关。异方差的存在就意味着 μ^2 是部分或全部解释变量的某种函数。一个简单的方法就是假定该函数为线性函数:

$$\mu_i^2=\delta_0+\delta_1 X_{i1}+\delta_2 X_{i2}+\cdots+\delta_k X_{ik}+\varepsilon_i$$

则检验同方差性就是检验如下联合假设:

$$H_0:\delta_1=\delta_2=\cdots=\delta_k=0 \tag{4.2.5}$$

由于观测不到真实的 μ_i^2,可用它的普通最小二乘估计 e_i^2 近似替代,则对原模型随机干扰项同方差性的检验,就是针对辅助回归

$$e_i^2=\delta_0+\delta_1 X_{i1}+\delta_2 X_{i2}+\cdots+\delta_k X_{ik}+\varepsilon_i \tag{4.2.6}$$

检验联合假设式(4.2.5)。这可通过以式(4.2.5)为约束条件的受约束 F 检验或拉格朗日乘数(LM)检验来进行:

$$F=\frac{R_{e^2}^2/k}{(1-R_{e^2}^2)/(n-k-1)} \tag{4.2.7}$$

$$\mathrm{LM}=n\cdot R_{e^2}^2 \tag{4.2.8}$$

其中,$R_{e^2}^2$ 为辅助回归式(4.2.6)的可决系数。可以证明,式(4.2.7)与式(4.2.8)所构造的 F 统计量与 LM 统计量在大样本下分别渐近地服从 $F(k,n-k-1)$ 分布与 $\chi^2(k)$ 分布(证明超出本教材的范围)。

3. 怀特(White)检验

怀特检验可以看成是对布罗施-帕甘检验的一种拓展。既然随机干扰项的同方差性意味着 μ^2 与一个或多个解释变量不相关,而异方差性又意味着 μ^2 是部分或全部解释变量的某种函数,因此这种函数可以是非线性的,即可以包含解释变量的平方项以及不同解释变量间的交叉项。下面以两个解释变量的回归模型为例说明怀特检验的基本思想与步骤。

假设回归模型为

$$Y_i=\beta_0+\beta_1 X_{1i}+\beta_2 X_{2i}+\mu_i$$

可先对该模型作普通最小二乘回归,并得到残差项的平方 e_i^2,然后做如下辅助回归:

$$e_i^2=\delta_0+\delta_1 X_{1i}+\delta_2 X_{2i}+\delta_3 X_{1i}^2+\delta_4 X_{2i}^2+\delta_5 X_{1i}X_{2i}+\varepsilon_i$$

要检验的同方差性假设为 $H_0:\delta_1=\delta_2=\cdots=\delta_5=0$。

类似于布罗施-帕甘检验，对上述同方差性假设的检验可通过式(4.2.7)的 F 检验或式(4.2.8)的 LM 检验来进行。同样可以证明，在同方差假设下，式(4.2.7)的 F 统计量渐近地服从 F 分布，式(4.2.8)的 LM 统计量渐近地服从 χ^2 分布。如对这里包含两个解释变量及其平方项、交叉项的辅助回归，当得到可决系数 $R_{e^2}^2$ 后，用于检验异方差的 LM 统计量为：

$$\mathrm{LM}=n\cdot R_{e^2}^2\sim\chi^2(5)$$

需要注意的是，怀特检验采用的辅助回归，仍是检验 e_i^2 与解释变量可能的组合的显著性，因此，辅助回归方程中还可引入解释变量的更高次方。如果存在异方差性，则表明 e_i^2 确与解释变量的某种组合有显著的相关性，这时往往显示出有较高的可决系数 $R_{e^2}^2$ 以及某一参数的 t 检验值较大。当然，在多元回归中，由于辅助回归方程中可能有太多解释变量，从而使自由度减少，有时可去掉交叉项或(和)平方项。

五、异方差的修正

1. 加权最小二乘法(WLS)

如果模型被检验证明存在异方差性，则需要发展新的方法估计模型，最常用的方法是加权最小二乘法(weighted least squares, WLS)。

加权最小二乘法是对原模型加权，使之变成一个新的不存在异方差性的模型，然后采用普通最小二乘法估计其参数。加权的基本思想是，在采用普通最小二乘法时，对较小的残差平方 e_i^2 赋予较大的权数，对较大的 e_i^2 赋予较小的权数，以对残差提供的信息的重要程度作一番校正，提高参数估计的精度。

加权最小二乘法，就是对加了权重的残差平方和实施普通最小二乘法：

$$\sum w_ie_i^2=\sum w_i[Y_i-(\hat{\beta}_0+\hat{\beta}_1X_{i1}+\cdots+\hat{\beta}_kX_{ik})]^2 \tag{4.2.9}$$

其中，w_i 为权数。

例如，如果在检验过程中已经知道：

$$\mathrm{Var}(\mu_i)=\mathrm{E}(\mu_i^2)=\sigma_i^2=f(X_{ij})\sigma^2$$

即随机误差项的方差与解释变量 X_j 之间存在相关性，那么可以用 $\sqrt{f(X_j)}$ 去除原模型，使之变成如下形式的新模型：

$$\frac{1}{\sqrt{f(X_{ij})}}y_i=\beta_0\frac{1}{\sqrt{f(X_{ij})}}+\beta_1\frac{1}{\sqrt{f(X_{ij})}}X_{i1}+\beta_2\frac{1}{\sqrt{f(X_{ij})}}X_{i2}+\cdots+$$

$$\beta_k\frac{1}{\sqrt{f(X_{ij})}}X_{ik}+\frac{1}{\sqrt{f(X_{ij})}}\mu_i$$

在该模型中，存在

$$\mathrm{Var}\left(\frac{1}{\sqrt{f(X_{ij})}}\mu_i\right)=\left(\frac{1}{\sqrt{f(X_{ij})}}\right)^2\mathrm{Var}(\mu_i)=\frac{1}{f(X_{ij})}f(X_{ij})\sigma^2=\sigma^2$$

即满足同方差性。于是可以用普通最小二乘法估计其参数，得到关于参数 $\beta_0,\beta_1,\cdots,\beta_k$ 的无偏、有效且一致的估计量。这就是加权最小二乘法,在这里权就是$\frac{1}{\sqrt{f(X_{ij})}}$。

加权最小二乘法具有比普通最小二乘法更普遍的意义,或者说普通最小二乘法只是加权最小二乘法中权恒取 1 时的一种特殊情况。从此意义看,加权最小二乘法也称为广义最小二乘法(generalized least squares,GLS)。

实施加权最小二乘法的关键是寻找适当的"权",或者说是寻找模型中随机干扰项 μ 的方差与解释变量间的适当的函数形式。如果发现

$$\mathrm{Var}(\mu_i \mid X_{i1},X_{i2},\cdots,X_{ik})=\sigma^2 f(X_{i1},X_{i2},\cdots,X_{ik})$$

则加权最小二乘法中的权即为$\frac{1}{\sqrt{f(X_{i1},X_{i2},\cdots,X_{ik})}}$。但如何寻找 μ 的方差与各 X 间的函数关系呢? 下面给出一种相对灵活、有着广泛应用的方法。

假设 μ 的方差具有如下指数函数的形式:

$$\mathrm{Var}(\mu_i \mid X_{i1},\cdots,X_{ik})=\sigma^2\exp(\alpha_0+\alpha_1 X_{i1}+\cdots+\alpha_k X_{ik}) \tag{4.2.10}$$

则可等价地写出

$$\mu_i^2=\sigma^2\exp(\alpha_0+\alpha_1 X_{i1}+\alpha_2 X_{i2}+\cdots+\alpha_k X_{ik})\varepsilon_i$$

其中,ε_i可看成条件均值为 1 的随机项。如果假设 ε_i与各 X 独立,进一步有

$$\ln(\mu_i^2)=\delta_0+\alpha_1 X_{i1}+\alpha_2 X_{i2}+\cdots+\alpha_k X_{ik}+\nu_i \tag{4.2.11}$$

其中,ν_i为独立于各 X,且条件均值为 0 的随机项。由于式(4.2.11)满足普通最小二乘法估计的基本假设,对该式的普通最小二乘估计,即可得到各 α_j的无偏且有效的估计。但事实上,μ_i是观测不到的,当用可观测的 e_i代替不可观测的 μ_i时,用普通最小二乘法估计

$$\ln(e_i^2)=\delta_0+\alpha_1 X_{i1}+\alpha_2 X_{i2}+\cdots+\alpha_k X_{ik}+\nu_i \tag{4.2.12}$$

则可得到各 α_j的一致估计量 $\hat{\alpha}_j(j=1,2,\cdots,k)$。于是,在大样本下可得到 μ 的方差的一致估计量:

$$\hat{\sigma}_i^2=\hat{\mu}_i^2=\hat{f}_i=\exp(\hat{\delta}_0+\hat{\alpha}_1 X_{i1}+\hat{\alpha}_2 X_{i2}+\cdots+\hat{\alpha}_k X_{ik}) \tag{4.2.13}$$

从而,估计的权为

$$\hat{w}_i=\frac{1}{\hat{\sigma}_i}=\frac{1}{\sqrt{\hat{f}_i}}=\frac{1}{\sqrt{\exp(\hat{\delta}_0+\hat{\alpha}_1 X_{i1}+\hat{\alpha}_2 X_{i2}+\cdots+\hat{\alpha}_k X_{ik})}} \tag{4.2.14}$$

最后需指出,式(4.2.10)的指数函数中只列出了各解释变量 X 的水平项,可根据估计的显著性,对各 X 进行取舍;此外,还可根据需要加入适当的 X 的高次方项。

由于加权最小二乘法中的权,或者说原模型中 μ 的方差与各 X 间适当的函数关系是估计出来的,因此这一广义最小二乘法也称为可行的广义最小二乘法(feasible GLS,FGLS),由广义最小二乘法得到的原模型中的估计量称为可行的广义最小二乘估计量(FGLS estimator)。广义最小二乘估计量具有 BLUE 的特征,但可行的广义最小二乘估计量不具有无偏性。在正确地设定了方差所具有的函数形式时,可行的广义最小二乘估计量在大样本下具有一致性与渐近有效性。

2. 异方差稳健标准误法

加权最小二乘法的关键是寻找模型中随机干扰项 μ 的方差与解释变量间适当的函数形

式，而这并非是一件易事。在有些情况下很难得到正确的 μ 的方差与解释变量的函数关系式，这时，可采用下面介绍的异方差稳健标准误法来消除异方差的存在带来的不良后果。

由于回归模型随机干扰项出现异方差时，普通最小二乘法只是影响到了参数估计量方差或标准差的正确估计，从而无法保证普通最小二乘估计量的有效性，但并不影响估计量的无偏性与一致性。因此，另一种针对异方差的修正的估计方法是：仍采用普通最小二乘估计量，但修正相应的方差。

如何修正普通最小二乘估计量相应的方差呢？怀特 1980 年提出的方法是，用普通最小二乘估计的残差的平方 e_i^2 作为相应 σ_i^2 的代表。如在一元线性回归中，估计的斜率 $\hat{\beta}_1$ 正确的方差应为

$$\mathrm{Var}(\hat{\beta}_1)=\frac{\sum x_i^2\sigma_i^2}{(\sum x_i^2)^2} \tag{4.2.2}$$

于是用普通最小二乘估计的残差的平方 e_i^2 作为相应 σ_i^2 的代表，即用下式作为 $\mathrm{Var}(\hat{\beta}_1)$ 的估计：

$$\frac{\sum x_i^2 e_i^2}{(\sum x_i^2)^2} \tag{4.2.15}$$

怀特证明了大样本下，式(4.2.15)是式(4.2.2)的一致估计。式(4.2.15)的平方根称为 $\hat{\beta}_1$ 的**异方差稳健标准误**(heteroskedasticity-robust standard error)，这种估计方法也被称为异方差稳健标准误法。

在存在异方差时，异方差稳健标准误法虽不能得到最小方差的估计量，但由于可以得到普通最小二乘估计量正确的方差估计，从而使得以估计量方差为基础的各种统计检验不再失效、建立的预测区间也更加可信，因此异方差稳健标准误法就成为在不能较好地实施加权最小二乘法时，消除异方差性不良后果的主要手段。多元回归模型中进行怀特的异方差稳健标准误处理的算法较为复杂，已超出本教材的范围，但任何一款应用软件都有标准的处理程序可直接使用。

六、案例——中国农村居民人均消费函数

例 4.2.4

中国农村居民人均消费支出主要由人均纯收入来决定。农村人均纯收入除包括从事农业经营的收入外，还包括从事其他产业的经营收入以及工资收入、财产收入和转移支付收入等。在改革开放的早期，农村居民从事农业经营的收入在其纯收入中所占比例不小，但其他来源的收入可能会在不同的地区差异较大。为了考察从事农业经营的纯收入和其他来源纯收入对中国农村居民消费支出增长的影响，可使用如下双对数模型：

$$\ln Y=\beta_0+\beta_1\ln X_1+\beta_2\ln X_2+\mu$$

其中，Y 表示农村家庭人均消费支出，X_1 表示从事农业经营的纯收入，X_2 表示其他来源纯收

入。表 4. 2. 1 列出了 2001 年中国内地各地区农村居民家庭人均纯收入及消费支出的相关数据。

表 4. 2. 1　2001 年中国内地各地区农村居民家庭人均纯收入与消费支出　　单位:元

地区	人均消费支出 Y	从事农业经营的纯收入 X_1	其他来源纯收入 X_2	地区	人均消费支出 Y	从事农业经营的纯收入 X_1	其他来源纯收入 X_2
北京	3 552. 1	579. 1	4 446. 4	湖北	1 649. 2	1 352	1 000. 1
天津	2 050. 9	1 314. 6	2 633. 1	湖南	1 990. 3	908. 2	1 391. 3
河北	1 429. 8	928. 8	1 674. 8	广东	2 703. 36	1 242. 9	2 526. 9
山西	1 221. 6	609. 8	1 346. 2	广西	1 550. 62	1 068. 8	875. 6
内蒙古	1 554. 6	1 492. 8	480. 5	海南	1 357. 43	1 386. 7	839. 8
辽宁	1 786. 3	1 254. 3	1 303. 6	重庆	1 475. 16	883. 2	1 088
吉林	1 661. 7	1 634. 6	547. 6	四川	1 497. 52	919. 3	1 067. 7
黑龙江	1 604. 5	1 684. 1	596. 2	贵州	1 098. 39	764	647. 8
上海	4 753. 2	652. 5	5 218. 4	云南	1 336. 25	889. 4	644. 3
江苏	2 374. 7	1 177. 6	2 607. 2	西藏	1 123. 71	589. 6	814. 4
浙江	3 479. 2	985. 8	3 596. 6	陕西	1 331. 03	614. 8	876
安徽	1 412. 4	1 013. 1	1 006. 9	甘肃	1 127. 37	621. 6	887
福建	2 503. 1	1 053	2 327. 7	青海	1 330. 45	803. 8	753. 5
江西	1 720	1 027. 8	1 203. 8	宁夏	1 388. 79	859. 6	963. 4
山东	1 905	1 293	1 511. 6	新疆	1 350. 23	1 300. 1	410. 3
河南	1 375. 6	1 083. 8	1 014. 1				

注:从事农业经营的纯收入由从事第一产业的经营总收入与从事第一产业的经营支出之差计算,其他来源的纯收入由总纯收入减去从事农业经营的纯收入后得到。

资料来源:《中国农村住户调查年鉴》(2002)、《中国统计年鉴》(2002)。

普通最小二乘法的估计结果如下:

$$\ln \hat{Y}=1.655+0.317\ln X_1+0.508\ln X_2$$
$$(0.886)\quad(0.105)\quad(0.051)$$

$$n=31\quad R^2=0.7831\quad \bar{R}^2=0.7676\quad F=50.53\quad \text{RSS}=0.8231$$

估计结果显示,即使在 1%的显著性水平下,都拒绝了从事农业经营的纯收入与其他来源的收入对农村居民人均消费支出无影响的假设。当然,从参数估计值的大小看,农村居民消费支出关于其他来源纯收入的弹性更大,意味着即使与从事农业经营有着相同百分比的增长,其他来源的收入对农户人均消费支出的增长有更大的刺激作用。下面对该模型进行异方差性检验。

可以认为不同地区农村居民人均消费支出的差别主要来源于非农经营收入及工资收入、财产收入等其他收入,因此,如果存在异方差性,则可能是 X_2 引起的。模型普通最小二乘法回归得到的残差平方项 e_i^2 与 $\ln X_2$ 的散点图表明（见图 4.2.3），可能存在着递增型异方差性。

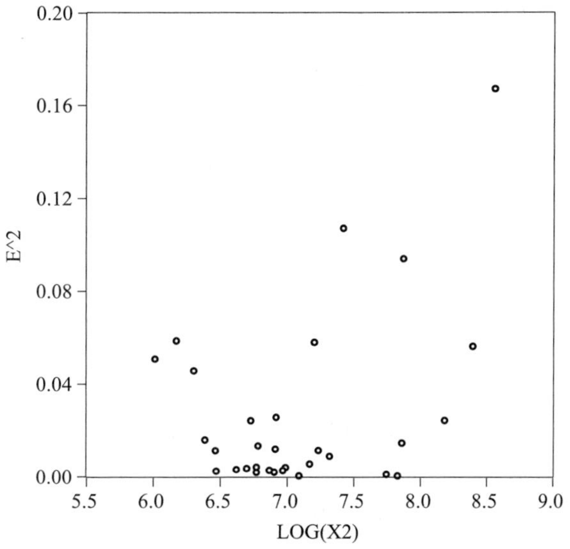

图 4.2.3　异方差性检验图

再进行进一步的统计检验。首先采用布罗施-帕甘检验。

将原模型普通最小二乘估计的残差项 e 平方后关于 $\ln X_2$ 做回归：

$$\hat{e}^2 = -0.141 + 0.0236 \ln X_2$$
$$(0.072)\quad(0.010)$$
$$n = 31 \quad R_{e^2}^2 = 0.1580 \quad F = 5.44$$

由式(4.2.7)与式(4.2.8)计算的 F 统计量与 LM 统计量的值分别为

$$F = \frac{R_{e^2}^2/k}{(1-R_{e^2}^2)/(n-k-1)} = \frac{0.1580/1}{(1-0.1580)/29} = 5.44$$

$$\mathrm{LM} = n \cdot R_{e^2}^2 = 31 \times 0.1580 = 4.90$$

在 5% 的显著性水平下，自由度为(1,29)的 F 分布的临界值为 $F_{0.05} = 4.18$，自由度为 1 的 χ^2 分布的临界值为 $\chi_{0.05}^2 = 3.84$。因此，5% 的显著性水平下拒绝原模型随机干扰项方差相同的假设。

再采用怀特检验。记 e_i^2 为对原始模型进行普通最小二乘回归得到的残差平方项，将其与 $\ln X_1$、$\ln X_2$ 及其平方项与交叉项作辅助回归，得

$$\hat{e}^2 = -0.17 + 0.10 \ln X_1 - 0.06 \ln X_2 + 0.01(\ln X_1)^2 + 0.03(\ln X_2)^2 - 0.04 \ln X_1 \ln X_2$$
$$(4.58)\quad(1.08)\quad(0.48)\quad(0.07)\quad(0.02)\quad(0.04)$$
$$n = 31 \quad R_{e^2}^2 = 0.4638 \quad F = 4.32$$

对应的 F 统计量与 LM 统计量的值分别为

$$F = \frac{0.4638/5}{(1-0.4638)/25} = 4.32$$

$$\text{LM}=31\times0.4638=14.38$$

5%的显著性水平下，F 分布的临界值为 $F_{0.05}(5,25)=2.60$，χ^2 分布的临界值 $\chi^2_{0.05}(5)=11.07$。因此，拒绝同方差的原假设。

去掉交叉项后的辅助回归结果为

$$\hat{e}^2=3.843-0.570\ln X_1-0.540\ln X_2+0.041(\ln X_1)^2+0.038(\ln X_2)^2$$
$$(2.81)(0.89)\quad(0.20)\quad(0.07)\quad(0.01)$$
$$n=31\quad R^2_{\tilde{e}^2}=0.4374\quad F=5.05$$

显然，其他收入 $\ln X_2$项与它的平方项的参数的 t 检验是显著的，且 F 统计量与 LM 统计量的值分别为

$$F=\frac{0.4374/4}{(1-0.4374)/26}=5.05$$

$$\text{LM}=n\cdot R^2_{\tilde{e}^2}=31\times0.4374=13.56$$

在 5%的显著性水平下，相应的临界值分别为 $F_{0.05}(4,26)=2.74$，$\chi^2_{0.05}(4)=9.49$，因此，仍拒绝同方差这一原假设。

下面先采用加权最小二乘法对原模型进行回归。

经试算，发现原模型普通最小二乘回归残差平方项的对数 $\ln e_i^2$ 与 $\ln X_2$及其平方项有显著的回归关系：

$$\ln e^2=94.22-27.652\ln X_2+1.915(\ln X_2)^2$$
$$(36.80)(10.15)\quad(0.69)$$
$$n=31\quad R^2=0.2188$$

于是，用 $w_i=1/\sqrt{\hat{f}_i}=1/\sqrt{\exp[94.22-27.652\ln X_{i2}+1.915(\ln X_{i2})^2]}$ 作为适当的权，对原模型进行加权最小二乘估计。EViews9.0 给出的估计结果如图 4.2.4 所示。

Equation: UNTITLED　Workfile: UNTITLED::Untitled\

View | Proc | Object | Print | Name | Freeze | Estimate | Forecast | Stats | Resids

Dependent Variable: LOG(Y)
Method: Least Squares
Sample: 1 31
Included observations: 31
Weighting series: W
Weight type: Inverse standard deviation (EViews default scaling)

Variable	Coefficient	Std. Error	t-Statistic	Prob.
C	1.834884	0.649539	2.824904	0.0086
LOG(X1)	0.370826	0.083098	4.462496	0.0001
LOG(X2)	0.421648	0.055878	7.545895	0.0000

Weighted Statistics

R-squared	0.757793	Mean dependent var	7.386335
Adjusted R-squared	0.740493	S.D. dependent var	2.446140
S.E. of regression	0.130323	Akaike info criterion	-1.145842
Sum squared resid	0.475551	Schwarz criterion	-1.007069
Log likelihood	20.76055	Hannan-Quinn criter.	-1.100606
F-statistic	43.80187	Durbin-Watson stat	1.618779
Prob(F-statistic)	0.000000	Weighted mean dep.	7.364985

图 4.2.4　中国农村居民人均消费支出加权最小二乘估计

即有如下加权最小二乘估计结果：

$$\ln \hat{Y}=1.835+0.371\ln X_1+0.422\ln X_2$$
$$(0.65)\quad(0.08)\quad(0.06)$$
$$n=31\qquad R^2=0.757\ 8\qquad F=43.80$$

可以看出，与普通最小二乘估计相比较，$\ln X_1$ 前的参数估计值略有增加，而 $\ln X_2$ 前的参数估计值略有减小，但总的说来，变化不大。这在一定程度上表明，原模型的设定是正确的，而且满足了随机干扰项条件零均值的基本假设。

下面检验是否经加权的回归模型已不存在异方差性。记经 w_i 加权的回归模型为

$$w\ln Y=\beta_0 w+\beta w\ln X_1+\beta_2 w\ln X_2+\mu_*$$

该模型的普通最小二乘回归结果为

$$w\ln \hat{Y}=1.835w+0.371w\ln X_1+0.422w\ln X_2$$

记该回归模型的残差估计的平方为 $\tilde{e}^2$，将其与 w、$w\ln X_1$、$w\ln X_2$ 及其平方项作辅助回归，得

$$\tilde{e}^2=1.62-0.632w-0.165w\ln X_1+0.257w\ln X_2$$
$$n=31\qquad R^2=0.219\ 4$$

B-P 检验的统计量 $\mathrm{LM}=nR^2=31\times0.219\ 4=6.80$，该值小于 5% 显著性水平下、自由度为 3 的 χ^2 分布的临界值 $\chi^2_{0.05}=7.81$，因此，不拒绝同方差的原假设。

最后，给出 EViews9.0 软件下进行异方差稳健标准误法得到的估计结果（图 4.2.5）：

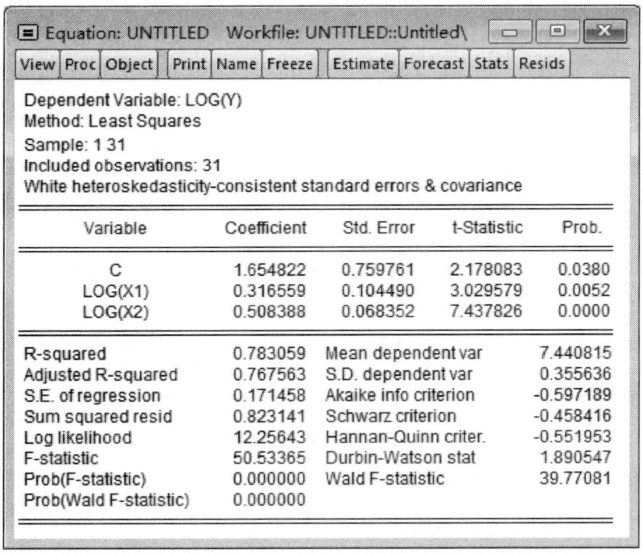
Equation: UNTITLED Workfile: UNTITLED::Untitled\

View | Proc | Object | Print | Name | Freeze | Estimate | Forecast | Stats | Resids

Dependent Variable: LOG(Y)
Method: Least Squares
Sample: 1 31
Included observations: 31
White heteroskedasticity-consistent standard errors & covariance

Variable	Coefficient	Std. Error	t-Statistic	Prob.
C	1.654822	0.759761	2.178083	0.0380
LOG(X1)	0.316559	0.104490	3.029579	0.0052
LOG(X2)	0.508388	0.068352	7.437826	0.0000

R-squared	0.783059	Mean dependent var	7.440815
Adjusted R-squared	0.767563	S.D. dependent var	0.355636
S.E. of regression	0.171458	Akaike info criterion	-0.597189
Sum squared resid	0.823141	Schwarz criterion	-0.458416
Log likelihood	12.25643	Hannan-Quinn criter.	-0.551953
F-statistic	50.53365	Durbin-Watson stat	1.890547
Prob(F-statistic)	0.000000	Wald F-statistic	39.77081
Prob(Wald F-statistic)	0.000000		

图 4.2.5　中国农村居民人均消费支出异方差稳健标准误法估计

即有如下异方差稳健标准误法修正的结果：

$$\ln \hat{Y}=1.655+0.317\ln X_1+0.508\ln X_2$$
$$(0.760)\ (0.104)\quad(0.068)$$
$$R^2=0.783\ 1\qquad \bar{R}^2=0.767\ 6\quad F=50.53\qquad \mathrm{RSS}=0.823\ 1$$

可以看出,估计的参数与普通最小二乘法的结果相同,但参数的标准差得到了修正,与普通最小二乘法的结果不同。如果将该结果与加权最小二乘法的结果相比,发现后者各参数估计的标准差均小于前者,表明加权最小二乘法可以得到更精确的估计。当然,这里无论是普通最小二乘估计的异方差稳健标准误法,还是加权最小二乘法,得到的结论基本一致:2001年,从事农业经营的收入与其他来源的收入都对农村居民人均消费支出有影响,但后者的影响力度更大一些。

§4.3　内生解释变量问题

线性计量经济学模型中有一个重要的假设是随机干扰项的条件零均值假设,如果该假设成立,则称解释变量是外生解释变量或具有严格外生性,否则称为内生解释变量或称解释变量具有内生性。解释变量的严格外生性假设要求任何观测点处的解释变量与任何观测点处的随机干扰项都不相关。违背这一基本假设的问题被称为内生解释变量问题。

一、内生解释变量问题的提出

对于模型

$$Y_i=\beta_0+\beta_1 Y_{i1}+\beta_2 X_{i2}+\cdots+\beta_k X_{ik}+\mu_i \tag{4.3.1}$$

其基本假设之一是解释变量 $X_1,X_2,\cdots,X_k$ 是严格外生变量。如果存在一个或多个变量是内生解释变量,则称原模型存在内生解释变量问题。为讨论方便,我们假设式(4.3.1)中 X_2 为内生解释变量。对于内生解释变量问题,又分两种不同情况:

(1) **内生解释变量与随机干扰项同期无关,但异期相关**,即

$$\mathrm{Cov}(X_{i2},\mu_i)=\mathrm{E}(x_{i2}\,\mu_i)=0 \tag{4.3.2}$$

$$\mathrm{Cov}(X_{i2},\mu_{i-s})=\mathrm{E}(x_{i2}\,\mu_{i-s})\neq 0 \qquad s\neq 0 \tag{4.3.3}$$

(2) **内生解释变量与随机干扰项同期相关**,即

$$\mathrm{Cov}(X_{i2},\mu_i)=\mathrm{E}(x_{i2}\mu_i)\neq 0 \tag{4.3.4}$$

需要说明的是,对于截面数据,第 1 种情况几乎不存在,因此截面数据模型中的内生解释变量问题主要表现在内生解释变量与随机干扰项的同期相关性上,即第 i 个观察个体的某变量只与自己的随机干扰项相关,不与其他个体的随机干扰项相关,这时称内生变量为同期内生变量。

二、实际经济问题中的内生解释变量问题

在实际经济问题中，同期内生变量问题往往出现在下面三种情形之中：一是被解释变量与解释变量具有联立因果关系（simultaneous causality），或称为互为因果；二是模型设定时遗漏了重要的解释变量，而所遗漏的变量与模型中的一个或多个解释变量具有同期相关性；三是解释变量存在测量误差（errors-in-variables）。下面通过两个例子对前两种情形予以简单说明。第三种情形留作练习供读者尝试考证。

例 4.3.1

为了考察企业引进外资是否真正提高了企业的效益，以企业资金利润率 Y 为被解释变量，以企业资产中外资所占比例 R 和其他外生变量 X 为解释变量，建立如下模型

$$Y_i=\alpha_0+\alpha_1 R_i+\beta X_i+\mu_i \qquad i=1,2,\cdots,n \tag{4.3.5}$$

通过对企业引进外资情况的实际考察，不难发现，凡是效益好的企业，比较容易引进外资，凡是效益差的企业，引进外资就很困难。那么，在模型(4.3.5)中，解释变量 R 在影响解释变量 Y 的同时，它也受被解释变量的影响，而 Y 与 μ 具有同期相关性，从而导致 R 与 μ 具有同期相关性。这就是上述的第一种情况。

例 4.3.2

联立因果关系的情况还会在联立方程模型（simultaneous equations model）中存在。

从全国的情况来看，某类消费品的需求量 Q 主要由该类商品的价格 P 以及居民的收入水平 Y 决定。某些消费品，由于存在流通成本，不同地区的价格也是不同的，那么，以地区作为样本，一个简单的商品需求函数可表示为：

$$Q_i=\beta_0+\beta_1 P_i+\beta_2 Y_i+\mu_i \qquad i=1,2,\cdots,n \tag{4.3.6}$$

其中，Q_i，P_i，Y_i 表示各个地区的需求量、价格和居民收入。经济学基本理论指出，商品价格又是由供给与需求的均衡关系决定的，因此商品的需求量又是影响价格的重要因素。为了方便推理，可设定如下简单的价格函数：

$$P_i=\alpha_0+\alpha_1 Q_i+\varepsilon_i \tag{4.3.7}$$

由于商品的需求与均衡价格是在市场上被联合决定的，式(4.3.6)与式(4.3.7)也被称为联立方程模型。因此，即使我们单独估计式(4.3.6)，由于 Q_i 同时影响 P_i，而 Q_i 与 μ_i 具有同期相关性，从而导致 P_i 与 μ_i 具有同期相关性。事实上，通过联立方程模型(4.3.6)与式(4.3.7)，可推导出价格 P_i 的如下式子：

$$P_i=\frac{\alpha_0+\alpha_1\beta_0}{1-\alpha_1\beta_1}+\frac{\alpha_1\beta_2}{1-\alpha_1\beta_1}Y_i+\frac{\alpha_1\mu_i+\varepsilon_i}{1-\alpha_1\beta_1} \tag{4.3.8}$$

式(4.3.8)显示出 P_i 与 μ_i 具有同期相关性。可见，商品的需求函数(4.3.6)中价格 P 与需求

量 Q 的双向影响关系,决定了 P 是内生解释变量。商品的需求函数(4.3.6)中的居民收入水平 Y 直接影响着居民对该类商品的购买量,而购买量不直接影响居民的收入水平,因此 Y 是需求函数(4.3.6)的外生解释变量。而对由式(4.3.6)与式(4.3.7)构成的联立方程模型来说,商品需求 Q 与价格 P 由联立方程模型来决定,称为模型的内生变量(endogenous variable),而居民收入水平 Y 不由联立方程模型决定,称为模型的外生变量(exogenous variable)。用外生变量与随机干扰项表示的价格 P 的方程(4.3.8)称为 P 的简化式方程(reduced form equation)。

例 4.3.3

劳动经济学领域中,劳动者的工资(wage)主要由劳动者的受教育程度(educ)、工作经验(exper)、个人能力(abil)等诸多因素决定:

$$\text{wage}_i=\beta_0+\beta_1\text{educ}_i+\beta_2\text{exper}_i+\beta_3\text{abil}_i+\mu_i$$

但在具体估计该模型时,由于劳动者个人能力的大小很难测度,因此该解释变量无法真正地引入模型中,于是它只能进入随机干扰项 μ_i 之中,即实际用于回归的模型为

$$\text{wage}_i=\beta_0+\beta_1\text{educ}_i+\beta_2\text{exper}_i+\mu_i \tag{4.3.9}$$

而个人能力的大小往往与其所受教育程度有着较为密切的联系,这就导致了实际用于回归模型中的劳动者个人的受教育程度变量 educ_i 与随机干扰项 μ_i 间出现同期相关性。这就是上述的第二种情况。

三、内生解释变量的后果

计量经济学模型一旦出现同期内生解释变量,即与随机干扰项同期相关,如果仍采用普通最小二乘法估计模型参数,将产生不良的后果。下面以一元线性回归模型为例进行说明。

首先,从图形上看(见图 4.3.1),如果内生解释变量与随机干扰项正相关,则在抽取样本时,容易出现 X 值较小的点在总体回归线下方,而 X 值较大的点在总体回归线上方,因此,拟合的样本回归线则可能低估(underestimate)截距项,而高估(overestimate)斜率项。反之,如果随机解释变量与随机干扰项负相关,则往往导致拟合的样本回归线高估截距项,而低估斜率项。

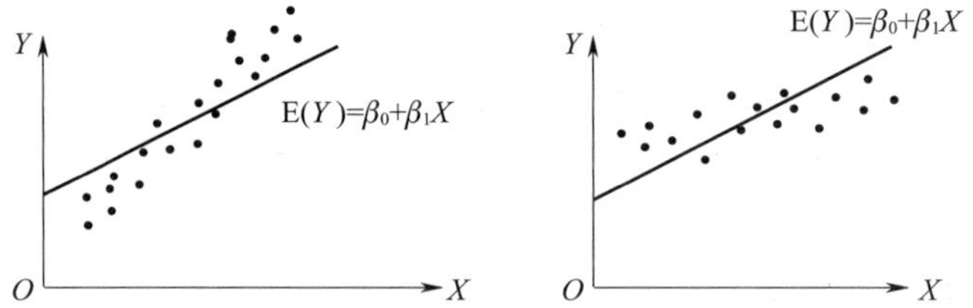

(a) 正相关　　(b) 负相关

图 4.3.1　随机解释变量与随机干扰项相关图

对一元线性回归模型：

$$Y_i=\beta_0+\beta_1X_i+\mu_i$$

在第二章曾得到如下最小二乘估计量：

$$\hat{\beta}_1=\frac{\sum x_iy_i}{\sum x_i^2}=\beta_1+\frac{\sum x_i\mu_i}{\sum x_i^2} \tag{4.3.10}$$

如果 X_i与 μ_i同期相关，则容易由式(4.3.10)得到

$$\mathrm{E}(\hat{\beta}_1)=\beta_1+\mathrm{E}\left(\sum\frac{x_i}{\sum x_i^2}\mu_i\right)=\beta_1+\sum\mathrm{E}(k_i\mu_i)\neq\beta_1$$

$$\begin{aligned}P\lim_{n\to\infty}\left(\beta_1+\frac{\sum x_i\mu_i}{\sum x_i^2}\right)&=\beta_1+\frac{P\lim\left(\frac{1}{n}\sum x_i\mu_i\right)}{P\lim\left(\frac{1}{n}\sum x_i^2\right)}\\&=\beta_1+\frac{\mathrm{Cov}(X_i,\mu_i)}{\mathrm{Var}(X_i)}\neq\beta_1\end{aligned}$$

即参数估计量是有偏的，同时也是不一致的。

四、工具变量法

模型中出现内生解释变量并且与随机干扰项同期相关时，普通最小二乘估计量是有偏且不一致的。这时，为了得到大样本下的一致估计量，最常用的估计方法是工具变量(instrument variable)法。

1. 工具变量的选取

工具变量，顾名思义是在模型估计过程中被作为工具使用，以替代与随机干扰项相关的内生解释变量。如果选 Z 作为内生解释变量 X_j的工具变量，Z 必须满足以下条件：

(1) 与所替代的内生解释变量高度相关：$\mathrm{Cov}(Z,X_j)\neq0$；

(2) 与随机干扰项不相关：$\mathrm{Cov}(Z,\mu)=0$；

(3) 与模型中其他解释变量不高度相关，以避免出现严重的多重共线性。

2. 工具变量的应用

工具变量法是克服解释变量与随机干扰项同期相关影响的一种参数估计方法，它是矩估计的一种形式。下面仍以一元回归模型为例说明。

记一元线性回归模型如下：

$$Y_i=\beta_0+\beta_1X_i+\mu_i \tag{4.3.11}$$

矩估计是在两个重要的特征 $\mathrm{E}(\mu_i)=0$ 与 $\mathrm{E}(X_i\mu_i)=0$ 下，以之作为总体矩条件，并写出相应的样本矩条件

$$\frac{1}{n}\sum(Y_i-\hat{\beta}_0-\hat{\beta}_1X_i)=0,\quad \frac{1}{n}\sum X_i(Y_i-\hat{\beta}_0-\hat{\beta}_1X_i)=0$$

后得到一个关于参数估计量的正规方程组：

$$\sum Y_i=n\hat{\beta}_0+\hat{\beta}_1\sum X_i$$

$$\sum X_i Y_i = \hat{\beta}_0 \sum X_i + \hat{\beta}_1 \sum X_i^2 \tag{4.3.12}$$

求解该正规方程组,得到

$$\hat{\beta}_1 = \frac{\sum x_i y_i}{\sum x_i^2}, \qquad \hat{\beta}_0 = \overline{Y} - \hat{\beta}_1 \overline{X}$$

然而,如果 X 与 μ 同期相关,则无法得到式(4.3.12)。

如果按照工具变量的选择条件选择 Z 为 X 的工具变量,则有总体矩条件

$$\mathrm{E}(\mu_i) = 0, \quad \mathrm{Cov}(Z_i, \mu_i) = \mathrm{E}(Z_i \mu_i) = 0$$

于是,在一组容量为 n 的样本下,可写出相应的样本矩条件

$$\frac{1}{n}\sum (Y_i - \tilde{\beta}_0 - \tilde{\beta}_1 X_i) = 0, \quad \frac{1}{n}\sum Z_i (Y_i - \tilde{\beta}_0 - \tilde{\beta}_1 X_i) = 0$$

并由此得到一个关于参数估计量的正规方程组:

$$\sum Y_i = n\tilde{\beta}_0 + \tilde{\beta}_1 \sum X_i$$

$$\sum Z_i Y_i = \tilde{\beta}_0 \sum Z_i + \tilde{\beta}_1 \sum Z_i X_i \tag{4.3.13}$$

于是得到

$$\tilde{\beta}_1 = \frac{\sum z_i y_i}{\sum z_i x_i}, \quad \tilde{\beta}_0 = \overline{Y} - \tilde{\beta}_1 \overline{X} \tag{4.3.14}$$

这种求模型参数估计量的方法称为工具变量法,$\tilde{\beta}_0$,$\tilde{\beta}_1$ 称为工具变量法估计量(instrumental variable estimator)。

对于多元线性回归模型,其矩阵形式为

$$Y_i = \boldsymbol{X}_i \boldsymbol{\beta} + \mu_i, \qquad i = 1, 2, \cdots, n$$

其中,$\boldsymbol{X}_i = (1, X_{i1}, X_{i2}, \cdots, X_{ik})$,$\boldsymbol{\beta} = (\beta_0, \beta_1, \cdots, \beta_k)'$。假设 X_2 与随机干扰项相关,用工具变量 Z 替代,于是得到工具变量矩阵

$$\boldsymbol{Z} = \begin{bmatrix} 1 & X_{11} & Z_1 & \cdots & X_{1k} \\ 1 & X_{21} & Z_2 & \cdots & X_{2k} \\ \vdots & \vdots & \vdots & & \vdots \\ 1 & X_{n1} & Z_n & \cdots & X_{nk} \end{bmatrix}$$

记 $\boldsymbol{Z}_i = (1, X_{i1}, Z_i, \cdots, X_{ik})$,则在 $\boldsymbol{Z}_i$ 满足总体矩条件 $\mathrm{E}(\boldsymbol{Z}_i' \mu_i) = \boldsymbol{0}$ 时,相应的样本矩条件

$$\frac{1}{n}\sum \boldsymbol{Z}_i'(Y_i - \boldsymbol{X}_i \tilde{\boldsymbol{\beta}}) = \boldsymbol{0} \tag{4.3.15}$$

或

$$\frac{1}{n}\boldsymbol{Z}'(\boldsymbol{Y} - \boldsymbol{X}\tilde{\boldsymbol{\beta}}) = \boldsymbol{0} \tag{4.3.16}$$

其中,$\boldsymbol{Y} = \begin{pmatrix} Y_1 \\ Y_2 \\ \vdots \\ Y_n \end{pmatrix}$,$\boldsymbol{X} = \begin{bmatrix} 1 & X_{11} & X_{12} & \cdots & X_{1k} \\ 1 & X_{21} & X_{22} & \cdots & X_{2k} \\ \vdots & \vdots & \vdots & & \vdots \\ 1 & X_{n1} & X_{n2} & \cdots & X_{nk} \end{bmatrix}$

于是，参数估计量为：

$$\widetilde{\boldsymbol{\beta}}=(\boldsymbol{Z}'\boldsymbol{X})^{-1}\boldsymbol{Z}'\boldsymbol{Y} \tag{4.3.17}$$

需要注意，通常情况下，工具变量矩阵 $\boldsymbol{Z}$ 由工具变量及原模型中的外生解释变量组成。这时，对于没有选择另外的变量作为工具变量的解释变量，可以认为用自身作为工具变量。

3. 工具变量法估计量是一致估计量

一元回归中，用工具变量法所求的参数估计量 $\widetilde{\beta}_1$ 与总体参数真值 β_1 之间的关系为

$$\widetilde{\beta}_1=\frac{\sum z_i y_i}{\sum z_i x_i}=\frac{\sum z_i Y_i}{\sum z_i x_i}=\frac{\sum z_i(\beta_0+\beta_1 X_i+\mu_i)}{\sum z_i x_i}$$

$$=\frac{\beta_1\sum z_i x_i}{\sum z_i x_i}+\frac{\sum z_i\mu_i}{\sum z_i x_i}=\beta_1+\frac{\sum z_i\mu_i}{\sum z_i x_i}$$

两边取概率极限得

$$P\lim(\widetilde{\beta}_1)=\beta_1+\frac{P\lim\left(\frac{1}{n}\sum z_i\mu_i\right)}{P\lim\left(\frac{1}{n}\sum z_i x_i\right)}$$

如果工具变量 Z 选取恰当，即有

$$P\lim\left(\frac{1}{n}\sum z_i\mu_i\right)=\mathrm{Cov}(Z,\mu)=0,\quad P\lim\left(\frac{1}{n}\sum z_i x_i\right)=\mathrm{Cov}(Z,X)\neq 0$$

因此，

$$P\lim(\widetilde{\beta}_1)=\beta_1$$

尽管工具变量法估计量在大样本下具有一致性，但容易验证在小样本下，由于

$$\mathrm{E}\left(\frac{1}{\sum z_i x_i}\sum z_i\mu_i\right)\neq\mathrm{E}\left(\frac{1}{\sum z_i x_i}\right)\mathrm{E}\left(\sum z_i\mu_i\right)=0$$

工具变量法估计量仍是有偏的。

4. 两阶段最小二乘估计：多个工具变量的情形

对工具变量法，经常产生一种误解，以为采用工具变量法是将原模型中的随机解释变量换成工具变量，即改变了原来的模型。实际上，从上面一元线性回归模型的例子中已看出，工具变量法并没有改变原模型，只是在原模型的参数估计过程中用工具变量的信息“替代”了内生解释变量的信息。或者说，上述工具变量法估计过程可等价地分解成下面两个阶段的普通最小二乘回归：

第一阶段，用普通最小二乘法进行 X 关于工具变量 Z 的回归，并记录 X 的拟合值：

$$\hat{X}_i=\hat{\alpha}_0+\hat{\alpha}_1 Z_i$$

第二阶段，以第一步得到的 $\hat{X}_i$ 为解释变量，进行如下普通最小二乘回归：

$$Y_i=\beta_0+\beta_1\hat{X}_i+\mu_i \tag{4.3.18}$$

容易验证，式(4.3.18)中的参数估计量 $\widetilde{\beta}_1$ 与式(4.3.14)相同(留作练习)。式(4.3.18)表明，工具变量法仍是 Y 对 X 的回归，而不是对 Z 的回归。这里采用两个阶段的普通最小二乘法来估计模型参数，也被称为两阶段最小二乘法(two stage least squares，2SLS)。

当对一个内生解释变量寻找到 1 个工具变量时,工具变量法,或上述两阶段最小二乘法可以得到参数的一致估计量。而当对 1 个内生解释变量寻找到多个工具变量,且不想损失这些工具变量提供的信息时,仍然可以采用两阶段最小二乘法来得到参数的一致估计。

在多元线性回归中,其基本做法与上述一元线性回归两个阶段的普通最小二乘法相同,只不过第一阶段是将内生变量关于所有工具变量以及模型中已有的外生变量进行普通最小二乘回归。下面以二元模型为例进行说明。

对于二元线性回归模型:

$$Y_i=\beta_0+\beta_1 X_i+\beta_2 Z_i+\mu_i$$

式中,假设 X 为同期内生变量,Z 为外生变量。如果对内生变量 X 寻找到了两个工具变量 Z_1、Z_2,则两阶段最小二乘估计过程为:

第一阶段,做内生变量 X 关于工具变量 Z_1,Z_2 及模型中的外生变量 Z 的普通最小二乘回归,并记录 X 的拟合值:

$$\hat{X}_i=\hat{\alpha}_0+\hat{\alpha}_1 Z_{i1}+\hat{\alpha}_2 Z_{i2}+\hat{\alpha}_3 Z_i$$

第二阶段,以第一阶段得到的 $\hat{X}_i$ 替代原模型中的 X_i,进行如下普通最小二乘回归:

$$Y_i=\beta_0+\beta_1\hat{X}_i+\beta_2 Z_i+\mu_i$$

如果一个内生解释变量可以找到多个工具变量,人们希望充分利用这些工具变量的信息,就形成了广义矩方法(Generalized Method of Moments,GMM)。在 GMM 中,矩条件的个数大于待估参数的个数,于是如何求解成为它的核心问题。GMM 是近 20 年计量经济学理论方法发展的重要方向之一。两阶段最小二乘法(2SLS)是 GMM 的一种特殊的估计方法,而当一个内生变量只寻找到了一个工具变量时所采用的工具变量法(IV),则是两阶段最小二乘法的一个特例。同样地,如果所有解释变量都是外生变量,则普通最小二乘法也可看成是工具变量法的特例。

最后需要说明的是,二阶段最小二乘法可以完成模型的工具变量估计,但不能简单地以第二阶段的普通最小二乘回归得到相关解释变量的标准差以及可决系数 R^2。正确的计算过程较为复杂,已超出本教材的范围,但任何一个计量经济学软件都设计了计算程序,因此,直接通过软件可以得到解释变量的正确的标准差及 R^2。同样地,如果在两阶段最小二乘估计中怀疑或检验出存在异方差性,还可以通过 White 的方法获得异方差稳健标准误。虽然手工操作相当复杂,但大多数计量经济学软件都拥有此功能。

五、内生性检验与过度识别约束检验

1. 解释变量的内生性检验

回归模型的基本假设要求解释变量与模型的随机干扰项不存在同期相关性,即随机解释变量至少是同期外生变量。那么如何判断所设定的模型中各解释变量是同期外生变量呢?经济学的相关知识能帮助我们做出一些基本的判断,如由于消费惯性的存在,可以认为前期的消费支出对当期的消费支出有着一定的影响,但不能反过来说当期的消费支出对前期的消费支出有影响。除此之外,豪斯曼(Hausman)从计量技术上给出了一个检验随机解释变量是否是同期外生变量的方法。

假设有如下设定的二元线性回归模型

$$Y_i=\beta_0+\beta_1X_i+\beta_2Z_{i1}+\mu_i \tag{4.3.19}$$

其中，X 与 Z_1 是随机解释变量，而且明确知道 Z_1 是外生变量，但怀疑 X 是同期内生变量。如何检验 X 是否具有内生性呢？豪斯曼提出的检验的基本思想是：如果 X 是内生变量，则需寻找一外生变量 Z_2 作为工具变量并对式(4.3.19)进行工具变量法估计，将工具变量法的估计结果与对式(4.3.19)直接采用普通最小二乘法的估计结果对比，看差异是否显著。如果两者有显著的差异，则表明 X 是内生变量。由于工具变量法等价于两阶段最小二乘法，因此该检验法可具体如下进行：

第一步，将怀疑是内生变量的 X 关于外生变量 Z_1，Z_2 作普通最小二乘估计：

$$X_i=\alpha_0+\alpha_1Z_{i1}+\alpha_2Z_{i2}+\nu_i \tag{4.3.20}$$

得到残差项 $\hat{\nu}$。这里假设随机干扰项 ν 满足所有线性回归基本假设。该普通最小二乘回归的目的是为了得到残差项 $\hat{\nu}$，因此可认为是一辅助回归。

第二步，将第一步得到的残差项 $\hat{\nu}$ 加入原模型后，再进行普通最小二乘估计：

$$Y_i=\beta_0+\beta_1X_i+\beta_2Z_{i1}+\delta\hat{\nu}_i+\varepsilon_i \tag{4.3.21}$$

仍假设随机干扰项 ε 满足所有线性回归基本假设，并与 ν 不同期相关。如果 $\hat{\nu}$ 前的参数 δ 与零无显著差异，表明式(4.3.20)的随机干扰项 ν 与原模型(4.3.19)的随机干扰项 μ 同期无关，而 Z_1，Z_2 是外生变量，它们肯定与 μ 同期无关，则由式(4.3.20)知 X 与 μ 同期无关。因此，式(4.3.21)的普通最小二乘回归不拒绝 $\delta=0$ 的假设，则可判断原模型(4.3.19)中的解释变量 X 是同期外生变量，否则判断 X 是同期内生变量。

最后，有三点需要说明：

第一，由式(4.3.20)知，判断 X 与 μ 是否同期相关，等价于判断 ν 与 μ 是否同期相关；而对式(4.3.21)的普通最小二乘回归，等价于对下式进行普通最小二乘回归：

$$\mu_i=\delta\nu_i+\varepsilon_i$$

第二，如果 1 个被怀疑的内生解释变量有多个工具变量，则在第一步中需将该解释变量关于所有的工具变量及原模型中已有的外生变量进行普通最小二乘回归。

第三，如果原回归模型有多个解释变量被怀疑与随机干扰项同期相关，则需寻找多个外生的工具变量，并将每个所怀疑的解释变量与所有外生变量(包括原模型中已有的外生变量及模型外的工具变量)做普通最小二乘回归，取得各自的残差项，并将它们全部引入原模型中再进行普通最小二乘估计，通过 t 检验或多种情形的受约束 F 检验，可判断哪些解释变量确实是内生变量。

2. 过度识别约束检验

工具变量法的核心是要寻找到适当的工具变量，它应与原模型的随机干扰项不同期相关。当一个内生解释变量有多于一个的工具变量时，就可以对该组工具变量的外生性进行检验，这就是所谓的**过度识别约束检验**(overidentifying restrictions test)。

过度识别约束检验的基本思路是：如果寻找到的工具变量具有外生性，则它们应与原模型中的随机干扰项不同期相关。因此，只需对原模型进行两阶段最小二乘回归，将记录的残差项再关于所有工具变量及原模型中的外生变量进行普通最小二乘回归,并对该回归中的所有工具变量前的参数都为零的假设进行联合性 F 检验。可以证明,在所有工具变量都是外生变量的假设下,当样本容量趋于无穷大时,F 统计量逐渐接近于精确的 F 分布,同时,样本容量与该回归的可决系数的乘积 nR^2 的渐近分布为 χ^2 分布(自由度为额外工具变量的个数)。于是,可以通过 F 统计量的值或 nR^2 的值与相关分布的临界值进行比较,来判断是否拒绝所有工具变量都具有外生性的假设。由于 nR^2 的计算较为方便,人们大多通过 χ^2 统计量来进行过度识别约束检验,nR^2 也被称为 J 统计量(J-statistic)。下面以二元线性回归模型为例进行简单总结:

对有一个内生变量 X 与一个外生变量 Z 的二元线性回归模型:

$$Y_i=\beta_0+\beta_1X_i+\beta_2Z_i+\mu_i$$

如果对内生变量 X 寻找到了两个工具变量 Z_1,Z_2,记两阶段最小二乘回归的参数估计为 $\widetilde{\beta}_0$,$\widetilde{\beta}_1$,$\widetilde{\beta}_2$,残差为 $\widetilde{\mu}_i$:

$$\widetilde{\mu}_i=Y_i-(\widetilde{\beta}_0+\widetilde{\beta}_1X_i+\widetilde{\beta}_2Z_i)$$

将 $\widetilde{\mu}_i$ 关于所有工具变量 Z_1,Z_2 及原模型中的外生变量 Z 做如下辅助回归:

$$\widetilde{\mu}_i=\delta_0+\delta_1Z_{i1}+\delta_2Z_{i2}+\delta_3Z_i+\varepsilon_i$$

记该辅助回归的可决系数为 R^2,则在所有工具变量为外生变量的假设下(大样本下)

$$J=nR^2\sim\chi^2(1)$$

这里,1 个内生变量对应着 2 个工具变量,额外的工具变量个数为 1。因此,当 nR^2 的值大于给定显著性水平下自由度为 1 的 χ^2 的临界值时,拒绝 Z_1,Z_2 同时为外生变量的假设,意味着它们中至少有一个不是外生的。

需要指出的是,对工具变量的外生性检验就是对总体矩条件 $\mathrm{E}(\boldsymbol{Z}_i'\mu_i)=\mathbf{0}$ 的检验,当工具变量的个数恰好等于内生变量的个数时,无论总体矩条件是否成立,对应的样本矩

$$\frac{1}{n}\sum\boldsymbol{Z}_i'(Y_i-\boldsymbol{x}_i\widetilde{\boldsymbol{\beta}})=\mathbf{0}$$

总有唯一的解。这意味着当工具变量的个数恰好等于内生变量的个数时,工具变量的外生性是无法检验的。

六、案例——对香烟的人均消费函数

例 4.3.4

根据商品消费函数理论,对香烟的人均消费需求 Q 与居民的收入水平 Y 及香烟的销售价格 P 有关,即香烟的需求模型可写为:

$$\ln Q=\beta_0+\beta_1\ln Y+\beta_2\ln P+\mu \tag{4.3.22}$$

然而,如果考虑到在市场均衡时香烟的销售价格也同时受香烟的需求量的影响,则 Q 与 P 之

间存在着双向因果关系。因此,由于 P 的内生性将导致对式(4.3.22)的普通最小二乘回归带来有偏且不一致的估计,这时需要寻找适当的工具变量来对式(4.3.22)进行工具变量或两阶段最小二乘估计。考虑到香烟价格的组成部分更多的是政府对烟草的课税,而香烟的人均消费量本身不会直接影响政府对香烟的课税政策,因此香烟的消费税可能是一个适当的工具变量。表4.3.1给出了1995年美国48个州的人均香烟消费量 Q、每个州的人均收入水平 Y、香烟的平均销售价格 P 以及香烟的平均消费税 Tax 的数据,同时大多数州还对香烟征收了特别消费税 Taxs,表中也同时将其列出。表中的香烟平均价格、税以及人均收入都经过了居民消费价格指数的调整。

表4.3.1 1995年美国48个州人均香烟消费、收入与对香烟的课税

地区	人均香烟消费量 Q(盒)	人均收入 Y(千美元)	香烟平均销售价格 P(美分/盒)	香烟平均消费税 Tax(美分/盒)	香烟平均的特别消费税 Taxs(美分/盒)
AL	101.09	12.92	103.92	26.57	0.92
AR	111.04	12.17	115.19	36.42	5.49
AZ	71.95	13.54	130.32	42.87	6.21
CA	56.86	16.07	138.13	40.03	9.04
CO	82.58	16.32	109.81	28.87	0.00
CT	79.47	20.96	143.23	48.56	8.11
DE	124.47	16.66	108.66	31.50	0.00
FL	93.07	15.43	123.17	37.99	6.97
GA	97.47	14.59	102.74	23.62	0.94
IA	92.40	13.90	125.26	39.37	5.96
ID	74.85	12.88	117.87	34.12	5.61
IL	83.27	16.83	130.23	44.62	7.37
IN	134.26	14.33	101.40	25.92	4.83
KS	88.75	14.36	114.97	31.50	5.47
KY	172.65	12.61	95.79	17.72	5.42
LA	105.18	12.82	110.10	28.87	4.23
MA	76.62	18.41	142.46	49.21	6.78
MD	77.47	17.65	122.07	39.37	5.81
ME	102.47	13.28	129.42	40.03	7.33
MI	81.39	15.73	158.04	64.96	8.95
MN	82.95	16.13	144.59	47.24	9.46
MO	122.45	14.50	103.17	26.90	0.91

续表

地区	人均香烟消费量 Q(盒)	人均收入 Y (千美元)	香烟平均销售价格 P(美分/盒)	香烟平均消费税 Tax(美分/盒)	香烟平均的特别消费税 Taxs (美分/盒)
MS	105.58	11.28	111.04	27.56	7.26
MT	87.16	12.31	102.50	27.56	0.00
NC	121.54	14.40	98.42	19.03	3.79
ND	79.81	12.52	126.15	44.62	7.14
NE	87.27	14.56	119.54	38.06	5.69
NH	156.34	16.41	109.34	32.15	0.00
NJ	80.37	19.21	133.26	41.99	7.54
NM	64.67	12.37	115.58	29.53	5.50
NV	93.53	16.93	135.56	38.71	8.87
NY	70.82	18.19	145.58	52.49	5.60
OH	111.38	15.02	108.85	31.50	5.18
OK	108.68	12.73	111.64	30.84	5.32
OR	92.16	14.87	124.87	40.68	0.00
PA	95.64	15.58	115.59	36.09	6.54
RI	92.60	15.78	147.28	52.49	9.64
SC	108.08	12.78	100.27	20.34	4.77
SD	97.22	13.02	110.26	30.84	4.24
TN	122.32	14.30	109.62	24.28	8.12
TX	73.08	14.12	130.05	42.65	7.36
UT	49.27	12.37	118.75	33.14	5.65
VA	105.39	16.05	109.36	17.39	5.21
VT	122.33	14.02	115.25	28.87	5.49
WA	65.53	15.67	156.90	52.82	10.26
WI	92.47	14.81	132.14	40.68	6.29
WV	115.57	11.75	109.26	26.90	6.18
WY	112.24	14.12	104.03	23.62	0.00

资料来源:根据 Introduction to Econometrics(2nd edition)整理。

首先,对式(4.3.22)进行普通最小二乘回归如下:

$$\ln\hat{Q}=10.341+0.344\ln Y-1.406\ln P$$

$$(1.023)\ (0.235)\quad (0.251)$$

$$R^2=0.4328\qquad \bar{R}^2=0.4075\qquad F=17.17$$

可见，价格确实是影响人均香烟消费的重要因素。但正是因为价格与消费需求可能存在的双向因果关系，使得模型中 P 具有内生性，从而普通最小二乘估计有偏且不一致。

其次，用香烟消费税 Tax 为工具变量，重新对式(4.3.22)进行工具变量法回归。EViews9.0 给出如图 4.3.2 所示的结果。

Equation: UNTITLED Workfile: UNTITLED::Untitled\

View | Proc | Object | Print | Name | Freeze | Estimate | Forecast | Stats | Resids

Dependent Variable: LOG(Q)
Method: Two-Stage Least Squares
Sample: 1 48
Included observations: 48
Instrument specification: C LOG(Y) TAX

Variable	Coefficient	Std. Error	t-Statistic	Prob.
C	10.02296	1.081718	9.265775	0.0000
LOG(Y)	0.298953	0.240354	1.243803	0.2200
LOG(P)	-1.314595	0.270991	-4.851072	0.0000

R-squared	0.431077	Mean dependent var	4.538839
Adjusted R-squared	0.405792	S.D. dependent var	0.243351
S.E. of regression	0.187587	Sum squared resid	1.583496
F-statistic	13.26712	Durbin-Watson stat	1.942391
Prob(F-statistic)	0.000030	Second-Stage SSR	1.849616
J-statistic	0.000000	Instrument rank	3

图 4.3.2 美国香烟消费工具变量法估计

即有如下工具变量法估计结果：

$$\ln\hat{Q}=10.023+0.299\ln Y-1.315\ln P$$
$$(1.082)\quad(0.240)\quad(0.271)$$
$$R^2=0.4311 \qquad \bar{R}^2=0.4058 \qquad F=13.27$$

可以看出，工具变量法估计得到的人均香烟消费关于价格的弹性要低于普通最小二乘估计的结果。

由于许多州都对香烟有额外的特别消费税 Taxs，它也可以作为价格 P 的一个工具变量。用 Tax 及 Taxs 两个工具变量进行的两阶段最小二乘估计结果如下：

$$\ln\hat{Q}=9.894+0.281\ln Y-1.277\ln P$$
$$(1.059)\quad(0.238)\quad(0.263)$$
$$R^2=0.4294 \qquad \bar{R}^2=0.4041 \qquad F=13.28$$

可见，估计的人均香烟消费关于价格的弹性进一步下降了。

下面再进行过度识别约束检验，以检验 Tax、Taxs 是否是外生变量。

根据过度识别约束检验的过程，用 Tax 及 Taxs 两个工具变量对原模型进行两阶段最小二乘估计后，记录残差项 $\tilde{\mu}$：

$$\tilde{\mu}=\ln Q-(9.894+0.281\ln Y-1.277\ln P)$$

再做$\widetilde{\mu}$关于工具变量 Tax、Taxs 以及原模型外生变量 $\ln Y$ 的普通最小二乘回归,该辅助回归的结果为:

$$\hat{\widetilde{\mu}}=-0.066-0.002\mathrm{Tax}+0.006\mathrm{Taxs}+0.032\ln(Y)$$
$$(0.580)\quad(0.004)\quad(0.012)\quad(0.233)$$
$$R^2=0.0070\qquad F=0.103$$

首先,从 F 统计量看,即使在 10%的显著性水平下(这时临界值 $F_{0.1}(3,44)=2.21$),也不拒绝 Tax、Taxs 及 $\ln Y$ 前参数都为零的假设;其次,由于

$$nR^2=48\times0.0070=0.336$$

在有一个额外工具变量的情况下,5%显著性水平、自由度为 1 的χ^2分布的临界值为$\chi^2(1)=3.84$,可见χ^2检验也不拒绝 Tax、Taxs 作为工具变量的外生性假设。

下面再用豪斯曼检验来判定香烟价格 P 是否确实是内生变量。

可选择香烟消费税 Tax 与香烟特别消费税 Taxs 作为 $\ln P$ 的工具变量,将 $\ln P$ 关于 $\ln Y$、Tax、Taxs 进行普通最小二乘估计得:

$$\ln\hat{P}=4.103+0.108\ln Y+0.009\mathrm{Tax}+0.011\mathrm{Taxs}$$

记录残差序列 $\hat{v}$,并将其加入原模型后进行普通最小二乘估计得:

$$\ln\hat{Q}=9.894+0.281\ln Y-1.277\ln P-1.565\hat{v}$$
$$(1.032)(0.232)\quad(0.257)\quad(0.893)$$

在 10%与 5%的显著性水平下,t 分布的临界值分别为 $t_{0.05}(44)=1.68$、$t_{0.025}(44)=2.02$,而 $\hat{v}$ 参数估计的 t 统计量的绝对值为 1.75,因此,在 10%的显著性水平下,拒绝 $\hat{v}$ 前的参数为 0 的假设,可判断香烟价格是内生变量;但在 5%的显著性水平下,不拒绝 $\hat{v}$ 前的参数为 0 的假设,判断香烟价格不是内生变量。如果模型中不存在内生解释变量,则应采用普通最小二乘法进行模型估计,因为普通最小二乘估计量是最佳线性无偏估计量。

§4.4　模型设定偏误问题

到目前为止,经典计量经济模型的回归分析,都集中在对模型的估计以及对解释变量、随机干扰项经典假设的检验方面,而较少关注模型的具体设定形式。在线性回归模型的经典假设中,还有一个重要的假设就是模型设定是正确的。然而,如果我们设定了一个"错误的"或者说是"有偏误的"模型,即使其他的经典假设都满足,得到的估计结果也会与"实际"有偏误,这种偏误称为模型设定偏误。只有当模型设定"正确",并且通过了所有经典假设检验,才能认为普通最小二乘法得到了一个较为"满意"的模型估计结果,从而可以进一步用于经济分析及预测。

一、模型设定偏误的类型

模型设定偏误主要有两大类：一类是关于解释变量选取的偏误，主要包括漏选相关变量和多选无关变量；另一类是关于模型函数形式选取的偏误。

1. 遗漏相关变量

在建立模型时，由于人们认识上的偏差、理论分析的缺陷，或者是有关统计数据的限制，可能有意或无意地忽略了某些重要变量。例如，如果"正确"的模型为

$$Y=\beta_0+\beta_1X_1+\beta_2X_2+\mu \tag{4.4.1}$$

而我们将模型设定为

$$Y=\alpha_0+\alpha_1X_1+\nu \tag{4.4.2}$$

也就是说，设定模型时漏掉了一个相关的解释变量。这类错误称为遗漏相关变量。

2. 误选无关变量

无关变量的误选是指在设定模型时，引入了无关的解释变量。例如，如果式(4.4.1)仍为"真"，但我们将模型设定为

$$Y=\alpha_0+\alpha_1X_1+\alpha_2X_2+\alpha_3X_3+\nu \tag{4.4.3}$$

也就是说，设定模型时多选了一个无关解释变量。

3. 设定错误的函数形式

错误的函数形式是指在设定模型时，选取了不正确的函数形式。最常见的就是当"真实"的函数形式为非线性时，却选取了线性的函数形式。例如，如果"真实"的回归函数为

$$Y=AX_1^{\beta_1}X_2^{\beta_2}\mathrm{e}^{\mu} \tag{4.4.4}$$

但却将模型设定为

$$Y=\beta_0+\beta_1X_1+\beta_2X_2+\nu \tag{4.4.5}$$

二、模型设定偏误的后果

当模型设定出现偏误时，模型估计结果也会与"实际"有偏差。这种偏差的性质和程度与模型设定偏误的类型密切相关。

1. 遗漏相关变量偏误

采用遗漏相关变量的模型进行估计而带来的偏误称为遗漏相关变量偏误(omitting relevant variable bias)。设正确的模型为式(4.4.1)，而我们却对式(4.4.2)进行回归，X_1的参数估计为：

$$\hat{\alpha}_1=\frac{\sum x_{i1}y_i}{\sum x_{i1}^2} \tag{4.4.6}$$

将正确模型式(4.4.1)的离差形式

$$y_i=\beta_1x_{i1}+\beta_2x_{i2}+\mu_i-\bar{\mu}$$

代入式(4.4.6)得：

$$\hat{\alpha}_1=\frac{\sum x_{i1}y_i}{\sum x_{i1}^2}=\frac{\sum x_{i1}(\beta_1x_{i1}+\beta_2x_{i2}+\mu_i-\bar{\mu})}{\sum x_{i1}^2}$$
$$=\beta_1+\beta_2\frac{\sum x_{i1}x_{i2}}{\sum x_{i1}^2}+\frac{\sum x_{i1}(\mu_i-\bar{\mu})}{\sum x_{i1}^2}$$
$$=\beta_1+\beta_2\frac{\sum x_{i1}x_{i2}}{\sum x_{i1}^2}+\sum\frac{x_{i1}}{\sum x_{i1}^2}\mu_i \tag{4.4.7}$$

（1）如果漏掉的 X_2 与 X_1 相关，则式（4.4.7）中的第二项在小样本下求条件期望与大样本下求概率极限都不会为零（第三项的条件期望与概率极限都等于零），从而使得普通最小二乘估计量在小样本下是有偏的，在大样本下也是非一致的。

事实上，在正确模型为式（4.4.1）的情况下对式（4.4.2）进行回归，则式（4.4.2）的随机干扰项就包括了 X_2，即 $\nu=\beta_2X_2+\mu$，从而 X_1 与 ν 是同期相关的。因此，如果 $\beta_2>0$，且 X_2 与 X_1 正相关，则 X_1 与 ν 正相关，导致 X_1 的参数被高估，而常数项被低估。事实上，§4.3 已讨论了遗漏变量导致模型中与该遗漏变量相关的解释变量出现内生性的问题。

（2）如果 X_2 与 X_1 在给定的样本下不相关（正交），则由式（4.4.7）易知 α_1 的估计满足无偏性与一致性；但这时 α_0 的估计却是有偏且非一致的（留作练习）。

（3）随机干扰项的方差估计 $\hat{\sigma}^2$ 也是有偏的。在同样的样本下，式（4.4.2）给出的样本残差与式（4.4.1）给出的样本残差也不相同，因此，由两组样本残差估计的随机干扰项的方差也会不同。如果记式（4.4.1）随机干扰项的方差为 σ_μ^2，记式（4.4.2）随机干扰项的方差为 σ_ν^2，则可以证明：$\sigma_\mu^2\leqslant\sigma_\nu^2$（留作练习）。

（4）$\hat{\alpha}_1$ 的方差是正确估计量 $\hat{\beta}_1$ 的方差的有偏估计。在多重共线性问题的讨论中，已经得到在所有基本经典假设都满足的情况下，正确设定模型（4.4.1）中 X_1 参数估计的方差为

$$\mathrm{Var}(\hat{\beta}_1)=\sigma_\mu^2\frac{\sum x_{i1}^2}{\sum x_{i1}^2\sum x_{i2}^2-(\sum x_{i1}x_{i2})^2}=\frac{\sigma_\mu^2}{\sum x_{i1}^2(1-r_{x_1x_2}^2)} \tag{4.4.8}$$

其中，$r_{x_1x_2}^2$ 为 X_1 与 X_2 的相关系数的平方。可以证明，由错误设定的模型（4.4.2）可以得到估计的 X_1 的参数的方差为（参见：潘文卿，李子奈.计量经济学（第五版）学习指南与练习.北京：高等教育出版社，2021）

$$\mathrm{Var}(\hat{\alpha}_1)=\frac{\sigma_\mu^2}{\sum x_{i1}^2} \tag{4.4.9}$$

比较式（4.4.8）与式（4.4.9），显然有 $\mathrm{Var}(\hat{\alpha}_1)\leqslant\mathrm{Var}(\hat{\beta}_1)$。只有当 X_2 与 X_1 不相关时，两者的理论方差才会相等。需要说明的是，由上述（3）中的信息可知，在实践中，通过式（4.4.2）得到的随机干扰项的方差的估计是 $\hat{\sigma}_\nu^2$ 而非 $\hat{\sigma}_\mu^2$，因此，即使 X_2 与 X_1 不相关，由式（4.4.8）与式（4.4.9）估计的 X_1 的参数的方差也会不同，而且无法事先判断谁大谁小。

2. 包含无关变量偏误

采用包含无关解释变量的模型进行估计带来的偏误，称为包含无关变量偏误（including irrelevant variable bias）。

设正确的模型为(4.4.2),而我们却对式(4.4.1)进行估计。对于式(4.4.1),如果$\beta_2=0$,则与式(4.4.2)相同,因此,可将式(4.4.1)视为以$\beta_2=0$为约束的正确模型(4.4.2)的特殊形式。由于所有的经典假设都满足,因此对式(4.4.1)进行普通最小二乘估计,可得到无偏且一致的估计量。由于$\beta_2=0$,因此,$E(\hat{\beta}_2)=0$,$P\lim\hat{\beta}_2=0$。

尽管在包含无关变量的情况下,普通最小二乘估计量是无偏的,但却不具有最小方差性。事实上,对X_1前的参数的方差而言,正确模型(4.4.2)与错误模型(4.4.1)估计的方差分别由式(4.4.9)与式(4.4.8)给出(由于$\beta_2=0$,因此这里$\sigma_\mu^2=\sigma_v^2$)。显然,当X_1与X_2完全线性无关时,两模型参数估计的方差相同,否则,包含无关变量的模型估计的参数的方差大于正确模型估计的参数的方差,即$\mathrm{Var}(\hat{\beta}_1)>\mathrm{Var}(\hat{\alpha}_1)$。

由此可见,在多选无关解释变量的情形下,普通最小二乘估计量仍是无偏且一致的,随机干扰项的方差σ^2也能被正确估计,但普通最小二乘估计量往往是无效的。也就是说,包含无关变量的偏误主要表现为"错误"模型的普通最小二乘估计量的方差一般会大于"正确"模型相应参数估计量的方差。

3. 设定错误函数形式的偏误

设定错误函数形式并对其进行估计带来的偏误称为错误函数形式偏误(wrong functional form bias)。容易判断,这种偏误是全方位的。例如,如果"真实"的回归函数为式(4.4.4)给出的幂函数的形式,而在模型估计时设定的模型却为式(4.4.5)所示的线性形式。显然,模型(4.4.4)中的参数β_1为弹性,而按式(4.4.5)估计出的$\hat{\beta}_1$却是对一单位X_1变化带来的Y相应变化的测量,是Y关于X_1的偏效应。两者具有完全不同的经济含义,估计结果一般也不相同。

三、模型设定偏误的检验

一旦模型设定有偏误,普通最小二乘估计可能带来不良后果。因此,对模型的设定偏误进行检验就显得非常重要。

1. 检验是否含有无关变量

对于无关变量的误选检验比较简单,可用统计检验中的t检验与F检验完成。检验的基本思想是,如果模型中误选了无关变量,则其系数的真值应为零。因此,只需对无关变量系数的显著性进行检验即可。例如,对所选定的一个k元回归模型

$$Y=\beta_0+\beta_1X_1+\beta_2X_2+\cdots+\beta_kX_k+\mu$$

如果我们怀疑其中第j个变量是与Y无关的变量,只需用通常的t检验去检验β_j的显著性即可。而要检验X_2与X_3是否同时应包括在模型中来,只需检验联合假设$H_0:\beta_2=\beta_3=0$即可,第三章已介绍了适用的F检验。

2. 检验是否有相关变量的遗漏或函数形式设定偏误

在上面所列出的三种模型设定偏误中,遗漏相关变量与设定错误的函数形式的后果比多选无关变量的情形要严重得多。不仅估计量有偏且不一致,而且随机干扰项的方差也往往被高估,从而使通常的推断程序变得无效,甚至参数的经济意义也可能不合理。而在多选

无关变量的情形下,后果仅是效率的损失。下面,我们着重介绍遗漏相关变量与设定错误的函数形式这两种模型设定偏误的检验。

(1) 残差图示法。对所设定的模型进行普通最小二乘回归,得到估计的残差序列 e_i,做出 e_i与某解释变量 X 的散点图,从图形考察估计的残差序列 e_i是否有规律地变动,来判断模型设定时是否遗漏了重要的解释变量或设定函数形式有偏误。

图 4.4.1 给出了残差序列随某解释变量持续上升与持续下降的两类图形。前者预示着模型设定时可能遗漏了与某解释变量正向关的变量,后者则表明模型设定时可能遗漏了与某解释变量负相关的变量。

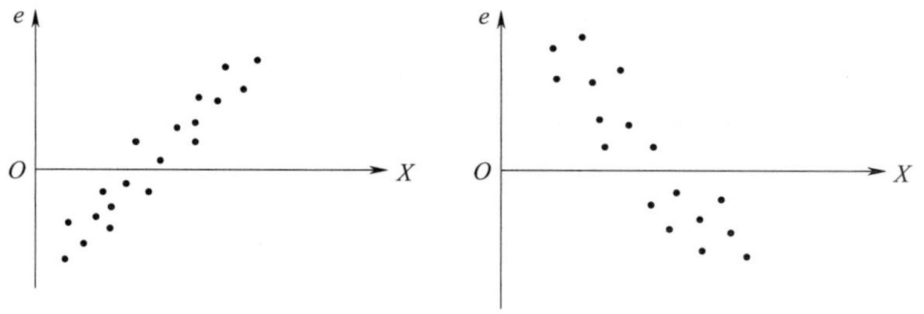

(a) 正相关　　(b) 负相关

图 4.4.1　残差序列变化图

当模型函数形式出现偏误时,残差序列也往往表现出某种有规律的变化特征。图 4.4.2 给出了一元回归模型中,真实模型呈幂函数形式,但却选取了线性函数进行回归的情形。在这种情形下,容易知道残差序列呈现先正、后负、再正的变化特征。

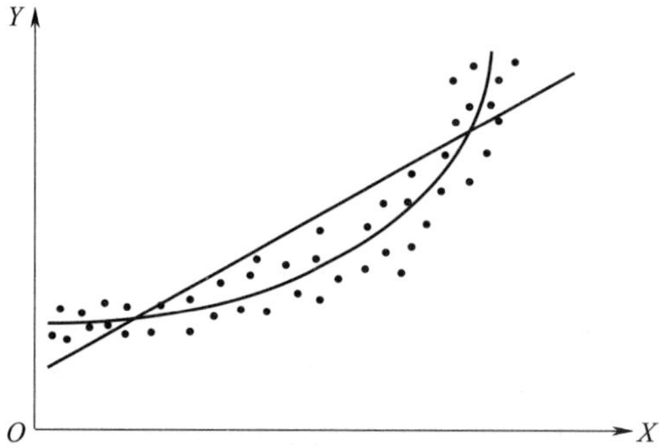

图 4.4.2　模型函数形式设定偏误时残差序列呈现正负交替变化

(2) 一般性设定偏误检验。残差图示法能够帮助我们初步判定在模型设定时是否遗漏了重要的解释变量,或者是否设定了有偏误的函数形式。但更准确更常用的判定方法仍需要通过统计检验来完成。

我们仍假设正确模型为式(4.4.1),却对式(4.4.2)进行估计。如果我们明确知道遗漏了一个相关变量 X_2,则问题变得相对简单。只需再估计式(4.4.1),并检验变量 X_2前参数的显著性即可。如果显著不为零,就能判定式(4.4.2)的模型设定有误。

但问题是我们事先并不知道哪个变量被漏掉了,即无法确定 X_2是什么。这就需要我们加强对所考察的经济现象的定性分析或机制分析，以便从经济运行机制中寻找那些对被解释变量有影响的解释变量。在现实分析中，一个被推荐的建模策略是，根据研究者自己的定性分析或者参考相关的研究文献，尽可能多地选择那些被认为对被解释变量有影响的变量，即一开始选择尽可能"多"的变量，再根据 t 检验或 F 检验来对所选出的变量进行取舍，以最终建立一个简单的模型，这就是所谓的"从一般到简单"(general-to-simple)的建模策略。考虑到多选无关变量带来的不良后果只是参数估计量方差的不准确，而遗漏相关变量带来的不良后果则是有偏且不一致，即后者要比前者严重得多，因此，这种从"一般到简单"的建模策略在过去的20多年里逐渐为大家所采用。

在模型的函数形式是否设定正确的检验上，拉姆齐(Ramsey)于1969年提出的RESET检验(regression error specification test)是一个最常使用的检验方法。

例如，在一元回归模型中，假设真实的函数形式是非线性的，可用泰勒定理将其近似地表示为如下多项式的形式：

$$Y=\beta_0+\beta_1X_1+\beta_2X_1^2+\beta_3X_1^3+\cdots+\mu \tag{4.4.10}$$

因此，如果我们用线性函数设定了模型，即意味着遗漏了相关变量 X_1^2，X_1^3等。因此，在一元回归中可以通过检验式(4.4.10)中 X_1的各高次幂参数的显著性来判断是否将非线性模型误设成了线性模型。

对多元回归模型，非线性函数可能是关于若干个或全部解释变量的非线性，这时上述一元回归检验的程序已不适用，因为模型中包含太多解释变量的高次幂及交叉项，容易导致自由度的损失以及出现多重共线性。这时，可先估计该多元线性模型，将估计出的$\hat{Y}$的若干次幂再引入模型，通过 F 检验或 t 检验来判断是否应该有解释变量的"非线性"因素需要进入模型中来。例如，在两个解释变量的情形中，可先估计二元线性模型，得：

$$\hat{Y}=\hat{\alpha}_0+\hat{\alpha}_1X_1+\hat{\alpha}_2X_2$$

但却怀疑真实的函数形式是非线性的。这时，只需再在模型中引入估计出的$\hat{Y}$的若干次幂，进行类似于如下模型的估计

$$Y=\beta_0+\beta_1X_1+\beta_2X_2+\gamma_1\hat{Y}^2+\gamma_2\hat{Y}^3+\mu \tag{4.4.11}$$

通过判断各$\hat{Y}$的高次幂的参数是否显著地不为零即可。这里采用$\hat{Y}$的高次幂，既避免了自由度的损失与多重共线性的问题，同时它也包含了解释变量的高次幂及交叉项提供的信息。

例 4.4.1

§4.3 的例 4.3.3 考察了 1995 年美国香烟的人均消费问题，设定的香烟消费函数如下

$$\ln Q=\beta_0+\beta_1\ln Y+\beta_2\ln P$$

在对香烟价格 P 的内生性检验中，在10%的显著性水平下拒绝了它为外生变量的假设，但在5%的显著性水平下不拒绝这一假设。在不拒绝该假设的情况下，原模型的普通最小二

乘估计更适合。下面对该式进行模型设定的 RESET 检验。

首先,用原模型的普通最小二乘估计式

$$\ln\hat{Q}=10.341+0.344\ln Y-1.406\ln P \tag{4.4.12}$$
$$(1.023)\quad(0.235)\quad(0.251)$$
$$R^2=0.4328\qquad \bar{R}^2=0.4075\qquad F=17.17$$

估计出对香烟的人均消费的对数序列 $\ln\hat{Q}$。

其次,在原回归模型中加入新的解释变量$(\ln\hat{Q})^2$后重新进行估计,得:

$$\ln\widetilde{Q}=-122.47-5.364\ln Y+21.718\ln P+1.820(\ln\hat{Q})^2$$
$$(67.16)\quad(1.895)\quad(11.695)\quad(0.920)$$
$$R^2=0.4791$$

原回归模型的可决系数为 $R^2=0.4328$,由式(3.7.17)计算 F 统计量:

$$F=\frac{(0.4791-0.4328)/1}{(1-0.4791)/(48-4)}=3.91$$

该值小于5%显著性水平下、自由度为(1,44)的 F 分布的临界值4.06,因此不拒绝$(\ln\hat{Q})^2$的参数显著为零的假设,表明原模型不存在遗漏相关变量的设定偏误。继续引入$(\ln\hat{Q})^3$项仍可验证原双对数模型不存在设定偏误问题。

如果将原双对数模型设定为简单的线性模型

$$Q=\beta_0+\beta_1 Y+\beta_2 P$$

其普通最小二乘估计结果为:

$$\hat{Q}=198.46+1.882Y-1.080P \tag{4.4.13}$$
$$(23.00)\quad(1.546)\quad(0.203)$$
$$R^2=0.4150\qquad \bar{R}^2=0.3890\qquad F=15.96$$

那么该模型的设定是否正确呢? 仍进行 RESET 检验。由该模型计算的人均香烟消费序列记为 $\hat{Q}$,并将它的平方项作为解释变量加入模型中进行普通最小二乘估计得:

$$\widetilde{Q}=-509.55-7.010Y+3.910P+0.025\hat{Q}^2$$
$$(256.22)\quad(3.516)\quad(1.809)\quad(0.009)$$
$$R^2=0.5021$$

原模型(4.4.13)的可决系数为 $R^2=0.4150$,由式(3.7.17)计算 F 统计量:

$$F=\frac{(0.5021-0.4150)/1}{(1-0.5021)/(48-4)}=7.70$$

该值大于5%显著性水平下、自由度为(1,44)的 F 分布的临界值4.06,表明简单的线性模型存在着设定偏误问题。因此,双对数线性模型的设定要优于简单线性模型的设定。

本章练习题

1. 对一元回归模型

$$Y_i=\beta_0+\beta_1X_i+\mu_i$$

(1) 假如其他基本假设全部满足,但只有 $\mathrm{Var}(\mu_i)=\sigma_i^2\neq\sigma^2$,试证明估计的斜率项仍是无偏的,但方差变为 $\mathrm{Var}(\widetilde{\beta}_1)=\dfrac{\sum x_i^2\sigma_i^2}{(\sum x_i^2)^2}$。

(2) 如果 $\mathrm{Var}(\mu_i)=\sigma^2K_i$,试证明上述方差的表达式为 $\mathrm{Var}(\widetilde{\beta}_1)=\dfrac{\sigma^2}{\sum x_i^2}\cdot\dfrac{\sum x_i^2K_i}{\sum x_i^2}$。该表达式与同方差假定下的方差 $\mathrm{Var}(\hat{\beta}_1)$之间有何关系?试分 K_i 大于 1 与小于 1 两种情况讨论。

2. 对题 1 中的一元回归模型,如果已知 $\mathrm{Var}(\mu_i)=\sigma_i^2$,则可对原模型以权 $1/\sigma_i$ 相乘后变换成如下的二元模型:

$$\frac{Y_i}{\sigma_i}=\beta_0\frac{1}{\sigma_i}+\beta_1\frac{X_i}{\sigma_i}+\frac{\mu_i}{\sigma_i}$$

对该模型进行普通最小二乘估计就是加权最小二乘法。试证明该模型的随机干扰项是同方差的,并求出 β_1 的上述加权最小二乘估计量。

3. 试证明,二元线性回归模型 $Y_i=\beta_0+\beta_1X_{i1}+\beta_2X_{i2}+\mu_i$ 中变量 X_1 与 X_2 的参数的普通最小二乘估计可以写成

$$\hat{\beta}_1=\frac{(\sum y_ix_{i1})(\sum x_{i2}^2)-(\sum y_ix_{i2})(\sum x_{i1}x_{i2})}{\sum x_{i1}^2\sum x_{i2}^2(1-r^2)}$$

$$\hat{\beta}_2=\frac{(\sum y_ix_{i2})(\sum x_{i1}^2)-(\sum y_ix_{i1})(\sum x_{i1}x_{i2})}{\sum x_{i1}^2\sum x_{i2}^2(1-r^2)}$$

其中,r 为 X_1 与 X_2 的相关系数。并讨论 r 等于或接近于 1 时,该模型的估计问题。

4. 在教材中已指出,对截面数据,引起解释变量内生性的原因主要有三种情形,其中第三种情形是解释变量存在着测量误差。对于一元回归模型 $Y_i=\beta_0+\beta_1X_i^*+\mu_i$,假设解释变量 X_i^* 的实测值 X_i 与之有偏误:$X_i=X_i^*+e_i$,其中 e_i 是具有零均值且与 X_i^* 及 μ_i 不相关的随机变量。

试问能否将 $X_i^*=X_i-e_i$ 代入原模型,使之变换成 $Y_i=\beta_0+\beta_1X_i+\nu_i$ 后进行估计?其中,ν_i 为变换后模型的随机干扰项。

5. 试证明 §4.3 中工具变量法部分给出的式(4.3.15)$\dfrac{1}{n}\sum\boldsymbol{Z}_i'(Y_i-\boldsymbol{X}_i\widetilde{\boldsymbol{\beta}})=\boldsymbol{0}$ 与式(4.3.16)$\dfrac{1}{n}\sum\boldsymbol{Z}'(\boldsymbol{Y}-\boldsymbol{X}\widetilde{\boldsymbol{\beta}})=\boldsymbol{0}$ 是等价的。

6. 验证教材式(4.3.18)中的参数估计量与式(4.3.14)相同。

7. 产生模型设定偏误的主要原因是什么?模型设定偏误的后果以及检验方法有哪些?

8. 如果 X_2 与 X_1 在给定的样本下不相关(正交),则通过教材式(4.4.7)证明:α_1 的估计满足无偏性与一致性,但 α_0 的估计却是有偏且非一致的。

9. 记教材中正确设定的模型(4.4.1)的随机干扰项的方差为 σ_μ^2,非正确设定的模型(4.4.2)的随机干扰项的方差为 σ_ν^2。试证明:$\sigma_\mu^2 \leqslant \sigma_\nu^2$。

10. 如果真实的模型是 $Y_i = \beta_1 X_i + \mu_i$,但你却拟合了一个带截距项的模型 $Y_i = \alpha_0 + \alpha_1 X_i + \nu_i$,试评述这一设定误差的后果。

11. 在习题10中,假设真实的模型是带截距项的模型,而你却对过原点的模型进行了普通最小二乘回归。请评述这一模型误设的后果。

12. 下表列出了某年中国部分省、自治区、直辖市城镇居民家庭平均全年可支配收入 X 与消费性支出 Y 的统计数据。

单位:元

地区	可支配收入 X	消费性支出 Y	地区	可支配收入 X	消费性支出 Y
北京	10 349.69	8 493.49	浙江	9 279.16	7 020.22
天津	8 140.50	6 121.04	山东	6 489.97	5 022.00
河北	5 661.16	4 348.47	河南	4 766.26	3 830.71
山西	4 724.11	3 941.87	湖北	5 524.54	4 644.5
内蒙古	5 129.05	3 927.75	湖南	6 218.73	5 218.79
辽宁	5 357.79	4 356.06	广东	9 761.57	8 016.91
吉林	4 810.00	4 020.87	陕西	5 124.24	4 276.67
黑龙江	4 912.88	3 824.44	甘肃	4 916.25	4 126.47
上海	11 718.01	8 868.19	青海	5 169.96	4 185.73
江苏	6 800.23	5 323.18	新疆	5 644.86	4 422.93

(1) 试用普通最小二乘法建立居民人均消费支出与可支配收入的线性模型;

(2) 检验模型是否存在异方差性;

(3) 如果存在异方差性,试采用适当的方法估计模型参数。

13. 经济理论支出,家庭消费支出 Y 不仅取决于可支配收入 X_1,还取决于个人财富 X_2,即可设定如下回归模型:

$$Y_i = \beta_0 + \beta_1 X_{i1} + \beta_2 X_{i2} + \mu_i$$

试根据下表的资料进行回归分析,并说明估计的模型是否可靠,给出你的分析。

单位:元

编号	Y	X_1	X_2	编号	Y	X_1	X_2
1	700	800	8 100	6	1 150	1 800	18 760
2	650	1 000	10 090	7	1 200	2 000	20 520
3	900	1 200	12 730	8	1 400	2 200	22 010
4	950	1 400	14 250	9	1 550	2 400	24 350
5	1 100	1 600	16 930	10	1 500	2 600	26 860

14. 下表列出了2006年中国各地区总量消费(CONS)、地区生产总值(GDP)、货物出口额(EX)以及地区年末人口数(POP)的数据。

地区	总量消费（亿元）	GDP（亿元）	货物出口额（亿美元）	人口（万人）	地区	总量消费（亿元）	GDP（亿元）	货物出口额（亿美元）	人口（万人）
北京	4 205	7 870	249	1 581	湖北	4 298	7 581	59	5 693
天津	1 763	4 359	327	1 075	湖南	4 613	7 569	52	6 342
河北	4 987	11 660	152	6 898	广东	12 893	26 204	3 055	9 304
山西	2 252	4 786	66	3 375	广西	2 803	4 829	38	4 719
内蒙古	2 096	4 791	27	2 397	海南	547	1 053	11	836
辽宁	4 127	9 251	284	4 271	重庆	2 047	3 567	31	2 808
吉林	2 138	4 965	31	2 723	四川	4 825	8 638	57	8 169
黑龙江	2 961	6 189	70	3 823	贵州	1 825	2 282	14	3 757
上海	5 080	10 366	1 085	1 815	云南	2 616	4 007	31	4 483
江苏	9 006	21 645	1 630	7 550	西藏	150	291	2	281
浙江	7 436	15 743	1 076	4 980	陕西	1 872	4 524	44	3 735
安徽	3 385	6 149	66	6 110	甘肃	1 388	2 277	16	2 606
福建	3 766	7 750	417	3 558	青海	423	642	5	548
江西	2 373	4 675	40	4 339	宁夏	455	711	11	604
山东	9 516	22 077	603	9 309	新疆	1 585	3 045	70	2 050
河南	6 210	12 496	72	9 392					

如果设定2006年中国总量消费函数的计量模型如下：

$$\text{CONS}=\beta_0+\beta_1\text{GDP}+\mu$$

试回答以下问题：

(1) 对上述模型进行普通最小二乘估计。试问该模型存在内生解释变量问题吗？

（2）如果认定 GDP 是内生变量，选择 2006 年货物出口额 EX 作为工具变量，对上述模型进行工具变量法估计。

（3）如果另有一个工具变量为 2006 年人口数 POP，用 EX 以及 POP 作为 GDP 的工具变量进行二阶段最小二乘估计。

（4）请问能用 EX 以及 POP 作为 GDP 的工具变量吗？你如何检验它们的外生性？

（5）检验 GDP 的内生性。

15. 教材例 4.4.1 中，通过引入 $\ln\hat{Q}$ 的平方项后检验了双对数模型

$$\ln Q=\beta_0+\beta_1\ln Y+\beta_2\ln P$$

不存在设定偏误，请进一步引入 $\ln\hat{Q}$ 的立方项检验该模型是否仍不存在设定偏误问题。

16. 在第三章习题 19 中，假设有人不同意原幂函数模型是正确设定的模型，而下面的线性形式 $Y_i=\beta_0+\beta_1K_i+\beta_2L_i+\mu_i$ 是正确设定的模型。你将如何检验哪一个模型设定更正确？

即测即评

第五章

时间序列计量经济学模型

计量经济分析所用的三大类重要数据(截面数据、时间序列数据、面板数据)中,时间序列数据是其中最常见,也是最重要的一类数据。

经典计量经济学模型,如果以独立随机抽样的截面数据为样本,在模型设定正确、解释变量满足严格外生性、随机干扰项具有正态分布等经典假设条件下,继而进行的参数估计和统计推断是可靠的。而在大样本下,则可将解释变量的严格外生性条件放松至它们与随机干扰项同期不相关,并不再要求随机干扰项满足正态分布这一假设,仍然可以根据大数定律与中心极限定理,对模型进行普通最小二乘估计并进行传统的 t 检验或 F 检验。

以时间序列数据为样本,如果所有经典假设都满足,则完全可以采用普通最小二乘估计等方法估计模型,这时仍然可以得到最佳线性无偏估计量(BLUE),传统的 t 检验、F 检验仍然适用。如果某些经典假设不满足,则可类似于截面数据那样,在大样本下,放松某些假设而对模型进行估计与统计推断。然而,时间序列性破坏了随机抽样的假定,那么,经典计量经济学模型的基本假设甚至大样本下放松的假设能否被满足,自然成为一个有待讨论的问题。对照大数定律与中心极限定理所要求的样本数据具有独立同分布(independently identically distributed, i. i. d)这一条件,人们发现,如果所有时间序列是平稳的且弱相关的,则在大样本下,仍然可以运用大数定律与中心极限定理,在放松经典假设的情况下,对模型进行最小二乘回归并进行传统的大样本下的统计推断。所以,采用时间序列数据建立计量经济学模型,首先需要对用统计数据构造的时间序列进行平稳性检验。这就是本章 §5.2 将要讨论的问题。

事实上,经济时间序列大都是非平稳的,那么,在非平稳时间序列之间能否建立计量经济学结构模型? 还需要对这些时间序列进行协整检验。本章 §5.3 将进行专门讨论。

采用时间序列数据建立计量经济学模型,无论是平稳时间序列还是非平稳时间序列,模型随机干扰项一般都存在序列相关,这就违背了经典模型的一个重要的基本假设。所以模型的序列相关性肯定是时间序列计量经济学模型必须重点讨论的一个问题。由于在时间序列的平稳性检验和协整检验中都涉及序列相关,所以,在本章中将它作为 §5.1 讨论的内容。

关于经典的平稳时间序列分析模型,即自回归模型(AR)、移动平均模型(MA)、自回归移动平均模型(ARMA)等,在一般的时间序列分析教科书中,都有详细的介绍,也经常被作为计量经济学教科书的一部分。这类模型主要分析单个经济变量在不同时点之间的关系,以用于该变量的预测,并不涉及不同变量之间关系的分析,不属于计量经济学结构模型。考虑到教科书的篇幅和教学学时的限制，本章不讨论该部分内容。

格兰杰因果关系检验是时间序列分析中的一项内容，在时间序列计量经济学模型建模时被广泛应用。而格兰杰因果关系检验与自回归模型（AR）、自回归分布滞后模型（ADL）、向量自回归模型（VAR）密切相关。本章§5.4在介绍自回归模型与自回归分布后模型的基础上，重点讨论格兰杰因果关系检验的理论与方法，并对向量自回归模型的概念进行必要的介绍。

§5.1 时间序列模型的序列相关性

多元线性模型的基本假设之一是模型的随机干扰项相互独立或不相关。如果模型的随机干扰项违背了相互独立的基本假设，称为存在序列相关性（serial correlation）。

对于截面数据模型，如果样本是独立随机抽取的，则从理论上保证了模型的随机干扰项相互独立，不存在序列相关；如果样本不是独立随机抽取的，例如采用我国城市的截面数据为样本，属于同一个省的不同城市，其随机干扰项也可能存在序列相关。截面数据模型存在序列相关也被称为空间相关，属于近年来发展的空间计量经济学的内容，本节不予讨论。本节专门讨论时间序列模型的序列相关问题，在模型表达式中，将代表不同样本点的下标 i 用 t 表示。

一、序列相关性

对于模型

$$Y_t=\beta_0+\beta_1X_{t1}+\beta_2X_{t2}+\cdots+\beta_kX_{tk}+\mu_t, t=1,2,\cdots,n \tag{5.1.1}$$

在其他假设仍成立的条件下，随机干扰项序列相关即意味着 $\mathrm{Cov}(\mu_t,\mu_s)=\mathrm{E}(\mu_t\mu_s)\neq 0$，或

$$\mathrm{Var}(\boldsymbol{\mu})=\mathrm{E}(\boldsymbol{\mu\mu}')=\begin{pmatrix}\sigma^2 & \cdots & \mathrm{E}(\mu_1\mu_n)\\ \vdots & & \vdots\\ \mathrm{E}(\mu_n\mu_1) & \cdots & \sigma^2\end{pmatrix}=\begin{pmatrix}\sigma^2 & \cdots & \sigma_{1n}\\ \vdots & & \vdots\\ \sigma_{n1} & \cdots & \sigma^2\end{pmatrix}$$

$$=\sigma^2\boldsymbol{\Omega}\neq\sigma^2\boldsymbol{I} \tag{5.1.2}$$

如果仅存在

$$\mathrm{E}(\mu_t\mu_{t+1})\neq 0, t=1,2,\cdots,n-1 \tag{5.1.3}$$

称为一阶序列相关，或自相关（autocorrelation），这是最常见的一种序列相关问题。自相关往往可写成如下形式：

$$\mu_t=\rho\mu_{t-1}+\varepsilon_t \qquad -1<\rho<1 \tag{5.1.4}$$

其中 ρ 称为自协方差系数（coefficient of autocovariance）或一阶自相关系数（first-order coefficient of autocorrelation)，ε_t是满足以下标准普通最小二乘法假定的随机干扰项：

$$E(\varepsilon_t)=0, \mathrm{Var}(\varepsilon_t)=\sigma^2, \mathrm{Cov}(\varepsilon_t,\varepsilon_{t-s})=0(s\neq 0)$$

二、实际经济问题中的序列相关性

在实际经济问题中，序列相关产生的原因主要来自以下三个方面：

1. 经济变量固有的惯性

大多数经济时间数据都有一个明显的特点，就是它的惯性，表现在时间序列不同时间的前后关联上。例如，以绝对收入假设为理论假设、以时间序列数据为样本建立居民总消费函数模型：

$$C_t=\beta_0+\beta_1 Y_t+\mu_t, t=1,2,\cdots,n$$

我们知道，一般情况下居民总消费(C)除受总收入(Y)影响外，还受其他因素影响，例如消费习惯等。但这些因素没有包括在解释变量中，它们对消费量的影响则被包含在随机干扰项中。如果该项影响构成随机干扰项的主要部分，则可能出现序列相关性。即对于不同的年份，由于消费习惯等因素的惯性，导致在不同时间的样本点之间，随机干扰项出现了相关，从而产生了序列相关性。更进一步分析，在这个例子中，随机干扰项之间表现为正相关。

又比如，在如下农产品供给模型中：

$$Q_t=\beta_0+\beta_1 P_{t-1}+\mu_t$$

农产品供给(Q)对价格(P)的反映本身存在一个滞后期，意味着，农户在年度 t 的过量生产(使该期价格下降)很可能导致在年度 $t+1$ 削减产量；反之，t 年的减产又导致 $t+1$ 年的增产。这时，随机干扰项往往表现出负相关的特征。

2. 模型设定的偏误

所谓模型设定偏误(specification error)是指所设定的模型“不正确”。主要表现在模型中遗漏了重要的解释变量或模型函数形式有偏误。如本来应该估计的模型为

$$Y_t=\beta_0+\beta_1 X_{t1}+\beta_2 X_{t2}+\beta_3 X_{t3}+\mu_t$$

但在模型设定中做了下述回归：

$$Y_t=\beta_0+\beta_1 X_{t1}+\beta_2 X_{t2}+\nu_t$$

因此，该式中 $\nu_t=\beta_3 X_{t3}+\mu_t$。于是在 X_3确实影响 Y 的情况下，这种模型设定的偏误往往导致随机项中有一个重要的系统性影响因素，使其呈序列相关性。

又如，如果真实的边际成本回归模型应为：

$$Y_t=\beta_0+\beta_1 X_t+\beta_2 X_t^2+\mu_t$$

其中，Y 代表边际成本，X 代表产出量。但建模时设立了如下模型：

$$Y_t=\beta_0+\beta_1 X_t+\nu_t$$

因此，由于 $\nu_t=\beta_2 X_t^2+\mu_t$，包含了产出的平方对随机项的系统性影响，随机项也呈现序列相关性。

3. 数据的“编造”

在实际经济问题中，有时为了需要，有些数据是通过已知数据生成的。因此，新生成的数据与原数据间就有了内在的联系，表现出序列相关性。例如，季度数据来自月度数据的简单平均，这种平均的计算减弱了每月数据的波动而引进了数据中的匀滑性，这种匀滑性本身

就能使随机干扰项中出现系统性的因素，从而出现序列相关。两个时间点之间的“内插”技术也会导致随机干扰项的序列相关性。

一般经验告诉我们，对于采用时间序列数据作样本的计量经济学模型，由于在不同样本点上解释变量以外的其他因素在时间上的连续性，带来它们对被解释变量影响的连续性，所以往往存在序列相关性。

三、序列相关性的后果

计量经济学模型一旦出现序列相关性，如果仍采用普通最小二乘法估计模型参数，会产生下列不良后果：

1. 参数估计量非有效

从普通最小二乘法估计中关于参数估计量的无偏性和有效性的证明过程可以看出，当计量经济学模型出现序列相关性时，其普通最小二乘法参数估计量仍然具有无偏性，但不具有有效性。因为在有效性证明中利用了

$$\mathrm{E}(\boldsymbol{\mu}\boldsymbol{\mu}')=\sigma^2\boldsymbol{I}$$

即随机干扰项的同方差性和无序列相关性条件。而且，在大样本情况下，参数估计量虽然具有一致性，但仍然不具有渐近有效性。

2. 变量的显著性检验失去意义

在变量的显著性检验中，t 统计量是建立在参数方差正确估计基础之上的，这只有当随机干扰项具有同方差性和无序列相关性时才能成立。如果存在序列相关，估计的参数标准差 $S_{\hat{\beta}_j}$ 出现偏误（偏大或偏小），t 检验就失去意义。其他检验也是如此。

如对一元回归模型

$$Y_t=\beta_0+\beta_1 X_t+\mu_t,\ t=1,2,\cdots,n$$

的普通最小二乘法估计有

$$\hat{\beta}_1=\beta_1+\sum k_t\mu_t=\beta_1+\frac{\sum x_t\mu_t}{\sum x_t^2}$$

可以证明（留作练习），存在式（5.1.4）所示的一阶序列相关的情况下正确的 $\hat{\beta}_1$ 的方差应为

$$\mathrm{Var}(\hat{\beta}_1)=\frac{\sigma^2}{\sum x_t^2}+\frac{2\sigma^2}{\sum x_t^2}\left[\rho\frac{\sum_{t=1}^{n-1}x_t x_{t+1}}{\sum x_t^2}+\rho^2\frac{\sum_{t=1}^{n-2}x_t x_{t+2}}{\sum x_t^2}+\cdots+\rho^{n-1}\frac{x_1 x_n}{\sum x_t^2}\right] \tag{5.1.5}$$

而普通最小二乘法仍按下式给出 $\hat{\beta}_1$ 的方差测算

$$\mathrm{Var}(\hat{\beta}_1)=\frac{\sigma^2}{\sum x_t^2} \tag{5.1.6}$$

显然，只有序列无关性满足时，式（5.1.5）与式（5.1.6）才会相同，否则普通最小二乘法给出的估计结果就会出现偏误，在有偏误的方差基础上构造的 t 检验也就失去了意义。

3. 模型的预测失效

预测的精度与参数估计量的方差有关，在方差估计有偏误的情况下，使得预测估计不准

确，预测精度降低。所以，当模型出现序列相关性时，它的预测功能失效。

需要说明的是，模型中随机干扰项的序列相关性，只会影响到参数估计量方差的计算，即只会影响到参数普通最小二乘估计量的有效性，不会影响其无偏性与一致性。只要解释变量的严格外生性成立，参数估计量就具有无偏性；只要解释变量与随机干扰项不同期相关，被解释变量与各解释变量的时间序列弱相关，在大样本下，参数估计量就具有一致性。

四、序列相关性的检验

序列相关性的检验方法有多种，例如图示检验法、回归检验法、D.W.检验法等。这些检验方法的共同思路是，采用普通最小二乘法估计模型，以求得残差序列 e_t：

$$e_t = Y_t - (\hat{Y}_t)_{\text{OLS}}$$

由于残差 e_t是 μ_t的"近似估计量"，因此分析 e_t自身的相关性可以达到判断随机误差项是否具有序列相关性的目的。下面介绍几种常用的检验方法。

1. 图示法

由于残差 e_t可以作为 μ_t的估计，如果 μ_t存在序列相关，必然会由残差项 e_t反映出来，因此，可利用 e_t的变化图形来判断随机项的序列相关性，如图 5.1.1 所示。

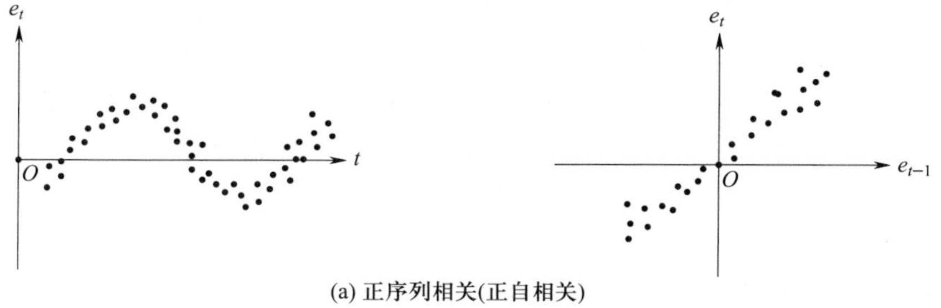

(a) 正序列相关(正自相关)

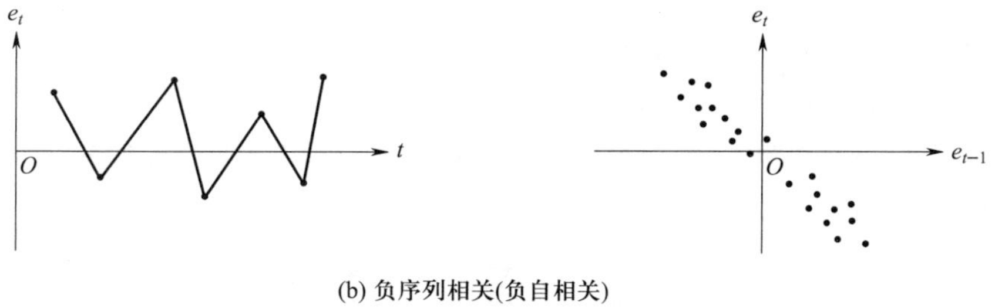

(b) 负序列相关(负自相关)

图 5.1.1 残差项序列相关图

2. 回归检验法

以 e_t为被解释变量，以各种可能的相关量，诸如 e_{t-1}、e_{t-2}、e_t^2 等为解释变量，建立各种方程：

$$e_t = \rho e_{t-1} + \varepsilon_t, \qquad t = 2, \cdots, n$$

$$e_t = \rho_1 e_{t-1} + \rho_2 e_{t-2} + \varepsilon_t, \qquad t = 3, \cdots, n$$

…………

对方程进行估计并进行显著性检验,如果存在某一种函数形式,使得方程显著成立,则说明原模型存在序列相关性。回归检验法的优点是一旦确定了模型存在序列相关性,也就同时知道了相关的形式,而且它适用于任何类型的序列相关性问题的检验。

3. D.W.检验法

D.W.检验是杜宾(J. Durbin)和瓦森(G. S. Watson)于 1951 年提出的一种检验序列自相关的方法,该方法的假定条件是:

(1) 解释变量严格外生;

(2) 随机误差项 μ_t 为一阶自回归形式:

$$\mu_t=\rho\,\mu_{t-1}+\varepsilon_t$$

(3) 回归模型中不应含有滞后被解释变量作为解释变量,即不应出现下列形式:

$$Y_t=\beta_0+\beta_1X_{t1}+\cdots+\beta_kX_{tk}+\gamma Y_{t-1}+\mu_t$$

(4) 回归模型含有截距项。

杜宾和瓦森针对原假设 H_0: $\rho=0$,即 μ_t 不存在一阶自回归,构造如下统计量:

$$\text{D.W.}=\frac{\sum_{t=2}^{n}(e_t-e_{t-1})^2}{\sum_{t=1}^{n}e_t^2} \tag{5.1.7}$$

该统计量的分布与给定样本中的解释变量的值有复杂的关系,因此其精确的分布很难得到。但他们成功地导出了临界值的上限 d_U 与下限 d_L,且这些上下限只与样本容量 n 和解释变量的个数 k 有关,而与解释变量的取值无关。因此,在检验时,只需计算该统计量的值,再根据样本容量 n 和解释变量数目 k 查 D.W.分布的临界值表,得到临界值 d_L 和 d_U,然后按照下列准则考察计算得到的 D.W.值,以判断模型的自相关状态。

若 $0<\text{D.W.}<d_L$,则存在正自相关;

若 $d_L<\text{D.W.}<d_U$,则不能确定;

若 $d_U<\text{D.W.}<4-d_U$,则无自相关;

若 $4-d_U<\text{D.W.}<4-d_L$,则不能确定;

若 $4-d_L<\text{D.W.}<4$,则存在负自相关。

也就是说,当 D.W.值在 2 附近时,模型不存在一阶自相关。其证明过程如下:

展开 D.W.统计量:

$$\text{D.W.}=\frac{\sum_{t=2}^{n}e_t^2+\sum_{t=2}^{n}e_{t-1}^2-2\sum_{t=2}^{n}e_te_{t-1}}{\sum_{t=1}^{n}e_t^2} \tag{5.1.8}$$

当 n 较大时,$\sum_{t=2}^{n}e_t^2$、$\sum_{t=2}^{n}e_{t-1}^2$、$\sum_{t=1}^{n}e_t^2$ 大致相等,则式(5.1.8)可以化简为:

$$\text{D.W.}=2\left(1-\frac{\sum_{t=2}^{n}e_te_{t-1}}{\sum_{t=1}^{n}e_t^2}\right)=2(1-\rho)$$

式中，$\frac{\sum_{t=2}^{n} e_t e_{t-1}}{\sum_{t=1}^{n} e_t^2} \approx \frac{\sum_{t=2}^{n} e_t e_{t-1}}{\sum_{t=2}^{n} e_t^2} = \rho$ 为一阶自相关模型(5.1.4)的参数估计。

如果存在完全一阶正相关，则 $\rho \approx 1$，D.W. ≈ 0；

如果存在完全一阶负相关，则 $\rho \approx -1$，D.W. ≈ 4；

如果完全不相关，则 $\rho = 0$，D.W. $= 2$。

从判断准则中看到，存在一个不能确定的 D.W.值区域，这是这种检验方法的一大缺陷。而且 D.W.检验只能检验一阶自相关，并对存在滞后被解释变量的模型无法检验。

4. 拉格朗日乘数(LM)检验法

拉格朗日乘数检验法克服了 D.W.检验的缺陷，不要求解释变量的严格外生性，适合于高阶序列相关以及模型中存在滞后被解释变量的情形。它是由布劳殊(Breusch)与戈弗雷(Godfrey)于 1978 年提出的，也被称为 GB 检验。

对于模型(5.1.1)，如果怀疑随机干扰项存在 p 阶序列相关：

$$\mu_t = \rho_1 \mu_{t-1} + \rho_2 \mu_{t-2} + \cdots + \rho_p \mu_{t-p} + \varepsilon_t \tag{5.1.9}$$

拉格朗日乘数检验就可用来检验如下受约束回归方程

$$Y_t = \beta_0 + \beta_1 X_{t1} + \cdots + \beta_k X_{tk} + \rho_1 \mu_{t-1} + \cdots + \rho_p \mu_{t-p} + \varepsilon_t \tag{5.1.10}$$

约束条件为：

$$H_0: \rho_1 = \rho_2 = \cdots = \rho_p = 0 \tag{5.1.11}$$

如果约束条件 H_0 为真，则 LM 统计量服从大样本下自由度为 p 的渐近 χ^2 分布

$$\mathrm{LM} = (n-p) R^2 \overset{a}{\sim} \chi^2(p) \tag{5.1.12}$$

其中，$n-p$、R^2 分别为如下辅助回归的样本容量与可决系数：

$$e_t = \beta_0 + \beta_1 X_{t1} + \cdots + \beta_k X_{tk} + \rho_1 e_{t-1} + \cdots + \rho_p e_{t-p} + \varepsilon_t \tag{5.1.13}$$

e_t 为原模型(5.1.1)经普通最小二乘估计的残差项。给定显著性水平 α，查自由度为 p 的 χ^2 分布的相应临界值 $\chi^2_\alpha(p)$，如果计算的 LM 统计量的值超过该临界值，则拒绝约束条件为真的原假设，表明可能存在直到 p 阶的序列相关性。在实际检验中，可从 1 阶，2 阶，…，逐次向更高阶检验，并用辅助回归式(5.1.13)中各 e_t 前参数的显著性来帮助判断序列相关的阶数。戴威森与麦金农(Davidson and Mackinnon)建议，可在辅助回归式(5.1.13)中将残差各滞后项中缺失的观测值用 0 补齐，这时 $\mathrm{LM} = nR^2$，其渐近分布仍是自由度为 p 的 χ^2 分布。大样本下两者几乎没有差异。

五、序列相关的补救

如果模型被检验证明存在序列相关性，则需要发展新的方法估计模型。与模型出现异方差的情形相类似，有两种解决途径：一是变换原模型为不存在序列相关的新模型，再采用普通最小二乘法估计，这就是所谓的广义最小二乘法和广义差分法(generalized difference method)；另一条途径是仍采用普通最小二乘法估计原模型，之后再对参数估计量的方差或标准差进行修正，称为序列相关稳健标准误法。

1. 广义最小二乘法

广义最小二乘法，顾名思义，是具有普遍意义的最小二乘法，普通最小二乘法和加权最小二乘法是它的特例。

一般情况下，对于模型

$$\boldsymbol{Y}=\boldsymbol{X\beta}+\boldsymbol{\mu} \tag{5.1.14}$$

如果存在序列相关，同时存在异方差，即有

$$\mathrm{Var}(\boldsymbol{\mu})=\mathrm{E}(\boldsymbol{\mu\mu}')=\begin{pmatrix}\sigma_1^2 & \sigma_{12} & \cdots & \sigma_{1n}\\ \sigma_{21} & \sigma_2^2 & \cdots & \sigma_{2n}\\ \vdots & \vdots & & \vdots\\ \sigma_{n1} & \sigma_{n2} & \cdots & \sigma_n^2\end{pmatrix}=\sigma^2\boldsymbol{\Omega}$$

显然，$\boldsymbol{\Omega}$ 是对称正定矩阵，因此存在一可逆矩阵 $\boldsymbol{D}$，使得

$$\boldsymbol{\Omega}=\boldsymbol{DD}'$$

用 $\boldsymbol{D}^{-1}$左乘式(5.1.14)两边，得到一个新的模型：

$$\boldsymbol{D}^{-1}\boldsymbol{Y}=\boldsymbol{D}^{-1}\boldsymbol{X\beta}+\boldsymbol{D}^{-1}\boldsymbol{\mu} \tag{5.1.15}$$

即

$$\boldsymbol{Y}_*=\boldsymbol{X}_*\boldsymbol{\beta}+\boldsymbol{\mu}_*$$

该模型具有随机干扰项的同方差性和无序列相关性。因为

$$\begin{aligned}\mathrm{E}(\boldsymbol{\mu}_*\boldsymbol{\mu}_*')&=\mathrm{E}(\boldsymbol{D}^{-1}\boldsymbol{\mu\mu}'\boldsymbol{D}^{-1\prime})=\boldsymbol{D}^{-1}\mathrm{E}(\boldsymbol{\mu\mu}')\boldsymbol{D}^{-1\prime}\\ &=\boldsymbol{D}^{-1}\sigma^2\boldsymbol{\Omega}\boldsymbol{D}^{-1\prime}=\boldsymbol{D}^{-1}\sigma^2\boldsymbol{DD}'\boldsymbol{D}^{-1\prime}\\ &=\sigma^2\boldsymbol{I}\end{aligned}$$

于是，可以用普通最小二乘法估计模型(5.1.15)，记参数估计量为 $\hat{\boldsymbol{\beta}}_*$，则

$$\begin{aligned}\hat{\boldsymbol{\beta}}_*&=(\boldsymbol{X}_*'\boldsymbol{X}_*)^{-1}\boldsymbol{X}_*'\boldsymbol{Y}_*\\ &=(\boldsymbol{X}'\boldsymbol{D}^{-1\prime}\boldsymbol{D}^{-1}\boldsymbol{X})^{-1}\boldsymbol{X}'\boldsymbol{D}^{-1\prime}\boldsymbol{D}^{-1}\boldsymbol{Y}\\ &=(\boldsymbol{X}'\boldsymbol{\Omega}^{-1}\boldsymbol{X})^{-1}\boldsymbol{X}'\boldsymbol{\Omega}^{-1}\boldsymbol{Y}\end{aligned} \tag{5.1.16}$$

这就是原模型(5.1.14)的广义最小二乘估计量，是无偏的、有效的估计量。

由上面的推导过程可知，只要知道随机干扰项的方差-协方差矩阵 $\sigma^2\boldsymbol{\Omega}$，就可采用广义最小二乘法得到参数的最佳线性无偏估计量(BLUE)。然而若只有 n 个样本点，要对包括各 β_j在内的$\dfrac{n(n-1)}{2}+k+2$ 个未知参数进行估计是困难的。这就需要对随机干扰项自相关的结构事先给出必要的假设。最常见的是假设随机干扰项具有一阶序列相关性：

$$\mu_t=\rho\mu_{t-1}+\varepsilon_t \qquad -1<\rho<1 \tag{5.1.17}$$

这时，可以证明(参见：潘文卿，李子奈.计量经济学(第五版)学习指南与练习.北京：高等教育出版社，2021)

$$\mathrm{Var}(\mu_t)=\frac{1}{1-\rho^2}\sigma_\varepsilon^2$$

$$\mathrm{Cov}(\mu_t,\mu_{t-s})=\rho^s\frac{1}{1-\rho^2}\sigma_\varepsilon^2$$

于是

$$\mathrm{Var}(\boldsymbol{\mu})=\frac{\sigma_\varepsilon^2}{1-\rho^2}\begin{pmatrix}1 & \rho & \cdots & \rho^{n-1}\\ \rho & 1 & \cdots & \rho^{n-2}\\ \vdots & \vdots & & \vdots\\ \rho^{n-1} & \rho^{n-2} & \cdots & 1\end{pmatrix}=\sigma_\varepsilon^2\boldsymbol{\Omega} \tag{5.1.18}$$

易知

$$\boldsymbol{\Omega}^{-1}=\begin{pmatrix}1 & -\rho & 0 & \cdots & 0 & 0 & 0\\ -\rho & 1+\rho^2 & -\rho & \cdots & 0 & 0 & 0\\ 0 & -\rho & 1+\rho^2 & \cdots & 0 & 0 & 0\\ \vdots & \vdots & \vdots & & \vdots & \vdots & \vdots\\ 0 & 0 & 0 & \cdots & -\rho & 1+\rho^2 & -\rho\\ 0 & 0 & 0 & \cdots & 0 & -\rho & 1\end{pmatrix}$$

从而

$$\boldsymbol{D}^{-1}=\begin{pmatrix}\sqrt{1-\rho^2} & 0 & 0 & \cdots & 0 & 0 & 0\\ -\rho & 1 & 0 & \cdots & 0 & 0 & 0\\ 0 & -\rho & 1 & \cdots & 0 & 0 & 0\\ \vdots & \vdots & \vdots & & \vdots & \vdots & \vdots\\ 0 & 0 & 0 & \cdots & -\rho & 1 & 0\\ 0 & 0 & 0 & \cdots & 0 & -\rho & 1\end{pmatrix} \tag{5.1.19}$$

2. 广义差分法

广义差分法是一类克服序列相关性的有效方法，被广泛地采用。广义差分法是将原模型变换为满足普通最小二乘法的差分模型，再进行普通最小二乘估计。

如果原模型存在：

$$\mu_t=\rho_1\mu_{t-1}+\rho_2\mu_{t-2}+\cdots+\rho_p\mu_{t-p}+\varepsilon_t \tag{5.1.20}$$

可以将原模型变换为；

$$\begin{aligned}Y_t-\rho_1Y_{t-1}-\cdots-\rho_lY_{t-p}&=\beta_0(1-\rho_1-\cdots-\rho_p)+\beta_1(X_{t1}-\rho_1X_{t-1,1}-\cdots-\rho_pX_{t-p,1})\\&\quad+\cdots+\beta_k(X_{tk}-\rho_1X_{t-1,k}-\cdots-\rho_pX_{t-p,k})+\varepsilon_t\\&\qquad t=1+p,2+p,\cdots,n\end{aligned} \tag{5.1.21}$$

模型(5.1.21)为广义差分模型，该模型不存在序列相关问题。采用普通最小二乘法估计该模型得到的参数估计量，即为原模型参数的无偏、有效的估计量。

需要指出的是，广义差分法就是上述广义最小二乘法，但是却损失了部分样本观测值。如在一阶序列相关的情况下，广义差分是对下面的差分模型进行普通最小二乘回归：

$$Y_t-\rho Y_{t-1}=\beta_0(1-\rho)+\beta_1(X_{t1}-\rho X_{t-1,1})+\cdots+\beta_k(X_{tk}-\rho X_{t-1,k})+\varepsilon_t, t=2,3,\cdots,n$$

或

$$Y_t^*=\beta_0(1-\rho)+\beta_1 X_{t1}^*+\cdots+\beta_k X_{tk}^*+\varepsilon_t, \qquad t=2,3,\cdots,n \qquad (5.1.22)$$

这一变换相当于式(5.1.19)的 $\boldsymbol{D}^{-1}$ 去掉第一行后左乘原模型(5.1.14),即运用了广义最小二乘法,但第一次观测值被排除了。

尽管大样本中广义差分法与广义最小二乘法的估计结果相近,但在小样本中,观测值的损失可能会对估计结果有所影响。因此,在广义差分变换中,有时需弥补这一损失。如在一阶序列相关情况下,对损失的第一次观测值可进行如下的普莱斯-温斯特变换(Prais-Winsten transformation):

$$Y_1^*=\sqrt{1-\rho^2}\,Y_1, X_{1j}^*=\sqrt{1-\rho^2}\,X_{1j}, j=1,2,\cdots,k$$

这样,广义差分法的估计结果完全等同于广义最小二乘估计量。

3. 随机误差项相关系数的估计

无论应用广义最小二乘法,还是应用广义差分法,必须已知不同样本点之间随机误差项的相关系数 $\rho_1,\rho_2,\cdots,\rho_p$。实际上,人们并不知道它们的具体数值,所以必须首先对它们进行估计。于是发展了许多估计方法,但基本思路大都是采用普通最小二乘法估计原模型,得到随机误差项的"近似估计值",然后利用该"近似估计值"求得随机误差项相关系数的估计量。不同的方法旨在力图使得这些估计量更加逼近实际。下面介绍常用的科克伦-奥科特(Cochrane-Orcutt)迭代法。

首先,采用普通最小二乘法估计原模型,得到随机误差项的"近似估计值",以它作为方程(5.1.20)的样本观测值,采用普通最小二乘法估计该方程,得到 $\hat{\rho}_1,\hat{\rho}_2,\cdots,\hat{\rho}_p$,作为随机误差项的相关系数 $\rho_1,\rho_2,\cdots,\rho_p$ 的第一次估计值。然后,将上述 $\hat{\rho}_1,\hat{\rho}_2,\cdots,\hat{\rho}_p$ 代入(5.1.21),并对它进行普通最小二乘估计,得到 $\hat{\hat{\beta}}_0,\hat{\hat{\beta}}_1,\cdots,\hat{\hat{\beta}}_k$。将 $\hat{\hat{\beta}}_0,\hat{\hat{\beta}}_1,\cdots,\hat{\hat{\beta}}_k$ 代回原模型,求出原模型随机误差项的新的"近似估计值",并以它作为方程(5.1.20)的样本观测值,采用普通最小二乘法估计该方程,得到 $\hat{\hat{\rho}}_1,\hat{\hat{\rho}}_2,\cdots,\hat{\hat{\rho}}_p$,作为随机误差项的相关系数 $\rho_1,\rho_2,\cdots,\rho_p$ 的第二次估计值。重复上述过程,可得到 $\rho_1,\rho_2,\cdots,\rho_p$ 的多次迭代值。

关于迭代的次数,可根据具体的问题来定。一般是事先给出一个精度,当相邻两次的 $\rho_1,\rho_2,\cdots,\rho_p$ 的估计值之差小于这一精度时,迭代终止。实践中,有时只要迭代两次,就可得到较满意的结果。两次迭代过程也被称为科克伦-奥科特两步法。如果随机误差项存在一阶自相关,也可以将迭代过程运用到采用包含有普莱斯-温斯特变换的广义最小二乘估计上来。许多计量经济学软件都是按迭代算法进行的。

需要指出的是,如果各序列相关系数是被估计出来的,则模型参数的估计结果不再是广义最小二乘估计量,而是可行的广义最小二乘估计量,该估计方法也被称为可行的广义最小二乘法。可行的广义最小二乘估计量在小样本下不再是无偏的,但在大样本下却是一致的,而且也具有大样本下的渐近有效性。

4. 序列相关稳健标准误法

与回归模型随机误差项出现异方差时相类似,当模型随机误差项出现序列相关时,普通最小二乘法只是影响到了参数估计量方差或标准差的正确估计,从而无法保证普通最小二乘估计量的有效性,但并不影响估计量的无偏性与一致性。因此,与解决出现异方差时的情况相仿,另一种针对序列相关的修正的估计方法是:仍采用普通最小二乘估计量,但修正相应的方差。

如何修正普通最小二乘估计量相应的方差呢?尼威(Newey)和韦斯特(West)1987年提出了类似于怀特提出的解决模型出现异方差时的方法,即计算出参数估计量正确的标准差。换言之,在一元线性回归模型中,对斜率项的估计量 $\hat{\beta}_1$ 的方差,需按式(5.1.5)

$$\operatorname{Var}(\hat{\beta}_1)=\frac{\sigma^2}{\sum x_t^2}+\frac{2\sigma^2}{\sum x_t^2}\left[\rho\frac{\sum_{t=1}^{n-1}x_tx_{t+1}}{\sum x_t^2}+\rho^2\frac{\sum_{t=1}^{n-2}x_tx_{t+2}}{\sum x_t^2}+\cdots+\rho^{n-1}\frac{x_1x_n}{\sum x_t^2}\right]$$

进行估计,而不是按普通最小二乘法中的式(5.1.6)

$$\operatorname{Var}(\hat{\beta}_1)=\frac{\sigma^2}{\sum x_t^2}$$

进行估计。当然,尼威和韦斯特给出的计算公式要复杂得多,本教材不再列出。

尼威和韦斯特提出的修正普通最小二乘参数估计量标准误的方法,不仅能在模型随机误差项只存在序列相关时得到参数估计量的正确标准误,而且当模型随机误差项同时存在异方差与序列相关时,也能得到参数估计量的正确标准误,因此该标准误也被称为**异方差-序列相关一致标准误**(heteroscedasticity-autocorrelation-consistent standard error),或简称为**尼威-韦斯特标准误**(Newey-West standard error),该估计参数的方法也称为序列相关稳健标准误法(method of serial correlation-robust standard error)。

可以证明,大样本下尼威-韦斯特标准误是普通最小二乘参数估计量标准误的一致估计。

与存在异方差时的情形相类似,序列相关稳健标准误法虽不能得到具有最小方差特征的估计量,但由于可以得到普通最小二乘估计量正确的方差估计,从而使得以估计量方差为基础的各种统计检验不再失效、建立的预测区间也更加可信,因此序列相关稳健标准误法就成为在不能较好地实施广义最小二乘法时,消除序列相关性不良后果的主要手段。

六、虚假序列相关问题

如果随机干扰项的序列相关性是源于模型设定中遗漏了重要的解释变量或对模型的函数形式设定有误,这种情形可称为**虚假序列相关**(false autocorrelation),应在模型设定中排除。因此,这里有两个层次的问题需要判断,一是如果检验出模型存在序列相关现象,需判断在模型的设定中是否存在由于遗漏了重要的解释变量或对模型的函数形式设定有误而引起的虚假序列相关,这称为模型的设定偏误检验,已在第四章进行讨论。如果经检验不存在由于模型设定偏误而导致的虚假序列相关,即模型存在的序列相关是真实的序列相关或纯序列相关,则通过相应的修正方法进行修正。第二层次的问题是如何在设定模型时就避免产生虚假序列相关问题,或者说如何避免出现模型设定偏误问题,一个基本的建模规则就是在开始时建立一个"一般"的模型,然后逐渐剔除确实不显著的变量,这将在第七章中进一步阐述。

七、案例

例 5.1.1

为了从总体上考察中国居民收入与消费的关系，建立居民消费总量模型。表 5.1.1 给出了中国名义支出法国内生产总值 GDP、名义居民消费总量 CONS 以及表示宏观税负的税收总额 TAX、表示价格变化的居民消费价格指数 CPI（1990 年 = 100），并由这些数据整理出实际居民消费总量支出 $Y=(CONS/CPI)\times 100$，以及实际可支配收入 $X=(GDP-TAX)/CPI\times 100$。这些数据是 1978—2018 年的时间序列数据，即观测值是连续不同年份的数据。

表 5.1.1　中国居民消费总量支出与收入　　单位：亿元

年份	GDP	CONS	CPI	TAX	X	Y
1978	3 634	1 759	46.2	519.3	6 746	3 810
1979	4 078	2 014	47.1	537.8	7 524	4 280
1980	4 575	2 337	50.6	571.7	7 915	4 620
1981	4 957	2 628	51.8	629.9	8 347	5 068
1982	5 426	2 867	52.9	700.0	8 937	5 422
1983	6 079	3 221	53.9	775.6	9 832	5 971
1984	7 346	3 690	55.4	947.4	11 551	6 660
1985	9 180	4 627	60.5	2 040.8	11 792	7 643
1986	10 474	5 294	64.5	2 090.7	13 000	8 209
1987	12 294	6 048	69.2	2 140.4	14 675	8 741
1988	15 332	7 532	82.2	2 390.5	15 745	9 163
1989	17 360	8 778	97.0	2 727.4	15 086	9 050
1990	19 067	9 435	100.0	2 821.9	16 245	9 435
1991	22 124	10 544	103.4	2 990.2	18 505	10 198
1992	27 334	12 312	110.0	3 296.9	21 849	11 191
1993	35 900	15 696	126.2	4 255.3	25 077	12 438
1994	48 823	21 446	156.6	5 126.9	27 902	13 695
1995	61 539	28 073	183.4	6 038.0	30 265	15 308
1996	72 102	33 660	198.6	6 909.8	32 826	16 949

续表

年份	GDP	CONS	CPI	TAX	X	Y
1997	80 025	36 626	204.2	8 234.0	35 164	17 940
1998	85 486	38 822	202.5	9 262.8	37 636	19 168
1999	90 824	41 915	199.7	10 682.6	40 132	20 990
2000	100 577	46 988	200.5	12 581.5	43 890	23 436
2001	111 250	50 709	201.9	15 301.4	47 524	25 116
2002	122 292	55 076	200.3	17 636.5	52 254	27 500
2003	138 315	59 344	202.7	20 017.3	58 365	29 279
2004	162 742	66 587	210.6	24 165.7	65 804	31 619
2005	189 190	75 232	214.4	28 778.5	74 826	35 093
2006	221 207	84 119	217.6	34 804.4	85 665	38 659
2007	271 699	99 793	228.0	45 622.0	99 139	43 761
2008	319 936	115 338	241.5	54 223.8	110 028	47 760
2009	349 883	126 661	239.8	59 521.6	121 083	52 819
2010	410 708	146 058	247.7	73 210.8	136 243	58 961
2011	486 038	176 532	261.1	89 738.4	151 784	67 612
2012	540 989	198 537	267.9	100 614.3	164 391	74 113
2013	596 963	219 763	274.8	110 530.7	176 983	79 958
2014	647 182	242 540	280.3	119 175.3	188 342	86 515
2015	699 109	265 980	284.3	124 922.2	201 987	93 566
2016	745 632	293 443	290.0	130 360.7	212 196	101 203
2017	815 260	317 964	294.6	144 369.9	227 734	107 933
2018	884 426	348 210	300.8	156 402.9	242 045	115 769

资料来源：根据《中国统计年鉴》(2019)整理，缺失的价格指数来自《新中国五十年统计资料汇编》。

1. 建立模型

根据宏观经济学中的消费理论，结合对中国居民消费总量的实际分析，可以假定实际居民消费总量支出(Y)是由居民实际可支配收入(X)唯一决定的，即 X 是 Y 的唯一解释变量。并且可以进一步假定收入的边际消费倾向不变，即模型是一个线性模型，因为从 X 和 Y 之间的关系图(图 5.1.2)可以看出，X 和 Y 之间的关系基本表现为线性。

采用 1978—2018 年的年度时间序列数据为样本和普通最小二乘估计方法，建立如下中国居民消费总量模型：

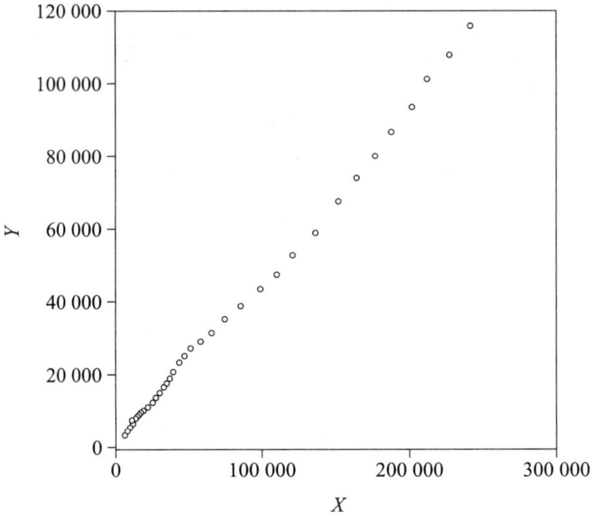

图 5.1.2　X 和 Y 关系图

$$\hat{Y}_t = 1\ 456.14 + 0.454\ 3X_t, t = 1978, \cdots, 2018 \tag{5.1.23}$$
$$(409.18)\quad(0.004)$$
$$n = 41, R^2 = 0.996\ 8, F = 12\ 209.4, \quad \text{D.W.} = 0.197\ 0$$

模型具有很高的拟合优度,总体显著性和变量显著性也很高。

2. 进行序列相关性检验

利用式(5.1.23)计算模型随机项的估计值,即残差 e_t。从残差项 e_t 与 e_{t-1} 的关系图(图 5.1.3)看,该模型随机项呈现明显的正序列相关性。

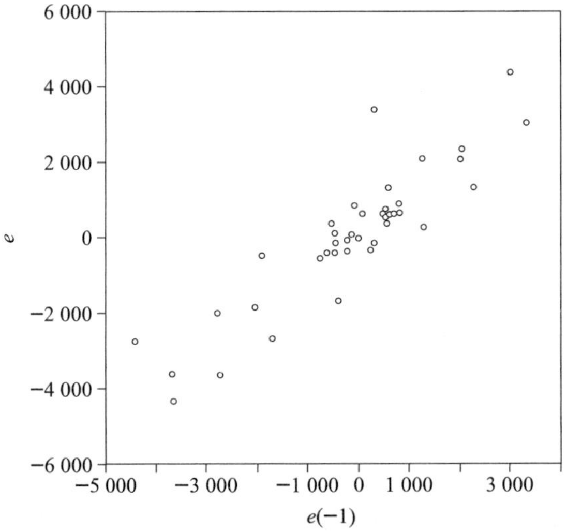

图 5.1.3　残差相关图

先对模型(5.1.23)进行 D.W.检验。在 5%的显著性水平下,$n = 41, k = 2$(包含常数项),查 D.W.临界值表得 $d_L = 1.44, d_U = 1.54$。而计算的 D.W. $= 0.197\ 0 < d_L$,故初步判断模型随机

干扰项存在正自相关性。但需要注意的是,本例中收入与消费之间可能存在相互影响使得收入的严格外生性无法满足,因此 D.W.检验可能在这里不大适用。

下面再对模型(5.1.23)进行适应面更广的拉格朗日乘数检验。含一阶滞后残差项的辅助回归为

$$\hat{e}_t = -179.35 + 0.0043X_t + 1.0033e_{t-1}$$
$$(175.39)\ (0.0018)\quad (0.0736)$$
$$n = 40, R^2 = 0.8340$$

从变量显著性看,e_{t-1}参数估计的 t 统计量 $t = 1.0033/0.0736 = 13.64$,高度显著。计算得到,$LM = 40\times0.8340 = 33.36$,该值也远大于显著性水平为 5%、自由度为 1 的 χ^2 分布的临界值 $\chi^2_{0.05}(1) = 3.84$,由此判断原模型存在一阶序列相关性。如果将 e_{t-1}的第 1 个缺失值补以 0,则上述辅助回归的 $R^2 = 0.8325$,于是 $LM = 41\times0.8325 = 34.13$,更是统计显著的。

含二阶滞后残差项的辅助回归为

$$\hat{e}_t = -141.54 + 0.0033X_t + 1.2217e_{t-1} - 0.2645e_{t-2}$$
$$(182.51)\ (0.0019)\ (0.1641)\ (0.1795)$$
$$n = 39, R^2 = 0.8438$$

计算得到,$LM = 39\times0.8438 = 32.91$,该值大于显著性水平为 5%、自由度为 2 的 χ^2 分布的临界值 $\chi^2_{0.05}(2) = 5.99$,仍说明原模型存在序列相关性,但 e_{t-2} 的参数估计的 t 统计值为 $t = -0.2645/0.1795 = -1.47$,未通过 5%的显著性检验,表明并不存在二阶序列相关性。结合一阶滞后残差项的辅助回归情况,可判断式(5.1.23)仅存在显著的一阶序列相关性。

3. 采用广义最小二乘法估计模型

由于只存在一阶自相关,因此可以采用普莱斯-温斯特变换,补足第一组缺失的观测值,采用广义最小二乘法进行模型估计的结果简要报告如下:

$$\hat{Y}_t = 669.93 + 0.4710X_t \tag{5.1.24}$$
$$(1\,854.82)\ (0.0114)$$
$$n = 41, R^2 = 0.9679, F = 1\,176.45, \hat{\rho} = 0.9376$$

其中,$\hat{\rho}$ 为随机干扰项的一阶序列相关系数的估计。图 5.1.4 是采用 EViews9.0 软件得到的可行广义最小二乘估计的近似结果。

如果不补足第一组缺失的观测值,则可采用一阶差分法进行估计。科克伦-奥科特迭代法的估计结果为

$$\hat{Y}_t = 731.97 + 0.4708X_t \tag{5.1.25}$$
$$(3\,043.1)\ (0.0140)$$
$$n = 40, R^2 = 0.9674, F = 1\,129.2, \hat{\rho} = 0.9376$$

可以看出,两者的差异较小,尤其是在更重要的边际消费倾向这一参数的估计上几乎没有差异,而在自相关系数的估计上,两者直到小数点后 4 位都是相同的。

4. 采用序列相关稳健估计法

当模型存在序列相关性时,也可采用尼威-韦斯特的序列相关一致方差估计,即进行序列相关稳健估计,以对普通最小二乘法参数估计量的方差进行修正。本例中,采用 EViews9.0 软件给出的序列相关稳健估计如图 5.1.5 所示,相关结果可简要报告如下

Equation: EQ01 Workfile: UNTITLED::Untitled\

View | Proc | Object | Print | Name | Freeze | Estimate | Forecast | Stats | Resids

Dependent Variable: Y
Method: ARMA Generalized Least Squares (Gauss-Newton)
Sample: 1978 2018
Included observations: 41
Convergence achieved after 13 iterations
Coefficient covariance computed using outer product of gradients
d.f. adjustment for standard errors & covariance

Variable	Coefficient	Std. Error	t-Statistic	Prob.
C	669.9297	1983.293	0.337787	0.7374
X	0.470998	0.015258	30.86955	0.0000
AR(1)	0.937643	0.077316	12.12739	0.0000

R-squared	0.999409	Mean dependent var	33332.22
Adjusted R-squared	0.999378	S.D. dependent var	32515.12
S.E. of regression	810.9549	Akaike info criterion	16.35620
Sum squared resid	24990621	Schwarz criterion	16.48159
Log likelihood	-332.3022	Hannan-Quinn criter.	16.40186
F-statistic	32132.95	Durbin-Watson stat	1.351926
Prob(F-statistic)	0.000000		

Inverted AR Roots	.94

图 5.1.4 居民消费总量支出的广义最小二乘估计

Equation: EQ01 Workfile: UNTITLED::Untitled\

View | Proc | Object | Print | Name | Freeze | Estimate | Forecast | Stats | Resids

Dependent Variable: Y
Method: Least Squares
Sample: 1978 2018
Included observations: 41
HAC standard errors & covariance (Bartlett kernel, Newey-West fixed
bandwidth = 4.0000)

Variable	Coefficient	Std. Error	t-Statistic	Prob.
C	1456.138	438.8644	3.317968	0.0020
X	0.454259	0.009052	50.18230	0.0000

R-squared	0.996816	Mean dependent var	33332.22
Adjusted R-squared	0.996734	S.D. dependent var	32515.12
S.E. of regression	1858.127	Akaike info criterion	17.94008
Sum squared resid	1.35E+08	Schwarz criterion	18.02366
Log likelihood	-365.7716	Hannan-Quinn criter.	17.97051
F-statistic	12209.42	Durbin-Watson stat	0.197038
Prob(F-statistic)	0.000000	Wald F-statistic	2518.263
Prob(Wald F-statistic)	0.000000		

图 5.1.5 居民消费总量支出的序列相关稳健估计

$$\hat{Y}_t = 1\ 456.14 + 0.454\ 3X_t \qquad (5.1.26)$$

$$(438.86)\quad(0.009\ 1)$$

$$n = 41, R^2 = 0.996\ 8, F = 12\ 209.4$$

可以看出,式(5.1.26)的参数估计与式(5.1.23)相同,但参数估计量的标准差得到了修正,与普通最小二乘法的结果不同。需指出的是,由于采用了正确的方差估计,对变量参数所进行的显著性检验以及区间估计等都是有效的,序列相关性的不良后果得到了修正。

§5.2 时间序列的平稳性及其检验

本章开篇已经说明,采用时间序列数据建立计量经济学模型,首先必须对用统计数据构造的时间序列进行平稳性检验。

一、问题的提出

对时间序列进行平稳性检验的理由主要有以下两个方面:

第一,时间序列的平稳性可以替代随机抽样假定。采用平稳时间序列作为样本,建立经典计量经济学模型,在模型设定正确的前提下,可以将解释变量的严格外生假设放松至同期外生,从而运用大数定律,保证模型参数的普通最小二乘估计量的一致性;同时,运用中心极限定理,可得到参数估计量的渐近正态分布特征。

第二,采用平稳时间序列建立经典计量经济学结构模型,可以有效地减少虚假回归。**虚假回归**(spurious regression)也称为**伪回归**,是由 2003 年诺贝尔经济学奖获得者格兰杰提出的。格兰杰通过模拟试验发现,完全无关的非平稳时间序列之间可以得到拟合很好但毫无道理的回归结果。这一发现说明,非平稳时间序列由于具有共同的变化趋势,即使它们之间在经济行为上并不存在因果关系,如果将它们分别作为计量经济学模型的被解释变量和解释变量,也能够显示较高的可决系数。

这里需要特别纠正一种误解:只有非平稳时间序列之间才能出现虚假回归,平稳时间序列之间不会出现虚假回归。回归分析是一种统计分析,所揭示的是数据之间的统计关系。数据之间的统计关系是经济行为关系的必要条件,经济行为中客观存在的经济关系一定能够通过表征经济行为的数据的统计分析而得到检验;如果不能通过必要性检验,在表征经济行为的数据是准确的和采用的统计分析方法是正确的前提下,只能怀疑所设定的经济关系的合理性和客观性。但是反过来,如果在统计分析中发现了新的数据之间的统计关系,并不能就此说发现了新的经济行为关系,因为统计关系不是经济关系的充分条件。古扎拉蒂在他的教科书 *Basic Econometrics* 中曾经强调:"从逻辑上说,一个统计关系式,不管多强或多么有启发性,本身不可能意味着任何因果关系。要谈因果关系,必须来自统计学之外,诉诸先验的或者理论上的思考。"所以,虚假回归,不仅可能出现在非平稳时间序列之间,也可能出现在平稳时间序列之间和截面数据序列之间。当然,非平稳时间序列之间出现虚假回归的可能性更大,因此,对时间序列进行平稳性检验,可以有效地减少虚假回归。在计量经济学模型研究中,杜绝虚假回归的最根本的方法,是正确地设定模型。

二、时间序列数据的平稳性

假定某个时间序列是由某一随机过程(stochastic process)生成的,即假定时间序列$\{X_t\}$($t=1,2,\cdots$)的每个数值都是从一个概率分布中随机得到,如果X_t满足下列条件:

(1) 均值$E(X_t)=\mu$,是与时间t无关的常数;

(2) 方差$Var(X_t)=\sigma^2$,是与时间t无关的常数;

(3) (自)协方差$Cov(X_t X_{t+k})=\gamma_k$,是只与时期间隔$k$有关、与时间$t$无关的常数。

则称该随机时间序列是(宽)平稳的或协方差平稳的,而该随机过程是一平稳随机过程(stationary stochastic process)或协方差平稳过程(covariance stationary process)。

如果说时间序列的平稳性概念类比了截面数据的同分布概念,那么时间序列的弱相关概念则类比了截面数据的独立性概念。弱相关(weekly dependent)指对时间序列$\{X_t: t=1, 2,\cdots\}$,随着时间间隔h无限增大,X_t与X_{t+h}越来越独立(不相关)。一个直观的考察方式,就是看是否随着$h\to\infty$时,相关系数$Corr(X_t, X_{t+h})\to 0$,而且是"足够快"地趋于0。实证经验发现,一个平稳的时间序列也往往是弱相关的。

对时间序列来说,当满足协方差平稳以及弱相关特征时,就可以运用大数定律与中心极限定理进行统计推断了。

例 5.2.1

最简单的随机时间序列X_t是一具有零均值、同方差的独立分布序列:

$$X_t=\varepsilon_t, \varepsilon_t \sim i.i.d.(0,\sigma_\varepsilon^2) \tag{5.2.1}$$

该序列常被称为是一个白噪声(white noise)。由于X_t具有相同的均值与方差,且协方差为零,因此由定义可知一个白噪声序列是平稳的,同时也是弱相关的。

例 5.2.2

另一个简单的随机时间序列被称为随机游走(random walk),该序列由如下随机过程生成:

$$X_t=X_{t-1}+\varepsilon_t \tag{5.2.2}$$

这里,ε_t是一个白噪声,且与t期前的任何X不相关:$E(\varepsilon_t | X_{t-1}, X_{t-2},\cdots)=0$。

容易知道该序列有相同的均值$E(X_t)=E(X_{t-1})$。为了检验该序列是否具有相同的方差,可假设X_t的初值为X_0,则易知

$$X_1=X_0+\varepsilon_1$$

$$X_2=X_1+\varepsilon_2=X_0+\varepsilon_1+\varepsilon_2$$

…………

$$X_t=X_0+\varepsilon_1+\varepsilon_2+\cdots+\varepsilon_t$$

假定初始值 X_0 为一常数，ε_t 是一个白噪声，因此 $\mathrm{Var}(X_t)=t\sigma_\varepsilon^2$，即 X_t 的方差与时间 t 有关而非常数，它是非平稳序列。同时，还可以证明它不是弱相关的（参见：潘文卿，李子奈.计量经济学（第五版）学习指南与练习.北京：高等教育出版社，2021）。

然而，对 X_t 取一阶差分（first difference）

$$\Delta X_t=X_t-X_{t-1}=\varepsilon_t \tag{5.2.3}$$

由于 ε_t 是一个白噪声，则序列 $\{\Delta X_t\}$ 是平稳的。后面将会看到，如果一个时间序列是非平稳的，它常常可通过取差分的方法形成平稳序列。

例 5.2.3

随机游走（5.2.2）是下面称为一阶自回归过程（autoregression process）的特例

$$X_t=\varphi X_{t-1}+\varepsilon_t \tag{5.2.4}$$

当 $|\varphi|>1$ 时，该随机过程生成的时间序列是发散的，表现为持续上升（$\varphi>1$）或持续下降（$\varphi<-1$），因此是非平稳的；当 $\varphi=1$ 时，是一个随机游走过程，也是非平稳的。而当 $|\varphi|<1$ 时，可验证该随机过程是平稳的：

式（5.2.4）等号两边取数学期望有

$$\mathrm{E}(X_t)=\varphi\mathrm{E}(X_{t-1})$$

$\varphi\neq0$ 时，如果 X 是平稳的，则有 $\mathrm{E}(X_t)=0$。于是，式（5.2.4）等号两边平方后再求数学期望，得到 X_t 的方差

$$\mathrm{E}(X_t^2)=\varphi^2\mathrm{E}(X_{t-1}^2)+\mathrm{E}(\varepsilon_t^2)+2\mathrm{E}(X_{t-1}\varepsilon_t)$$

由于 $\mathrm{E}(X_{t-1}\varepsilon_t)=0$。如果该过程平稳，则有 $\mathrm{E}(X_t^2)=\mathrm{E}(X_{t-1}^2)$，从而上式可变换为

$$\gamma_0=\sigma_X^2=\frac{\sigma_\varepsilon^2}{1-\varphi^2}$$

该方差是一非负常数，从而必有 $|\varphi|<1$。可以验证，当一阶自回归过程平稳时，对应的时间序列也是弱相关的（参见：潘文卿，李子奈.计量经济学（第五版）学习指南与练习.北京：高等教育出版社，2021）。

三、平稳性的图示判断

给出一个随机时间序列，首先可通过该序列的时间路径图来粗略地判断它是否是平稳的。一个平稳的时间序列（见图 5.2.1（a））在图形上往往表现出一种围绕其均值不断波动的过程；而非平稳的时间序列（见图 5.2.1（b））则往往表现出在不同的时间段具有不同的均值（如持续上升或持续下降）。

然而，这种直观的图示也常出现误导，因此需要进一步判别。通常的做法是检验样本自相关函数及其图形。首先定义随机时间序列的自相关函数（autocorrelation function，ACF）如下：

$$\rho_k=\frac{\gamma_k}{\gamma_0} \tag{5.2.5}$$

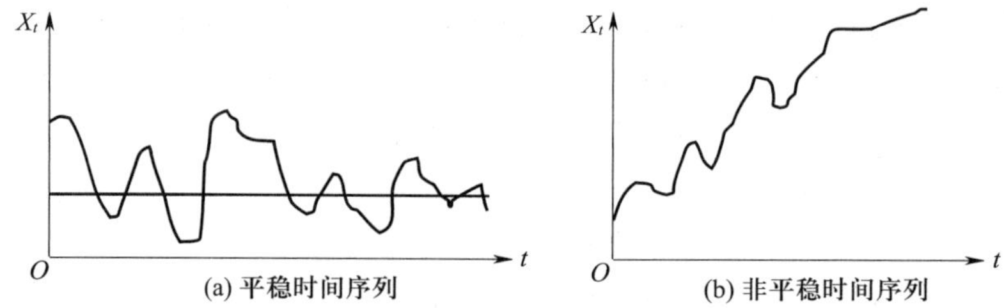

图 5.2.1　平稳时间序列与非平稳时间序列图

分子是时间序列滞后 k 期的协方差,分母是方差,因此自相关函数是关于滞后期 k 的递减函数。

实际上一个随机过程只有一个实现(即样本),因此,只能计算样本自相关函数(sample autocorrelation function),也称为样本自相关系数。一个时间序列的样本自相关系数定义为:

$$r_k = \frac{\sum_{t=1}^{n-k}(X_t - \overline{X})(X_{t+k} - \overline{X})}{\sum_{t=1}^{n}(X_t - \overline{X})^2}, \quad k=1,2,3,\cdots \tag{5.2.6}$$

易知,随着 k 的增加,样本自相关系数下降且趋于零。但从下降速度来看,平稳时间序列要比非平稳时间序列快得多。图 5.2.2 给出了图 5.2.1 中平稳时间序列(a)与非平稳时间序列(b)的样本自相关系数图。

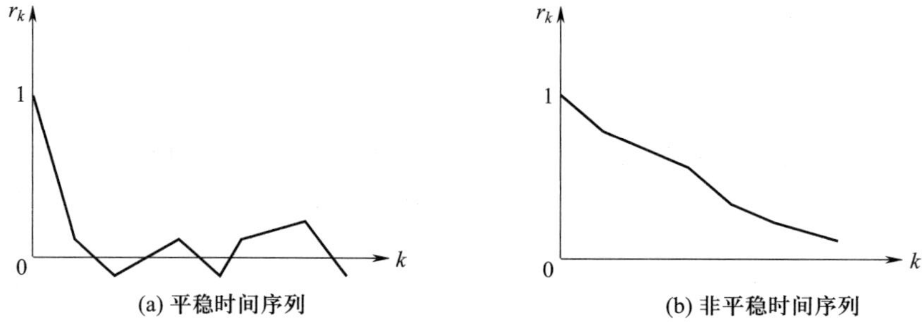

图 5.2.2　平稳时间序列与非平稳时间序列样本相关图

确定样本自相关系数某一数值 r_k 是否足够接近于 0 是非常有用的,因为它可检验对应的时间序列的自相关系数 ρ_k 的真值是否为 0。巴特雷特(Bartlett)曾证明,如果时间序列由白噪声过程生成,则对所有的 $k>0$,样本自相关系数近似地服从均值为 0、方差为 $1/n$ 的正态分布,其中 n 为样本数。

也可检验对所有 $k>0$,自相关系数都为 0 的联合假设,这可通过如下 Q_{LB} 统计量进行:

$$Q_{LB} = n(n+2)\sum_{k=1}^{m}\left(\frac{r_k^2}{n-k}\right) \tag{5.2.7}$$

该统计量近似地服从自由度为 m 的 χ^2 分布(m 为滞后长度)。因此,如果计算的 Q 值大于显著性水平为 α 的临界值,则有 $1-\alpha$ 的把握拒绝所有 $\rho_k(k>0)$ 同时为 0 的假设。

例 5.2.4

表 5.2.1 中序列 Random1 是通过一随机过程(随机函数)生成的有 19 个样本的随机时间序列。容易验证该样本序列的均值为 0,方差为 0.078 9。从图形看(图 5.2.3),它在其样本均值 0 附近上下波动,且样本自相关系数迅速下降到 0,随后在 0 附近波动且逐渐收敛于 0。由于该序列由一随机过程生成,可以认为不存在序列相关性,因此该序列为一白噪声。根据巴特雷特曾表明的,该序列的自相关系数应服从均值为 0、方差为 1/19 的正态分布,因此任一 $\rho_k(k>0)$ 的 95%的置信区间都将是[-0.449 7,0.449 7]。可以看出 $k>0$ 时,r_k的值确实落在了该区间内,因此可以接受 $\rho_k(k>0)$ 为 0 的假设。同样地,从 Q_{LB}统计量的计算值看,滞后 17 期的计算值为 26.38,未超过 5%显著性水平下的临界值 27.58,可以接受所有的自相关系数 $\rho_k(k>0)$ 都为 0 的假设。因此,该随机过程是一个平稳过程。

序列 Random2 是由式(5.2.2)生成的一随机游走时间序列样本(图 5.2.4),其中 $X_0=0$,随机项 ε_t 是由 Random1 表示的白噪声。图形表示出该序列具有相同的均值,但从样本自相关图看,虽然自相关系数迅速下降到 0,但随着时间的推移,则在 0 附近波动且呈发散趋势。样本自相关系数显示,$r_1=0.48$,落在了区间[-0.449 7,0.449 7]之外,因此在 5%的显著性水平下拒绝 ρ_1的真值为 0 的假设。该随机游走序列是非平稳的。

表 5.2.1 一个纯随机序列与随机游走序列的检验

序号	Random1	自相关系数 $r_k(k=0,1,\cdots,17)$	Q_{LB} $(k=1,2,\cdots,17)$	Random2	自相关系数 $r_k(k=0,1,\cdots,17)$	Q_{LB} $(k=1,2,\cdots,17)$
1	-0.031	1.000		-0.031	1.000	
2	0.188	-0.051	0.059	0.157	0.480	5.116
3	0.108	-0.393	3.679	0.264	0.018	5.123
4	-0.455	-0.147	4.216	-0.191	-0.069	5.241
5	-0.426	0.280	6.300	-0.616	0.028	5.261
6	0.387	0.187	7.297	-0.229	-0.016	5.269
7	-0.156	-0.363	11.332	-0.385	-0.219	6.745
8	0.204	-0.148	12.058	-0.181	-0.063	6.876
9	-0.340	0.315	15.646	-0.521	0.126	7.454
10	0.157	0.194	17.153	-0.364	0.024	7.477
11	0.228	-0.139	18.010	-0.136	-0.249	10.229
12	-0.315	-0.297	22.414	-0.451	-0.404	18.389
13	-0.377	0.034	22.481	-0.828	-0.284	22.994
14	-0.056	0.165	24.288	-0.884	-0.088	23.514
15	0.478	-0.105	25.162	-0.406	-0.066	23.866
16	0.244	-0.094	26.036	-0.162	0.037	24.004
17	-0.215	0.039	26.240	-0.377	0.105	25.483
18	0.141	0.027	26.381	-0.236	0.093	27.198
19	0.236			0.000		

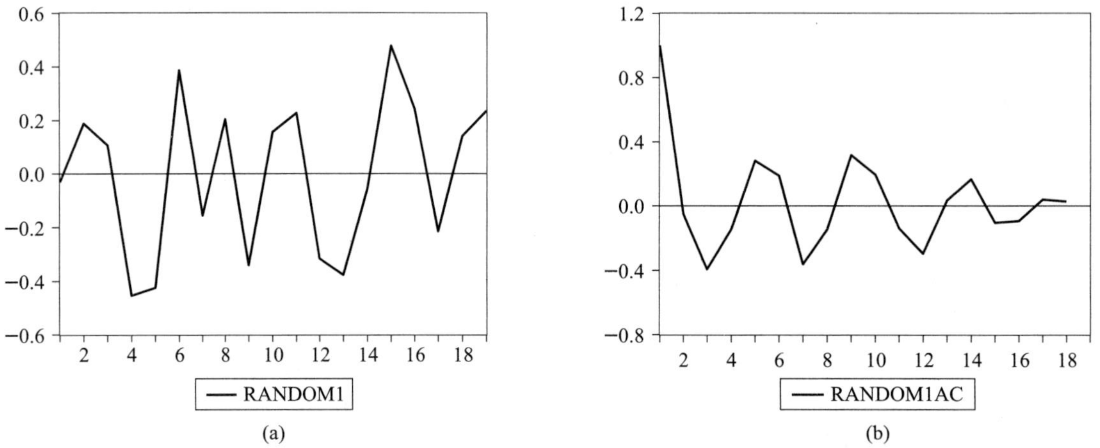

图 5.2.3　纯随机序列 Random1 样本图及其样本自相关系数图

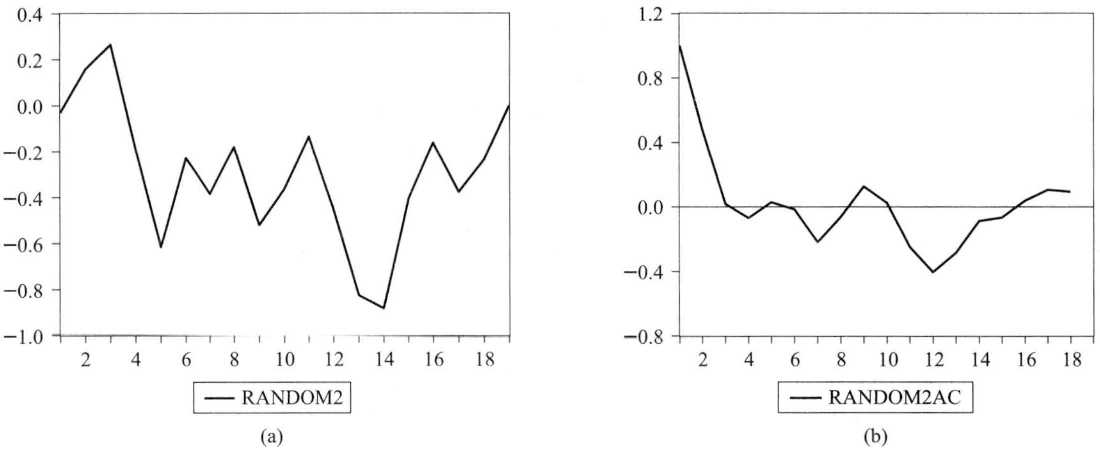

图 5.2.4　随机游走序列 Random2 样本图及其样本自相关系数图

四、平稳性的单位根检验

对时间序列的平稳性除了通过图形直观判断外，运用统计量进行统计检验更为准确与重要。单位根检验(unit root test)是统计检验中普遍应用的一种检验方法。

1. DF 检验

我们已知道，随机游走序列

$$X_t = X_{t-1} + \varepsilon_t$$

是非平稳的，其中 ε_t是白噪声。而该序列可看成是随机模型

$$X_t = \rho X_{t-1} + \varepsilon_t \qquad (5.2.8)$$

中参数 $\rho = 1$ 时的情形。也就是说，对式(5.2.8)进行回归，如果确实发现 $\rho = 1$，则称随机变量 X_t有一个单位根。显然，一个有单位根的时间序列就是随机游走序列，而随机游走序列是

非平稳的。因此,要判断某时间序列是否是平稳的,可通过式(5.2.8)判断它是否有单位根。这就是时间序列平稳性的单位根检验。

式(5.2.8)可变形成差分形式

$$\begin{aligned}\Delta X_t &= (\rho-1)X_{t-1}+\varepsilon_t \\ &= \delta X_{t-1}+\varepsilon_t\end{aligned} \tag{5.2.9}$$

检验式(5.2.8)是否存在单位根 $\rho=1$,也可通过式(5.2.9)判断是否有 $\delta=0$。

一般地,检验一个时间序列 X_t 的平稳性,可通过检验带有截距项的一阶自回归模型

$$X_t=\alpha+\rho X_{t-1}+\varepsilon_t \tag{5.2.10}$$

中的参数 ρ 是否小于 1,或者说检验其等价变形式

$$\Delta X_t=\alpha+\delta X_{t-1}+\varepsilon_t \tag{5.2.11}$$

中的参数 δ 是否小于 0。

在本章第四节中我们将证明,式(5.2.10)中的参数 ρ 大于或等于 1 时,时间序列 X_t 是非平稳的,对应于式(5.2.11),则是 δ 大于或等于 0。因此,针对式(5.2.11),是在备择假设 $H_1:\delta<0$ 下检验零假设 $H_0:\delta=0$。这可通过普通最小二乘法下的 t 检验完成。

然而,在零假设(序列非平稳)下,即使在大样本下统计量也是有偏误的(向下偏倚),通常的 t 检验无法使用。迪基(Dicky)和富勒(Fuller)于 1976 年提出了这一情形下 t 统计量服从的分布(这时的 t 统计量也称为 τ 统计量),即 DF 分布(见表 5.2.2)。因此,检验仍然是采用普通最小二乘法估计式(5.2.11),计算 t 统计量的值,与 DF 分布表中给定显著性水平下的临界值比较。如果 t 统计量的值小于临界值(左尾单侧检验),这意味着 δ 足够小,则拒绝零假设 $H_0:\delta=0$,认为时间序列不存在单位根,是平稳的。

表 5.2.2 DF 分布临界值表

显著性水平	样本容量					t 分布临界值
	25	50	100	500	∞	($n=\infty$)
0.01	-3.75	-3.58	-3.51	-3.44	-3.43	-2.33
0.05	-3.00	-2.93	-2.89	-2.87	-2.86	-1.65
0.10	-2.63	-2.60	-2.58	-2.57	-2.57	-1.28

2. ADF 检验

在上述使用式(5.2.11)对时间序列进行平稳性检验中,实际上假定了时间序列是由具有白噪声随机干扰项的一阶自回归过程 AR(1) 生成的。但在实际检验中,时间序列可能由更高阶的自回归过程生成,或者随机干扰项并非是白噪声,这样用普通最小二乘法进行估计得到的 t 统计量的渐近分布会受到无关参数的干扰,导致 DF 检验无效。另外,如果时间序列包含有明显的随时间变化的某种趋势(如上升或下降),则 DF 检验必须保证能够除去这些趋势,否则时间趋势成分会进入干扰项。这两种情况都偏离了随机干扰项为白噪声的情形,统计量的渐近分布随之改变。

为了保证 DF 检验中随机误差项的白噪声特性，迪基和富勒对 DF 检验进行了扩充，形成了 ADF 检验（augment Dickey-Fuller test）。ADF 检验是通过下面三个模型完成的：

模型 1：
$$\Delta X_t = \delta X_{t-1} + \sum_{i=1}^{m} \beta_i \Delta X_{t-i} + \varepsilon_t \tag{5.2.12}$$

模型 2：
$$\Delta X_t = \alpha + \delta X_{t-1} + \sum_{i=1}^{m} \beta_i \Delta X_{t-i} + \varepsilon_t \tag{5.2.13}$$

模型 3：
$$\Delta X_t = \alpha + \beta T + \delta X_{t-1} + \sum_{i=1}^{m} \beta_i \Delta X_{t-i} + \varepsilon_t \tag{5.2.14}$$

原假设都是 $H_0:\delta=0$，即存在一单位根。

模型 3 中的 T 是时间变量，代表了时间序列随时间变化的某种趋势，同时含有截距 α，该模型是为了保证除去时间序列中的所有确定性趋势（如果存在）。模型 2 仅含有截距 α，模型 1 则不含任何确定性趋势项。

模型 1、2、3 中都增加了 ΔX_t 的滞后项，是为了消除时间序列由更高阶的自回归过程生成时模型（5.2.11）随机干扰项的序列相关，保证随机干扰项是白噪声。在进行实际检验时，一般采用本章第一节介绍的拉格朗日乘数检验（LM 检验）确定滞后阶数 m，或者其他数据依赖方法。由于 ADF 检验结果往往对滞后阶数较为敏感，有学者建议取较大的滞后阶数进行尝试。有些应用软件（例如 EViews）进行 ADF 检验时，具有自动筛选滞后阶数的功能，但一般是采用信息准则（例如 AIC、SC 等）确定滞后阶数。从理论上讲，信息准则主要是基于预测的均方误差最小，而单位根检验重要的是要消除检验模型的序列相关性，因此自动筛选功能有时并不能消除自相关性。

实际检验时从模型 3 开始，然后模型 2、模型 1。何时检验拒绝原假设，即原序列不存在单位根，为平稳序列，何时停止检验。否则，就要继续检验，直到检验完模型 1 为止。检验原理与 DF 检验相同，只是对模型 1、2、3 进行检验时，有各自相应的临界值表。表 5.2.3 给出了三个模型所使用的 ADF 分布临界值表。

ADF 检验的具体过程以及其中的若干问题，将在本节的案例中详细介绍。

表 5.2.3　三个模型使用的 ADF 分布临界值表

模型	统计量	样本容量	显著性水平			
			0.01	0.025	0.05	0.10
1	τ_δ	25	-2.66	-2.26	-1.95	-1.60
		50	-2.62	-2.25	-1.95	-1.61
		100	-2.60	-2.24	-1.95	-1.61
		250	-2.58	-2.23	-1.95	-1.61
		500	-2.58	-2.23	-1.95	-1.61
		>500	-2.58	-2.23	-1.95	-1.61

续表

模型	统计量	样本容量	显著性水平			
			0.01	0.025	0.05	0.10
2	τ_δ	25	-3.75	-3.33	-3.00	-2.62
		50	-3.58	-3.22	-2.93	-2.60
		100	-3.51	-3.17	-2.89	-2.58
		250	-3.46	-3.14	-2.88	-2.57
		500	-3.44	-3.13	-2.87	-2.57
		>500	-3.43	-3.12	-2.86	-2.57
	τ_α	25	3.41	2.97	2.61	2.20
		50	3.28	2.89	2.56	2.18
		100	3.22	2.86	2.54	2.17
		250	3.19	2.84	2.53	2.16
		500	3.18	2.83	2.52	2.16
		>500	3.18	2.83	2.52	2.16
3	τ_δ	25	-4.38	-3.95	-3.60	-3.24
		50	-4.15	-3.80	-3.50	-3.18
		100	-4.04	-3.73	-3.45	-3.15
		250	-3.99	-3.69	-3.43	-3.13
		500	-3.98	-3.68	-3.42	-3.13
		>500	-3.96	-3.66	-3.41	-3.12
	τ_α	25	4.05	3.59	3.20	2.77
		50	3.87	3.47	3.14	2.75
		100	3.78	3.42	3.11	2.73
		250	3.74	3.39	3.09	2.73
		500	3.72	3.38	3.08	2.72
		>500	3.71	3.38	3.08	2.72
	τ_β	25	3.74	3.25	2.85	2.39
		50	3.60	3.18	2.81	2.38
		100	3.53	3.14	2.79	2.38
		250	3.49	3.12	2.79	2.38
		500	3.48	3.11	2.78	2.38
		>500	3.46	3.11	2.78	2.38

从模型 3 转到模型 2 时，需要检验 $\beta=0$ 是否成立，不过这里 β 的 t 统计量仍然不服从正态分布；从模型 2 转到模型 1 时，需要检验 $\alpha=0$ 是否成立，这里 α 的 t 统计量也不服从正态分布。不过无论是哪种模型，无论真实的数据是一个单位根过程还是一个平稳过程，滞后项的 t 统计量都是服从正态分布的。

一个简单的检验是同时估计出上述三个模型的适当形式，然后通过 ADF 临界值表检验原假设 $H_0:\delta=0$。只要其中有一个模型的检验结果拒绝了原假设，就可以认为时间序列是平稳的。当三个模型的检验结果都不能拒绝原假设时，则认为时间序列是非平稳的。这里所谓模型适当的形式就是在每个模型中选取适当的滞后差分项，以使模型的残差项是一个白噪声（主要保证不存在自相关）。

五、单整时间序列

随机游走序列

$$X_t=X_{t-1}+\varepsilon_t$$

经差分后等价地变形为

$$\Delta X_t=X_t-X_{t-1}=\varepsilon_t \tag{5.2.15}$$

由于 ε_t 是一个白噪声，因此差分后的序列 $\{\Delta X_t\}$ 是平稳的。

如果一个时间序列经过一次差分变成平稳的，就称原序列是 1 阶单整（integrated of 1）序列，记为 $I(1)$。一般地，如果一个时间序列经过 d 次差分后变成平稳序列，则称原序列是 d 阶单整（integrated of d）序列，记为 $I(d)$。显然，$I(0)$ 代表一平稳时间序列。

现实经济生活中，只有少数经济指标的时间序列表现为平稳的，如利率等，而大多数指标的时间序列是非平稳的，如一些宏观经济总量序列常常是 2 阶单整的。在下面的案例中，将分别对平稳序列、1 阶单整序列和 2 阶单整序列进行检验。大多数非平稳的时间序列一般可通过一次或多次差分变为平稳的。但也有一些时间序列，无论经过多少次差分，都不能变为平稳的。这种序列被称为非单整的（non-integrated）。

六、案例——中国居民消费总量序列单位根检验

表 5.1.1 中列出了 1978—2018 年中国名义居民消费总量（CONS）数据，消除价格因素后，得到以 1990 年价格计算的实际居民消费总量（Y_t）的时间序列数据。

1. 对 Y_t 水平序列的检验

对 Y_t 水平序列进行单位根检验，目的是检验 Y_t 本身是否是平稳序列。采用拉格朗日乘数法检验模型残差项的序列相关性，发现只需要在检验模型中引入 1 阶滞后项即可以消除序列相关。于是，ADF 检验模型为：

模型 3：$\Delta Y_t=\alpha+\beta T+\delta Y_{t-1}+\beta_1\Delta Y_{t-1}+\varepsilon_t$

模型 2：$\Delta Y_t=\alpha+\delta Y_{t-1}+\beta_1\Delta Y_{t-1}+\varepsilon_t$

模型 1：$\Delta Y_t=\delta Y_{t-1}+\beta_1\Delta Y_{t-1}+\varepsilon_t$

首先估计模型 3，得到：

$$\Delta\hat{Y}_t=-331.37+49.69T+0.0233Y_{t-1}+0.5250\Delta Y_{t-1}$$
$$(307.53)\quad(25.89)\quad(0.0137)\quad(0.1582)$$

$n=39$, LM(1) = 0.027(0.868), LM(2) = 0.178(0.948), LM(3) = 2.785(0.425)

式中,列出了对直到 3 阶的序列相关的拉格朗日乘数检验统计量的值,其后括号内的数值为伴随概率(P 值)。当然,也可视情况进行更高阶的序列相关检验。从 Y_{t-1} 的参数估计看,其 t_δ 统计量的值为 0.023 3/0.013 7 = 1.698,大于 5%显著性水平下的临界值-3.530(该临界值可通过查 ADF 分布表获得,也可通过附录表文,在 $N=1$ 且存在常数项与趋势项的情况下计算得到。),因此,不能拒绝存在单位根的零假设。这里需要说明:ADF 检验的 t_δ 检验为单尾检验,只需将 t_δ 统计量的值与临界值进行直接比较。如果 t_δ 统计量的值不比临界值更小,则不能拒绝存在单位根的原假设;反之,则拒绝存在单位根的原假设。这不同于一般模型变量显著性 t 检验的双尾检验。另外,在采用软件进行 ADF 检验时,软件往往会自动给出 1%、5%和 10%显著性水平下的 t_δ 统计量的临界值,无须查 ADF 分布表。由于时间趋势项 T 的 t_T 统计量的值为 49.69/25.89 = 1.919,小于 5%显著性水平下的临界值 2.85(该临界值需通过查 ADF 分布表得到),因此,不能拒绝不存在时间趋势项的原假设。t_T 检验即为一般的变量显著性检验,不同的是临界值不能查 t 分布表得出。综合以上两项检验结果,需进一步估计和检验模型 2。

在这里需要指出,如果不拒绝原假设 $H_0:\beta=0$,则无论是否检验出单位根,都需采用模型 2 进行后续检验。如果拒绝原假设 $H_0:\beta=0$,则无论是否检验出单位根,都无须采用模型 2 进行后续检验。这时,如果检验表明不存在单位根,则称原序列为一个趋势平稳过程(trend stationary process)。如果检验表明存在单位根,则原序列是非平稳的。

估计模型 2 得到:

$$\Delta\hat{Y}_t=156.02+0.0334Y_{t-1}+0.6127\Delta Y_{t-1}$$
$$(179.73)\quad(0.0131)\quad(0.1570)$$

$n=39$, LM(1) = 0.015(0.902), LM(2) = 0.018(0.991), LM(3) = 3.057(0.383)

从 Y_{t-1} 的参数估计看,其 t_δ 统计量的值为 0.033 4/0.013 1 = 2.539,大于 5%显著性水平下的临界值-2.939(该临界值由软件给出或通过查 ADF 分布表获得),因此,不能拒绝存在单位根的原假设。同时,由于截距项的 t_α 统计量的值为 156.02/179.73 = 0.868,小于 5%显著性水平下的临界值 2.61(该临界值通过查 ADF 分布表得到),因此,不能拒绝不存在截距项的原假设。综合以上两项检验结果,需进一步估计和检验模型 1。

估计模型 1 得到:

$$\Delta\hat{Y}_t=0.0348Y_{t-1}+0.6277\Delta Y_{t-1}$$
$$(0.0130)\quad(0.1556)$$

$n=39$, LM(1) = 0.000(1.000), LM(2) = 0.000(1.000), LM(3) = 2.101(0.552)

从模型估计结果看到:Y_{t-1} 参数值的 t_δ 统计量的值为 0.034 8/0.013 0 = 2.673,大于 5%显著性水平下的临界值-1.950(该临界值由软件给出),因此,不能拒绝存在单位根的原假设。

上述检验得到的结论是:中国实际居民消费总量序列 Y_t 是非平稳的。如果仅仅为了检验 Y_t 的平稳性,检验工作到此结束。如果还希望进一步确定:Y_t 是否是单整序列?是多少阶的单整序列？需要继续进行检验。

2. 对 Y_t 的1次差分序列的检验

对 Y_t 的1次差分序列进行单位根检验，目的是检验 Y_t 经过1次差分后构成的序列是否是平稳序列。采用拉格朗日乘数法检验模型残差项的序列相关性，发现在检验模型中引入1阶滞后项即可以消除序列相关。于是，ADF 检验模型为：

模型3：$\Delta^2 Y_t=\alpha+\beta T+\delta\Delta Y_{t-1}+\beta_1\Delta^2 Y_{t-1}+\varepsilon_t$

模型2：$\Delta^2 Y_t=\alpha+\delta\Delta Y_{t-1}+\beta_1\Delta^2 Y_{t-1}+\varepsilon_t$

模型1：$\Delta^2 Y_t=\delta\Delta Y_{t-1}+\beta_1\Delta^2 Y_{t-1}+\varepsilon_t$

其中，$\Delta^2 Y_t$ 表示对 Y_t 进行两次差分。

估计模型3，得到：

$$\Delta^2\hat{Y}_t=-459.51+63.91T-0.2530\Delta Y_{t-1}-0.1642\Delta^2 Y_{t-1}$$
$$(341.94)\quad(27.24)\quad(0.1224)\qquad(0.1663)$$

$n=38$，LM(1) = 1.802(0.370)，LM(2) = 2.573(0.276)，LM(3) = 5.447(0.142)

从 ΔY_{t-1} 的参数值看，其 t_δ 统计量的值（$-0.2530/0.1224=-2.067$）大于5%显著性水平下的临界值（-3.533），因此，不能拒绝存在单位根的原假设。同时，由于时间趋势项 T 的 t_T 统计量的值（2.35），小于5%显著性水平下的临界值（2.85），因此，不能拒绝不存在时间趋势项的原假设。综合两项检验结果，需进一步估计和检验模型2。

估计模型2，得到：

$$\Delta^2\hat{Y}_t=218.45+0.0081\Delta Y_{t-1}-0.2627\Delta^2 Y_{t-1}$$
$$(194.26)\quad(0.0540)\qquad(0.1710)$$

$n=38$，LM(1) = 1.075(0.300)，LM(2) = 4.253(0.119)，LM(3) = 5.769(0.123)

从 ΔY_{t-1} 的参数值看，其 t_δ 统计量的值（$0.0081/0.0540=0.149$）大于5%显著性水平下的临界值（-2.941），因此，不能拒绝存在单位根的原假设。同时，由于截距项的 t_α 统计量的值（1.12），小于5%显著性水平下的临界值（2.61），因此，不能拒绝不存在截距项的原假设。综合两项检验结果，需进一步估计和检验模型1。

估计模型1，得到：

$$\Delta^2\hat{Y}_t=0.0521\Delta Y_{t-1}-0.2695\Delta^2 Y_{t-1}$$
$$(0.0374)\qquad(0.1715)$$

$n=38$，LM(1) = 0.432(0.511)，LM(2) = 4.669(0.096)，LM(3) = 4.937(0.177)

ΔY_{t-1} 参数值的 t_δ 统计量的值（$0.0521/0.0374=1.394$）大于5%显著性水平下的临界值（-1.950），因此，不能拒绝存在单位根的原假设。

三个模型中 ΔY_{t-1} 参数估计值的 t_δ 统计量的值均大于各自的临界值，因此不能拒绝存在单位根的原假设，即中国实际居民消费总量的1阶差分序列 ΔY_t 是非平稳的。

3. 对 Y_t 的2次差分序列的检验

对 Y_t 的2次差分序列进行单位根检验，目的是检验 Y_t 经过2次差分后构成的序列是否是平稳序列。

对于模型 3，EViews 软件提供的自动确定滞后阶数功能，确定滞后阶数为 2。当然，采用拉格朗日乘数检验确定的滞后阶数也是 2 阶。于是，模型 3 的估计结果为：

$$\Delta^3 \hat{Y}_t = -98.63 + 22.67T - 2.133\ 2\Delta^2 Y_{t-1} + 0.733\ 1\Delta^3 Y_{t-1} + 0.409\ 5\Delta^3 Y_{t-2}$$
$$(304.04)\ (12.90)\ (0.364\ 1)\qquad (0.278\ 5)\qquad (0.171\ 8)$$

$n=36$，LM(1) = 0.007(0.931)，LM(2) = 1.119(0.572)，LM(3) = 2.829(0.419)

其中，$\Delta^3 Y_t$表示对 Y_t进行 3 次差分。从 $\Delta^2 Y_{t-1}$的参数值看，其 t_δ统计量的值（$-2.133\ 2/0.364\ 1=-5.86$）小于 5%显著性水平下的临界值（-3.54），甚至也小于 1%显著性水平下的临界值（-4.23），因此，拒绝存在单位根的原假设。但由于时间趋势项 T 的 t_T统计量的值（1.78），小于 5%显著性水平下的临界值（2.85），因此，不能拒绝不存在时间趋势项的原假设，需进一步估计和检验模型 2。

对模型 2，经检验，模型的随机干扰项不存在自相关性，因此无须引入 $\Delta^3 Y_t$的滞后项。于是，模型 2 的估计为：

$$\Delta^3 \hat{Y}_t = 239.54 - 1.256\ 6\Delta^2 Y_{t-1}$$
$$(132.09)\ (0.163\ 8)$$

$n=36$，LM(1) = 0.124(0.725)，LM(2) = 2.787(0.248)，LM(3) = 2.840(0.417)

从 $\Delta^2 Y_{t-1}$的参数值看，其 t_δ统计量的值（$-1.256\ 6/0.163\ 8=-7.67$）小于 5%显著性水平下的临界值（-2.94），因此，拒绝存在单位根的原假设。同时，由于截距项的 t_α统计量的值（1.81），小于 5%显著性水平下的临界值（2.61），因此，不拒绝不存在截距项的原假设。需进一步估计与检验模型 1。

经检验，模型 1 的随机干扰项不存在自相关性，无须引入任何滞后项，其估计为：

$$\Delta^3 \hat{Y}_t = -1.195\ 9\Delta^2 Y_{t-1}$$
$$(0.165\ 3)$$

$n=36$，LM(1) = 0.000(1.000)，LM(2) = 0.000(1.000)，LM(3) = 0.000(1.000)

从 $\Delta^2 Y_{t-1}$的参数值看，其 t_δ统计量的值（$-1.195\ 9/0.165\ 3=-7.24$）小于 5%显著性水平下的临界值（-1.95），因此，拒绝存在单位根的原假设。

综合上述检验结果，Y 的 2 阶差分序列不存在单位根。于是得到结论：中国实际居民消费总量的 2 阶差分序列 $\Delta^2 Y_t$是平稳的。进一步可以说，中国实际居民消费总量序列是一个 2 阶单整序列，即 $Y_t \sim I(2)$ 。

4. 对 Y_t增长率序列的检验

利用实际居民消费总量（Y_t）时间序列数据，可以计算居民消费总量的年增长率时间序列$\left(\dfrac{Y_t}{Y_{t-1}}-1\right)\times 100$，用 GY_t表示。对 GY_t进行 ADF 单位根检验，以检验其平稳性。

首先，对 GY_t的水平序列进行检验，经尝试，检验模型无须引入滞后项，模型的残差项也不存在序列相关。模型 3 的估计结果：

$$\Delta G\hat{Y}_t = 4.354\ 8 + 0.020\ 0T - 0.545\ 6GY_{t-1}$$
$$(1.526\ 9)\ (0.037\ 9)\ (0.145\ 4)$$

$n=39$, LM(1) = 0.563(0.453), LM(2) = 2.122(0.346), LM(3) = 2.152(0.542)

从 GY_{t-1} 的参数值看，其 t_δ 统计量的值（−0.545 6/0.145 4 = −3.75）小于 5% 显著性水平下的临界值（−3.53），因此，拒绝存在单位根的原假设。但由于时间趋势项 T 的 t_T 统计量的值（0.53）小于 5% 水平下的临界值（2.85），因此，不能拒绝不存在时间趋势项的原假设，需进一步估计和检验无时间趋势项模型。估计结果如下：

$$\Delta\widehat{GY}_t = 4.711\,7 - 0.538\,4 GY_{t-1}$$
$$(1.356\,2)\quad(0.143\,4)$$

$n=38$, LM(1) = 0.537(0.464), LM(2) = 2.487(0.288), LM(3) = 2.491(0.477)

容易验证，GY_{t-1} 的参数估计的 t 统计量的值（−3.76）小于 5% 显著性水平下的临界值（−2.94），因此，拒绝存在单位根的原假设；同时，5% 显著性水平下拒绝不存在截距项的原假设，无需进一步检验模型。于是得到结论：中国实际居民消费总量增长率序列是平稳的。

5. 对 Y_t 的对数序列的检验

对实际居民消费总量（Y_t）时间序列数据取对数，构成新的时间序列 $\ln Y_t$。对 $\ln Y_t$ 进行 ADF 单位根检验，以检验其平稳性。

首先对 $\ln Y_t$ 的水平序列进行检验，容易发现，三个模型中 $\Delta\ln Y_{t-1}$ 参数估计值的 t_δ 统计量的值均大于各自的临界值，因此不能拒绝存在单位根的原假设，即中国实际居民消费总量的对数序列 $\ln Y_t$ 是非平稳的（留作练习）。

再对 $\ln Y_t$ 的 1 阶差分序列进行检验，拉格朗日乘数检验表明无须引入滞后项，即确定滞后阶数为 0。经尝试，对模型 3 的检验发现虽然在 5% 显著性水平下不存在单位根，但不拒绝不存在时间趋势项的假设，因此需继续对模型 2 进行检验。模型 2 的估计结果为：

$$\Delta^2\ln\hat{Y}_t = 0.044\,5 - 0.533\,1\Delta\ln Y_{t-1}$$
$$(0.012\,9)\quad(0.143\,0)$$

$n=39$, LM(1) = 0.547(0.460), LM(2) = 2.412(0.299), LM(3) = 2.429(0.488)

从 $\Delta\ln Y_{t-1}$ 的参数值看，其 t_δ 统计量的值（−0.533 1/0.143 0 = −3.73）小于 5% 显著性水平下的临界值（−2.94），因此，拒绝存在单位根的原假设。同时，5% 显著性水平下，拒绝不存在截距项的假设，无须进一步检验模型 1。于是得到结论：中国实际居民消费总量的对数序列 $\ln Y_t$ 是 1 阶单整序列，即 $\ln Y_t \sim I(1)$。

从这里发现，2 阶单整序列取对数后构成的序列为 1 阶单整序列。在实际的宏观经济分析中，由于许多宏观经济时间序列都是 2 阶单整序列，人们经常首先将它们取对数，然后分析对数序列之间的关系，就是为了利用 1 阶单整序列良好的统计性质。

类似地，可以采用表 5.1.1 中列出的 1978—2018 年中国居民实际可支配收入（X_t）时间序列数据，进行单位根检验。检验结果是：中国居民实际可支配收入序列为 2 阶单整序列，即 $X_t \sim I(2)$；中国居民实际可支配收入的对数序列是 1 阶单整序列，即 $\ln X_t \sim I(1)$；中国居民实际可支配收入增长率序列是平稳的。具体检验过程作为练习题，由读者自己完成。

*七、趋势平稳与差分平稳随机过程

前面已指出,一些非平稳的经济时间序列往往表现出共同的变化趋势,而这些序列间本身不一定有直接的因果关系,这时对这些数据进行回归,尽管有较高的 R^2,但其结果是没有任何实际意义的。这种现象我们称为虚假回归。如用中国的劳动力时间序列与美国 GDP 时间序列作回归,会得到较高的 R^2,但不能认为两者有直接的因果关系,而只不过它们有共同的趋势罢了,这种回归结果被认为是虚假的。

为了避免这种虚假回归的产生,通常的做法是引入作为趋势变量的时间,这样包含有时间趋势变量的回归,可以消除这种趋势性的影响。然而这种做法,只有当趋势变量是确定性的而非随机性的,才会有效。换言之,一个包含有某种确定性趋势的非平稳时间序列,可以通过引入表示这一确定性趋势的趋势变量,而将确定性趋势分离出来。

考虑如下的含有一阶自回归的随机过程:

$$X_t=\alpha+\beta T+\rho X_{t-1}+\varepsilon_t \tag{5.2.16}$$

其中 ε_t 是一白噪声,T 为一时间趋势。

如果 $\rho=1,\beta=0$,则式(5.2.16)成为一带位移的随机游走过程:

$$X_t=\alpha+X_{t-1}+\varepsilon_t \tag{5.2.17}$$

根据 α 的正负,X_t 表现出明显的上升或下降趋势。这种趋势称为随机性趋势(stochastic trend)。

如果 $\rho=0,\beta\neq 0$,则式(5.2.16)成为一带时间趋势的随机变化过程:

$$X_t=\alpha+\beta T+\varepsilon_t \tag{5.2.18}$$

根据 β 的正负,X_t 表现出明显的上升或下降趋势。这种趋势称为确定性趋势(deterministic trend)。

如果 $\rho=1,\beta\neq 0$,则 X_t 包含有确定性与随机性两种趋势。

判断一个非平稳的时间序列的趋势是随机性的还是确定性的,可通过 ADF 检验中所用的第 3 个模型进行。该模型中已引入了表示确定性趋势的时间变量 T,即分离出了确定性趋势的影响。因此,如果检验结果表明所给时间序列有单位根,且时间变量前的参数为零,则该序列显示出随机性趋势;如果没有单位根,且时间变量前的参数显著地异于零,则该序列显示出确定性趋势。

随机性趋势可通过差分的方法消除,如式(5.2.17)可通过差分变换为 $\Delta X_t=\alpha+\mu_t$。该时间序列 X_t 称为差分平稳过程(difference stationary process);而确定性趋势无法通过差分的方法消除,只能通过除去趋势项消除,如式(5.2.18)可通过除去 βT 变换为 $X_t-\beta T=\alpha+\varepsilon_t$,$\varepsilon_t$ 是平稳的,因此 X_t 称为趋势平稳过程(trend stationary process)。

最后需要说明的是,趋势平稳过程代表了一个时间序列长期稳定的变化过程,因而用于进行长期预测更为可靠。

§5.3 协整检验与误差修正模型

对于时间序列数据，如果通过平稳性检验表明序列为非平稳序列，能否建立经典计量经济学模型？例如，在§5.2中，对于中国居民消费总量和居民可支配收入序列，采用ADF检验，已经表明它们都是2阶单整序列，那么，在§5.1的案例中所建立的以居民可支配收入为解释变量的中国居民消费总量模型是否正确？本节将讨论这个问题。

一、长期均衡关系与协整

经济理论指出，某些经济变量间确实存在长期均衡关系。这种均衡关系意味着经济系统不存在破坏均衡的内在机制。如果变量在某时期受到干扰后偏离其长期均衡点，则均衡机制将会在下一期进行调整以使其重新回到均衡状态。

假设 X 与 Y 之间的长期"均衡关系"由下式描述

$$Y_t=\alpha_0+\alpha_1 X_t+\mu_t \tag{5.3.1}$$

式中 μ_t 是随机干扰项。该均衡关系意味着给定 X 的一个值，Y 相应的均衡值也随之确定为 $\alpha_0+\alpha_1 X$。在 $t-1$ 期末，存在下述三种情形之一：

（1）Y 等于它的均衡值

$$Y_{t-1}=\alpha_0+\alpha_1 X_{t-1} \tag{5.3.2}$$

（2）Y 小于它的均衡值

$$Y_{t-1}<\alpha_0+\alpha_1 X_{t-1}$$

（3）Y 大于它的均衡值

$$Y_{t-1}>\alpha_0+\alpha_1 X_{t-1}$$

在时期 t，假设 X 有一个变化量 ΔX_t，如果变量 X 与 Y 在 t 期与 $t-1$ 期末仍满足长期均衡关系，则 Y 的相应变化量 ΔY_t 由下式给出：

$$\Delta Y_t=\alpha_1\Delta X_t+\nu_t \tag{5.3.3}$$

式中，$\nu_t=\mu_t-\mu_{t-1}$。然而情况往往并非如此。如果 $t-1$ 期末，发生了上述第二种情况，即 Y 的值小于其均衡值，则 Y 的变化往往会比第一种情形下 Y 的变化 ΔY_t 大一些；反之，如果 Y 的值大于其均衡值，则 Y 的变化往往会小于第一种情形下的 ΔY_t。

可见，如果式(5.3.1)正确地提示了 X 与 Y 之间长期稳定的"均衡关系"，则意味着 Y 对其均衡点的偏离从本质上说是"临时性"的。因此，一个重要的假设就是随机干扰项 μ_t 必须是平稳序列。显然，如果 μ_t 有随机性趋势（上升或下降），则会导致 Y 对其均衡点的任何偏离都会被长期累积下来而不能被消除。

式(5.3.1)中的随机干扰项μ_t也被称为非均衡误差(disequilibrium error),它是变量X与Y的一个线性组合:

$$\mu_t = Y_t - \alpha_0 - \alpha_1 X_t \tag{5.3.4}$$

因此,如果式(5.3.1)所揭示的X与Y之间的长期均衡关系正确,式(5.3.4)表述的非均衡误差应是一平稳时间序列,并且具有零均值,即μ_t是具有零均值的$I(0)$序列。

正像前面所指出的,许多经济变量是非平稳的,即它们是1阶或高阶的单整时间序列。但从这里我们已看到,非平稳的时间序列的线性组合也可能成为平稳的。如假设式(5.3.1)中的X与Y是$I(1)$序列,如果该式所表述的它们之间的长期均衡关系成立,则意味着由非均衡误差式(5.3.4)给出的线性组合是$I(0)$序列。这时我们称变量X与Y是**协整的**。

一般地,如果序列$X_{1t}, X_{2t}, \cdots, X_{kt}$都是$d$阶单整的,存在向量$\boldsymbol{\alpha} = (\alpha_1, \alpha_2, \cdots, \alpha_k)$,使得$Z_t = \boldsymbol{\alpha X}_t' \sim I(d-b)$,其中,$b>0$,$\boldsymbol{X}_t = (X_{1t}, X_{2t}, \cdots, X_{kt})$,则认为序列$X_{1t}, X_{2t}, \cdots, X_{kt}$是$(d,b)$阶协整,记为$\boldsymbol{X}_t \sim CI(d,b)$,$\boldsymbol{\alpha}$为协整向量(cointegrated vector)。

由此可见,如果两个变量都是单整变量,只有当它们的单整阶相同时,才可能协整;如果它们的单整阶不相同,就不可能协整。

三个以上的变量,如果具有不同的单整阶数,有可能经过线性组合构成低阶单整变量。例如,如果存在:

$$W_t \sim I(1), \quad V_t \sim I(2), \quad U_t \sim I(2)$$

并且

$$P_t = aV_t + bU_t \sim I(1)$$
$$Q_t = cW_t + eP_t \sim I(0)$$

那么认为

$$V_t, U_t \sim CI(2,1)$$
$$W_t, P_t \sim CI(1,1)$$

从协整的定义可以看出,(d,d)阶协整是一类非常重要的协整关系,它的经济意义在于:两个变量,虽然它们具有各自的长期波动规律,但是如果它们是(d,d)阶协整的,则它们之间存在着一个长期稳定的比例关系。经济现象中,人们最为关心的是$(1,1)$阶协整。例如,前面提到的中国居民消费总量Y和居民可支配收入X,它们取对数后的序列$\ln Y$与$\ln X$各自都是1阶单整序列,如果$\ln Y$与$\ln X$是$(1,1)$阶协整的,说明它们的对数序列间存在一个长期稳定的比例关系。从计量经济学模型的意义上讲,建立如下居民消费总量函数模型:

$$\ln Y_t = \alpha_0 + \alpha_1 \ln X_t + \mu_t$$

其变量选择是合理的,随机误差项也一定是$I(0)$序列,而且模型参数有合理的经济解释。这也解释了尽管这两时间序列是非平稳的,但却可以用经典的回归分析方法建立双对数因果关系回归模型的原因。

从这里,我们已经初步认识,检验变量之间的协整关系在建立计量经济学模型中是非常重要的。而且,从变量之间是否具有协整关系出发选择模型的变量,其数据基础是牢固的,其统计性质是优良的。

二、协整的检验

1. 两变量的 Engle-Granger 检验

在时间序列分析中，最令人关注的一种协整关系是(1,1)阶协整。为了检验两个均呈现1阶单整的变量 Y_t，X_t是否为协整，恩格尔和格兰杰于1987年提出两步检验法，也称为EG检验。

第一步，用普通最小二乘法估计方程(5.3.1)并计算非均衡误差，得到：

$$\hat{Y}_t = \hat{\alpha}_0 + \hat{\alpha}_1 X_t$$

$$e_t = Y_t - \hat{Y}_t$$

称为协整回归(cointegrating)或静态回归(static regression)。

第二步，检验 e_t的平稳性。如果 e_t为平稳序列 $I(0)$，则认为变量 Y_t，X_t为(1,1)阶协整；否则，认为变量 Y_t，X_t不存在协整关系。

检验 e_t的平稳性的方法即使用 DF 检验或者 ADF 检验。由于协整回归中已含有截距项，则检验模型中无须再用截距项；如果协整回归中还含有趋势项，则检验模型中也无须再用时间趋势项。使用模型1：

$$\Delta e_t = \delta e_{t-1} + \sum_{i=1}^{p} \theta_i \Delta e_{t-i} + \varepsilon_t$$

进行检验时，拒绝原假设 $H_0:\delta=0$，意味着误差项 e_t是平稳序列，从而说明 X 与 Y 是协整的。

一个需要注意的问题是，这里的 DF 或 ADF 检验是针对协整回归计算出的误差项 e_t而非真正的非均衡误差 μ_t进行的。而普通最小二乘法采用了残差最小平方和原理，因此估计量 δ 往往是向下偏倚的，这样将导致拒绝零假设的机会比实际情形大。于是对 e_t平稳性检验的 DF 与 ADF 临界值应该比正常的 DF 与 ADF 临界值还要小。麦金龙(MacKinnon,1991)通过模拟试验给出了协整检验的临界值，表5.3.1是双变量情形下不同样本容量的临界值。通过本教材附录表六的协整检验临界值表，可以查找计算模型中包含不同变量个数所对应的临界值。

表 5.3.1　双变量协整 ADF 检验临界值

样本容量	显著性水平		
	0.01	0.05	0.10
25	-4.37	-3.59	-3.22
50	-4.12	-3.46	-3.13
100	-4.01	-3.39	-3.09
∞	-3.90	-3.33	-3.05

例 5.3.1

对表 5.1.1 中经居民消费价格指数调整后的 1978—2018 年中国居民消费总量 Y_t 与居民可支配收入 X_t 的数据，检验它们的对数序列 $\ln Y_t$ 与 $\ln X_t$ 间的协整关系。

§5.2 中已经检验得到 $\ln Y_t$ 是 1 阶单整序列，容易检验 $\ln X_t$ 也是 1 阶单整序列（留作练习），即 $\ln Y_t \sim I(1)$，$\ln X_t \sim I(1)$。图 5.3.1 给出了 $\ln Y$ 与 $\ln X$ 的时间序列图示，可以看出两者具有相当一致的变化特征，初步表明它们之间可能存在协整关系。下面采用两变量的 Engle-Granger 检验方法进一步进行检验。

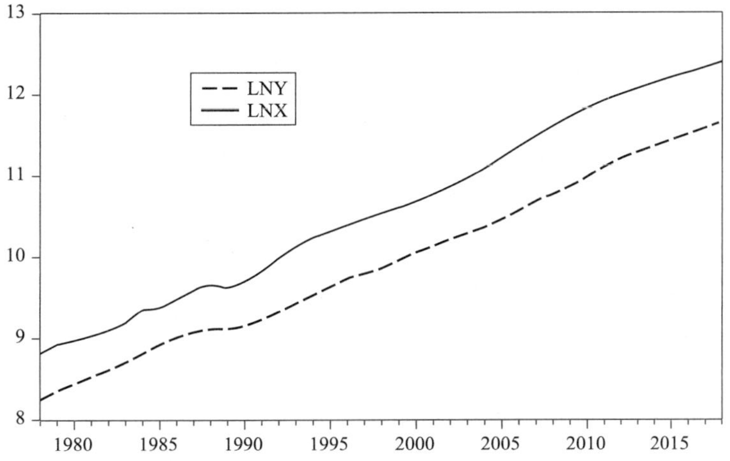

图 5.3.1 lnY 与 lnX 的时间序列

首先，对 $\ln Y_t$ 与 $\ln X_t$ 做如下协整回归

$$\ln \hat{Y}_t = 0.314\ 2 + 0.907\ 9 \ln X_t$$

$$n = 41, R^2 = 0.997\ 2$$

然后，对该式计算的残差序列 e_t 进行 ADF 检验，赤池信息准则（AIC）下需选取 4 阶滞后，拉格朗日乘数检验发现此时也不存在自相关性，因此适当的检验模型为

$$\Delta \hat{e}_t = -0.407 e_{t-1} + 0.329 \Delta e_{t-1} + 0.219 \Delta e_{t-2} + 0.138 \Delta e_{t-3} + 0.447 \Delta e_{t-4}$$

$$(0.126) \qquad (0.165) \quad (0.164) \qquad (0.161) \qquad (0.162)$$

$$\mathrm{LM}(1) = 3.11(0.128), \mathrm{LM}(2) = 5.184(0.075), \mathrm{LM}(3) = 5.873(0.118)$$

由本书附录表六的协整检验临界值表容易算得，5%的显著性水平下协整的 ADF 检验临界值为 $-3.337\ 7 - \dfrac{5.967}{41} - \dfrac{8.98}{41^2} = -3.488$，$e_{t-1}$ 前参数的 t 统计量的值为 $-0.407/0.126 = -3.231$，没有比上述临界值更“小”，因此，在 5%的显著性水平下不拒绝存在单位根的假设。但在 10%的显著性水平下，协整检验的临界值为 -3.149，t 统计量的绝对值大于该临界值的绝对值。考虑到其他检验方法（如 JJ 检验）显示 $\ln Y_t$ 与 $\ln X_t$ 存在协整关系，综合判断，中国居民消费总量的对数序列与居民可支配收入的对数序列是（1,1）阶协整的，表明总体上可以认可这两个变量的对数序列间存在长期稳定的“均衡”关系。

2. 多变量协整关系的检验

多变量协整关系的检验要比双变量复杂一些，主要原因在于协整变量间可能存在多种稳定的线性组合。假设有 4 个 $I(1)$ 变量 Z、X、Y、W，它们有如下的长期均衡关系：

$$Z_t=\alpha_0+\alpha_1 W_t+\alpha_2 X_t+\alpha_3 Y_t+\mu_t \tag{5.3.5}$$

其中，非均衡误差项 μ_t 应是 $I(0)$ 序列：

$$\mu_t=Z_t-\alpha_0-\alpha_1 W_t-\alpha_2 X_t-\alpha_3 Y_t \tag{5.3.6}$$

然而，如果 Z 与 W，X 与 Y 间分别存在长期均衡关系：

$$Z_t=\beta_0+\beta_1 W_t+\nu_{1t}$$

$$X_t=\gamma_0+\gamma_1 Y_t+\nu_{2t}$$

则非均衡误差项 ν_{1t}、ν_{2t} 一定是稳定序列 $I(0)$。于是它们的任意线性组合也是稳定的。例如

$$\nu_t=\nu_{1t}+\nu_{2t}=Z_t-\beta_0-\gamma_0-\beta_1 W_t+X_t-\gamma_1 Y_t \tag{5.3.7}$$

一定是 $I(0)$ 序列。由于 ν_t 像式(5.3.6)中的 μ_t 一样，也是 Z、X、Y、W 四个变量的线性组合，由此式(5.3.7)也成为该四变量的另一稳定线性组合。$(1,-\alpha_0,-\alpha_1,-\alpha_2,-\alpha_3)$ 是对应于式(5.3.6)的协整向量，$(1,-\beta_0-\gamma_0,-\beta_1,1,-\gamma_1)$ 是对应于式(5.3.7)的协整向量。

对于多变量的协整检验过程，基本与双变量情形相同，即需检验变量是否具有同阶单整性，以及是否存在稳定的线性组合。后者需通过设置一个变量为被解释变量，其他变量为解释变量，进行普通最小二乘估计并检验残差序列是否平稳。如果不平稳，则需更换被解释变量，进行同样的普通最小二乘估计及相应的残差项检验。当所有的变量都被作为被解释变量检验之后，仍不能得到平稳的残差项序列，则认为这些变量间不存在(1,1)阶协整。

同样地，检验残差项是否平稳的 DF 与 ADF 检验临界值要比通常的 DF 与 ADF 检验临界值小，而且该临界值还受到所检验的变量个数的影响。表 5.3.2 给出了麦金龙(1991)通过模拟试验得到的不同变量协整检验的临界值(其一般计算公式见附录六)。

表 5.3.2　多变量协整检验 ADF 临界值

样本容量	变量数=3			变量数=4			变量数=6		
	显著性水平			显著性水平			显著性水平		
	0.01	0.05	0.1	0.01	0.05	0.1	0.01	0.05	0.1
25	−4.92	−4.1	−3.71	−5.43	−4.56	−4.15	−6.36	−5.41	−4.96
50	−4.59	−3.92	−3.58	−5.02	−4.32	−3.98	−5.78	−5.05	−4.69
100	−4.44	−3.83	−3.51	−4.83	−4.21	−3.89	−5.51	−4.88	−4.56
∞	−4.30	−3.74	−3.45	−4.65	−4.1	−3.81	−5.24	−4.7	−4.42

约翰森(Johansen)于 1988 年，以及与居斯利斯(Juselius)一起于 1990 年提出了一种基于向量自回归模型的多重协整检验方法，通常称为 Johansen 检验，或 JJ 检验，是一种进行多重协整检验的较好方法。这种方法将在高级课程中介绍。

3. 高阶单整变量的 Engle-Granger 检验

EG 检验是针对 2 个及多个 $I(1)$ 变量之间的协整关系检验而提出的。在实际宏观经济

研究中,经常需要检验2个或多个高阶单整变量之间的协整关系,例如§5.2节中两个$I(2)$变量(中国居民消费总量Y_t与居民可支配收入X_t)之间的协整。虽然从直观上看,可以用EG检验,也有许多这样的例子,但是从理论上讲,是不严谨的,因为残差单位根检验的分布肯定发生改变,并且没有成熟的临界值分布表。

三、关于均衡与协整关系的再讨论

本节第一部分已经对长期均衡与协整的关系进行了说明。但是,在实际应用研究中,逻辑上的错误随处可见。许多应用研究以这样的思路展开:首先对时间序列进行单位根检验;然后进行多个同阶单整时间序列的协整检验;最后将协整回归方程认定为长期均衡方程。结果是经常得到一些经济行为无法解释的甚至是荒谬的“长期均衡关系”。

协整方程不一定是均衡方程。它们之间至少存在以下差异:

(1) 协整方程具有统计意义,而均衡方程具有经济意义。时间序列之间在经济上存在均衡关系,在统计上一定存在协整关系;反之,在统计上存在协整关系的时间序列之间,在经济上并不一定存在均衡关系。协整关系是均衡关系的必要条件,而不是充分条件。

(2) 均衡方程中应该包含均衡系统中的所有时间序列,而协整方程中可以只包含其中的一部分时间序列。例如,支出法GDP和最终消费总额、资本形成总额、货物和服务净出口总额之间存在均衡关系,包含该4个序列的协整方程同时也是均衡方程;而GDP和最终消费总额之间,甚至最终消费总额和资本形成总额之间都可能存在协整关系,但是这些协整方程显然不是经济上的均衡方程,因为经济上的均衡关系是发生在4个序列之间的。

(3) 协整均衡方程只要求随机项是平稳的,而均衡方程要求随机项是白噪声。从EG检验中可以看到,对协整回归计算的残差,只要求它是平稳的。而一个描述经济变量之间均衡关系的计量经济学模型,则要求随机项是白噪声,才能满足模型的基本假设。

最重要的是第(1)点,所以,不能由协整关系导出均衡关系,只能用协整关系检验均衡关系。

四、误差修正模型

1. 误差修正模型的含义

前面已经提到,对于非平稳时间序列,可通过差分的方法将其化为平稳序列,然后才可建立经典的回归分析模型。例如,如果人均消费水平(Y)和人均可支配收入(X)都是1阶单整序列,当我们可以建立二者之间的回归模型

$$Y_t=\alpha_0+\alpha_1 X_t+\mu_t \tag{5.3.8}$$

时,如果Y与X具有共同的向上或向下的变化趋势,为了避免虚假回归,通常需要通过差分的方法消除变量的共同变化趋势,使之成为稳定序列,再建立差分回归模型

$$\Delta Y_t=\alpha_1 \Delta X_t+\nu_t \tag{5.3.9}$$

式中，$\nu_t=\mu_t-\mu_{t-1}$。

然而，这种做法会引起两个问题：一是，如果 X 与 Y 间存在着长期稳定的均衡关系式(5.3.8)，即使误差项 μ_t 不存在序列相关，差分式(5.3.9)中的 ν_t 也是序列相关的；二是，如果采用式(5.3.9)的差分形式进行估计，则关于变量水平值的重要信息将被忽略。这时模型只表达了 X 与 Y 之间的短期关系，而没有揭示它们之间的长期关系。因为，从长期均衡的观点看，Y 在第 t 期的变化不仅取决于 X 本身的变化，还取决于 X 与 Y 在 $t-1$ 期末的状态，尤其是 X 与 Y 在 $t-1$ 期的不平衡程度。

另外，使用差分变量也往往会得出不能令人满意的回归方程。例如，使用式(5.3.9)回归时，很少出现截距项显著为零的情况，即我们常常会得到如下形式的方程：

$$\Delta Y_t=\hat{\alpha}_0+\hat{\alpha}_1\Delta X_t+\nu_t,\hat{\alpha}_0\neq 0 \tag{5.3.10}$$

如果使用式(5.3.10)，即使 X 保持不变，Y 也会处于长期上升($\hat{\alpha}_0>0$)或下降($\hat{\alpha}_0<0$)的过程中，这意味着 X 与 Y 之间不存在静态均衡(static equilibrium)。这与大多数具有静态均衡的经济理论假说不相符。

可见，简单差分不一定能解决非平稳时间序列所遇到的全部问题，因此，误差修正模型便应运而生。

误差修正模型(error correction model，ECM)是一种具有特定形式的计量经济学模型，它的主要形式是由戴维森(Davidson)、亨德瑞(Hendry)、斯巴(Srba)和耶(Yeo)于1978 年提出的，称为 DHSY 模型。为了便于理解，我们通过一个具体的模型来介绍它的结构。

假设两变量 X 与 Y 的长期均衡关系如式(5.3.8)所示，由于现实经济中 X 与 Y 很少处在均衡点上，所以我们实际观测到的只是 X 与 Y 之间短期的或非均衡的关系，假设它具有如下(1,1)阶自回归分布滞后模型(autoregressive distributed lag model，ADL)的形式

$$Y_t=\beta_0+\beta_1X_t+\beta_2X_{t-1}+\delta Y_{t-1}+\mu_t \tag{5.3.11}$$

该模型显示，第 t 期的 Y 值不仅与 X 的变化有关，而且与 $t-1$ 期末 X 与 Y 的状态值有关。

对式(5.3.11)适当变形得

$$\begin{aligned}\Delta Y_t&=\beta_0+\beta_1\Delta X_t+(\beta_1+\beta_2)X_{t-1}-(1-\delta)Y_{t-1}+\mu_t\\&=\beta_1\Delta X_t-(1-\delta)\left(Y_{t-1}-\frac{\beta_0}{1-\delta}-\frac{\beta_1+\beta_2}{1-\delta}X_{t-1}\right)+\mu_t\end{aligned}$$

或

$$\Delta Y_t=\beta_1\Delta X_t-\lambda(Y_{t-1}-\alpha_0-\alpha_1X_{t-1})+\mu_t \tag{5.3.12}$$

式中，$\lambda=1-\delta$，$\alpha_0=\beta_0/(1-\delta)$，$\alpha_1=(\beta_1+\beta_2)/(1-\delta)$。

如果将式(5.3.12)中的参数 α_0，α_1 与式(5.3.8)中的相应参数视为相等，则式(5.3.12)中括号内的项就是 $t-1$ 期的非均衡误差项。于是式(5.3.12)表明 Y 的变化取决于 X 的变化以及前一时期的非均衡程度。同时，式(5.3.12)也弥补了简单差分式(5.3.9)的不足，因为该式含有用 X，Y 水平值表示的前期非均衡程度。因此，Y 的值已对前期的非均衡程度做出了修正。式(5.3.12)称为 1 阶误差修正模型(first-order error correction model)。

模型(5.3.12)可以写成：

$$\Delta Y_t=\beta_1\Delta X_t-\lambda\,\mathrm{ecm}_{t-1}+\mu_t \tag{5.3.13}$$

其中 ecm 表示误差修正项。由式(5.3.13)可知,一般情况下 $|\delta|<1$,所以有 $0<\lambda<1$。我们可以据此分析 ecm 的修正作用:若 $t-1$ 时刻 Y 大于其长期均衡解 $\alpha_0+\alpha_1 X$,ecm 为正,则 $-\lambda\cdot$ ecm 为负,使得 ΔY_t减少;若 $t-1$ 时刻 Y 小于其长期均衡解 $\alpha_0+\alpha_1 X$,ecm 为负,$-\lambda\cdot$ ecm 为正,使得 ΔY_t增大。这体现了长期非均衡误差对 Y_t的控制。

需要注意的是,在实际分析中,变量常以对数的形式出现。其主要原因在于变量对数的差分近似地等于该变量的变化率,而经济变量的变化率常常是稳定序列,因此适合于包含在经典回归方程中。于是长期均衡模型(5.3.8)中的 α_1可视为 Y 关于 X 的长期弹性(long-run elasticity),而短期非均衡模型(5.3.11)中的 β_1可视为 Y 关于 X 的短期弹性(short-run elasticity)。

更复杂的误差修正模型可依照 1 阶误差修正模型类似地建立。如具有季度数据的变量,可在短期非均衡模型(5.3.11)中引入更多的滞后项。引入二阶滞后项的模型为

$$Y_t=\beta_0+\beta_1 X_t+\beta_2 X_{t-1}+\beta_3 X_{t-2}+\delta_1 Y_{t-1}+\delta_2 Y_{t-2}+\mu_t \tag{5.3.14}$$

经过适当的恒等变形,可得如下误差修正模型

$$\Delta Y_t=-\delta_2\Delta Y_{t-1}+\beta_1\Delta X_t-\beta_3\Delta X_{t-1}-\lambda(Y_{t-1}-\alpha_0-\alpha_1 X_{t-1})+\mu_t \tag{5.3.15}$$

其中,$\lambda=1-\delta_1-\delta_2$,$\alpha_0=\beta_0/\lambda$,$\alpha_1=(\beta_1+\beta_2+\beta_3)/\lambda$。

同样地,引入三阶滞后项的误差修正模型与式(5.3.15)相仿,只不过模型中多出差分滞后项 ΔY_{t-2},ΔX_{t-2}。

多变量的误差修正模型也可类似地建立。如三个变量如果存在如下长期均衡关系

$$Y_t=\alpha_0+\alpha_1 X_t+\alpha_2 Z_t \tag{5.3.16}$$

则其一阶非均衡关系可写成

$$Y_t=\beta_0+\beta_1 X_t+\beta_2 X_{t-1}+\gamma_1 Z_t+\gamma_2 Z_{t-1}+\delta Y_{t-1}+\mu_t \tag{5.3.17}$$

于是它的一个误差修正模型为

$$\Delta Y_t=\beta_1\Delta X_t+\gamma_1\Delta Z_t-\lambda(Y_{t-1}-\alpha_0-\alpha_1 X_{t-1}-\alpha_2 Z_{t-1})+\mu_t \tag{5.3.18}$$

其中,$\lambda=1-\delta$,$\alpha_0=\beta_0/\lambda$,$\alpha_1=(\beta_1+\beta_2)/\lambda$,$\alpha_2=(\gamma_1+\gamma_2)/\lambda$。

2. 误差修正模型的建立

(1) 格兰杰表述定理。误差修正模型有许多明显的优点,如一阶差分项的使用消除了变量可能存在的趋势因素,从而避免了虚假回归问题;一阶差分项的使用也消除了模型可能存在的多重共线性问题;误差修正项的引入保证了变量水平值的信息没有被忽视;由于误差修正项本身的平稳性,使得该模型可以用经典的回归方法进行估计,尤其是模型中的差分项可以使用通常的 t 检验与 F 检验来选取等。于是,一个重要的问题就是变量间的关系是否都可以通过误差修正模型来表述?就此问题,恩格尔与格兰杰于 1987 年提出了著名的格兰杰表述定理(Granger representation theorem):

如果变量 X 与 Y 是协整的,则它们间的短期非均衡关系总能由一个误差修正模型表述。即

$$\Delta Y_t=\text{lagged}(\Delta Y,\Delta X)-\lambda\,\text{ecm}_{t-1}+\mu_t,\quad 0<\lambda<1 \tag{5.3.19}$$

其中,ecm 是非均衡误差项或者说是长期均衡偏差项,λ 是短期调整参数。

对于上述(1,1)阶自回归分布滞后模型(5.3.10),如果

$$Y_t\sim I(1)\ ,X_t\sim I(1)$$

那么，式(5.3.12)左边 $\Delta Y_t \sim I(0)$，右边的 $\Delta X_t \sim I(0)$，于是，只有 Y 与 X 协整，才能保证右边也是 $I(0)$。因此，建立误差修正模型，需要首先对变量进行协整分析，以发现变量之间的协整关系，即长期均衡关系，并以这种关系构成误差修正项。然后将误差修正项看作一个解释变量，连同其他反映短期波动的解释变量一起，建立短期模型，即误差修正模型。

注意，由于式(5.3.19)中没有明确指出 ΔY 与 ΔX 的滞后项数，因此，可以是多个；同时，由于一阶差分项是 $I(0)$ 变量，因此模型中也允许使用 X 的非滞后差分项 ΔX_t。另外，如果时间序列 Y 有明确的时间趋势项，则需要在误差修正模型中包含常数项以表征这一趋势性因素。

格兰杰表述定理可类似地推广到多个变量的情形中去。

(2) Engle-Granger(EG)两步法。由协整与误差修正模型的关系，可以得到误差修正模型建立的 EG 两步法：

第一步，进行协整回归(普通最小二乘法)，检验变量间的协整关系，估计协整向量(长期均衡关系参数)；

第二步，若协整性存在，则以第一步求到的残差作为非均衡误差项加入误差修正模型中，并用普通最小二乘法估计相应参数。

需要注意的是，在进行变量间的协整检验时，如有必要可在协整回归式中加入趋势项，这时，对残差项的稳定性检验就无须再设趋势项。另外，第二步中变量差分滞后项的多少，可以根据残差项序列是否存在自相关性来判断。如果存在自相关，则应加入变量差分的滞后项。

(3) 直接估计法。即可以采用展开误差修整模型中非均衡误差项括号的方法直接用普通最小二乘法估计模型，但仍需事先对变量间的协整关系进行检验。如对双变量误差修正模型式(5.3.12)，可展开非均衡误差项的括号直接估计下式：

$$\Delta Y_t = \lambda\alpha_0 + \beta_1 \Delta X_t - \lambda Y_{t-1} + \lambda\alpha_1 X_{t-1} + \mu_t$$

这时短期弹性与长期弹性可一并获得。需注意的是，用不同方法建立的误差修正模型结果也往往不一样。

例 5.3.2

建立中国居民消费总量 Y_t 的误差修正模型。

例 5.3.1 中验证了中国居民消费总量(Y_t)与居民可支配收入(X_t)的对数序列之间呈(1,1)阶协整关系。下面尝试建立它们的误差修正模型。

以 $\ln Y_t$ 关于 $\ln X_t$ 的协整回归中的残差序列的一期滞后 e_{t-1} 作为误差修正项，可建立如下误差修正模型

$$\Delta\ln \hat{Y}_t = 0.037 + 0.274\Delta\ln X_t + 0.270\Delta\ln Y_{t-1} - 0.196 e_{t-1} \qquad (5.3.20)$$
$$(0.013)\quad(0.082)\qquad(0.123)\qquad(0.065)$$

$$\bar{R}^2 = 0.4915,\ \mathrm{LM}(1) = 0.002(0.969),\ \mathrm{LM}(2) = 2.354(0.308)$$

式(5.3.20)中包含滞后项 $\Delta\ln Y_{t-1}$，是由当不包含该项时模型的 LM 序列相关性检验发现存

在 1 阶自相关。e_{t-1}的参数估计值为负，且在 5%的显著性水平下显著异于零，表明了前一期的非均衡误差对后一期居民消费的修正。注意：如果误差修正模型中 e_{t-1} 的参数估计值为正，模型肯定是错误的。

由例 5.3.1 中的协整回归式可得 $\ln Y_t$关于 $\ln X_t$的长期弹性为 0.907 9；由式(5.3.20)可得 $\ln Y_t$关于 $\ln X_t$的短期弹性 0.274。

§5.4 格兰杰因果关系检验

格兰杰因果关系检验(Granger test of causality)在时间序列计量经济学模型中被广泛采用，同时也存在滥用和错用现象，本节将进行专门的讨论。为了讨论格兰杰因果关系检验，需要对时间序列自回归模型(autoregression model, AR)、自回归分布滞后模型(autoregressive distributed lag model, ADL)作简单的介绍。而用于格兰杰因果关系检验的模型系统恰是向量自回归模型(vector autoregression model, VAR)。

一、时间序列自回归模型

1. 自回归模型

时间序列自回归模型是指仅用它的过去值及随机干扰项所建立起来的模型，其一般形式为

$$X_t = f(X_{t-1}, X_{t-2}, \cdots, \mu_t) \tag{5.4.1}$$

建立具体的自回归模型，需解决如下三个问题：模型的具体形式，时序变量的滞后期，以及随机干扰项的结构。例如，取线性方程、1 期滞后以及白噪声随机干扰项($\mu_t = \varepsilon_t$)，模型将是一个 1 阶自回归过程

$$X_t = \varphi X_{t-1} + \varepsilon_t \tag{5.4.2}$$

这里，ε_t特指白噪声。1 阶自回归过程简记为 AR(1)。

一般的 p 阶自回归过程 AR(p)是

$$X_t = \varphi_1 X_{t-1} + \varphi_2 X_{t-2} + \cdots + \varphi_p X_{t-p} + \mu_t \tag{5.4.3}$$

如果随机干扰项 μ_t是白噪声($\mu_t = \varepsilon_t$)，则称式(5.4.3)为一纯 AR(p)过程(pure AR(p) process)，记为

$$X_t = \varphi_1 X_{t-1} + \varphi_2 X_{t-2} + \cdots + \varphi_p X_{t-p} + \varepsilon_t \tag{5.4.4}$$

式(5.4.4)表明，一个随机时间序列可以由其自身的过去或滞后值以及随机干扰项来解释。如果该序列是平稳的，即它的行为并不会随着时间的推移而变化，那么就可以通过该序列过去的行为来预测未来。

2. AR(p)模型的平稳性条件

时间序列自回归模型作为随机过程的描述,它的平稳性与该随机过程的平稳性是等价的,因此,可通过它所生成的随机时间序列的平稳性来判断。如果一个 p 阶自回归模型 AR(p)生成的时间序列是平稳的,称该 AR(p)模型是平稳的,否则,称该 AR(p)模型是非平稳的。

考虑式(5.4.4)的 p 阶自回归模型 AR(p)

$$X_t=\varphi_1X_{t-1}+\varphi_2X_{t-2}+\cdots+\varphi_pX_{t-p}+\varepsilon_t$$

引入滞后算子(lag operator)L:

$$LX_t=X_{t-1},L^2X_t=X_{t-2},\cdots\cdots,L^pX_t=X_{t-p}$$

式(5.4.4)变换为

$$(1-\varphi_1L-\varphi_2L^2-\cdots-\varphi_pL^p)X_t=\varepsilon_t$$

记 $\Phi(L)=(1-\varphi_1L-\varphi_2L^2-\cdots-\varphi_pL^p)$,则称多项式方程

$$\Phi(z)=(1-\varphi_1z-\varphi_2z^2-\cdots-\varphi_pz^p)=0$$

为 AR(p)的特征方程(characteristic equation)。可以证明,如果该特征方程的所有根在单位圆外(根的模大于 1),则 AR(p)模型是平稳的。例如,AR(1) 过程的特征方程

$$\Phi(z)=1-\varphi z=0$$

的根为

$$z=1/\varphi$$

当特征根的模大于 1 时,意味着 $|\varphi|<1$,AR(1) 过程是平稳的。§5.2 中介绍的时间序列平稳性的单位根检验,正是由此而发展的。

二、自回归分布滞后模型

经济理论指出,一个时间序列变量除受自己滞后期取值的影响外,可能还会受其他变量取值的影响。自回归模型中引入其他变量及其滞后项后,称为自回归分布滞后模型。如 Y 的一个具有 p 阶自回归、X 的 q 阶滞后项的分布滞后模型为

$$Y_t=\varphi_0+\varphi_1Y_{t-1}+\cdots+\varphi_pY_{t-p}+\gamma_0X_t+\gamma_1X_{t-1}+\cdots+\gamma_qX_{t-q}+\mu_t \tag{5.4.5}$$

简记为 ADL(p,q)。如果该模型满足回归模型的各项基本假设,则其普通最小二乘估计量在小样本下是最佳线性无偏估计量。

当然,正如§5.1 所指出的那样,对时间序列模型来说,严格外生性以及随机干扰项的无自相关性很难满足,则在大样本下,适当放松基本假设,也可获得一致的普通最小二乘估计量。这里放松后的假设主要包括:

(1) $\{Y_t,X_t\}$是弱相关的平稳时间序列;

(2) $E(\mu_t|Y_{t-1},\cdots Y_{t-p},\cdots,X_t,X_{t-1},\cdots,X_{t-q},\cdots)=0$;

(3) 模型中的各解释变量间不存在完全的多重共线性。

这里第(2) 条假设意味着分布滞后模型滞后阶数的设定是正确的,同时也意味着 μ_t与以往各期的 μ 不相关,即 μ 不存在序列相关性;如果 μ_t同时具有同方差的特征,则 μ_t就是一白噪声。实践中,对滞后阶数的选择一般有两方式:一是选择适当的滞后阶数以使模型随机干扰项不再具有序列相关性;二是采用赤池信息准则(AIC)或施瓦茨信息准则(SC)以使它

们的值达到最小的阶数为适当的滞后阶数。这两种方式在多数情况下会得到一样的阶数，但有时也会有差异。

三、格兰杰因果关系检验及其应用

一个变量的自回归分布滞后模型刻画了该变量的变动受其自身及其他变量过去行为的影响。然而，许多经济变量有着相互的影响关系，如在宏观视角下，GDP 的增长能够促进消费的增长，而反过来，消费的变化又是 GDP 变化的一个组成部分，因此，消费增加又能促进 GDP 的增加。现在的问题是：当两个变量之间在时间上有先导-滞后关系时，能否从统计上考察这种关系是单向的还是双向的？即主要是一个变量过去的行为在影响另一个变量的当前行为呢？还是双方的过去行为在相互影响着对方的当前行为？格兰杰于 1969 年提出了一个简单的以两个方程显示的两个变量的自回归分布滞后模型来检验这种可能存在的影响关系，习惯上称为格兰杰因果关系检验。

1. 格兰杰因果关系检验的表述

在时间序列情形下，两个经济变量 X、Y 之间的格兰杰因果关系定义为：若在包含了变量 X、Y 的过去信息的条件下，对变量 Y 的预测效果要优于只单独由 Y 的过去信息对 Y 进行的预测效果，即变量 X 有助于解释变量 Y 的将来变化，则认为变量 X 是引致变量 Y 的格兰杰原因。考察 X 是否影响 Y 的问题，主要看当期的 Y 能够在多大程度上被过去的 X 解释，在 Y 方程中加入 X 的滞后值是否使解释程度显著提高。如果 X 在 Y 的预测中有帮助，或者 X 的滞后项与 Y 的相关系数在统计上显著时，就可以说“X 是 Y 的格兰杰原因”。

对两变量 Y 与 X，格兰杰因果关系检验要求估计以下两个不包括另一变量当期项的自回归分布滞后模型：

$$Y_t = \beta_0 + \sum_{i=1}^{p} \beta_i Y_{t-i} + \sum_{i=1}^{p} \alpha_i X_{t-i} + \mu_t \tag{5.4.6}$$

$$X_t = \delta_0 + \sum_{i=1}^{p} \delta_i X_{t-i} + \sum_{i=1}^{p} \lambda_i Y_{t-i} + \nu_t \tag{5.4.7}$$

可能存在四种检验结果：

(1) X 对 Y 有单向影响，表现为式(5.4.6) X 各滞后项前的参数整体不为零，而式(5.4.7) Y 各滞后项前的参数整体为零；

(2) Y 对 X 有单向影响，表现为式(5.4.7) Y 各滞后项前的参数整体不为零，而式(5.4.6) X 各滞后项前的参数整体为零；

(3) Y 与 X 间存在双向影响，表现为式(5.4.6) X 各滞后项前的参数整体不为零，同时式(5.4.7) Y 各滞后项前的参数整体也不为零；

(4) Y 与 X 是独立的，表现为式(5.4.6) X 各滞后项前的参数整体为零，同时式(5.4.7) Y 各滞后项前的参数整体也为零。

格兰杰检验是通过受约束的 F 检验完成的。如针对 X 不是 Y 的格兰杰原因这一假设，即针对式(5.4.6)中 X 滞后项前的参数整体为零的假设，分别做包含与不包含 X 滞后项的回归，记前者的残差平方和为 $\mathrm{RSS}_{\mathrm{U}}$，后者的残差平方和为 $\mathrm{RSS}_{\mathrm{R}}$；再计算 F 统计量：

$$F=\frac{(\mathrm{RSS_R}-\mathrm{RSS_U})/p}{\mathrm{RSS_U}/(n-k)} \tag{5.4.8}$$

式中,p 为 X 的滞后项的个数,n 为样本容量,k 为包含可能存在的常数项及其他变量在内的无约束回归模型的待估参数的个数。

如果计算的 F 值大于给定显著性水平 α 下 F 分布的相应的临界值 $F_{\alpha}(m,n-k)$,则拒绝原假设,认为 X 是 Y 的格兰杰原因。

由于假设检验的原假设不存在格兰杰因果关系,在该假设下 F 统计量服从 F 分布,因此严格地说,该检验应该称为格兰杰非因果关系检验。

2. 应用中的几个实际问题

需要指出的是,在实际应用格兰杰因果关系检验时,需要注意以下几个问题:

(1) 滞后期长度的选择问题。检验结果对于滞后期长度的选择比较敏感,不同的滞后期可能会得到不同的检验结果。因此,一般而言,需要进行不同滞后期长度下的检验,观察其敏感程度;一般需根据模型中随机误差项不存在序列相关时的滞后期长度来选取滞后期。实践中,也往往根据赤池信息准则(AIC)或施瓦茨信息准则(SC)来进行滞后期的选择。

(2) 时间序列的平稳性问题。从理论上讲,格兰杰因果关系检验是针对平稳时间序列的。对于同阶单整的非平稳序列,理论上讲不能直接采用。如果将变量经过差分使之成为平稳序列以后再进行检验,经济意义就发生了变化,检验的就不是两个变量之间的关系,而是两个变量增加量之间的关系。如何看待这个问题? 模拟试验表明,当两个序列逐渐由平稳过程向非平稳过程过渡时,检验出存在格兰杰因果关系的概率出现一定程度的上升。但上升幅度远小于两个序列之间因果关系的显著性增强时所引起的上升幅度。所以,同阶单整非平稳序列的格兰杰因果检验结果具有一定程度的可靠性。

(3) 样本容量问题。时间序列的样本容量对检验结果具有影响。模拟试验表明,对于两个平稳序列,随着样本容量的增大,判断出存在格兰杰因果关系的概率显著增大。

(4) 格兰杰因果关系检验是必要性条件检验,而不是充分性条件检验。经济行为上存在因果关系的时间序列,应该能够通过格兰杰因果关系检验;而在统计上通过格兰杰因果关系检验的时间序列,在经济行为上并不一定存在因果关系。模拟试验表明,经济行为上不存在因果关系的平稳时间序列之间也可能存在着统计上的因果关系。也就是说,格兰杰因果关系是统计意义上的,而不是经济意义上的。这是一个值得重视的问题。

例 5.4.1

§5.1 中表 5.1.1 列出了 1978—2018 年中国居民实际消费总量(Y)和实际可支配收入(X)时间序列数据,可以分别算出 1978—2018 年以百分数显示的实际消费总量年增长率 $GY_t=(Y_t/Y_{t-1}-1)\times100$ 和实际可支配收入年增长率 $GX_t=(X_t/X_{t-1}-1)\times100$。在§5.2 的案例中,已经检验 GY 和 GX 为平稳序列。从经济学理论和经济行为分析出发,分析 GY 和 GX 之间的关系,可以假定 GX 是 GY 的原因变量。下面通过格兰杰因果关系检验,检验该假定是否成立。

检验模型取 1 阶滞后,EViews 软件给出的估计结果如图 5.4.1 所示。由 F 的伴随概率知,在 5%的显著性水平下,拒绝“GX 不是 GY 的格兰杰原因”的假设,但不拒绝“GY 不是

GX 的格兰杰原因”的假设。因此,从 1 阶滞后的情况看,居民实际可支配收入年增长率(GX)是实际消费总支出年增长率(GY)的格兰杰原因。从检验模型随机干扰项 1 阶序列相关的 LM 检验看,以 GY 为被解释变量的模型的 LM(1) = 0.629,对应的伴随概率 $P=0.427$,表明即使在 10%的显著性水平下,该检验模型也不存在序列相关性;以 GX 为被解释变量的模型的 LM(1) = 1.591,对应的伴随概率 $P=0.207$,表明在 10%的显著性水平下,该检验模型也不存在序列相关性。所以,检验模型取 1 阶滞后得到的检验结果是可靠的。

表 5.4.1 分别列出了检验模型取 1 阶、2 阶、3 阶、4 阶滞后,软件 EViews9.0 给出的估计结果。可以看到,如果检验模型取 2 阶或 3 阶滞后,则在 5%的显著性水平下既不拒绝“GX 不是 GY 的格兰杰原因”的假设,也不拒绝“GY 不是 GX 的格兰杰原因”的假设,表明 GX 与 GY 相互独立。如果检验模型取 4 阶滞后,在 5%的显著性水平下,拒绝“GY 不是 GX 的格兰杰原因”的假设,但不拒绝“GX 不是 GY 的格兰杰原因”的假设,与检验模型取 1 阶滞后的结果完全相反。由此可见,正确地选取检验模型的滞后期是十分重要的。本例中,LM 检验显示 3 阶滞后与 4 阶滞后时,两模型都存在 1 阶自相关,因此不可取;虽然 2 阶滞后时两模型不存在自相关性,但其两个模型的 AIC 值都要大于 1 阶滞后两个模型的 AIC 值,因此选择 1 阶滞后模型的检验更可靠一些。当然,从经济意义上看,1 阶滞后也要比 2 阶滞后更符合经济常识。

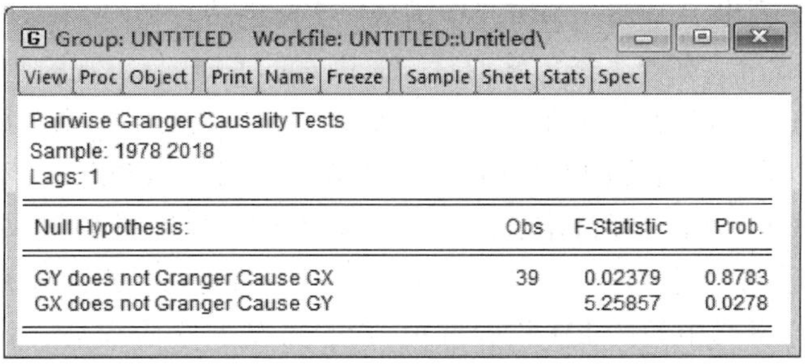

图 5.4.1 GX 与 GY 格兰杰因果关系检验,1978—2018

表 5.4.1 GX 与 GY 的格兰杰因果关系检验

滞后长度	格兰杰因果性	样本容量	因果性 F 检验的 P 值	模型 1 阶自相关 LM 检验的 P 值	AIC 值	结论
1	GX $\xrightarrow{\times}$ GY	39	0.028	0.427	4.735	拒绝
	GY $\xrightarrow{\times}$ GX	39	0.878	0.207	5.721	不拒绝
2	GX $\xrightarrow{\times}$ GY	38	0.092	0.204	4.831	不拒绝
	GY $\xrightarrow{\times}$ GX	38	0.505	0.413	5.744	不拒绝
3	GX $\xrightarrow{\times}$ GY	37	0.174	0.373	4.888	不拒绝
	GY $\xrightarrow{\times}$ GX	37	0.460	0.001	5.834	不拒绝
4	GX $\xrightarrow{\times}$ GY	35	0.149	0.025	4.938	不拒绝
	GY $\xrightarrow{\times}$ GX	35	0.018	0.455	5.632	拒绝

注:表中“$\xrightarrow{\times}$”表示“箭头前的变量不是箭头后的变量的格兰杰原因”。

图 5.4.2 列出了检验模型取 1 阶滞后,样本期减少 11 年(以 1989—2018 年数据为样本),EViews 软件给出的估计结果。与图 5.4.1 比较可以看到,样本期减少,拒绝"GX 不是 GY 的格兰杰原因"的概率明显降低,与理论模拟结果一致。所以,为了提高检验结果的可靠性,应该尽可能采用较大的样本。

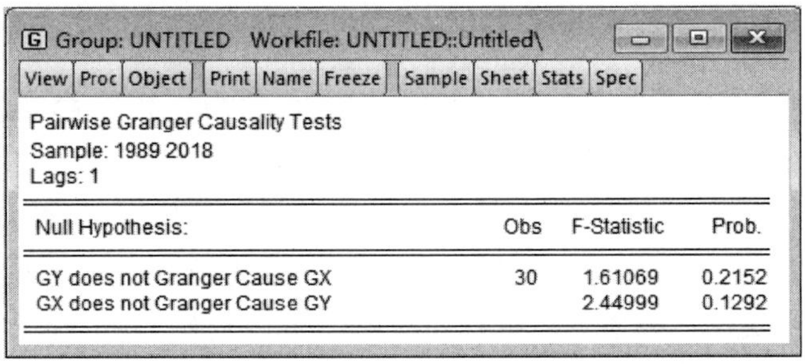
Group: UNTITLED　Workfile: UNTITLED::Untitled\

View | Proc | Object | Print | Name | Freeze | Sample | Sheet | Stats | Spec

Pairwise Granger Causality Tests
Sample: 1989 2018
Lags: 1

Null Hypothesis:	Obs	F-Statistic	Prob.
GY does not Granger Cause GX	30	1.61069	0.2152
GX does not Granger Cause GY		2.44999	0.1292

图 5.4.2　GX 与 GY 格兰杰因果关系检验,1989—2018

例 5.4.2

§5.1 中表 5.1.1 列出了 1978—2018 年中国居民实际消费总量(Y)和实际可支配收入(X)时间序列数据,其中,实际可支配收入是消除通货膨胀因素的 GDP 与宏观税收总额之差。因此,分析 Y 与 X 之间的关系,实际上也是分析居民消费总量与 GDP 之间的关系。从经济学理论以及宏观经济行为出发,可以假定二者之间互为因果,GDP 既影响居民消费总量,反过来也受居民消费总量的影响,刺激消费可以促进经济增长。可以检验经 CPI 调整的 GDP,即序列 GDPR = GDP/CPI×100 也是 2 阶单整的(留作练习)。下面对 GDPR 与 Y 进行格兰杰因果关系检验。

对检验模型进行序列相关的 LM 检验发现,检验模型取 2 阶滞后,可消除随机项的序列相关。表 5.4.2 列出了格兰杰因果关系检验结果。可以看出,当取 2 阶滞后时,在 5% 的显著性水平下,拒绝"GDPR 不是 Y 的格兰杰原因"的假设,但不拒绝"Y 不是 GDPR 的格兰杰原因"的假设。表明 GDPR 与 Y 不是互为因果的。这与从经济学理论及宏观经济行为出发提出的假定似乎有矛盾。严格地说,格兰杰因果关系检验是对平稳时间序列而言的,虽然根据模拟试验,对于非平稳时间序列也具有一定的可靠性。但本案例表明,对非平稳的时间序列的检验还需谨慎对待。

表 5.4.2　Y 与 GDPR 的格兰杰因果关系检验

滞后长度	格兰杰因果性	样本容量	因果性 F 检验的 P 值	模型 1 阶自相关 LM 检验的 P 值	AIC 值	结论
1	GDPR $\xrightarrow{\times}$ Y	40	0.000	0.008	15.99	拒绝
	Y $\xrightarrow{\times}$ GDPR	40	0.046	0.000	19.01	拒绝
2	GDPR $\xrightarrow{\times}$ Y	39	0.000	0.298	15.70	拒绝
	Y $\xrightarrow{\times}$ GDPR	39	0.782	0.103	18.53	不拒绝

注:表中"$\xrightarrow{\times}$"表示"箭头前的变量不是箭头后的变量的格兰杰原因"。

四、时间序列向量自回归模型

1. 向量自回归模型表达式

自回归分布滞后模型关心的是对单个变量的预测。有时人们更关心同时对几个有相互影响关系的变量进行预测。将不包括其他变量当期项的单个时间序列的自回归分布滞后模型扩展到多个时间序列,即构成**向量自回归**(vector autoregression)模型,简记为 VAR 模型。西姆斯(A. Sims)等人将向量自回归模型引入宏观经济分析中,使之成为现代时间序列分析的主要模型之一。

一个含有 2 个时间序列(也称变量)、p 期滞后的向量自回归模型 VAR(p)可表示如下:

$$\begin{aligned}Y_t&=\beta_{10}+\beta_{11}Y_{t-1}+\cdots+\beta_{1p}Y_{t-p}+\gamma_{11}X_{t-1}+\cdots+\gamma_{1p}X_{t-p}+\mu_{1t}\\X_t&=\beta_{20}+\beta_{21}Y_{t-1}+\cdots+\beta_{2p}Y_{t-p}+\gamma_{21}X_{t-1}+\cdots+\gamma_{2p}X_{t-p}+\mu_{2t}\end{aligned}\tag{5.4.9}$$

式(5.4.9)恰是上述格兰杰因果关系检验的两个单方程模型联立而成的联立方程模型,它们组成了一个模型系统。当各自都满足自回归分布滞后模型给出的假设时,分别对它们进行普通最小二乘估计可得到参数的一致估计量。但从模型系统的角度看,μ_{1t}与μ_{2t}可以是同期相关的,因此,考虑到两者同期相关的极大似然估计可以得到更有效率的一致估计结果(内容超出本教材范围,可参见相关书籍)。

向量自回归模型在建模过程中只需明确两个量。一个是所含变量个数 k,即共有哪些变量是相互有关系的,并且需要把这些变量包括在模型中;另一个是自回归的最大滞后阶数 p,通过选择合理的 p 来使模型能反映出变量间相互影响的关系并使得模型的随机误差项是无序列相关的。

西姆斯以及布兰查德(Q. J. Blanchard)和匡赫(D. Quah)发展了向量自回归模型,提出了**结构向量自回归模型**(structural vector auto-regression,SVAR)。结构向量自回归模型中包含了变量之间的当期关系。变量之间的当期关系揭示了变量之间的相互影响,实际上是对向量自回归模型施加了基于经济理论的限制性条件,从而识别变量之间的结构关系。结构向量自回归模型每个方程的左边是内生变量,右边是自身的滞后和其他内生变量的当期和滞后。如含有 2 个变量的结构向量自回归模型 SVAR(p)可表示如下:

$$\begin{aligned}Y_t&=\beta_{10}+\beta_{11}Y_{t-1}+\cdots+\beta_{1p}Y_{t-p}+\gamma_{10}X_t+\gamma_{11}X_{t-1}+\cdots+\gamma_{1p}X_{t-p}+\mu_{1t}\\X_t&=\beta_{20}+\beta_{21}Y_{t-1}+\cdots+\beta_{2p}Y_{t-p}+\gamma_{20}X_t+\gamma_{21}X_{t-1}+\cdots+\gamma_{2p}X_{t-p}+\mu_{2t}\end{aligned}\tag{5.4.10}$$

2. 关于向量自回归模型的讨论

正如§1.2 中提及的,经典计量经济学模型是基于经济学理论和经济行为关系而构建的结构模型,这是它的一个最重要的特征。发生于 20 世纪 70 年代,以卢卡斯(E. Lucas)、萨金特(J. Sargent)、西姆斯等为代表的对经典计量经济学的批判,其后果之一是导致计量经济学模型由经济理论导向转向数据关系导向。关于这个问题,本书§7.2 将进行详细的讨论。于是,在经济预测领域,特别是宏观经济预测领域,经典的计量经济学结构模型(包括联立方程结构模型)几乎为向量自回归模型所替代。原因在于经典的计量经济学结构模型是以理论为导向而构建的,特别是凯恩斯宏观经济理论,而经济理论并不能为现实经济活动中变量之间的关系提供严格的解释。而向量自回归模型是一种非结构化模型,它主要通过实际经济数据而非经济理论来确定经济系统的动态结构，建模时无须提出先验理论假设。

向量自回归模型自提出以来，已经成为分析与预测多个相关经济指标最易操作的模型之一，常用于预测相互联系的时间序列系统及分析随机干扰项对变量系统的动态冲击，从而解释各种经济冲击对经济变量形成的影响。例如，石油价格和汇率是最受国际社会关注的两大焦点。石油价格的波动对于全球经济的影响不言而喻，同时在经济全球化的背景下，汇率对国际贸易、国际金融的影响也可谓牵一发而动全身。随着我国经济的增长，对石油的消费需求也与日俱增，近年来石油价格的大幅波动必将影响我国实际汇率的变化。如果构建石油价格和汇率的结构模型，由于影响因素和传导路径十分复杂，难以收到好的成效。而采用向量自回归模型，可以方便地分析石油价格上涨冲击对实际汇率波动的影响程度，以及需求、供给、货币这些宏观因素对汇率波动的影响。

由于向量自回归模型没有揭示经济系统中变量之间的直接因果关系，因此也具有应用上的局限性。首先，向量自回归模型主要应用于经济预测，对于经济结构分析和政策评价等应用领域，它的应用存在方法论障碍；其次，即使在经济预测方面，它的应用也是有条件的。例如，向量自回归模型避免了结构约束问题，是否就可以成功地进行宏观经济预测？显然不是。关键在于宏观经济运行中是否存在结构约束。所谓结构约束，实际就是政府干预。对于那些没有政府干预，完全按照市场规律运行的经济体，向量自回归模型可以进行成功的预测。相反，对于存在政府干预的经济体，采用向量自回归模型进行的预测很难取得成功。所以，人们应用向量自回归模型，更多地是将它作为一个动态平衡系统，分析该系统受到某种冲击时系统中各个变量的动态变化，以及每一个冲击对内生变量变化的贡献度，即脉冲响应分析和方差分解分析。向量自回归模型的脉冲响应分析和方差分解分析功能，在各种应用软件中很容易实现。

本章练习题

1. 对一元线性回归模型

$$Y_t=\beta_0+\beta_1 X_t+\mu_t$$

（1）假如其他基本假设全部满足，但只有 $\mathrm{Cov}(\mu_i,\mu_j)\neq 0$，试证明，估计的斜率项仍是无偏的；

（2）如果自变量存在正相关，随机误差项存在如下一阶序列相关 $\mu_t=\rho\mu_{t-1}+\varepsilon_t$，试证明估计的斜率项的方差为

$$\mathrm{Var}(\tilde{\beta}_1)=\frac{\sigma^2}{\sum x_t^2}+\frac{2\sigma^2}{\sum x_t^2}\left[\rho\frac{\sum_{t=1}^{n-1}x_t x_{t+1}}{\sum x_t^2}+\rho^2\frac{\sum_{t=1}^{n-2}x_t x_{t+2}}{\sum x_t^2}+\cdots+\rho^{n-1}\frac{x_1 x_n}{\sum x_t^2}\right]$$

并就 $\rho>0$ 与 $\rho<0$，X_t 存在正或负序列相关时与模型满足所有基本假定下的普通最小二乘估计 $\mathrm{Var}(\hat{\beta}_1)$ 的大小进行比较。

2. 中国 1980—2013 年全社会固定资产投资总额 X 与工业增加值 Y 的统计资料如下表所示。

单位:亿元

年份	全社会固定资产投资总额 X	工业增加值 Y	年份	全社会固定资产投资总额 X	工业增加值 Y
1980	910. 9	1 996. 5	1997	24 941. 1	32 921. 4
1981	961. 0	2 048. 4	1998	28 406. 2	34 018. 4
1982	1 230. 4	2 162. 3	1999	29 854. 7	35 861. 5
1983	1 430. 1	2 375. 6	2000	32 917. 7	40 033. 6
1984	1 832. 9	2 789. 0	2001	37 213. 5	43 580. 6
1985	2 543. 2	3 448. 7	2002	43 499. 9	47 431. 3
1986	3 120. 6	3 967. 0	2003	55 566. 6	54 945. 5
1987	3 791. 7	4 585. 8	2004	70 477. 4	65 210. 0
1988	4 753. 8	5 777. 2	2005	88 773. 6	77 230. 8
1989	4 410. 4	6 484. 0	2006	109 998. 2	91 310. 9
1990	4 517. 0	6 858. 0	2007	137 323. 9	110 534. 9
1991	5 594. 5	8 087. 1	2008	172 828. 4	130 260. 2
1992	8 080. 1	10 284. 5	2009	224 598. 8	135 239. 9
1993	13 072. 3	14 188. 0	2010	251 613. 8	160 722. 2
1994	17 042. 1	19 480. 7	2011	311 485. 1	188 470. 2
1995	20 019. 3	24 950. 6	2012	374 694. 7	199 670. 7
1996	22 913. 5	29 447. 6	2013	446 294. 1	210 689. 4

试问:

(1) 当设定模型为 $\ln Y_t = \beta_0 + \beta_1 \ln X_t + \mu_t$ 时,是否存在序列相关?

(2) 采用普通最小二乘法和稳健标准误方法分别估计模型,比较参数估计量的差异和它们的标准差的差异,稳健标准误方法消除模型随机干扰项的序列相关性了吗?

(3) 若原模型存在序列相关,试用广义最小二乘法估计原模型。

3. 设时间序列$\{X_t\}$是由 $X_t = \delta_0 + \delta_1 t + \varepsilon_t$ 生成的,如果 ε_t 是一零均值、同方差、无序列相关的白噪声,试问:

(1) X_t 是平稳时间序列吗?

(2) $X_t - \mathrm{E}(X_t)$ 是平稳时间序列吗?

4. 设时间序列 X_t 是由下面随机过程生成的:$X_t = Z_t + \varepsilon_t$,其中 ε_t 是一均值为 0、方差为 σ_ε^2 的白噪声序列,Z_t 是一均值为 0、方差为 σ_z^2、自协方差恒为常数 a 的平稳时间序列。ε_t 与 Z_t 不相关。

(1) 求 X_t 的期望与方差。它们与时间 t 有关吗?

(2) 求自协方差 $\mathrm{Cov}(X_t, X_{t+k})$,并指出 X_t 是否是平稳的。

(3) 证明:X_t 的自相关函数为 $\rho_k = a/(\sigma_z^2 + \sigma_\varepsilon^2)$。

5. 如果时间序列 Z_t 经过 ADF 检验为一个 $I(1)$ 序列，试写出最终检验模型可能的形式。

6. 采用表 5.1.1 中列出的 1978—2018 年中国居民实际可支配收入(X_t)时间序列数据，(1) 分别对 X_t，$\ln X_t$，$\mathrm{GX}_t=(X_t/X_{t-1}-1)\times100$ 这 3 个序列进行单位根检验；(2) 检验 X_t，$\ln X_t$，GX_t 的单整阶数。

7. 采用表 5.1.1 中列出的 1978—2018 年中国支出法 GDP 与居民消费价格指数 CPI 时间序列数据，对经 CPI 调整的 GDP，即序列 GDPR＝GDP/CPI×100 的单整阶数进行检验。

8. 假设两时间序列 X_t 与 Y_t 都是随机游走序列。证明：如果 X_t 与 Y_t 是协整的，则 X_t 与 Y_{t-1} 也是协整的。

9. 假设两时间序列 X_t 与 Y_t 都是 $I(1)$ 序列，但对某个不为 0 的 β，使 $Y_t-\beta X_t$ 是 $I(0)$。证明：对于任何 $\delta\neq\beta$，组合 $Y_t-\delta X_t$ 一定是 $I(1)$ 的。

10. 假设两时间序列 X_t 与 Y_t 满足 $Y_t=\beta X_t+\varepsilon_{1t}$ 与 $\Delta X_t=\alpha\Delta X_{t-1}+\varepsilon_{2t}$，其中，$\beta\neq0$，$|\alpha|<1$，且 ε_{1t} 与 ε_{2t} 分别是两 $I(0)$ 序列。证明，从该两个方程可以推出一个如下形式的误差修正模型：

$$\Delta Y_t=\alpha_1\Delta X_{t-1}+\delta(Y_{t-1}-\beta X_{t-1})+\varepsilon_t$$

其中，$\alpha_1=\beta\alpha$，$\delta=-1$，$\varepsilon_t=\varepsilon_{1t}+\beta\varepsilon_{2t}$。

11. 观察中国货物进口和出口数据，发现在一个很长的时期内，两者之间有很强的同步性。由于中国的加工贸易占总贸易量的一半左右，一种观点认为中国的货物进口很大程度上受货物出口波动的影响；另一种观点则认为情况是相反的，即中国的货物出口很大程度上受货物进口波动的影响；第三种观点则认为两者相互影响。下表给出了 1978—2007 年中国货物出口额与进口额的自然对数序列 $\ln X$ 和 $\ln M$(自 2008 年国际金融危机后，数据出现了奇异性)。

年份	$\ln X$	$\ln M$	年份	$\ln X$	$\ln M$
1978	4.579 9	4.690 4	1993	6.821 5	6.946 6
1979	4.917 1	5.054 3	1994	7.098 5	7.052 8
1980	5.199 6	5.299 3	1995	7.305 1	7.186 0
1981	5.394 1	5.394 5	1996	7.320 2	7.235 8
1982	5.408 1	5.262 2	1997	7.510 9	7.261 0
1983	5.404 0	5.365 5	1998	7.515 9	7.245 9
1984	5.566 1	5.613 5	1999	7.575 2	7.412 8
1985	5.611 3	6.046 2	2000	7.820 8	7.719 1
1986	5.734 6	6.061 7	2001	7.886 5	7.797 9
1987	5.977 4	6.068 7	2002	8.088 3	7.990 1
1988	6.163 7	6.314 8	2003	8.385 3	8.325 5
1989	6.264 2	6.382 5	2004	8.688 3	8.632 7
1990	6.431 2	6.279 5	2005	8.938 5	8.794 7
1991	6.578 0	6.458 2	2006	9.178 8	8.976 5
1992	6.744 5	6.692 0	2007	9.407 4	9.165 3

(1) 对 $\ln X$ 与 $\ln M$ 序列进行单位根检验,检验它们的平稳性;

(2) 检验 $\ln X$ 与 $\ln M$ 的单整性;

(3) 对 $\ln X$ 与 $\ln M$ 序列进行格兰杰因果关系检验;

(4) 检验 $\ln X$ 与 $\ln M$ 的协整性;

(5) 如果 $\ln X$ 与 $\ln M$ 是协整的,请估计 $\ln X$ 关于 $\ln M$ 的误差修正模型。

即测即评

第六章

非经典截面数据计量经济学模型

在第二章至第四章中讨论了经典的截面数据计量经济学模型理论与方法，讨论限于常参数、线性、揭示变量之间因果关系的单方程模型，被解释变量是连续的随机变量，其抽样是随机和不受限制的，主要依靠对经济理论和行为规律的理解确定模型的结构形式。在本章中，将讨论几种扩展模型，主要包括将被解释变量抽样由完全随机扩展为受到限制的选择性样本模型，将被解释变量是连续的扩展为离散的离散选择模型，将单一截面的样本扩展为多个截面的面板数据模型(panel data)等。这些模型与方法，无论在计量经济学理论方面还是在实际应用方面，都具有重要意义。但是，这些模型都形成了各自丰富的内容体系，甚至是计量经济学的新分支学科，模型方法的数学过程较为复杂。这里只介绍其中最简单的模型，以了解这些模型理论与方法的概念及思路。

§6.1 选择性样本计量经济学模型

受限被解释变量(limited dependent variable)指被解释变量的观测值是连续的，但是受到某种限制，其抽样并非完全随机，得到的观测值并不完全反映被解释变量的实际状态。受限被解释变量模型(model with limited dependent variable)包括选择性样本模型(selective samples model)和持续时间被解释变量模型(model for duration Data)。选择性样本(selective samples)是受限被解释变量的主要形式，其样本观测值是在某种选择性限制的情况下抽取的。利用这样的样本观测值估计总体的参数，就是选择性样本计量经济学模型要解决的问题。

选择性样本计量经济学模型的理论方法发展于20世纪70年代，赫克曼(James J. Heckman)做出了基础性的贡献，并因此获得了2000年诺贝尔经济学奖。近10多年来，选择性样本模型已经成为微观计量经济学(microeconometrics)的主要内容之一，并且得到广泛的应用，特别是在劳动经济学、卫生经济学以及其他社会经济学领域。

一、经济生活中的选择性样本问题

经济生活中的选择性样本问题主要表现为以下常见的两类。

一类是“截断”(truncation)问题。即不能从全部截面个体,而只能从一部分个体中随机抽取被解释变量的样本观测值。它又可以分为两种情况。一是所抽取的部分个体的观测值都大于或者小于某个确定值,即出现“掐头”或者“去尾”的现象,与其他个体的观测值相比较,存在明显的“截断点”。例如,以居民收入为被解释变量建立居民收入模型。从理论上讲,居民收入样本数据应该从零到无穷大,但是由于客观条件所限,只能在收入处于某一数值(例如 1 000 元)以上或者某一数值(例如 100 000 元)以下的个体中取得样本观测值,获得的被解释变量观测值处于一个区间之中。二是所抽取的样本观测值来自具有某些特征的部分个体,但是样本观测值的大小与其他个体的观测值相比较,并不存在明显的“截断点”。例如,利用上市公司为样本研究企业的效率,显然上市公司是全部企业的一个选择性样本,但是上市公司的效率并不一定都大于或者小于非上市公司。上市公司是全部企业的一个子集,但是上市公司的效率数据并不显示为全部企业效率数据的一个子集。

一类是“归并”(censoring)问题,即将被解释变量处于某一范围的样本观测值都用一个相同的值代替。这类问题经常出现在“检查”“调查”活动中,因此也称为“检查”问题,也被翻译为“删失”问题。例如,以居民对某一种商品的需求量为被解释变量,建立需求函数模型。需求量的观测值是无法得到的,一般用实际购买量作为需求量的观测值。如果这种商品是限量购买的,正如我国过去长时期内所实行的那样,比如每户最多只能购买 100,那么得到的观测值将处于 0 与 100 之间,而且会有相当比例的观测值为 100。对于购买量小于 100 的个体,有理由认为这个购买量代表了他的需求量;但是对于购买量等于 100 的个体,他的需求量很可能是大于 100,所以这个购买量并不代表他的需求量。也就是说,凡是实际需求量大于 100 的,都用 100 作为样本观测值,即是将大于 100 的观测值作了“归并”。再如,为了研究农民的年贷款需求的影响因素,对农村居民户进行随机抽样调查。如果调查了 10 000 户,其中只有 6 000 户在一年内发生了贷款。以全部 10 000 户为样本,将其中没有发生贷款的 4 000 户的样本观测值设为 0,就发生了“归并”,是将贷款额小于等于 0 的值全部“归并”到 0。这类问题在微观经济活动调查中普遍存在。

从“受限”的意义上看,上述两类问题是有区别的。截断问题在样本的选择上受到限制,即一部分截面个体不能被选择为样本;归并问题则在被解释变量观测值的获得上受到了限制,即一部分已经被选择为样本的截面个体的被解释变量不能被准确观测。

无论是“截断数据”,还是“归并数据”,都违背了经典计量经济学模型对被解释变量样本观测值的要求。从这样的样本数据出发,如果采用经典的方法估计模型,显然是不合适的。这就需要发展专门的模型理论方法。

二、"截断"问题的计量经济学模型

如果一个单方程计量经济学模型，只能从"掐头"或者"去尾"的连续区间随机抽取被解释变量的样本观测值，那么很显然，抽取每一个样本观测值的概率以及抽取一组样本观测值的联合概率，与被解释变量的样本观测值不受限制的情况是不同的。如果能够知道在这种情况下抽取一组样本观测值的联合概率函数，那么就可以通过该函数极大化求得模型的参数估计量。这就是估计这类计量经济学模型的基本思路。

1. 截断分布

所谓"截断分布"，是完整分布的一部分，指"截断随机变量"的分布。

如果一个连续随机变量 ξ 的概率密度函数为 $f(\xi)$，a 为该随机变量分布范围内的一个常数，那么有

$$f(\xi \mid \xi>a)=\frac{f(\xi)}{P(\xi>a)} \tag{6.1.1}$$

这是由条件概率的定义导出的。

例如，如果 ξ 服从均匀分布 $U(a,b)$，但是它只能在 (c,b) 内取得样本观测值，那么该截断分布的概率密度函数为

$$f(\xi \mid \xi>c)=\frac{f(\xi)}{P(\xi>c)}=\frac{1/(b-a)}{\int_c^b \frac{1}{b-a}\mathrm{d}\xi}=\frac{1}{b-c}$$

请注意，原来均匀分布随机变量的概率密度函数是 $1/(b-a)$，而"截断随机变量"的概率密度函数是 $1/(b-c)$，即在 (c,b) 内取得样本观测值的概率大于在 (a,b) 内取得样本观测值的概率。这是截断问题的关键之点。

如果 ξ 服从正态分布 $N(\mu,\sigma)$，但是它只能在大于常数 a 的范围内取得样本观测值，那么截断分布的概率密度函数为：

$$\begin{aligned}f(\xi \mid \xi>a)&=\frac{f(\xi)}{P(\xi>a)}\\&=\frac{(2\pi\sigma^2)^{-1/2}\mathrm{e}^{-(\xi-\mu)^2/(2\sigma^2)}}{1-\Phi(\alpha)}\\&=\frac{\frac{1}{\sigma}\phi\left(\frac{\xi-\mu}{\sigma}\right)}{1-\Phi(\alpha)}\end{aligned} \tag{6.1.2}$$

其中，$\alpha=(a-\mu)/\sigma$，$\phi(\cdot)$ 是标准正态分布概率密度函数，$\Phi(\cdot)$ 是标准正态分布的累积分布函数，也称为分布函数。显然，

$$P(\xi>a)=1-\Phi\left(\frac{a-\mu}{\sigma}\right)=1-\Phi(\cdot)$$

2. 截断被解释变量数据计量经济学模型的极大似然估计

如果已经知道截断被解释变量的概率密度函数，自然会想到，可以采用极大似然法估计

模型。对于正态线性回归模型

$$Y_i = \boldsymbol{X}_i \boldsymbol{\beta} + \mu_i \quad \mu_i \sim N(0, \sigma^2) \tag{6.1.3}$$

有

$$Y_i \mid \boldsymbol{X}_i \sim N(\boldsymbol{X}_i \boldsymbol{\beta}, \sigma^2)$$

其中，$\boldsymbol{X}_i = (1, X_{i1}, X_{i2}, \cdots, X_{ik})$。

如果 Y_i只能在大于 a 的范围内取得观测值，从式(6.1.2)可以得到 Y_i的概率密度函数为

$$f(Y_i) = \frac{\frac{1}{\sigma}\phi[(Y_i - \boldsymbol{X}_i \boldsymbol{\beta})/\sigma]}{1 - \Phi[(a - \boldsymbol{X}_i \boldsymbol{\beta})/\sigma]}$$

于是式(6.1.3)的对数似然函数为

$$\begin{aligned} \ln L = & -\frac{n}{2}[\ln(2\pi) + \ln\sigma^2] - \frac{1}{2\sigma^2}\sum_{i=1}^{n}(Y_i - \boldsymbol{X}_i\boldsymbol{\beta})^2 \\ & - \sum_{i=1}^{n}\ln\left(1 - \Phi\left(\frac{a - \boldsymbol{X}_i\boldsymbol{\beta}}{\sigma}\right)\right) \end{aligned} \tag{6.1.4}$$

该对数似然函数的极大化条件为

$$\frac{\partial \ln L}{\partial \begin{pmatrix} \boldsymbol{\beta} \\ \sigma^2 \end{pmatrix}} = \sum_{i=1}^{n} \begin{pmatrix} \left(\dfrac{y_i - \boldsymbol{X}_i\boldsymbol{\beta}}{\sigma^2} - \dfrac{\lambda_i}{\sigma}\right)\boldsymbol{X}_i' \\ -\dfrac{1}{2\sigma^2} + \dfrac{(y_i - \boldsymbol{X}_i\boldsymbol{\beta})^2}{2\sigma^4} - \dfrac{\alpha_i\lambda_i}{2\sigma^2} \end{pmatrix} = \sum_{i=1}^{n}\boldsymbol{g}_i = \boldsymbol{0} \tag{6.1.5}$$

其中

$$\alpha_i = (a - \boldsymbol{X}_i\boldsymbol{\beta})/\sigma$$

$$\lambda_i = \phi(\alpha_i)/(1 - \Phi(\alpha_i))$$

这里，λ_i称为反米尔斯比率(inverse Mills ratio)。求解式(6.1.5)即可以得到模型的参数估计量。由于这是一个复杂的非线性问题，需要采用迭代方法求解式(6.1.5)，例如牛顿法。当然，利用计量经济学软件可以很方便地实现模型的估计。

以上只是介绍了方法思路，了解这个思路，就可以在应用研究中正确地建立和估计模型。如果读者需要深入理解截断被解释变量数据计量经济学模型的理论方法，还需要参考其他高级计量经济学教科书。

需要说明的是，当分布函数设定正确时，极大似然估计量都具有大样本下的一致性、渐近正态性与渐近有效性，这也正是极大似然估计这一方法的优势所在。

3. 截断被解释变量数据计量经济学模型不能采用普通最小二乘估计的原因

对于截断被解释变量数据计量经济学模型，如果仍然把它看作为经典的线性模型，采用普通最小二乘法估计式(6.1.3)，会产生什么样的结果？

因为 Y_i只能在大于 a 的范围内取得观测值，可以证明 Y_i的条件均值为(参见：潘文卿，李子奈．计量经济学(第五版)学习指南与练习．北京：高等教育出版社，2021)：

$$E(Y_i|Y_i>a)=\int_a^{\infty}Y_i\phi(Y_i|Y_i>a)\mathrm{d}Y_i$$

$$=\boldsymbol{X}_i\boldsymbol{\beta}+\sigma\frac{\phi[(a-\boldsymbol{X}_i\boldsymbol{\beta})/\sigma]}{1-\Phi[(a-\boldsymbol{X}_i\boldsymbol{\beta})/\sigma]} \tag{6.1.6}$$

式(6.1.6)所示的条件均值是解释变量和待估参数的非线性函数。将式(6.1.6)记为

$$E(Y_i|Y_i>a)=\boldsymbol{X}_i\boldsymbol{\beta}+\sigma\lambda(\alpha_i) \tag{6.1.7}$$

其中 $\alpha_i=\dfrac{a-\boldsymbol{X}_i\boldsymbol{\beta}}{\sigma}$,于是有

$$\frac{\partial E(Y_i|Y_i>a)}{\partial \boldsymbol{X}_i}=\boldsymbol{\beta}+\sigma\left(\frac{\partial\lambda_i}{\partial\alpha_i}\right)\frac{\partial\alpha_i}{\partial\boldsymbol{X}_i}$$

$$=\boldsymbol{\beta}+\sigma(\lambda_i^2-\alpha_i\lambda_i)\left(\frac{-\boldsymbol{\beta}}{\sigma}\right)$$

$$=\boldsymbol{\beta}(1-\lambda_i^2+\alpha_i\lambda_i) \tag{6.1.8}$$

将式(6.1.7)写成:

$$Y_i|Y_i>a=E(Y_i|Y_i>a)+u_i=\boldsymbol{X}_i\boldsymbol{\beta}+\sigma\lambda(\alpha_i)+u_i \tag{6.1.9}$$

其中 u_i是被解释变量观测值与条件期望值之差,根据这一构造,它具有 0 均值性,但却呈现异方差特征(参见潘文卿,李子奈．计量经济学(第五版)学习指南与练习．北京:高等教育出版社,2021),其方差为

$$\mathrm{Var}(u_i|\boldsymbol{X}_i,Y_i>a)=\mathrm{Var}(Y_i|\boldsymbol{X}_i,Y_i>a)=\sigma^2(1-\lambda_i^2+\lambda_i\alpha_i)$$

对比式(6.1.3)与式(6.1.9)后发现,由于被解释变量数据的截断问题,使得原模型(6.1.3)变换为式(6.1.9)的模型。如果采用普通最小二乘法直接估计式(6.1.3),实际上忽略了一个非线性项 $\sigma\lambda(\alpha_i)$,而且该非线性项是 $\boldsymbol{X}_i$的函数,因此一定与 $\boldsymbol{X}_i$同期相关,这将导致参数估计量是有偏且不一致的。这种偏误被称为“选择性偏误”(selective bias),而且如果不了解解释变量的分布,要估计该偏误的严重性也很困难。当然,如果对式(6.1.9)直接进行非线性最小二乘估计(NLS),在模型正确设定的情况下可以得到参数的一致估计,但由于随机干扰项 u_i实际上具有异方差性,会带来统计推断的问题。

4. 一点说明

从上可以看到,如果对截断被解释变量数据计量经济学模型采用极大似然估计,必须首先求得“截断分布”,为此,样本选择必须存在明确的“截断点”。在实际的截断数据模型中,这个条件经常不能被满足。例如,在我国目前的应用研究中,由于上市公司的数据容易获得,人们经常利用上市公司为样本研究全部企业的行为,诸如企业的效率、企业的经理报酬等。这显然是一个选择性样本问题,因为上市公司只是全部企业的一个子集,但是,上市公司与非上市企业在企业的效率、企业的经理报酬等变量的数据上,并不存在明确的“截断点”。关于这类模型的估计,上述极大似然估计就存在障碍了,赫克曼于 1979 年提出了两步修正法。关于赫克曼两步修正法,读者可参考其他高级计量经济学教科书。

例 6.1.1

以一个简单的实例，对样本施加不同的选择性假设，并分别估计模型，通过对估计结果的比较，进一步理解选择性样本问题。

根据对农民消费行为的分析，发现农民的消费水平(Y)既取决于来自农业生产经营的持久收入(X_1)，也受到来自从事非农生产的瞬时收入(X_2)的影响。现有中国某地区 50 户农户的人均消费、人均持久收入和人均瞬时收入的样本观测值，试图建立该地区农民的消费模型。模型为：

$$Y_i=\beta_0+\beta_1 X_{i1}+\beta_2 X_{i2}+\mu_i, i=1,2,\cdots,50$$

样本观测值见表 6.1.1.。

表 6.1.1　样本观测值数据表

序号	Y	X_1	X_2	序号	Y	X_1	X_2
1	5 800.0	1 258.3	7 317.2	26	2 002.2	1 399.1	1 035.9
2	3 341.1	1 738.9	4 489.0	27	2 181.0	1 070.4	1 189.8
3	2 495.3	1 607.1	2 194.7	28	1 855.5	1 167.9	966.2
4	2 253.3	1 188.2	1 992.7	29	2 179.0	1 274.3	1 084.1
5	2 772.0	2 560.8	781.1	30	2 247.0	1 535.7	1 224.4
6	3 066.9	2 026.1	2 064.3	31	2 032.4	2 267.4	469.9
7	2 700.7	2 623.2	1 017.9	32	3 349.7	2 440.4	2 709.3
8	2 618.2	2 622.9	929.5	33	3 304.1	1 919.8	2 324.2
9	5 015.7	3 330.2	3 350.0	34	4 254.0	3 017.3	2 941.0
10	4 135.2	1 497.9	4 315.3	35	3 902.9	3 436.7	1 829.2
11	5 800.0	1 403.1	5 531.7	36	4 241.3	3 326.7	1 880.1
12	2 420.9	1 472.8	1 496.3	37	5 800.0	2 938.7	5 062.3
13	3 591.4	1 691.4	3 143.4	38	3 655.0	2 238.6	2 270.3
14	2 676.6	1 609.2	1 850.3	39	3 532.7	2 681.3	2 380.7
15	3 143.8	1 948.2	2 420.1	40	4 417.2	3 129.3	2 990.2
16	2 229.3	1 844.6	1 416.4	41	3 388.5	2 890.6	1 916.6
17	2 732.5	1 934.6	1 484.8	42	3 725.2	2 828.5	2 207.3
18	3 013.3	1 342.6	2 047.0	43	4 020.8	2 257.3	2 652.4
19	3 886.0	1 313.9	3 765.9	44	4 140.4	2 072.9	2 390.2
20	2 413.9	1 596.9	1 173.6	45	2 422.0	1 537.6	1 462.3
21	2 232.2	2 213.2	1 042.3	46	2 924.8	2 279.0	1 090.5
22	2 205.2	1 234.1	1 639.7	47	3 349.2	1 570.1	1 867.6
23	2 395.0	1 405.0	1 597.4	48	2 766.5	1 583.2	1 397.4
24	1 627.1	961.4	1 023.2	49	3 347.9	2 111.6	1 937.0
25	2 195.6	1 570.3	680.2	50	3 231.1	2 228.5	1 752.2

（1）假设样本是独立随机抽取的，且观测值不受限制。这时可以采用普通最小二乘法估计模型，得到：

$$\hat{Y}=522.81+0.6475X_1+0.6370X_2$$
$$(165.35)(0.0714)\quad(0.6370)$$
$$\overline{R}^2=0.8945\quad \ln L=-359.517$$

也可以采用极大似然法估计，得到相同的参数估计值和对数极大似然函数值。

（2）假设样本是在人均消费大于 1 500 元的范围内随机抽取的，观测值不受限制。这时，不可以采用普通最小二乘法估计模型，必须采用考虑单端截断的极大似然法估计。EViews9.0 的估计结果如图 6.1.1 所示，可简单报告如下：

$$\hat{Y}=474.58+0.6619X_1+0.6422X_2$$
$$(173.22)(0.0728)\quad(0.0356)$$
$$\ln L=-358.89$$

Equation: UNTITLED Workfile: UNTITLED::Untitled\

View | Proc | Object | Print | Name | Freeze | Estimate | Forecast | Stats | Resids

Dependent Variable: Y
Method: ML - Censored Normal (TOBIT) (Newton-Raphson / Marquardt steps)
Sample: 1 50
Included observations: 50
Truncated sample
Left censoring (value) series: 1500
Convergence achieved after 4 iterations
Coefficient covariance computed using observed Hessian

Variable	Coefficient	Std. Error	z-Statistic	Prob.
C	474.5843	173.2231	2.739728	0.0061
X1	0.661883	0.072751	9.097868	0.0000
X2	0.642203	0.035588	18.04525	0.0000
Error Distribution				
SCALE:C(4)	326.9442	34.03222	9.606899	0.0000

Mean dependent var	3180.632	S.D. dependent var	1019.331
S.E. of regression	335.1411	Akaike info criterion	14.51564
Sum squared resid	5166699.	Schwarz criterion	14.66860
Log likelihood	-358.8910	Hannan-Quinn criter.	14.57389
Avg. log likelihood	-7.177819		

Left censored obs	0	Right censored obs	0
Uncensored obs	50	Total obs	50

图 6.1.1 中国某地区农民人均年消费支出函数截断估计

可见，得到的参数估计值和对数极大似然函数值不同于（1）中普通最小二乘法的估计结果。

（3）假设样本是在人均消费大于 1 500 元、小于 6 000 元的范围内随机抽取的，观测值不受限制。这时，必须采用考虑双端截断的极大似然法估计，估计结果简单报告如下：

$$\hat{Y}=440.85+0.6541X_1+0.6693X_2$$
$$(179.69)(0.0749)\quad(0.0426)$$
$$\ln L=-357.78$$

可见,得到的参数估计值和对数极大似然函数值既不同于(1),也不同于(2)的估计结果。

比较(1)、(2)、(3)假设下的对数似然函数值可见,随着截断区间的缩小,抽取同一个样本的概率增大,致使对数似然函数值增大。

如果对于(2)、(3)假设下的截断样本,仍然采用普通最小二乘法估计,只能得到(1)中的估计结果,显然是不正确的。

三、"归并"问题的计量经济学模型

1. 研究问题的思路

以一种简单的情况为例,讨论"归并"问题的计量经济学模型,即假设被解释变量服从正态分布,其样本观测值以 0 为界,凡小于 0 的都归并为 0,大于 0 的则取实际值。如果以 Y^* 表示原始被解释变量,以 Y 表示归并后的被解释变量,那么则有:

$$\begin{aligned}&Y=0 \quad 当\ Y^*\leqslant 0\\&Y=Y^* \quad 当\ Y^*>0\end{aligned}\quad 且\ Y^*\sim N(\mu,\sigma^2) \tag{6.1.10}$$

讨论这种简单的情况并不失一般性。如果样本观测值不是以 0 为界,而是以某一个数值 a 为界,则有

$$\begin{aligned}&Y=a \quad 当\ Y^*\leqslant a\\&Y=Y^* \quad 当\ Y^*>a\end{aligned}\quad 且\ Y^*\sim N(\mu,\sigma^2)$$

以 0 为界的单方程线性"归并"问题的计量经济学模型可表述为:

$$\begin{cases}Y_i^*=\boldsymbol{X}_i\boldsymbol{\beta}+\mu_i \quad \mu_i\sim N(0,\sigma^2)\\Y_i=\max(Y_i^*,0)\end{cases} \tag{6.1.11}$$

注意,这里实际观察到的被解释变量是 Y 而不是 Y^*。如果能够得到 Y_i 的概率密度函数,那么就可以方便地采用极大似然法估计模型,这就是研究这类问题的思路。

由于该模型是由托宾(Tobin)于 1958 年最早提出的,所以也称为 Tobit 模型。

2. "归并"变量的正态分布

由式(6.1.11)知,原始被解释变量 Y^* 服从正态分布 $Y_i^*\sim N(\boldsymbol{X}_i\boldsymbol{\beta},\sigma^2)$,因此有

$$P(Y=0)=P(Y^*\leqslant 0)=\Phi\left(-\frac{\boldsymbol{X}_i\boldsymbol{\beta}}{\sigma}\right)=1-\Phi\left(\frac{\boldsymbol{X}_i\boldsymbol{\beta}}{\sigma}\right)$$
$$P(Y)=P(Y^*)\quad 当\ Y^*>0 \tag{6.1.12}$$

需要特别注意的是 $Y=0$ 的概率,它不是样本观测值取 0 的概率,而是样本观测值取小于等于 0 的概率。正是在这里,将归并样本和非归并样本严格区分开了。

3. 归并被解释变量数据计量经济学模型的极大似然估计

根据式(6.1.12),可以得到所有样本的联合概率,即似然函数,然后很容易得到模型

(6.1.11)的对数似然函数

$$\ln L = \sum_{Y_i>0} -\frac{1}{2}\left(\ln(2\pi) + \ln\sigma^2 + \frac{(Y_i - \boldsymbol{X}_i\boldsymbol{\beta})^2}{\sigma^2}\right) + \sum_{Y_i=0}\ln\left(1 - \Phi\left(\frac{\boldsymbol{X}_i\boldsymbol{\beta}}{\sigma}\right)\right) \quad (6.1.13)$$

显然,式(6.1.13)由两部分组成:一部分对应于没有限制的观测值,是经典回归部分;一部分对应于受到限制的观测值。这是一个非标准的似然函数,它实际上是离散分布与连续分布的混合。

对式(6.1.13)极大化,就可以求得具有良好性质的参数估计量。同样,由于这是一个复杂的非线性问题,需要采用迭代方法求解,例如牛顿法。利用计量经济学软件可以很方便地实现模型的估计。

以上讨论的是左端归并的情况,如果出现右端归并,或者左右端同时归并的情况,原理是相同的,只是似然函数和对数似然函数的表述略有不同。在利用软件进行模型估计时,只需要正确地输入归并状态,估计自动完成。

4. 归并被解释变量模型极大似然估计的条件

上述似然函数的构造是以一个基本假设为条件的,即假设归并数据中不可观测的部分和可观测的部分具有相同的分布,例如都服从正态分布。如果这一条件得不到满足,就不能得到上述似然函数,极大似然估计将遇到困难。这时,赫克曼两步估计是一种合适的估计方法。

例 6.1.2

在例 6.1.1 中,我们发现有 3 个样本户家庭人均消费相同,都是 5 800 元。假设该 50 个样本不存在截断问题而存在右端归并问题,即家庭人均消费 5 800 元是大于等于 5 800 元的归并。这时,必须采用考虑右端归并的极大似然法估计。EViews9.0 的估计结果见图 6.1.2,即中国某地区农民人均消费支出函数的归并模型估计结果可报告如下:

$$\hat{Y} = 470.72 + 0.635\,3X_1 + 0.680\,6X_2$$
$$(168.88)\quad(0.073\,3)\quad(0.042\,3)$$
$$\ln L = -341.932$$

可见,得到的参数估计值和对数极大似然函数值不同于没有考虑归并数据的例 6.1.1 中(1)的估计结果。

比较发现,该估计的对数似然函数值显著大于例 6.1.1 中(1) 的对数似然函数值。因为,抽取每个家庭人均消费正好为 5 800 元的样本的概率,远小于抽取每个家庭人均消费大于等于 5 800 元的样本的概率。

如果对于归并数据样本观察值仍然采用普通最小二乘法估计,只能得到例 6.1.1 中(1)中的估计结果,这显然是不正确的。

Equation: UNTITLED Workfile: UNTITLED::Untitled\

View | Proc | Object | Print | Name | Freeze | Estimate | Forecast | Stats | Resids

Dependent Variable: Y
Method: ML - Censored Normal (TOBIT) (Newton-Raphson / Marquardt steps)
Sample: 1 50
Included observations: 50
Right censoring (value) series: 5800
Convergence achieved after 5 iterations
Coefficient covariance computed using observed Hessian

Variable	Coefficient	Std. Error	z-Statistic	Prob.
C	470.7205	168.8765	2.787365	0.0053
X1	0.635275	0.073346	8.661300	0.0000
X2	0.680629	0.042276	16.09959	0.0000
		Error Distribution		
SCALE:C(4)	332.4203	34.55581	9.619811	0.0000

Mean dependent var	3180.632	S.D. dependent var	1019.331
S.E. of regression	334.7939	Akaike info criterion	13.83727
Sum squared resid	5155999.	Schwarz criterion	13.99023
Log likelihood	-341.9317	Hannan-Quinn criter.	13.89552
Avg. log likelihood	-6.838633		

Left censored obs	0	Right censored obs	3
Uncensored obs	47	Total obs	50

图 6.1.2 中国某地区农民人均消费支出归并模型估计

§6.2 二元离散选择模型

在经典截面数据计量经济学模型中，被解释变量通常被假定为连续变量。而在实际经济分析中，作为研究对象的被解释变量的观测值经常是离散的，这样的模型称为离散被解释变量模型(model with discrete dependent variable)，包括离散选择模型(discrete choice model)和计数数据模型(model for count data)，本书只介绍前者的理论方法。

离散选择模型以选择问题为研究对象。在经济分析中经常面临许多决策问题，或者称为选择问题，即人们必须在可供选择的几个方案中作出选择。这些可供选择的方案可以用离散的数据表示，例如，某一事件发生与否，分别用 1 和 0 表示；对某一建议持强烈反对、反对、中立、支持和强烈支持 5 种态度，可以分别用 0、1、2、3 和 4 表示。以这样的决策结果作为被解释变量建立的计量经济学模型，称为离散选择模型。如果被解释变量只能存在两种选择，称为二元选择模型(binary choice model)；如果被解释变量存在多种选择，称为多元选择模型(multiple choice model)。二元选择模型的理论方法是离散选择模型理论方法的基础，也是最具有应用价值的一类微观计量经济学模型。本节只介绍二元选择模型。

离散选择模型起源于费希纳(Fechner)于1860年进行的动物条件二元反射研究。1962年,沃纳(Warner)首次将它应用于经济研究领域,用以研究公共交通工具和私人交通工具的选择问题。20世纪七八十年代,离散选择模型被普遍应用于经济布局、企业定点、交通问题、就业问题、购买决策等经济决策领域的研究。模型的理论方法主要发展于20世纪80年代初期。麦克法登(McFadden)因为在离散选择模型领域的贡献而获得2000年诺贝尔经济学奖。

一、二元离散选择模型的经济背景

在实际经济生活中,人们经常遇到二元选择问题。

例如,公共交通工具和私人交通工具的选择问题。选择利用公共交通工具还是私人交通工具,取决于两类因素。一类是公共交通工具和私人交通工具所具有的属性,诸如速度、耗费时间、成本等;一类是决策个体所具有的属性,诸如职业、年龄、收入水平、健康状况等。从大量的统计中,可以发现选择结果与影响因素之间具有一定的因果关系。揭示这一因果关系并用于预测研究,对于制定交通工具发展规划无疑是十分重要的,就需要建立计量经济模型。

再如,对某种商品的购买决策问题。决定购买商品与否,取决于两类因素。一类是该商品本身所具有的属性,诸如性能、价格等;一类是消费者个体所具有的属性,诸如收入水平、对该商品的偏好程度等。从大量的统计中,可以发现选择结果与影响因素之间具有一定的因果关系。揭示这一因果关系并用于预测研究,对于生产厂家无疑是十分重要的,这也需要建立计量经济模型。

又如,求职者对某种职业的选择问题。决定接受或者拒绝该职业,同样取决于两类因素。一类是该职业本身所具有的属性,诸如工作环境、工资水平、对求职者文化水平的要求等;一类是求职者个体所具有的属性,诸如年龄、文化水平、对职业的偏好等。从大量的统计中,可以发现选择结果与影响因素之间具有一定的因果关系。揭示这一因果关系并用于预测研究,对于用人单位如何适应就业市场,显然是十分有益的,这也需要建立计量经济模型。

由此可见,二元选择问题在我们的经济生活中大量存在且应用广泛。

二、二元离散选择模型的建立

1. 原始模型

对于上述二元选择问题,可以建立如下计量经济学模型:

$$Y_i=\boldsymbol{X}_i\boldsymbol{\beta}+\mu_i \tag{6.2.1}$$

其中 Y_i 为观测值为1和0的决策被解释变量,$\boldsymbol{X}_i$ 为解释变量向量,包括选择对象所具有的属性和选择主体所具有的属性。对于模型(6.2.1),可假设 $\mathrm{E}(\mu_i|\boldsymbol{X}_i)=0$,所以 $\mathrm{E}(Y_i|\boldsymbol{X}_i)=\boldsymbol{X}_i\boldsymbol{\beta}$。令

$$\pi_i=P(Y_i=1),1-\pi_i=P(Y_i=0)$$

于是

$$\mathrm{E}(Y_i|\boldsymbol{X}_i)=1\cdot P(Y_i=1)+0\cdot P(Y_i=0)=\pi_i$$

所以有

$$\mathrm{E}(Y_i|\boldsymbol{X}_i)=P(Y_i=1|\boldsymbol{X}_i)=\boldsymbol{X}_i\boldsymbol{\beta} \tag{6.2.2}$$

即,二元离散选择模型中,被解释变量的期望就是其取值为 1 的概率,式(6.2.1)也被称为线性概率模型(linear probability model,LPM)。

从式(6.2.2)看,等式的左边为 Y_i取值为 1 的概率,因此值应在[0,1]的范围;但等式的右边为 $\boldsymbol{X}_i\boldsymbol{\beta}$,可能超出[0,1]的范围,于是产生了矛盾。另外,式(6.2.1)中的随机干扰项

$$\mu_i=\begin{cases}1-\boldsymbol{X}_i\boldsymbol{\beta} & \text{当 } Y_i=1\text{,其概率为 } \boldsymbol{X}_i\boldsymbol{\beta}\\ -\boldsymbol{X}_i\boldsymbol{\beta} & \text{当 } Y_i=0\text{,其概率为 } 1-\boldsymbol{X}_i\boldsymbol{\beta}\end{cases}$$

显然,这种概率结构的随机干扰项具有异方差性。由于存在这两方面的问题,主要是模型左右端矛盾,所以模型(6.2.1)一般不作为实际研究二元选择问题的模型。

2. 效用模型

为了使二元选择问题的研究成为可能,我们必须首先建立随机形式的效用模型。

以公共交通工具和私人交通工具的选择问题为例。如果某一个体选择公共交通工具,他的效用为 U_i^1,上标表示选择结果,下标表示第 i 个个体。该效用是随机变量,并且由公共交通工具所具有的属性和决策个体所具有的属性解释。于是有

$$U_i^1=\boldsymbol{X}_i\boldsymbol{\beta}^1+\varepsilon_i^1 \tag{6.2.3}$$

类似地,如果某一个体选择私人交通工具,他的效用为 U_i^0,该效用是随机变量,并且由私人交通工具所具有的属性和决策个体所具有的属性解释。于是有

$$U_i^0=\boldsymbol{X}_i\boldsymbol{\beta}^0+\varepsilon_i^0 \tag{6.2.4}$$

请注意,在模型(6.2.3)和(6.2.4)中,效用是不可观测的,我们能够得到的观测值仍然是选择结果,即 1 和 0。但是很显然,如果不可观测的 $U_i^1>U_i^0$,即对应于观测值为 1,由于该个体选择公共交通工具的效用大于选择私人交通工具的效用,他当然要选择公共交通工具;相反,如果不可观测的 $U_i^1\leqslant U_i^0$,即对应于观测值为 0,由于该个体选择公共交通工具的效用小于选择私人交通工具的效用,他当然要选择私人交通工具。

将式(6.2.3)和式(6.2.4)相减,得

$$U_i^1-U_i^0=\boldsymbol{X}_i(\boldsymbol{\beta}^1-\boldsymbol{\beta}^0)+(\varepsilon_i^1-\varepsilon_i^0)$$

记为

$$Y_i^*=\boldsymbol{X}_i\boldsymbol{\beta}+\mu_i^* \tag{6.2.5}$$

式中,Y_i^* 是个体进行两个选择的效用之差,但它是不可观测的,称为潜变量(latent variable),式(6.2.5)称为潜变量模型(latent variable model),它就是我们需要研究的模型,并假设满足相关经典假设。

再来看个体选择 $Y_i=1$ 的概率。显然应该有

$$P(Y_i=1)=P(Y_i^*>0)=P(\mu_i^*>-\boldsymbol{X}_i\boldsymbol{\beta}) \tag{6.2.6}$$

三、二元离散选择模型的参数估计

1. 极大似然估计

欲使得模型(6.2.5)可以估计,一方面需要将不可观测的 Y_i^* 与可观测的 Y_i关联起来,式(6.2.6)给出了它们间的关联关系;另一方面,必须为 μ_i^* 选择一种特定的概率分布。**两种最常用的分布是标准正态分布和逻辑(logistic)分布,于是形成了两种最常用的二元选择模型——Probit 模型和 Logit 模型。**

无论是标准正态分布还是逻辑分布,由于它们是对称的,存在

$$F(-t)=1-F(t)$$

其中 $F(t)$表示概率分布函数。将式(6.2.6)改写为

$$\begin{aligned}P(Y_i=1)&=P(Y_i^*>0)=P(\mu_i^*>-\boldsymbol{X}_i\boldsymbol{\beta})\\&=1-P(\mu_i^*\leqslant-\boldsymbol{X}_i\boldsymbol{\beta})\\&=1-F(-\boldsymbol{X}_i\boldsymbol{\beta})=F(\boldsymbol{X}_i\boldsymbol{\beta})\end{aligned}$$

即,Y_i取值为 1 的概率,也就是线性组合 $\boldsymbol{X}_i\boldsymbol{\beta}$ 的某种概率分布函数 $F(\boldsymbol{X}_i\boldsymbol{\beta})$的值。至此,可以得到模型(6.2.5)的似然函数

$$P(Y_1,Y_2,\cdots,Y_n)=\prod_{Y_i=0}[1-F(\boldsymbol{X}_i\boldsymbol{\beta})]\prod_{Y_i=1}F(\boldsymbol{X}_i\boldsymbol{\beta}) \tag{6.2.7}$$

即

$$L=\prod_{i=1}^{n}[F(\boldsymbol{X}_i\boldsymbol{\beta})]^{Y_i}[1-F(\boldsymbol{X}_i\boldsymbol{\beta})]^{1-Y_i} \tag{6.2.8}$$

对数似然函数为

$$\ln L=\sum_{i=1}^{n}\{Y_i\ln F(\boldsymbol{X}_i\boldsymbol{\beta})+(1-Y_i)\ln[1-F(\boldsymbol{X}_i\boldsymbol{\beta})]\} \tag{6.2.9}$$

对数似然函数最大化的一阶条件为

$$\frac{\partial\ \ln L}{\partial\boldsymbol{\beta}}=\sum_{i=1}^{n}\left[\frac{Y_if_i}{F_i}+(1-Y_i)\frac{-f_i}{(1-F_i)}\right]\boldsymbol{X}_i=\boldsymbol{0} \tag{6.2.10}$$

其中f_i表示概率密度函数。显然,在样本数据的支持下,如果知道式(6.2.10)中的概率分布函数和概率密度函数,求解该方程组,可以得到模型参数估计量。根据极大似然估计的一般原理,该估计量具有大样本下的一致性、渐近正态性和渐近有效性。

2. 二元 Probit 离散选择模型及其参数估计

Probit 模型是将标准正态分布作为式(6.2.5)中 μ_i^* 的概率分布而推导得到的。因为正态分布被认为是任何分布自然的和首先的选择,于是二元 Probit 模型成为最常用的二元选择模型。标准正态分布的概率分布函数是

$$F(t)=\Phi(t)=\int_{-\infty}^{t}(2\pi)^{-1/2}\exp(-x^2/2)\,\mathrm{d}x \tag{6.2.11}$$

概率密度函数是

$$f(x)=\phi(x)=(2\pi)^{-1/2}\exp(-x^2/2) \tag{6.2.12}$$

在重复观测值不可以得到的情况下，式(6.2.10)写成：

$$\frac{\partial \ln L}{\partial \boldsymbol{\beta}}=\sum_{Y_i=0}\frac{-\phi_i}{1-\Phi_i}\boldsymbol{X}_i+\sum_{Y_i=1}\frac{\phi_i}{\Phi_i}\boldsymbol{X}_i=\mathbf{0} \tag{6.2.13}$$

式(6.2.13)是关于 $\boldsymbol{\beta}$ 的非线性函数，不能直接求解，需采用完全信息最大似然法中所采用的迭代方法。

这里所谓"重复观测值不可以得到"，是指对每个决策者只有一个观测值。即使有多个观测值，也将其看成多个不同的决策者。

3. 二元 Logit 离散选择模型及其参数估计

Logit 模型是将逻辑分布作为式(6.2.5)中 μ_i^* 的概率分布而推导得到的。Börsch-Supan 于 1987 年指出，如果选择是按照效用最大化而进行的，具有极限值的逻辑分布是较好的选择，这种情况下的二元选择模型应该采用 Logit 模型。在二元选择问题研究中，Probit 模型和 Logit 模型都被广泛应用，而在多元选择问题研究中，几乎都采用 Logit 模型。

逻辑分布的概率分布函数是

$$F(t)=\Lambda(t)=\frac{1}{1+\mathrm{e}^{-t}} \tag{6.2.14}$$

概率密度函是

$$f(t)=\lambda(t)=\frac{\mathrm{e}^{-t}}{(1+\mathrm{e}^{-t})^2} \tag{6.2.15}$$

式(6.2.14)可以改写成

$$F(t)=\Lambda(t)=\frac{\mathrm{e}^{t}}{1+\mathrm{e}^{t}} \tag{6.2.16}$$

这里 $\Lambda(\cdot)$ 是通常用来表示逻辑分布的概率分布的符号。式(6.2.15)可以改写成

$$\lambda(t)=\frac{\mathrm{e}^{t}}{(1+\mathrm{e}^{t})^2}=\Lambda(t)[1-\Lambda(t)] \tag{6.2.17}$$

在重复观测值不可以得到的情况下，将式(6.2.16)和式(6.2.17)代入式(6.2.10)，得到

$$\begin{aligned}\frac{\partial \ln L}{\partial \boldsymbol{\beta}}&=\sum_{i=1}^{n}\left[\frac{Y_i\lambda_i}{\Lambda_i}+(1-Y_i)\frac{-\lambda_i}{(1-\Lambda_i)}\right]\boldsymbol{X}_i\\&=\sum_{i=1}^{n}[Y_i-\Lambda(\boldsymbol{X}_i\boldsymbol{\beta})]\boldsymbol{X}_i=\mathbf{0}\end{aligned} \tag{6.2.18}$$

式(6.2.18)是关于 $\boldsymbol{\beta}$ 的非线性函数，不能直接求解，需采用完全信息最大似然法中所采用的迭代方法。

例 6.2.1

这里用一个简单的例子演示二元 Probit 离散选择模型以及二元 Logit 离散选择模型的参数估计。在一次选举中，由于候选人对高收入者有利，所以收入成为每个投票者表

示同意或者反对的最主要影响因素。以投票者的态度(Y)作为被解释变量,以投票者的月收入(X)作为解释变量建立模型,同意者其观测值为1,反对者其观测值为0,样本数据见表6.2.1。

表6.2.1　样本观测值及模拟值

X_i	Y_i	$\hat{Y}_i^*$ (Probit)	$\hat{Y}_i^*$ (Logit)	X_i	Y_i	$\hat{Y}_i^*$ (Probit)	$\hat{Y}_i^*$ (Logit)
100	0	-4.447 2	-7.602 9	1 600	0	0.153 3	0.262 2
200	0	-4.140 5	-7.078 6	1 700	1	0.460 0	0.786 5
300	0	-3.833 8	-6.554 3	1 800	0	0.766 7	1.310 8
400	0	-3.527 1	-6.029 9	1 900	1	1.073 4	1.835 2
500	0	-3.220 4	-5.505 6	2 000	1	1.380 1	2.359 5
600	0	-2.913 7	-4.981 2	2 100	1	1.686 8	2.883 9
700	0	-2.607 0	-4.456 9	2 200	1	1.993 5	3.408 2
800	0	-2.300 3	-3.932 6	2 300	1	2.300 2	3.932 5
900	0	-1.993 6	-3.408 2	2 400	1	2.606 9	4.456 9
1 000	0	-1.686 9	-2.883 8	2 500	1	2.913 6	4.981 2
1 100	0	-1.380 2	-2.359 5	2 600	1	3.220 3	5.505 6
1 200	0	-1.073 5	-1.835 2	2 700	1	3.527 0	6.029 9
1 300	1	-0.766 8	-1.310 9	2 800	1	3.833 7	6.554 2
1 400	0	-0.460 1	-0.786 5	2 900	1	4.140 4	7.078 6
1 500	1	-0.153 4	-0.262 2	3 000	1	4.447 1	7.602 9

记原始模型为:

$$Y_i^* = \alpha + \beta X_i + \mu_i, \quad i = 1, 2, \cdots, 30$$

利用相关软件对二元Probit模型、二元Logit模型进行估计(例如,EViews中采用Probit估计与Logit估计)的结果为:

Probit模型: $\hat{\alpha} = -4.753\,9$　　$\hat{\beta} = 0.003\,07$　　$\ln L = -6.096\,2$

Logit模型: $\hat{\alpha} = -8.127\,3$　　$\hat{\beta} = 0.005\,24$　　$\ln L = -6.259\,9$

可利用$\hat{Y}_i^* = \hat{\alpha} + \hat{\beta} X_i$计算得到预测的$\hat{Y}_i^*$,结果列于表6.2.1中。可见,虽然输入的是$Y$的观测值,但是作为估计对象的不是原始模型(6.2.1),而是模型(6.2.5)。

当然,利用$\hat{Y}_i^*$,可计算Y_i取值为1的概率,即X_i取某值时,对应的Y_i取值为1的概率。

例如，采用 Probit 模型，当 $X_i=600$ 时，$\hat{Y}_i^*=-4.753\ 9+0.003\ 07\times600=-2.913\ 7$，查标准正态分布表，对应于 2.913 7 的累积概率为 0.998 2；于是，预测的 Y 取值为 1 的概率为 1-0.998 2=0.001 8，即对应于该个人，投赞成票的概率为 0.001 8。

4. 重复观测值可以得到的情况下二元离散选择模型的参数估计

从理论上讲，"重复观测值可以得到"的情况是存在的，即对每个决策者有多个重复观测值。例如，观察某个人在外部条件不变情况下对公共交通工具和私人交通工具的多次重复选择。在这种情况下，可以采用广义最小二乘法估计二元选择模型。对于相同的 X_i 下，对应多个 Y_i 的观测这样的分组数据(grouped data)，可视为具有重复观测值的一种情形。如相同收入下许多家庭拥有商品房的状态可能不一样，相同收入的不同家庭就是一个组。当然，由于实际经济或者社会生活不能进行类似实验室中才能进行的重复试验，"外部条件不变"很难得到满足，该模型的应用价值受到限制。本小节内容可以不作为教学重点。

对第 i 个决策者重复观测 n_i 次，选择 $Y_i=1$ 的次数比例为 P_i，那么可以将 P_i 作为真实概率 $\pi_i=P(Y_i=1)=F(\boldsymbol{X}_i\boldsymbol{\beta})$ 的一个估计量。于是有

$$P_i=\pi_i+e_i=F(\boldsymbol{X}_i\boldsymbol{\beta})+e_i \tag{6.2.19}$$

大样本下（即 n_i 很大），对第 i 个决策者有

$$\mathrm{E}(e_i)=0$$

$$\mathrm{Var}(e_i)=\pi_i(1-\pi_i)/n_i$$

为了估计式(6.2.19)，记

$$Z_i=F^{-1}(P_i)=F^{-1}(\pi_i+e_i) \tag{6.2.20}$$

其中 $F^{-1}(\cdot)$ 是某概率分布函数的反函数，换言之，Z_i 为相应的分布函数对应于概率 P_i 的上侧分位数。可以证明（参见潘文卿，李子奈．计量经济学（第五版）学习指南与练习．北京：高等教育出版社，2021），用泰勒级数展开式(6.2.20)，保留一阶项，则有

$$F^{-1}(\pi_i+e_i)=F^{-1}(\pi_i)+\frac{e_i}{f(F^{-1}(\pi_i))}$$

于是式(6.2.20)可以改写为

$$Z_i=F^{-1}(\pi_i)+u_i \tag{6.2.21}$$

其中

$$\mathrm{E}(u_i)=0$$

$$\mathrm{Var}(u_i)=\frac{\pi_i(1-\pi_i)}{n_i\{f[F^{-1}(\pi_i)]\}^2}$$

因为 $F^{-1}(\pi_i)=\boldsymbol{X}_i\boldsymbol{\beta}$，有

$$Z_i=\boldsymbol{X}_i\boldsymbol{\beta}+u_i \tag{6.2.22}$$

由于 u_i 具有异方差性，可采用加权最小二乘法进行估计。当取权为

$$w_i=f[F^{-1}(P_i)]\sqrt{\frac{n_i}{P_i(1-P_i)}}$$

时，该加权最小二乘法即为可行的广义最小二乘法。在估计中，可由实际观测的比例 P_i，通

过求它所对应的概率分布函数的反函数得到 Z_i。

对于 Probit 模型，式(6.2.22)中 Z_i 的观测值可以通过求解标准正态分布的概率分布函数

$$P_i = \int_{-\infty}^{Z_i} (2\pi)^{\frac{1}{2}} \exp\left(-\frac{t^2}{2}\right) \mathrm{d}t$$

的反函数得到。

对于 Logit 模型，虽然式(6.2.22)中 Z_i 的观测值可以通过求解逻辑分布的概率分布函数的反函数得到，但下面是一个更简单、常用的处理方式。

由式(6.2.14)可以得到

$$\frac{\Lambda(t)}{1-\Lambda(t)} = \mathrm{e}^t \tag{6.2.23}$$

记 $\pi_i = \Lambda(\boldsymbol{X}_i \boldsymbol{\beta})$，或 $\Lambda^{-1}(\pi_i) = \boldsymbol{X}_i \boldsymbol{\beta}$，则有

$$\frac{\pi_i}{1-\pi_i} = \mathrm{e}^{\boldsymbol{X}_i \boldsymbol{\beta}}, \quad \ln \frac{\pi_i}{1-\pi_i} = \boldsymbol{X}_i \boldsymbol{\beta}$$

于是，用样本重复观测得到的 P_i 构成“成败比例” $P_i/(1-P_i)$，由式(6.2.22)有

$$\ln\left(\frac{P_i}{1-P_i}\right) \approx \ln\left(\frac{\pi_i}{1-\pi_i}\right) + u_i$$

或

$$\ln\left(\frac{P_i}{1-P_i}\right) \approx \boldsymbol{X}_i \boldsymbol{\beta} + u_i \tag{6.2.24}$$

Logit 模型也被称为“对数成败比例模型”。由于此时有(留作练习)

$$\mathrm{Var}(u_i) = \frac{\pi_i(1-\pi_i)}{n_i\{f[F^{-1}(\pi_i)]\}^2} = \frac{1}{n_i \pi_i (1-\pi_i)}$$

即具有异方差性，可采用加权最小二乘法估计式(6.2.24)。当取权为

$$w_i = n_i P_i (1-P_i)$$

时，该加权最小二乘法即为可行的广义最小二乘法。这里，式(6.2.24)等号左边的观测值不再需要求解逻辑分布函数的反函数，而是由实际观测的 P_i 直接求“成败比例的对数”得到。

四、一个实际案例

例 6.2.2

某商业银行从历史贷款客户中随机抽取 78 个样本，根据设计的指标体系考察他们的“商业信用支持度”(X_1)和“市场竞争地位等级”(X_2)对他们贷款结果(Y)的影响。贷款结果 Y 采用二元离散变量，贷款成功取值为 1，贷款失败取值为 0。样本观测值见表 6.2.2。

表 6.2.2 样本观测值

序号	Y	X_1	X_2	YF_P	YF_L	序号	Y	X_1	X_2	YF_P	YF_L
1	0	125	-2	0	0	40	0	28	-2	0	0
2	0	599	-2	0	0	41	1	25	0	0.990 6	0.988 9
3	0	100	-2	0	0	42	1	23	0	0.997 9	0.995 6
4	0	160	-2	0	0	43	1	14	0	1	0.999 9
5	0	46	-2	0	0	44	0	49	-1	0	0.000 0
6	0	80	-2	0	0	45	0	14	-1	0.549 8	0.555 7
7	0	133	-2	0	0	46	0	61	0	0	0
8	0	350	-1	0	0	47	1	40	2	1	1
9	1	23	0	0.997 9	0.995 6	48	0	30	-2	0	0
10	0	60	-2	0	0	49	0	112	-1	0	0
11	0	70	-1	0	0	50	0	78	-2	0	0
12	1	-8	0	1	1	51	1	0	0	1	1
13	0	400	-2	0	0	52	0	131	-2	0	0
14	0	72	0	0	0	53	0	54	-1	0	0
15	0	120	-1	0	0	54	1	42	2	1	1
16	1	40	1	0.999 8	0.999 0	55	0	42	0	0.020 9	0.031 8
17	1	35	1	0.999 9	0.999 9	56	1	18	2	1	1
18	1	26	1	1	1	57	0	80	1	0	0
19	1	15	-1	0.447 2	0.440 0	58	1	-5	0	1	1
20	0	69	-1	0	0	59	0	326	2	0	0
21	0	107	1	0	0	60	0	261	1	0	0
22	1	29	1	1	1	61	1	-2	-1	0.999 9	0.999 5
23	1	2	1	1	1	62	0	14	-2	0	0
24	1	37	1	0.999 9	0.999 7	63	1	22	0	0.999 1	0.997 2
25	0	53	-1	0	0	64	0	113	1	0	0
26	0	194	0	0	0	65	1	42	1	0.998 7	0.997 4
27	0	1 500	-2	0	0	66	1	57	2	0.999 9	0.999 8
28	0	96	0	0	0	67	0	146	0	0	0
29	1	-8	0	1	1	68	1	15	0	1	0.999 9
30	0	375	-2	0	0	69	0	26	-2	0	0
31	0	42	-1	0	0	70	0	89	-2	0	0
32	1	5	2	1	1	71	1	5	1	1	1
33	0	172	-2	0	0	72	1	-9	-1	1	1
34	1	-8	0	1	1	73	1	4	1	1	1
35	0	89	-2	0	0	74	0	54	-2	0	0
36	0	128	-2	0	0	75	1	32	1	1	1
37	1	6	0	1	1	76	0	54	0	0	0
38	0	150	-1	0	0	77	0	131	-2	0	0
39	1	54	2	1	0.999 9	78	1	15	0	1	0.999 9

1. 估计 Probit 与 Logit 模型

采用 EViews9.0 中的 Probit 模型与以 Y 为被解释变量，常数项、X_1 和 X_2 为解释变量，对异方差采用稳健标准误的怀特修正，得到如图 6.2.1 所示的输出结果。主要信息报告在表 6.2.3 中。同样地，采用 Logit 模型估计方法，相关估计结果也列于表 6.2.3 中。

表 6.2.3　贷款获得的二元离散模型估计结果

	Probit (MLE)	Logit (MLE)
常数项	8.797 4 (1.350 2)	16.114 3 (2.956 4)
X_1	-0.257 9 (0.044 2)	-0.465 0 (0.095 2)
X_2	5.061 8 (1.005 4)	9.379 9 (1.350 4)
对数似然值	-1.640 0	-1.692 7
LR 检验值	102.32	102.22
伪 R^2	0.968 9	0.967 9
正确预测百分数	97.4	97.4

Probit 模型与 Logit 模型参数估计结果的大小不能直接相比，但可以看出符号是一致的：X_1 值的增加会减少获得贷款的概率，X_2 值的增加会增加获得贷款的概率。两个模型估计的对数似然值也十分接近，如果以预测的概率大于 0.5 表示可以获得贷款，则两个模型正确预测的百分数也完全相同，都是 97.4%。LR 检验与伪 R^2 的含义将在后面讨论。

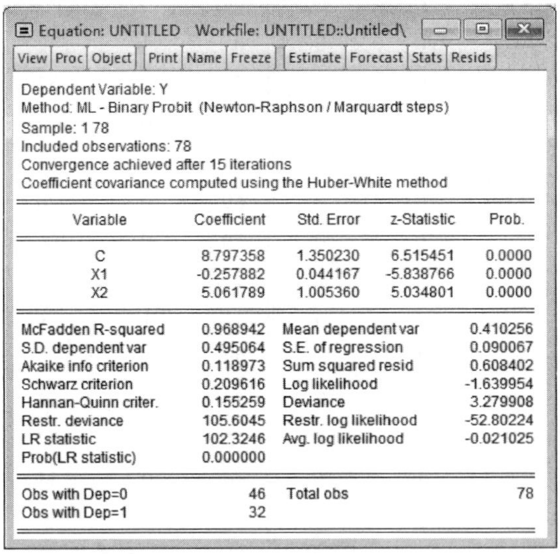
Equation: UNTITLED　Workfile: UNTITLED::Untitled\
View | Proc | Object | Print | Name | Freeze | Estimate | Forecast | Stats | Resids

Dependent Variable: Y
Method: ML - Binary Probit (Newton-Raphson / Marquardt steps)
Sample: 1 78
Included observations: 78
Convergence achieved after 15 iterations
Coefficient covariance computed using the Huber-White method

Variable	Coefficient	Std. Error	z-Statistic	Prob.
C	8.797358	1.350230	6.515451	0.0000
X1	-0.257882	0.044167	-5.838766	0.0000
X2	5.061789	1.005360	5.034801	0.0000

McFadden R-squared	0.968942	Mean dependent var	0.410256
S.D. dependent var	0.495064	S.E. of regression	0.090067
Akaike info criterion	0.118973	Sum squared resid	0.608402
Schwarz criterion	0.209616	Log likelihood	-1.639954
Hannan-Quinn criter.	0.155259	Deviance	3.279908
Restr. deviance	105.6045	Restr. log likelihood	-52.80224
LR statistic	102.3246	Avg. log likelihood	-0.021025
Prob(LR statistic)	0.000000		

Obs with Dep=0	46	Total obs	78
Obs with Dep=1	32		

图 6.2.1　二元离散 Probit 模型估计输出结果

2. Probit 模型模拟与预测

通过估计结果,可以对客户获取贷款的概率进行模拟或预测。对于 Proit 模型,预测方程为

$$YF=1-\Phi[-(8.797\ 4-0.257\ 9\times X_1+5.0618\times X_2)]$$

该方程表示,当 X_1 和 X_2 已知时,代入方程,可以预测贷款成功的概率 YF。例如,将表 6.2.2 中第 1 个样本观测值 $X_1=125$、$X_2=-2$ 代入方程,计算出括号内的值为 33.5614;查标准正态分布表,对应于 33.5614 的累积正态分布函数值为 1.0;于是,预测值 YF =1-1.0=0,即对应于该客户,贷款成功的概率为 0。将表 6.2.2 中第 19 个样本观测值 $X_1=15$、$X_2=-1$ 代入方程,计算括号内的值为 0.132 9;查标准正态分布表,对应于 0.132 9 的累积正态分布函数值为 0.552 8;于是,预测值 YF=1-0.552 8=0.447 2,即对应于该客户,贷款成功的概率为 0.447 2。表 6.2.2 中列出了用模型计算得到的每个样本客户贷款成功的概率 YF_P。

如果有一个新客户,根据客户资料,计算的"商业信用支持度"(X_1)和"市场竞争地位等级"(X_2),代入模型,就可以得到贷款成功的概率,以此辅助决定是否给予贷款。

3. Logit 模型模拟预测

利用 Logit 模型估计结果,也可以对客户获取贷款的概率进行模拟或预测,采用的方程为:

$$YF=1-\Lambda[-(16.114\ 3-0.465\ 1\times X_1+9.379\ 9\times X_2)]$$

将表 6.2.2 中第 1 个样本观测值 $X_1=125$、$X_2=-2$ 代入方程,计算括号内的值为 60.774 9;查逻辑分布表,对应于 60.774 9 的累积逻辑分布函数值为 1.0;于是,预测值 YF=1-1.0=0,即对应于该客户,贷款成功的概率为 0。将表 6.2.2 中第 19 个样本观测值 $X_1=15$、$X_2=-1$ 代入方程,计算括号内的值为 0.242 3;查逻辑分布表,对应于 0.242 3 的累积逻辑分布函数值为 0.560 0;于是,预测值 YF=1-0.560 0=0.440 0,即对应于该客户,贷款成功的概率为 0.4400。表 6.2.2 中也同时列出了用模型计算得到的每个样本客户贷款成功的概率 YF_L。

五、二元离散选择模型的检验

经过估计的二元离散选择模型是否是一个好的模型?类似于经典的截面数据模型,需要进行检验。主要的检验包括拟合优度检验、总体显著性检验、变量显著性检验、预测(回代)效果检验、异方差性检验和省略变量检验等。其中,变量显著性检验的原理及检验统计量与经典单方程模型相同;而异方差性检验和省略变量检验的原理及检验统计量比较复杂,通常直接采用稳健标准误方法估计模型,以消除截面样本一般都存在的异方差的影响,像例 6.2.2 那样。这里只简单介绍拟合优度检验、总体显著性检验和预测(回代)效果检验。

需要说明的是,由于经典单方程计量经济学模型主要采用以最小二乘原理为基础的模型估计方法,其检验统计量大多是基于残差平方和而构建的,例如拟合优度检验的 R^2 统计量、总体显著性检验的 F 统计量、变量显著性检验的 t 或 z 统计量、约束回归检验的 F 统计量等。而包括离散选择模型在内的非经典计量经济学模型主要采用以极大似然原理为基础的模型估计方法,所以其检验统计量大多是基于似然函数值而构建的,例如 Wald 统计量、LR 统计量、LM 统计量等。

1. 拟合优度检验

麦克法登(McFadden)于 1974 年提出了一种测度拟合优度的 R^2,称为伪 R^2(pseudo R-squared)或麦克法登 R^2(McFadden R-squared)。在一个容量为 n 的样本下,设 L_0为模型中所有解释变量的参数都为 0 这一约束下估计得到的似然函数值,应有(留作练习)

$$\ln L_0=n(P\ln P+(1-P)\ln(1-P))$$

其中 P 为样本观测值中被解释变量等于 1 的比例。设 L 为无约束的模型估计得到的似然函数值,构造如下统计量:

$$R^2=1-\frac{\ln L}{\ln L_0}$$

显然,如果模型完全不拟合样本观测值,L 等于 L_0,则有 $R^2=0$;如果模型完全拟合样本观测值,L 等于 1,则有 $R^2=1$。所以 R^2 可以作为检验模型拟合优度的统计量,R^2越接近于 1,模型的拟合效果越好。

在例 6.2.2 的模型估计输出结果图 6.2.1 中可以看到,对 Probit 模型,所有解释变量的系数都为 0 这一约束条件下估计的对数似然函数值 $\ln L_0=-52.802\ 2$,无约束模型估计得到的似然函数值 $\ln L=-1.640\ 0$,由此计算得到伪 $R^2=0.968\ 9$。因此可以判断这是一个拟合效果较好的模型。对 Logit 模型,同样可得到伪 $R^2=0.967\ 9$。

2. 总体显著性检验

总体显著性检验的原假设为:$H_0:\beta_1=\beta_2=\cdots=\beta_k=0$,备择假设为:解释变量的系数不全为 0。构造似然比(likelihood ratio)统计量如下:

$$LR=-2(\ln L_0-\ln L)\sim\chi^2(k)$$

其中 L_0为模型满足原假设(所有解释变量的系数都为 0)时的似然函数值,L 为无约束模型估计得到的似然函数值。直观上看,如果 LR 较大,表明 L_0与 L 之间的差较大,倾向于拒绝原假设而接受模型总体显著的备择假设。

在例 6.2.2 中,对于 Probit 模型,由 $\ln L_0=-52.802\ 2$ 和 $\ln L=-1.640\ 0$,计算得到 $LR=102.32$。由 χ^2分布表查得:$\chi^2_{0.01}(2)=9.21$,可见,在 1%的显著性水平下,拒绝该模型总体不显著的原假设。类似地,对 Logit 模型,$LR=102.22$,同样拒绝模型总体不显著的假设。

3. 预测(回代)效果检验

当二元离散选择模型被估计后,将所有样本的解释变量观测值代入模型,计算得到每个样本的被解释变量取值 1 的概率,如果概率大于等于 0.5,则预测的被解释变量取值为 1,否则,取值为 0。将预测的取值与样本被解释变量的实际观测值进行比较,以判断模型的预测(回代)效果,这也是一种实际有效的模型检验方法。

对于例 6.2.2 的模型,表 6.2.2 中"$\mathrm{YF_P}$"列与 $\mathrm{YF_L}$ 列分别为 Probit 模型与 Logit 模型计算得到的每个样本的被解释变量取值 1 的概率。从中可见,除了 2 个样本外(第 19 与第 45 个观测个体),所有样本都在两模型中通过了回代检验。没有通过回代检验的 2 个样本,一个样本的选择结果为 1,Probit 模型回代算得的选择 1 的概率为 0.447 2、Logit 模型算得的概率为 0.440 0;另一个样本的选择结果为 0,Probit 模型回代算得的选择 1 的概率为 0.549 8,Logit 模型算得的概率为 0.555 7。如何看待回代结果?存在一个临界值问题。

通常有多种方法确定临界值。一是"朴素方法",即以 0.50 为临界值。该方法适合于全部样本中选择 1 和选择 0 的样本数目相当的情况。在例 6.2.2 的模型中,选择 1 和选择 0 的样本数目分别为 32 和 46,差异较大,不适合采用该方法。二是“先验方法”,即以全部样本中选择 1 的样本所占的比例为临界值。例如在例 6.2.2 的模型中,选择 1 的样本的比例为 0.41。但是,该方法适合于以全部个体作为样本的情况,而例 6.2.2 中的 78 个样本仅是贷款客户的极少部分,所以也不适合采用该方法。三是“最优方法”,即以“犯第一类错误最小”为原则确定临界值的方法。例如在例 6.2.2 的模型中,如果以 0.50 为临界值,则有 2 个样本发生“弃真”,即犯第一类错误;如果以 0.41 为临界值,则发生“弃真”的样本只有 1 个。所以以 0.41 作为临界值比较合适。

§6.3 固定效应面板数据模型

所谓面板数据,也被翻译为平行数据、综列数据、时空数据,指在时间序列上取多个截面,在每个截面上同时选取相同的个体作为样本,由这些样本观测值所构成的数据。面板数据计量经济学模型是近 20 多年来计量经济学理论方法的重要发展之一,已经形成了与截面数据模型相对应的完整的模型体系,具有很好的应用价值。本节将它作为经典截面数据的一种扩展,介绍最简单的固定效应面板数据模型(panel data model with fixed effect)。

一、面板数据模型概述

1. 经济分析中的面板数据问题

在经济分析,尤其是通过建立计量经济学模型所进行的经济分析中,经常发现,只利用截面数据或者只利用时间序列数据不能满足分析目的的需要。

例如,如果分析生产成本问题,只利用截面数据,即选择同一截面上不同规模的企业数据作为样本观测值,可以分析成本与企业规模的关系,但是不能分析技术进步对成本的影响;只利用时间序列数据,即选择同一企业在不同时点上的数据作为样本观测值,可以分析成本与技术进步的关系,但是不能分析企业规模对成本的影响。如果采用面板数据,即在不同的时间上选择不同规模的企业数据作为样本观测值,无疑既可以分析成本与技术进步的关系,也可以分析成本与企业规模的关系。

再如,分析外商直接投资对我国各个地区经济增长的影响,它既与各地区经济发展水平、基础条件、教育水平等因素有关,也与国家在各个时期的总体经济发展水平和宏观政策有关,同时地区之间还存在互相影响。只利用截面数据,即选择同一时间上不同地区的数据作为样本观测值,可以在同时考虑各地区经济发展水平、基础条件、教育水平等因素的情况下,分析外商直接投资对各个地区经济增长的影响。但是无法考虑国家的总体经济发展水平和宏观政策的影响,因为它们对于不同的地区是相同的。只利用各个地区的时间序列数据,可以在考虑国家的总体经济发展水平和宏观政策的情况下,分别研究每个地区外商直接投资对经济增长的影响,但是却无法考虑不同地区之间的相关性。如果采用面板数据,即在不同的时间上选择不同地区的数据作为样本观测值,则可以既考虑各地区经济发展水平、基础条件、教育水平等因素,也考虑国家的总体经济发展水平和宏观政策等因素,同时还考虑不同地区之间的相关性,这样才能客观、准确地分析外商直接投资对各个地区经济增长的影响。

2. 计量经济学模型方法中的面板数据问题

计量经济学模型方法的核心是依据样本信息估计总体参数,那么,充分利用尽可能多的样本信息,是任何一项计量经济学应用研究必须遵循的基本原则。毫无疑问,采用面板数据比单纯采用横截面数据或时间序列数据会使得模型分析更加有效,面板数据计量经济学模型理论正是基于样本信息的充分利用而发展的。

在具体的模型方法方面,采用面板数据比单纯采用横截面数据或时间序列数据也有许多优势。例如,可以显著地增加自由度,使得统计推断更加有效;可以降低变量之间的共线性,使得参数估计量更具有效性;可以一定程度上解决遗漏变量带来的内生性问题;可以有助于从不同的经济理论出发建立的互相竞争的模型中识别出正确的模型;可以减少甚至消除模型估计偏差;等等。

3. 经典面板数据模型的类型

经典面板数据模型的提出,一个重要的原因是为了考察横截面上观测对象“行为特征”的差异,即“个体”的异质性,如消费函数中不同“个体”的消费偏好可能不同、工资方程中“个体”的性别、年龄、工作经验、个人能力往往是不一样的,如此等等。有些变量可能由于观测不到而无法引入模型中不得不被“遗漏”。如果这些观测不到而被遗漏的变量与模型中保留的变量存在相关性,则会由于内生性问题而带来估计的偏误。固定效应(fixed effect)模型是将这些观测不到的“个体”因素综合在模型的截距项上,即以截距项的差异来刻画“个体”的差异,并估计模型。如果这些未观测到的变量与模型中保留的变量不相关,则将它们综合在随机干扰项上,再通过适当的方法进行模型估计,以此类方法估计的模型被称为随机效应(random effect)模型。当然,“个体”的差异也可能出现在模型解释变量的参数(也称为系数)上。由于经济活动中,那些未观测到的因素与模型中已有的变量具有一定程度的相关性是更常见的现象,因此,采用固定效应模型的估计方法就成为经验分析中最为常用的模型估计方式。本节主要介绍固定效应模型估计的基本框架。

下面以经典线性面板数据计量经济学模型为例,介绍各种模型。

模型 1:截面个体变系数模型,简称变系数模型。其形式为:

$$Y_{it}=\alpha_i+\boldsymbol{X}_{it}\boldsymbol{\beta}_i+\mu_{it},i=1,\cdots,n,t=1,\cdots,T \tag{6.3.1}$$

其中 $\boldsymbol{X}_{it}$ 为 $1\times k$ 向量,$\boldsymbol{\beta}_i$ 为 $k\times 1$ 向量,k 为解释变量的数目:

$$\boldsymbol{X}_{it}=(X_{it1},X_{it2},\cdots,X_{itk}),\boldsymbol{\beta}_i=(\beta_{i1},\beta_{i2},\cdots,\beta_{ik})'$$

误差项 μ_{it} 均值为 0,方差为 σ_u^2。该模型表示,在横截面个体之间,存在个体影响,这种影响既体现在截距的差异上(变截距),也体现在解释变量系数的差异上(变系数)。

模型 2:截面个体变截距模型,简称变截距模型。其形式为:

$$Y_{it}=\alpha_i+\boldsymbol{X}_{it}\boldsymbol{\beta}+\mu_{it},i=1,\cdots,n,t=1,\cdots,T \tag{6.3.2}$$

$$\boldsymbol{\beta}=(\beta_1,\beta_2,\cdots,\beta_k)'$$

该模型表示,在横截面个体之间,存在个体影响,这种影响只体现在截距项的差异上(变截距),因而解释变量的系数在不同横截面个体上是相同的。

模型 3:**截面个体截距、系数不变模型**。其形式为:

$$Y_{it}=\alpha+\boldsymbol{X}_{it}\boldsymbol{\beta}+\mu_{it}, i=1,\cdots,n, t=1,\cdots,T \tag{6.3.3}$$

该模型表示,在横截面个体之间,不存在个体影响,因而模型的截距和系数参数在不同横截面个体上是相同的。该模型也被称为混合模型(pooled model)

模型 4:**截面个体不变截距、变系数模型**。其形式为:

$$Y_{it}=\alpha+\boldsymbol{X}_{it}\boldsymbol{\beta}_i+\mu_{it}, i=1,\cdots,n, t=1,\cdots,T \tag{6.3.4}$$

该模型表示,横截面个体之间的差异,只体现在解释变量系数上,不体现在截距项上。该模型在实际应用中很少出现,从经济行为方面看,如果在不同横截面个体上,解释变量的系数存在差异,那么模型截距一般肯定也存在差异。

模型 5:**时点变系数模型**。其形式为:

$$Y_{it}=\alpha_t+\boldsymbol{X}_{it}\boldsymbol{\beta}_t+\mu_{it}, i=1,\cdots,n, t=1,\cdots,T \tag{6.3.5}$$

$$\boldsymbol{\beta}_t=(\beta_{t1},\beta_{t2},\cdots,\beta_{tk})'$$

该模型表示,在不同的时点之间,存在某些只与时间有关的影响因素。例如,某些经济政策在同一时间对所有个体的影响都是相同的,但这些政策可能会随时间的变化而改变。当然,该模型在实际应用中很少出现。从经济行为方面看,不同个体之间的行为差异往往比同一个个体在不同时点上的行为差异更为明显。例如,不同地区居民消费倾向的差异往往比同一个地区居民在不同时点上消费倾向的差异更为明显。只是从模型理论方法角度看,模型 5 与模型 1 是相同的。

模型 6:**截面个体和时点变截距模型**。其形式为:

$$Y_{it}=\alpha_i+\gamma_t+\boldsymbol{X}_{it}\boldsymbol{\beta}+\mu_{it}, i=1,\cdots,n; t=1,\cdots,T \tag{6.3.6}$$

$$\boldsymbol{\beta}=(\beta_1,\beta_2,\cdots,\beta_k)'$$

该模型表示,在横截面个体之间,存在个体影响,同时在不同的时点之间,存在时间点的影响,即所谓存在双向影响(two-way effect),只不过这种双向影响只体现在截距项上,不体现在斜率项上。该模型的估计方法与模型 2 并无大的差别。

需要指出的是,根据个体的数量与时间的长度,面板数据又分为**短面板**(short panel)与**长面板**(long panel),前者指个体的数目较大而时间序列较短,后者指个体数目较少而时间序列较长。在经典面板数据模型中,人们更加关注个体的异质性,尤其是在短面板中,几乎不关注时间视角下的异质性。当然,为了能更准确地估计模型,有时在时间序列并不是很短的情况下,也需要控制时间效应的影响。除了估计如式(6.3.6)那样引入时间效应的模型外,一个可以被接受的简略的处理方式是在模型中直接引入时间趋势项 t,即估计如下模型:

$$Y_{it}=\alpha_t+\gamma t+\boldsymbol{X}_{it}\boldsymbol{\beta}+\mu_{it}, i=1,\cdots,n; t=1,\cdots,T \tag{6.3.7}$$

二、模型的设定检验

1. 模型设定的 F 检验

面对已经获得的一组面板数据,应该将模型设定为上述哪一种?需要进行模型设定的检验。下面主要以最常使用的模型1、2、3的选择为例进行说明。

首先,在经典面板数据模型中,人们更加关注从个体的异质性出发建立刻画个体差异的不同类型的模型。尤其是在短面板中,考察是否存在反映在截距项上的个体差异,成为面板数据模型估计与检验的重点。这时,将模型2作为备择假设,检验模型3:

H_0:截距和斜率在不同的横截面样本点上都相同

H_1:斜率在不同的横截面样本点上都相同,但截距不相同

该检验的原理就是本书多元线性回归模型中介绍的参数约束检验。模型(6.3.3)就是对模型(6.3.2)施加了参数α在不同的截面个体上都相同的约束。具体说来,首先需要采用相应的估计方法估计模型(6.3.3)、(6.3.2),得到它们各自的残差平方和RSS_3和RSS_2,然后根据约束检验原理,构造如下检验统计量F:

$$F=\frac{(\text{RSS}_3-\text{RSS}_2)/(n-1)}{\text{RSS}_2/(nT-n-k)}\sim F(n-1,nT-n-k) \tag{6.3.8}$$

有时,人们也会关心个体的差异是否会反映在斜率项上,即解释变量前的系数上。可通过估计变系数模型(6.3.1),记录残差平方和RSS_1,并以其为无约束模型,以式(6.3.2)为受约束模型进行F检验,即针对如下的假设H_1,检验假设H_0:

H_0:斜率在不同的横截面样本点上都相同,但截距不相同

H_1:截距和斜率在不同的横截面样本点上都不同

对应的F检验统计量为

$$F=\frac{(\text{RSS}_2-\text{RSS}_1)/[(n-1)k]}{\text{RSS}_1/[nT-n(k+1)]}\sim F[(n-1)k,n(T-k-1)] \tag{6.3.9}$$

上述F检验有着相同的逻辑,当原假设H_0成立时,受约束模型与无约束模型的残差平方和较为接近,它们的差都较小,从而测得的F值也"较小"。如果测得的F值"较大",超过了事先给定的某个显著性水平下的临界值,则拒绝原假设H_0,从而选择备择假设H_1对应的模型。

需要说明的是,个体效应变系数模型的估计往往需要较长的时间序列,以便能够解决横截面不同个体间的同期相关性。这也是短面板数据一般不用来估计变系数模型的一个原因。

2. 关于模型设定检验的说明

显然,面板数据模型的设定检验是建立面板数据应用模型的第一步和不可缺少的步骤,但是在实际应用研究中,研究者经常根据研究目的的需要来设定模型类型,而较少做设定性检验,这是目前面板数据模型应用研究中存在的一个突出问题。究其原因,可能是应用研究的目的性导向所致。按照研究目的设定模型,是目前计量经济学应用研究中存在的一个普遍问题。采用面板数据,从应用的角度,模型使用者经常希望在控制截面个体影响,或者既控制截面个体影响也控制时点影响的情况下,求得平均意义上的不变的结构参数(解释变量的参数),以便分析变量之间的结构关系,所以将模型设定为模型6或者模型2的形式,能够达到研究的目的。但不做检验的直接设定是不够严谨的。

三、固定效应变截距模型

变截距模型是应用最广泛的一种面板数据模型,可表示为式(6.3.2)

$$Y_{it}=\alpha_i+\boldsymbol{X}_{it}\boldsymbol{\beta}+\mu_{it},i=1,\cdots,n;t=1,\cdots,T$$

其中 $\boldsymbol{X}_{it}$为 $1\times k$ 向量,$\boldsymbol{\beta}$ 为 $k\times1$ 向量,α_i体现个体影响,为模型中未被观测到的反映个体差异变量的影响;μ_{it}为随机干扰项,为模型中被忽略的随横截面和时间变化的影响因素的综合体,假设其均值为 0,方差为 σ_μ^2,并假定 μ_{it}与 $\boldsymbol{X}_{it}$不相关。

1. 最小二乘虚拟变量模型及其参数估计

对于固定效应变截距模型,截距 α_i是一个待估未知参数。令 $\boldsymbol{Y}_i$和 $\boldsymbol{X}_i$是第 i 个个体的 T 个观测值向量和矩阵,并令 μ_i是随机干扰项 $T\times1$ 向量,式(6.3.2)可写成:

$$\boldsymbol{Y}_i=\boldsymbol{i}\alpha_i+\boldsymbol{X}_i\boldsymbol{\beta}+\boldsymbol{\mu}_i,i=1,\cdots,n \tag{6.3.10}$$

其中

$$\boldsymbol{Y}_i=\begin{bmatrix}Y_{i1}\\Y_{i2}\\\vdots\\Y_{iT}\end{bmatrix}_{T\times1}\quad \boldsymbol{i}=\begin{bmatrix}1\\1\\\vdots\\1\end{bmatrix}_{T\times1}\quad \boldsymbol{\beta}=\begin{pmatrix}\beta_1\\\beta_2\\\vdots\\\beta_k\end{pmatrix}_{k\times1}$$

$$\boldsymbol{\mu}_i=\begin{bmatrix}\mu_{i1}\\\mu_{i2}\\\vdots\\\mu_{iT}\end{bmatrix}_{T\times1}\quad \boldsymbol{X}_i=\begin{bmatrix}X_{i11}&X_{i12}&\cdots&X_{i1k}\\X_{i21}&X_{i22}&\cdots&X_{i2k}\\\vdots&\vdots&&\vdots\\X_{iT1}&X_{iT2}&\cdots&X_{iTk}\end{bmatrix}_{T\times k}$$

式(6.3.10)也可写成

$$\boldsymbol{Y}=(\boldsymbol{d}_1\quad\boldsymbol{d}_2\quad\cdots\quad\boldsymbol{d}_n\quad\boldsymbol{X})\begin{pmatrix}\boldsymbol{\alpha}\\\boldsymbol{\beta}\end{pmatrix}+\boldsymbol{\mu} \tag{6.3.11}$$

其中

$$\boldsymbol{Y}=\begin{bmatrix}\boldsymbol{Y}_1\\\boldsymbol{Y}_2\\\vdots\\\boldsymbol{Y}_n\end{bmatrix}_{nT\times1},(\boldsymbol{d}_1\quad\boldsymbol{d}_2\quad\cdots\quad\boldsymbol{d}_n)=\begin{pmatrix}\boldsymbol{i}&&&\\&\boldsymbol{i}&&\\&&\ddots&\\&&&\boldsymbol{i}\end{pmatrix}_{nT\times n}$$

$$\boldsymbol{X}=\begin{bmatrix}\boldsymbol{X}_1\\\boldsymbol{X}_2\\\vdots\\\boldsymbol{X}_n\end{bmatrix}_{nT\times k},\boldsymbol{\alpha}=\begin{pmatrix}\alpha_1\\\alpha_2\\\vdots\\\alpha_n\end{pmatrix}_{n\times1},\boldsymbol{\mu}=\begin{bmatrix}\boldsymbol{\mu}_1\\\boldsymbol{\mu}_2\\\vdots\\\boldsymbol{\mu}_n\end{bmatrix}_{nT\times1}$$

其中 $\boldsymbol{d}_i$是代表第 i 个个体的虚拟变量。

令 $\boldsymbol{D}=(\boldsymbol{d}_1\ \ \boldsymbol{d}_2\ \ \cdots\ \ \boldsymbol{d}_n)_{nT\times n}$,则式(6.3.11)等价于

$$\boldsymbol{Y}=\boldsymbol{D}\boldsymbol{\alpha}+\boldsymbol{X}\boldsymbol{\beta}+\boldsymbol{\mu} \tag{6.3.12}$$

该模型通常被称为最小二乘虚拟变量模型(least-squares dummy-variable, LSDV),有时也称为协方差分析模型(analysis-of-covariance model)(解释变量既有定量的,也有定性的)。当 n 较小时,此模型可以当作具有 $n+k$ 个参数的多元回归模型,参数可由普通最小二乘法进

行估计。参数估计量为：

$$\begin{pmatrix}\hat{\boldsymbol{\alpha}}\\ \hat{\boldsymbol{\beta}}\end{pmatrix}=[(\boldsymbol{D}\ \boldsymbol{X})'(\boldsymbol{D}\ \boldsymbol{X})]^{-1}(\boldsymbol{D}\ \boldsymbol{X})'\boldsymbol{Y} \tag{6.3.13}$$

2. 固定效应模型的组内估计

如果 n 很大，甚至成千上万，最小二乘虚拟变量估计会损失较大的自由度，因此不是一个具有吸引力的估计方法。一个等价的估计方法是采用关于个体均值离差的形式进行估计，即所谓固定效应模型的组内估计。该方法首先设法消去参数 $\boldsymbol{\alpha}$，估计参数 $\boldsymbol{\beta}$；然后再在每个截面个体上利用变量的观测值和参数 $\boldsymbol{\beta}$ 的估计值，计算参数 $\boldsymbol{\alpha}$ 的估计量。

对式(6.3.2)两边对时间取平均可得

$$\overline{Y}_i=\alpha_i+\overline{\boldsymbol{X}}_i\boldsymbol{\beta}+\overline{\mu}_i \tag{6.3.14}$$

将式(6.3.2)与式(6.3.14)相减得如下离差形式

$$Y_{it}-\overline{Y}_i=(\boldsymbol{X}_{it}-\overline{\boldsymbol{X}}_i)\boldsymbol{\beta}+(\mu_{it}-\overline{\mu}_i)$$

记 $y_{it}=Y_{it}-\overline{Y}_i$，$\boldsymbol{x}_{it}=\boldsymbol{X}_{it}-\overline{\boldsymbol{X}}_i$，$\widetilde{\mu}_{it}=\mu_{it}-\overline{\mu}_i$，则有

$$y_{it}=\boldsymbol{x}_{it}\boldsymbol{\beta}+\widetilde{\mu}_{it} \tag{6.3.15}$$

由于式(6.3.15)已消去 α_i，当 $\widetilde{\mu}_{it}$ 与 $\boldsymbol{x}_{it}$ 不相关时，其普通最小二乘估计量就具有一致性，记为 $\hat{\boldsymbol{\beta}}_{\mathrm{FE}}$，称为固定效应估计量(fixed effect estimator)或组内估计量(within-group estimator)。将式(6.3.15)的矩阵形式记为

$$\boldsymbol{y}=\boldsymbol{x}\boldsymbol{\beta}+\widetilde{\boldsymbol{\mu}} \tag{6.3.16}$$

则有

$$\hat{\boldsymbol{\beta}}_{\mathrm{FE}}=(\boldsymbol{x}'\boldsymbol{x})^{-1}\boldsymbol{x}'\boldsymbol{y} \tag{6.3.17}$$

其中

$$\boldsymbol{y}=\begin{bmatrix}\boldsymbol{y}_1\\ \boldsymbol{y}_2\\ \vdots\\ \boldsymbol{y}_n\end{bmatrix}=\begin{bmatrix}y_{11}\\ \vdots\\ y_{1T}\\ \vdots\\ y_{n1}\\ \vdots\\ y_{nT}\end{bmatrix}_{nT\times 1},\quad \boldsymbol{x}=\begin{bmatrix}\boldsymbol{x}_1\\ \boldsymbol{x}_2\\ \vdots\\ \boldsymbol{x}_n\end{bmatrix}=\begin{bmatrix}\boldsymbol{x}_{11}\\ \vdots\\ \boldsymbol{x}_{1T}\\ \vdots\\ \boldsymbol{x}_{n1}\\ \vdots\\ \boldsymbol{x}_{nT}\end{bmatrix}=\begin{bmatrix}x_{111} & x_{112} & \cdots & x_{11k}\\ \vdots & \vdots & & \vdots\\ x_{1T1} & x_{1T2} & \cdots & x_{1Tk}\\ \vdots & \vdots & & \vdots\\ x_{n11} & x_{n12} & \cdots & x_{n1k}\\ \vdots & \vdots & & \vdots\\ x_{nT1} & x_{nT2} & \cdots & x_{nTk}\end{bmatrix}_{nT\times k}$$

各截距项的估计为

$$\hat{\alpha}_i=\overline{Y}_i-\overline{\boldsymbol{X}}_i\hat{\boldsymbol{\beta}}_{\mathrm{FE}} \tag{6.3.18}$$

只要模型(6.3.2)满足严格外生性假设，上述固定效应估计量就是无偏且一致的估计量。

当表示个体效应的截距项被估计出来后，有时会计算它们的平均估计项 $\overline{\hat{\alpha}}$，并用每个个体效应 $\hat{\alpha}_i$ 与 $\overline{\hat{\alpha}}$ 的差来显示个体效应间的差异(参见潘文卿，李子奈.计量经济学(第五版)学

习指南与练习.北京:高等教育出版社,2021)。

3. 固定效应变截距模型实例

例 6.3.1

作为演示,本例以中国相关省区的城镇居民家庭人均年可支配收入(X)为解释变量,以城镇居民家庭人均年消费支出(Y)为被解释变量考察城镇居民在2004—2008年间的消费函数,采用北京、天津、河北、内蒙古、辽宁、吉林、上海、江苏、浙江、福建、山东、河南、湖北、湖南、广东、重庆、四川、云南、陕西、甘肃20个地区2004—2008年共100组数据为样本。样本数据见表6.3.1和表6.3.2。

表6.3.1 城镇居民家庭人均年消费支出 单位:元

年份	北京	天津	河北	内蒙古	辽宁	吉林	上海	江苏	浙江	福建
2004	12 200	8 802	5 819	6 219	6 543	6 069	12 631	7 332	10 636	8 161
2005	13 244	9 653	6 700	6 929	7 369	6 795	13 773	8 622	12 254	8 794
2006	14 825	10 548	7 343	7 667	7 987	7 353	14 762	9 629	13 349	9 808
2007	15 330	12 029	8 235	9 281	9 430	8 560	17 255	10 715	14 091	11 055
2008	16 460	13 422	9 087	10 829	11 231	9 729	19 398	11 978	15 158	12 501
年份	山东	河南	湖北	湖南	广东	重庆	四川	云南	陕西	甘肃
2004	6 674	5 294	6 399	6 885	10 695	7 973	6 371	6 837	6 233	5 937
2005	7 457	6 038	6 737	7 505	11 810	8 623	6 891	6 997	6 656	6 529
2006	8 468	6 685	7 397	8 169	12 432	9 399	7 525	7 380	7 553	6 974
2007	9 667	7 827	8 701	8 991	14 337	9 890	8 692	7 922	8 427	7 876
2008	11 007	8 837	9 478	9 946	15 528	11 147	9 679	9 077	9 772	8 309

资料来源:《中国统计年鉴》,2005年至2009年。

表6.3.2 城镇居民家庭人均年可支配收入 单位:元

年份	北京	天津	河北	内蒙古	辽宁	吉林	上海	江苏	浙江	福建
2004	15 678	11 467	7 951	8 123	8 008	7 841	16 683	10 482	14 546	11 175
2005	17 653	12 639	9 107	9 137	9 108	8 691	18 645	12 319	16 294	12 321
2006	19 978	14 283	10 305	10 358	10 370	9 775	20 668	14 084	18 265	13 753
2007	21 989	16 357	11 690	12 378	12 300	11 286	23 623	16 378	20 574	15 506
2008	24 725	19 423	13 119	14 432	14 393	12 829	26 675	18 680	22 727	17 961

续表

年份	山东	河南	湖北	湖南	广东	重庆	四川	云南	陕西	甘肃
2004	9 438	7 705	8 023	8 617	13 628	9 221	7 710	8 871	7 492	7 377
2005	10 745	8 668	8 786	9 524	14 770	10 243	8 386	9 266	8 272	8 087
2006	12 192	9 810	9 803	10 505	16 016	11 570	9 350	10 070	9 268	8 921
2007	14 265	11 477	11 486	12 294	17 699	12 591	11 098	11 496	10 763	10 012
2008	16 305	13 231	13 153	13 821	19 733	14 368	12 633	13 250	12 858	10 969

资料来源:《中国统计年鉴》,2005 年至 2009 年。

(1) 仅控制截面个体效应的固定效应变截距模型。所谓“控制截面个体效应”,即将模型设定为式(6.3.2)

$$Y_{it}=\alpha_i+\beta X_{it}+\mu_{it},\qquad i=1,\cdots,20;t=2004,\cdots,2008$$

通过各个截面个体上不同的 α_i,反映各个地区除了城镇居民家庭人均年可支配收入(X)以外的因素对城镇居民家庭人均年消费支出(Y)的影响,例如各地区不同的发展水平、不同的消费习惯、不同的自然环境等。

图 6.3.1 给出了 EViews9.0 的估计结果的部分显示。该估计的主要信息列于表 6.3.3。其中各 $c_i(i=1,2,\cdots,20)$ 表示估计的各个体效应与平均个体效应的差,由图 6.3.1(b)给出。

表 6.3.3　中国城镇居民人均消费函数的固定效应估计结果

		估计值			R^2	F	RSS	
个体固定效应估计	常数项	1 512.57 (150.93)			0.993 3	583.32	5 628 620	
	X	0.622 2 (0.016)						
	$c_1\cdots c_{20}$	453.3	149.3	-567.6	-100.1	257.9	-85.4	825.0
		-809.3	86.9	-248.0	-690.3	-908.8	-147.4	-27.3
		1 263.7	677.7	199.9	-458.9	161.7	-32.5	
个体与时间固定效应估计	常数项	2 454.97 (589.19)			0.993 6	484.74	5 360 257	
	X	0.548 7 (0.045 9)						
	$c_1\cdots c_{20}$	980.8	296.9	-743.3	-242.6	111.7	-286.8	1 444.6
		-694.5	502.4	-151.2	-707.7	-1 103.3	-336.6	-165.0
		1 524.0	587.6	-19.8	-623.2	-65.7	-308.2	1 524.0
	$t_{2004}\cdots t_{2008}$	-257.2	-94.6	-32.8	134.8	249.9		

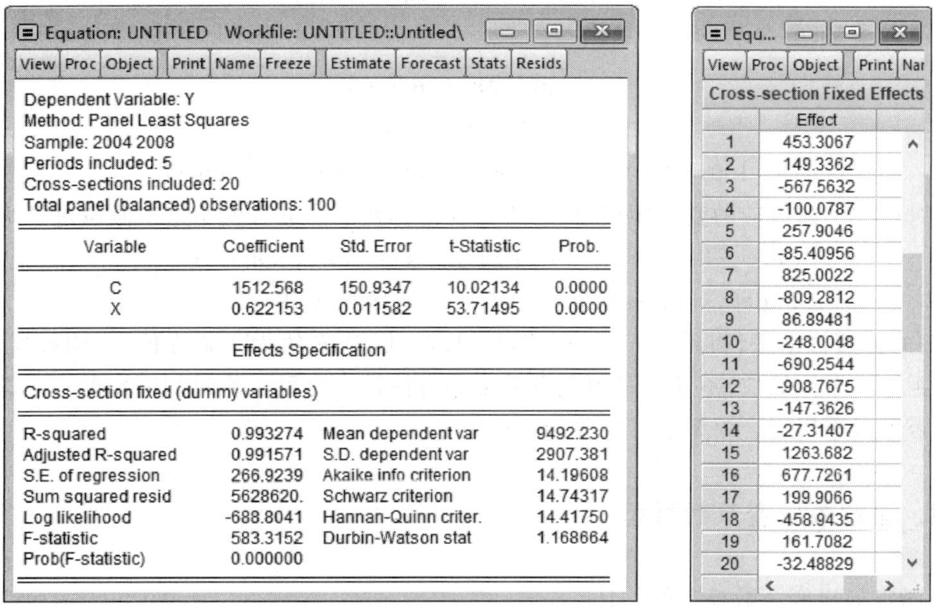

Equation: UNTITLED Workfile: UNTITLED::Untitled\

View | Proc | Object | Print | Name | Freeze | Estimate | Forecast | Stats | Resids

Dependent Variable: Y
Method: Panel Least Squares
Sample: 2004 2008
Periods included: 5
Cross-sections included: 20
Total panel (balanced) observations: 100

Variable	Coefficient	Std. Error	t-Statistic	Prob.
C	1512.568	150.9347	10.02134	0.0000
X	0.622153	0.011582	53.71495	0.0000

Effects Specification

Cross-section fixed (dummy variables)

R-squared	0.993274	Mean dependent var	9492.230
Adjusted R-squared	0.991571	S.D. dependent var	2907.381
S.E. of regression	266.9239	Akaike info criterion	14.19608
Sum squared resid	5628620.	Schwarz criterion	14.74317
Log likelihood	-688.8041	Hannan-Quinn criter.	14.41750
F-statistic	583.3152	Durbin-Watson stat	1.168664
Prob(F-statistic)	0.000000		

(a)

Equ...

View | Proc | Object | Print | Nar

Cross-section Fixed Effects

	Effect
1	453.3067
2	149.3362
3	-567.5632
4	-100.0787
5	257.9046
6	-85.40956
7	825.0022
8	-809.2812
9	86.89481
10	-248.0048
11	-690.2544
12	-908.7675
13	-147.3626
14	-27.31407
15	1263.682
16	677.7261
17	199.9066
18	-458.9435
19	161.7082
20	-32.48829

(b)

图 6.3.1 中国城镇居民人均消费函数的固定效应估计

(2) 同时控制截面个体效应和时点效应的固定效应变截距模型。将模型设定为式(6.3.6)

$$Y_{it}=\alpha_i+\gamma_t+\beta X_{it}+\mu_{it},\qquad i=1,\cdots,20;t=2004,\cdots,2008$$

通过各个时点不同的 γ_t，反映各年不同的宏观政策、国内外环境等因素对城镇居民家庭人均年消费支出(Y)的影响。

采用 EViews9.0 估计结果的主要信息列于表 6.3.3。

(3) 结果分析。从上述同时控制截面个体效应和时点效应的固定效应变截距模型估计结果中，可以发现：在各地区城镇居民收入对消费的边际影响相同的假设下，各地区除收入水平外的其他因素对居民实际消费水平具有不同的影响。大体上，经济、社会发展水平比较高的地区，例如北京、上海、广东等，由于社会保障体系比较完善、消费市场比较发达等原因，城镇居民的实际消费水平高于 20 个地区的平均水平。反之，经济、社会发展水平比较低的地区，例如一些中西部地区，由于社会保障体系尚待完善、消费市场发展较慢等原因，城镇居民的实际消费水平低于 20 个地区的平均水平。

类似地，不同年份除收入水平外的其他因素对居民实际消费水平也具有不同的影响。从 2004 年到 2008 年，由于社会保障体系不断完善、消费市场不断发展以及国内外消费环境不断改善，城镇居民消费的时点效应由负到正，由低到高，呈现有规律的变化。

从两个模型计算的残差平方和的比较看，同时控制截面个体效应和时点效应的固定效应变截距模型具有更好的拟合效果。但是，该模型得到的每个地区每年的城镇居民自发性消费是不同的。

(4) 模型检验。由于本数据集是一个典型的短面板，我们只关心模型是否存在着变截距的个体效应，即针对变截距模型，检验是否不变截距的混合模型是更适合的模型。下面首先给出混合模型(6.3.3)的估计结果：

$$\hat{Y}=891.48+0.6706X$$
$$(176.15)\ (0.0130)$$
$$n=100\quad R^2=0.9643\quad F=2644.2\quad \text{RSS}=29906372$$

针对存在个体效应的变截距模型，对不存在个体效应的混合模型这一假设进行 F 检验：

$$F=\frac{(\text{RSS}_3-\text{RSS}_2)/(n-1)}{\text{RSS}_2/(nT-n-k)}=\frac{(29906372-5628620)/19}{5628620/79}=17.93$$

给定 5%的显著性水平，临界值 $F_{0.05}(19,79)=1.72$，因此 F 值大于临界值，表明确实存在反映在截距上的个体效应，不应该采用混合模型进行估计。也可以将时间固定效应考虑进来，针对是否可以采用混合模型进行检验（留作练习）。

四、固定效应变系数模型

1. 固定效应变系数模型的估计

变截距模型中的截距变化反映了方程中未观测到的变量对被解释变量的影响，这种影响或是随着截面个体的不同而有所差异，或是随着时间点的不同而有所变化。但有时，未观测到的个体因素（如个人偏好）或时间因素（如社会经济背景）带来的影响也会反映在模型的结构参数（也称响应参数）上，即斜率项也可能随着时间或横截面个体的不同而有所变化。

当数据不支持不变响应参数模型，且变量之间关系的设定也很恰当时，就必须考虑在时间或横截面上系数变化的变系数模型。系数随横截面上个体而改变的模型为：

$$Y_{it}=\boldsymbol{X}_{it}\boldsymbol{\beta}_i+\mu_{it},i=1,\cdots,n;t=1,\cdots,T \tag{6.3.19}$$

其中 $\boldsymbol{X}_{it}$和 $\boldsymbol{\beta}_i$是解释变量和参数向量。也可写成

$$\boldsymbol{Y}_i=\boldsymbol{X}_i\boldsymbol{\beta}_i+\boldsymbol{\mu}_i \tag{6.3.20}$$

其中

$$\boldsymbol{Y}_i=\begin{pmatrix}Y_{i1}\\Y_{i2}\\\vdots\\Y_{iT}\end{pmatrix}_{T\times1},\boldsymbol{X}_i=\begin{pmatrix}X_{i11}&X_{i12}&\cdots&X_{i1k}\\X_{i21}&X_{i22}&\cdots&X_{i2k}\\\vdots&\vdots&&\vdots\\X_{iT1}&X_{iT2}&\cdots&X_{iTk}\end{pmatrix}_{T\times k}$$

$$\boldsymbol{\beta}_i=\begin{pmatrix}\beta_{i1}\\\beta_{i2}\\\vdots\\\beta_{ik}\end{pmatrix},\boldsymbol{\mu}_i=\begin{pmatrix}\mu_{i1}\\\mu_{i2}\\\vdots\\\mu_{iT}\end{pmatrix}$$

当将 $\boldsymbol{\beta}_i$视为固定的不同的常向量时，称为固定效应变系数模型。可进一步写成

$$\boldsymbol{Y}=\boldsymbol{X}\boldsymbol{\beta}+\boldsymbol{\mu} \tag{6.3.21}$$

其中

$$\boldsymbol{Y}=\begin{pmatrix}\boldsymbol{Y}_1\\ \boldsymbol{Y}_2\\ \vdots\\ \boldsymbol{Y}_n\end{pmatrix}_{nT\times 1},\boldsymbol{X}=\begin{pmatrix}\boldsymbol{X}_1 & 0 & \cdots & 0\\ 0 & \boldsymbol{X}_2 & \cdots & 0\\ \vdots & \vdots & & \vdots\\ 0 & 0 & \cdots & \boldsymbol{X}_n\end{pmatrix}_{nT\times nk}$$

$$\boldsymbol{\beta}=\begin{pmatrix}\boldsymbol{\beta}_1\\ \boldsymbol{\beta}_2\\ \vdots\\ \boldsymbol{\beta}_n\end{pmatrix}_{nk\times 1},\boldsymbol{\mu}=\begin{pmatrix}\boldsymbol{\mu}_1\\ \boldsymbol{\mu}_2\\ \vdots\\ \boldsymbol{\mu}_n\end{pmatrix}_{nT\times 1}$$

显然,如果随机干扰项在不同横截面个体之间不相关,即 $\mathrm{E}(\boldsymbol{\mu}_i\boldsymbol{\mu}'_j)=\mathbf{0}$, $i\neq j$ 且 $\mathrm{E}(\boldsymbol{\mu}_i\boldsymbol{\mu}'_i)=\sigma_i^2\boldsymbol{I}$,上述模型的参数估计极为简单,即以每个截面个体的时间序列数据为样本,采用经典单方程模型的估计方法分别估计其参数。即使采用广义最小二乘法同时得到 $\boldsymbol{\beta}=(\boldsymbol{\beta}'_1,\cdots,\boldsymbol{\beta}'_n)'$的广义最小二乘估计量,也与在每个横截面个体上 $\boldsymbol{\beta}_i$的经典单方程估计一样。

如果随机干扰项在不同横截面个体之间的协方差不为零,$\mathrm{E}(\boldsymbol{\mu}_i\boldsymbol{\mu}'_j)\neq\mathbf{0}$,或 $\mathrm{E}(\boldsymbol{\mu}_i\boldsymbol{\mu}'_i)=\sigma_i^2\boldsymbol{I}$,且 $i\neq j$ 时 $\sigma_i\neq\sigma_j$,即存在不同个体间(称为组间)的异方差,则 $\boldsymbol{\beta}=(\boldsymbol{\beta}'_1,\cdots,\boldsymbol{\beta}'_n)'$的广义最小二乘估计比在每个横截面个体上 $\boldsymbol{\beta}_i$的经典单方程估计更有效。

记 $\boldsymbol{\Omega}_{ij}=\mathrm{E}(\boldsymbol{\mu}_i\boldsymbol{\mu}'_j)$,则

$$\boldsymbol{V}=\begin{bmatrix}\boldsymbol{\Omega}_{11} & \boldsymbol{\Omega}_{12} & \cdots & \boldsymbol{\Omega}_{1n}\\ \boldsymbol{\Omega}_{21} & \boldsymbol{\Omega}_{22} & \cdots & \boldsymbol{\Omega}_{2n}\\ \vdots & \vdots & & \vdots\\ \boldsymbol{\Omega}_{n1} & \boldsymbol{\Omega}_{n2} & \cdots & \boldsymbol{\Omega}_{nn}\end{bmatrix}_{nT\times nT} \tag{6.3.22}$$

参数的广义最小二乘估计为:

$$\hat{\boldsymbol{\beta}}_{\mathrm{GLS}}=(\boldsymbol{X}'\boldsymbol{V}^{-1}\boldsymbol{X})^{-1}\boldsymbol{X}'\boldsymbol{V}^{-1}\boldsymbol{Y} \tag{6.3.23}$$

如何得到协方差矩阵的一致估计,使上述广义最小二乘法成为可行?一种常见的处理方法是对 $\boldsymbol{V}$ 的结构或各 $\boldsymbol{\Omega}_{ij}$进行简化后再进行估计:首先,采用经典单方程模型的估计方法分别估计每个横截面个体的 $\boldsymbol{\beta}_i$,计算残差估计值 $\boldsymbol{e}_i$;其次,假设每个个体单方程模型的随机干扰项在各自的组内是同方差且不自相关的;而不同个体的单方程模型的随机干扰项存在组间异方差以及同期相关,即

$$\mathrm{E}(\boldsymbol{\mu}_i\boldsymbol{\mu}'_i)=\sigma_{ii}\boldsymbol{I}_T,\qquad \mathrm{E}(\boldsymbol{\mu}_i\boldsymbol{\mu}'_j)=\sigma_{ij}\boldsymbol{I}_T$$

于是可根据每个个体单方程模型的随机干扰项来一致地估计各 σ_{ij}:

$$\hat{\sigma}_{ij}=\frac{1}{T}\boldsymbol{e}'_i\boldsymbol{e}_j$$

$\boldsymbol{V}$ 的一致估计即为

$$\hat{\boldsymbol{V}}=\begin{bmatrix}\hat{\sigma}_{11}\boldsymbol{I}_T & \hat{\sigma}_{12}\boldsymbol{I}_T & \cdots & \hat{\sigma}_{1n}\boldsymbol{I}_T\\ \hat{\sigma}_{21}\boldsymbol{I}_T & \hat{\sigma}_{22}\boldsymbol{I}_T & \cdots & \hat{\sigma}_{2n}\boldsymbol{I}_T\\ \vdots & \vdots & & \vdots\\ \hat{\sigma}_{n1}\boldsymbol{I}_T & \hat{\sigma}_{n2}\boldsymbol{I}_T & \cdots & \hat{\sigma}_{nn}\boldsymbol{I}_T\end{bmatrix}_{nT\times nT} \tag{6.3.24}$$

从上述固定效应变系数模型的估计可以看到，如果随机干扰项在不同横截面个体之间不相关，可以每个截面个体的时间序列数据为样本，采用经典单方程模型的估计方法分别估计其参数。这就要求时间序列必须足够的长，才能实现模型的估计。因此，只有在长面板数据下才能进行变系数模型的估计，短面板是不能进行变系数模型的估计的。

2. 固定效应变系数模型实例

例 6.3.2

从例 6.3.1 中的观测个体中选出北京、天津、上海、重庆四个直辖市，并将人均可支配收入(X)与人均消费支出(Y)数据延伸到 2018 年(表 6.3.4)，来考察中国四个直辖市的消费函数以及可能存在的差异。这是一个长面板，可尝试进行固定效应变系数模型的估计。

表 6.3.4　中国直辖市城镇居民家庭人均年可支配收入与消费支出　　单位:元

年份	北京		天津		上海		重庆	
	Y	X	Y	X	Y	X	Y	X
2004	12 200	15 678	8 802	11 467	12 631	16 683	7 973	9 221
2005	13 244	17 653	9 653	12 639	13 773	18 645	8 623	10 243
2006	14 825	19 978	10 548	14 283	14 762	20 668	9 399	11 570
2007	15 330	21 989	12 029	16 357	17 255	23 623	9 890	12 591
2008	16 460	24 725	13 422	19 423	19 398	26 675	11 147	14 368
2009	17 893	26 748	14 801	21 402	20 992	28 838	12 144	15 749
2010	19 934	29 073	16 562	24 293	23 200	31 838	13 335	17 532
2011	21 984	32 903	18 424	26 921	25 102	36 230	14 974	20 250
2012	24 046	36 469	20 024	29 626	26 253	40 188	16 573	22 968
2013	31 632	44 564	22 306	28 980	32 447	44 878	17 124	23 058
2014	33 718	48 532	24 290	31 506	35 182	48 841	18 280	25 147
2015	36 642	52 859	26 230	31 401	36 946	52 962	19 742	27 239
2016	38 256	57 275	28 345	37 110	39 857	57 692	21 031	29 610
2017	40 346	62 406	30 284	40 278	42 304	62 596	22 759	32 193
2018	42 926	67 990	32 655	42 976	46 015	68 034	24 154	34 889

资料来源:《中国统计年鉴》,2005 年至 2019 年。

(1) 固定效应变系数模型估计。设定如下形式的固定效应变系数模型

$$Y_{it}=\alpha_i+\beta_i X_{it}+\mu_{it}, i=1,\cdots,4; t=2004,\cdots,2018$$

如果假设每个个体对应的单方程模型的随机干扰项之间不存在相关性，而且同一个体的组内方差相同、不同个体的组间方差也相同，则完全可以采用单个方程的最小二乘法进行估计，也可以通过引入虚拟变量的方式完成这一估计。如果不同个体单方程模型的随机干扰项之间存在相关性，或不同个体随机干扰项的方差也不相同，则需要采用广义最小二乘法

来估计,以得到更有效的估计结果。表 6.3.5 同时给出了普通最小二乘法与广义最小二乘法的估计结果,其中 X_1,X_2,X_3,X_4 与 C_1,C_2,C_3,C_4 分别代表 4 个直辖市单方程模型估计中的斜率项与截距项。

表 6.3.5　中国直辖市城镇居民消费函数估计

	变系数模型		变截距模型	混合模型
	OLS	GLS	OLS	OLS
常数项	1 146.48 (314.48)	1 283.29 (393.08)	1 483.61 (360.51)	1 783.95 (344.28)
X			0.661 4 (0.010 8)	0.651 6 (0.010 1)
X_1	0.627 9 (0.014 1)	0.619 0 (0.014 3)		
X_2	0.778 1 (0.024 5)	0.776 2 (0.030 3)		
X_3	0.659 9 (0.014 6)	0.656 2 (0.011 9)		
X_4	0.643 4 (0.009 5)	0.642 3 (0.004 7)		
C_1	756.48	949.21	-829.67	
C_2	-2 083.8	-2 169.5	603.58	
C_3	482.04	489.40	87.06	
C_4	845.29	730.89	139.02	
$n\times T$	60	60	60	60
R^2	0.992 8	0.998 5	0.988 8	0.986 3
RSS	43 067 809	59.13	66 908 184	81 763 501

(2) 结果分析。从表 6.3.5 中各 X 前系数的估计结果看,固定效应变系数模型的广义最小二乘估计比普通最小二乘估计略小一些;同时,X_3,X_4 参数估计的标准差也略小一些。从残差平方和 RSS 看,广义最小二乘法的结果远小于普通最小二乘法的结果,显示出广义最小二乘法估计的有效性。这也意味着,在同一个时点上,存在一些共同的因素,例如宏观经济形势与政策、国内外的消费环境等,对每个直辖市城镇居民的消费都产生影响,从而使不同直辖市模型的随机项之间具有相关性,并不完全独立。

(3) 模型设定检验。估计固定效应变系数模型,意味着不同直辖市的边际消费倾向是不一样的。问题是真的有差异吗?如果它们一样,表明模型应设定为只是变截距的模型、甚至是混合模型。下面进行模型设定的检验。

表 6.3.5 同时也给出了固定效应变截距模型的最小二乘虚拟变量估计结果。在固定效应变系数模型与固定效应变截距模型之间进行检验,F 统计量如下:

$$F=\frac{(\mathrm{RSS}_2-\mathrm{RSS}_1)/[(n-1)k]}{\mathrm{RSS}_1/[nT-n(k+1)]}=\frac{(66\ 908\ 184-43\ 067\ 809)/3}{43\ 067\ 809/52}=9.59$$

这里变系数模型采用了普通最小二乘估计的残差平方和，原因是固定效应变截距模型是按普通最小二乘虚拟变量法估计的。在5%显著性水平下的临界值为 $F_{0.05}(3,52)=2.78$，可见上述 F 值大于临界值，拒绝斜率相同的假设，表明应选择变系数模型进行估计。

最后需要说明的是，面板数据模型设定的 F 检验是从拟合效果出发的，主要考察采用不同模型回归所得到的残差平方和之间的差异。也只是从这个意义上讲，上述中国直辖市城镇居民消费函数应该采用变系数模型来估计。但是，对于变系数模型，无论采用普通最小二乘估计或者广义最小二乘估计，估计每个地区的模型参数所依据的主要是各个地区的时间序列数据。可能有一部分与收入有相关性的未观测到的因素进入了随机干扰项而带来了内生性问题，这样反而失去了固定效应变截距面板数据模型采用组内估计法可以一定程度消除内生性的优势。这也一定程度地解释了，人们在实际的面板数据模型应用研究中，只重视检验是否是变截距模型，而不太重视检验是否是变系数模型的原因。

本章练习题

1. 在经典截面数据计量经济学模型中，通常选择哪些类型的数据作为样本数据？对被解释变量样本数据有哪些假定？

2. 某一截面数据计量经济学模型 $Y_i=\boldsymbol{X}_i\boldsymbol{\beta}+\mu_i$，被解释变量服从正态分布，其样本观测值为 $Y_1,Y_2,\cdots,Y_n$，其中 Y_1,Y_2,Y_3 取相同值 a，其他观测值均大于 a。分别将该组样本看作未受限制的随机抽取样本、以 a 为截断点的选择性样本、以 a 为归并点的选择性样本，分别采用 ML 方法估计模型。

(1) 写出 3 种情况下的对数似然函数表达式。

(2) 比较 3 种情况下的对数似然函数值的大小，并加以简单证明。

3. 试证明：

(1) 设 Y 服从标准正态分布 $Y\sim N(0,1)$，则对某常数 a，

$$\mathrm{E}(Y|Y>a)=\int_a^{\infty}Y\varphi(Y|Y>a)\,\mathrm{d}Y=\frac{\varphi(a)}{1-\Phi(a)}$$

(2) 对线性回归模型 $Y_i=\boldsymbol{X}_i\boldsymbol{\beta}+\mu_i$，当 $\mu_i\sim N(0,\sigma^2)$ 时，对某常数 a，

$$\mathrm{E}(Y_i|Y_i>a)=\int_a^{\infty}Y_i\varphi(Y_i|Y_i>a)\,\mathrm{d}Y_i=\boldsymbol{X}_i\boldsymbol{\beta}+\sigma\frac{\varphi((a-\boldsymbol{X}_i\boldsymbol{\beta})/\sigma)}{1-\Phi[(a-\boldsymbol{X}_i\boldsymbol{\beta})/\sigma]}$$

4. 令 Y 表示一个大学生在第4学年结束时能否获得免试推荐攻读硕士学位机会的虚拟变量。设 X_1 与 X_2 分别是其入学时的考试成绩以及大学前两学年各门必修课的平均成绩，X_3 是其在第三学年每周学习的小时数。假设利用 420 个学生的数据得到如下 Logit 模型：

$$P_i=\mathrm{E}(Y=1)=\frac{1}{1+\mathrm{e}^{-(-1.1+0.002X_1+0.007X_2+0.02X_3)}}$$

假设 X_1 与 X_2 固定在 85 分的水平上，计算每周花 40 小时与花 20 小时学习的学生在推荐攻读硕士学位概率上的估计差异。

5. 对重复观测数据（分组数据），试证明以“成败比例”为特征的 Logit 模型

$$\ln\left(\frac{P_i}{1-P_i}\right) \approx \ln\left(\frac{\pi_i}{1-\pi_i}\right) + u_i$$

中误差项的方差为 $\mathrm{Var}(u_i) = \dfrac{1}{n_i\pi_i(1-\pi_i)}$。

6. 对二元离散选择模型 $Y_i = \beta_0 + \beta_1 X_{i1} + \cdots + \beta_k X_{ik} + \mu_i$，如果给定约束

$$H_0: \beta_1 = \beta_2 = \cdots = \beta_k = 0$$

试证明：在该约束条件下，对一个容量为 n 的样本，估计的对数似然函数可简化为

$$\ln L_0 = n(P\ln P + (1-P)\ln(1-P))$$

其中 P 为样本观测值中被解释变量等于 1 的比例。

7. 在申请出国留学的 16 名学生中有如下 GRE 数量与词汇成绩。其中 9 位学生获得入学准入。请根据下表中资料估计 Logit 模型与 Probit 模型。

学生编号	数量成绩 Q	词汇成绩 V	是否准入 Y（1=准，0=不准）	学生编号	数量成绩 Q	词汇成绩 V	是否准入 Y（1=准，0=不准）
1	760	550	1	9	520	660	1
2	600	350	0	10	800	250	0
3	720	320	0	11	670	480	0
4	710	630	1	12	670	520	1
5	530	430	1	13	780	710	1
6	650	570	0	14	520	450	0
7	800	500	1	15	680	590	1
8	650	680	1	16	500	380	0

8. 针对例 6.3.1，在同时引入固定个体效应与时间效应时，对是否应选择固定效应模型而不是选择混合模型的相关假设进行检验。你能写出以可决系数 R^2 描述的统计量的表达式吗？其结果与用残差平方和的检验结果一致吗？

9. 例 6.3.2 同时给出了混合模型的普通最小二乘估计结果。请结合该例的相关信息，检验如下假设：

（1）H_0：采用混合模型，H_1：采用个体变截距固定效应模型；

（2）H_0：采用混合模型，H_1：采用个体变系数固定效应模型。

10. 下表列出了美国、加拿大、英国在 1980—1999 年的失业率 Y 以及对制造业的补助 X 的相关数据资料。考虑如下模型

$$Y_{it} = \beta_0 + \beta_1 X_{it} + \mu_{it}$$

（1）根据上述回归模型分别估计三个国家 Y 关于 X 的回归方程；

（2）将三个国家的数据合并成一个大样本，按上述模型估计一个总的回归方程；

（3）估计固定效应变截距模型；

（4）根据上述三类回归方程的估计结果，判断哪类模型更好一些。

年份	美国		加拿大		英国	
	补助 X（美元/小时）	失业率 Y（%）	补助 X（美元/小时）	失业率 Y（%）	补助 X（美元/小时）	失业率 Y（%）
1980	55.6	7.1	49	7.2	43.7	7.0
1981	61.1	7.6	54.1	7.3	44.1	10.5
1982	67.0	9.7	59.6	10.6	42.2	11.3
1983	68.8	9.6	63.9	11.5	39.0	11.8
1984	71.2	7.5	64.3	10.9	37.2	11.7
1985	75.1	7.2	63.5	10.2	39.0	11.2
1986	78.5	7.0	63.3	9.2	47.8	11.2
1987	80.7	6.2	68.0	8.4	60.2	10.3
1988	64.0	5.5	76.0	7.3	68.3	8.6
1989	86.6	5.3	84.1	7.0	67.7	7.2
1990	90.8	5.6	91.5	7.7	81.7	6.9
1991	95.6	6.8	100.1	9.8	90.5	8.8
1992	100.0	7.5	100.0	10.6	100.0	10.1
1993	102.7	6.9	95.5	10.7	88.7	10.5
1994	105.6	6.1	91.7	9.4	92.3	9.7
1995	107.9	5.6	93.3	8.5	95.9	8.7
1996	109.3	5.4	93.1	8.7	95.6	8.2
1997	111.4	4.9	94.4	8.2	103.3	7.0
1998	117.3	4.5	90.6	7.5	109.8	6.3
1999	123.2	4.9	91.9	5.7	112.2	6.1

11. 继续习题10，请用普通最小二乘法与广义最小二乘法估计固定效应变系数模型，并对两种估计方法所得结果进行比较。

即测即评

第七章

计量经济学应用模型

在第一章中已经介绍过，计量经济学模型主要用于结构分析、经济预测、政策评价、经济理论检验与发展，这是从计量经济学模型的功能角度讲的。从计量经济学模型的应用领域来讲，在宏观经济和微观经济的各个领域，可以说计量经济学模型无所不在，并且其应用范围也由经济领域扩展到劳动、卫生、教育、人口、家庭等社会领域。从计量经济学模型的类型来讲，各种经典的和非经典的模型都得到广泛应用，并且在不断发展。

在计量经济学模型被广泛应用并不断发展的同时，对它的质疑和否定也从未间断过。存在这种现象，一方面是由于对计量经济学模型性质的不同认识，以及对它的哲学基础、经济学基础和统计学基础的不同理解和解释。另一方面是由于计量经济学模型实际应用中的问题和错误，没有正确地建立和应用计量经济学应用模型，结果是授人以柄。

学习计量经济学的目的，一方面是发展计量经济学，另一方面是应用计量经济学模型，后者更为重要。本书最后一章的目的是帮助读者正确地建立和应用计量经济学模型。本章分为四节：第一节主要讨论计量经济学应用模型类型的设定，强调模型类型对被解释变量数据类型的依赖性；第二节讨论计量经济学应用中总体回归模型的设定，着重阐述“从一般到简单”的模型设定原则；第三节讨论计量经济学应用模型中变量之间函数关系的设定，主张理论与经验并重；第四节讨论计量经济学应用模型中变量性质的设定，强调变量性质设定的相对性。

§7.1 计量经济学应用模型类型设定

作为建立计量经济学应用模型的第一步，就是针对研究对象和研究目的，选择适当类型的模型，称为模型类型设定。如果模型类型设定错误，一切就都错了。

一、问题的提出

经过 80 多年的发展，计量经济学已经形成了门类齐全的模型体系。在这一体系中，主要有参数模型和非参数模型之分，单方程模型和联立方程模型之分，截面数据模型、时间序列数据模型和面板数据模型之分；即便在截面数据单方程参数模型中，还包括经典模型、选择性样本模型、计数数据(count data)模型、离散选择模型、持续时间数据(duration data)模型等多种类型。我们已经在前面的章节中介绍过其中一些模型，而有些在本书中还没有接触到。那么，面对一个实际经济问题，在如此众多的模型类型中，应该选择哪种模型，自然是首先要明确的问题。

例 7.1.1

某单位对我国农户借贷需求进行了较为广泛的调查，采集了 16 省(自治区)的 72 个县(市)、440 多个村庄的 5 100 家农户的数据。其中，在一年中发生借贷行为的农户占 55.3%(包括向亲友借贷)，为 2 820 户，其余 2 280 户没有发生借贷。现已经收集了该 5 100 户中每户一年中发生的借贷额、家庭总收入、总支出、总收入中农业生产经营收入所占比例、总支出中生产性支出所占的比例、户主受教育程度、户主健康状况、家庭人口数等近 100 项数据。

为了对农户借贷行为进行因素分析，即建立以农户借贷额为被解释变量，各种影响因素为解释变量的农户借贷因素分析模型。于是，不同的研究者建立了 4 种不同类型的计量经济学模型。包括：

(1) 仅利用 2 820 户发生借贷的农户为样本，即以他们的借贷额为被解释变量，各种影响因素为解释变量，建立经典的截面数据模型。

(2) 为了充分利用没有发生借贷的农户的信息，于是利用 5 100 户为样本，即以他们的借贷额为被解释变量，其中没有发生借贷的农户借贷额为 0，以各种影响因素为解释变量，建立经典的截面数据模型。

(3) 进一步分析发现，不应该将没有发生借贷的农户的借贷额统统视为 0，而应该视为小于等于 0($\leqslant 0$)，于是利用 5 100 户为样本，建立归并数据模型(Tobit 模型)。

(4) 更进一步分析发现，不应该将没有发生借贷的农户的借贷额统统视为小于等于 0，因为其中一部分农户有借贷需求，只是因为各种原因(例如提出借贷被拒绝，担心借不到而不敢提出借贷要求等)而没有发生实际借贷。所以，应该按照赫克曼两步法建立模型，即首先利用全部样本信息建立借贷是否发生的二元选择模型，然后再利用 2 820 户发生借贷的农户为样本，建立借贷额的因素分析回归模型。

显然，最后一种模型是正确的，其他都是不正确的。

例 7.1.1 中面临的问题，属于截面数据单方程计量经济学应用模型类型的选择，也是实际计量经济学应用研究中遇到最多的问题。那么，应该根据什么来设定应用模型的类型？

例 7.1.2

为了研究我国城镇居民的食品需求及其与各个影响因素之间的关系，在城镇居民中随机抽取了 5 000 户作为样本。以每户的人均月食品需求量 q_i 为被解释变量，以人均月收入 I_i、购买食品的平均价格 p_i 为解释变量。因为不同收入水平的家庭购买食品的场所、时间不同，所以调查显示，他们购买食品的平均价格是不同的。另外，其他商品的价格对食品需求应该产生影响，考虑采用扣除食品后的消费品零售价格指数作为解释变量，但由于获得数据的困难，同时考虑到该价格指数对于不同家庭的差异不大，所以没有将它引入模型。于是建立了如下单方程食品需求函数模型：

$$\ln q_i = \alpha + \beta \ln p_i + \gamma \ln I_i + \mu_i, i = 1, 2, \cdots, 5\ 000$$

该模型受到了尖锐的批评，有人认为首先在模型类型设定上就存在问题，应该建立包括各类商品需求量的联立方程模型，而不应该选择单方程模型，因为在收入（或者预算）约束下，各类商品需求量之间是相互影响的。显然，这些批评是正确的。

例 7.1.2 提出的问题是关于单方程模型和联立方程模型之间的选择问题，属于模型类型设定的范畴，同样是计量经济学应用研究中经常遇到的。那么，应该根据什么来进行选择？

例 7.1.3

在一篇研究我国工业资本配置效率的论文中，按照杰弗里·瓦格勒（Jeffrey Wurgler）在 2000 年提出的资本配置效率模型，以投资增长率为被解释变量，以利润增长率为解释变量，忽略其他因素。选择我国 39 个工业行业 1991—1999 年共 9 年的 351 组数据为样本，建立面板数据模型。显然，如果反映资本配置效率的参数 β 接近于 1，说明资本配置效率比较高。

（1）为了进行国际比较，建立了如下截距和系数都不变的模型：

$$\ln \frac{I_{it}}{I_{i,t-1}} = \alpha + \beta \ln \frac{V_{it}}{V_{i,t-1}} + \mu_{it}$$

利用 39 个行业 9 年的 351 个样本，采用普通最小二乘估计。估计结果表明，我国工业资本配置效率不仅低于发达国家，也低于大多数发展中国家。

（2）为了定量刻画我国每年的资本配置效率，建立了如下截距和系数都随时间变化的模型：

$$\ln \frac{I_{it}}{I_{i,t-1}} = \alpha_t + \beta_t \ln \frac{V_{it}}{V_{i,t-1}} + \mu_{it}$$

分别用每年的行业截面数据，进行普通最小二乘估计。从估计结果可以看出，我国资本配置效率呈逐年下滑趋势。

（3）为了分析我国工业行业的成长性，又建立了如下截距和系数都随行业变化的模型：

$$\ln \frac{I_{it}}{I_{i,t-1}} = \alpha_i + \beta_i \ln \frac{V_{it}}{V_{i,t-1}} + \mu_{it}$$

分别以每个行业的时间序列数据为样本观测值，进行普通最小二乘估计，得到每个行业的资本配置效率估计量。从估计结果选择其中最具发展潜力的 5 个行业。

该项研究也受到了尖锐的批评：对于同样一组样本观测值，根据研究目的的需要，建立了 3 个不同类型的模型，显然是不正确的。正确的反映该数据生成过程的模型只能是 1 个，不可能是 3 个。

例 7.1.3 同样属于应用模型类型设定问题，在不同类型的面板数据模型中，应该选择哪类模型？这个问题的答案是清楚的，在本书 §6.3 中首先介绍的就是模型设定检验，通过严格的统计检验，确定应该建立什么类型的模型。但是，在已有的面板数据模型的应用研究中，很少注意这个问题，经常是根据研究目的的需要设定模型类型。

以上几例从不同的角度指出了计量经济学应用模型类型设定问题的普遍性和重要性。下面将分别讨论一些指导模型类型设定的原则，并不全面，仍然是举例式的，希望读者能够从中得到一些启发。

二、单方程应用模型类型对被解释变量数据类型的依赖性

在经济、社会问题研究中，当研究对象确定之后，表征该经济、社会活动结果的数据自然地被确定了。例如，研究我国经济增长的影响因素以及各个因素对增长的贡献，那么表征经济增长结果的 GDP 时间序列自然地成为模型研究的对象；研究学生在本科 4 年内不及格的课程门数与什么因素有关，那么表征不及格门数的计数数据 0、1、2……自然地成为模型研究的对象；研究农户的借贷方式由哪些因素决定，那么表征农户向各种正规金融和非正规金融机构借贷的选择结果的离散选择数据 0、1、2……自然地成为模型研究的对象；等等。计量经济学应用研究的第一步，就是根据表征所要研究的经济、社会活动结果的数据类型确定应该建立什么类型的计量经济学模型，即根据作为被解释变量观测值的数据类型设定应用模型的类型。在这一步骤中，**被解释变量观测值数据的类型决定了计量经济学模型的类型**。

作为被解释变量观测值的数据分为三类：截面数据（cross-sectional data）、时间序列数据（time-series data）和面板数据（panel data）。

1. 经典截面数据模型

对于截面数据，只有当数据是在截面总体中由随机抽样得到的样本观测值，并且变量具有连续的随机分布时，才能够将模型类型设定为经典的计量经济学模型。经典计量经济学模型的数学基础是建立在随机抽样的截面数据之上的。但是，在实际的经验实证研究中，面对的截面数据经常是非随机抽样得到的，或者是离散的，如果仍然采用经典计量经济学的模型设定，错误就不可避免了。事实上，20 世纪 70 年代以来，针对这些类型数据的模型已经得到发展并建立了坚实的数学基础。本书第二至四章详细介绍了经典截面数据模型的理论方法。

2. 选择性样本模型

如果被解释变量的样本观测值并不是在截面总体中由随机抽样得到的，那么经典截面数据模型不再适用。例如，在例 7.1.1 中，如果只利用 2 820 户发生借贷的农户为样本，建立

经典的回归模型,被称为“截断数据”(truncation data),就是错误的。这类数据在实际经济分析中十分常见,特别在微观经济社会问题研究中大量存在。人们抽取的样本经常是“掐头”或者“去尾”的。对于这类数据,因为抽取每个样本的概率发生了变化,如果仍然采用经典计量经济学模型,其估计结果就产生了“选择性偏误”,应该建立截断数据模型。正如§6.1 中所讨论的。

例如,如果我们分析学生的学习成绩与相关影响因素之间的关系,学习成绩的最高分为100,最低分为0。处于0与100之间的得分,是学习成绩的真实反映;而表现为100分和0分的学生,实际学习成绩是不同的,所以应该将100分看为大于等于100分的归并,将0分看为小于等于0分的归并。这类数据被称为“归并数据”(censored data)。它们在经济分析中也是常见的,例如受到供给限制条件下的商品需求量、尚处于失业状态下的失业时间。类似地,因为抽取处于归并点的每个样本的概率发生了变化,如果仍然采用经典计量经济学模型,其估计结果也会产生“选择性偏误”,应该建立归并数据模型。同样如§6.1 中所讨论的。

3. 离散选择模型

如果被解释变量的样本观测值并不是连续的,而是离散的,并且以此表征选择结果,那么经典截面数据模型也不再适用。这类问题人们几乎每时每刻都面临着。选择结果受哪些因素的影响?各个因素的影响程度有多大?当然可以通过建立计量经济学模型来分析,但是应该建立专门的离散选择模型。例如,在§6.2 中所讨论的二元离散选择模型。或者如上所述,将各种正规金融和非正规金融机构分为商业银行、农村信用社、互助金融、地下钱庄和亲友互借5类,那么表征农户向各种正规金融和非正规金融机构借贷的选择结果的离散选择数据0、1、2、3、4自然地成为模型被解释变量的观测值,就应该建立多元离散选择模型。

4. 计数数据模型

人们经常要研究表现为计数数据(count data)的社会、经济活动结果受哪些因素的影响。例如,汽车一个月内发生事故的次数、学生本科4年内不及格的课程门数、大学毕业生参加工作前5年内调换工作的次数、个人一年内到医院就诊的次数,等等。这些数据都是离散的非负整数,在随机抽取的一组样本中,零元素和绝对值较小的数据出现得较为频繁,重复抽样的正态分布假设不再适用。显然,对于这样的问题,不可以建立以正态性假设为基础的经典计量经济学模型,应该建立专门发展的计数数据模型,例如泊松回归模型、负二项回归模型等。

5. 持续时间数据模型

如果以某项活动持续时间作为研究对象,例如研究失业持续时间与影响因素之间的关系。在这类问题中,仅从数据方面看,存在两个问题:一是失业已经持续的时间并不是失业持续时间的真实反映,不能作为失业持续时间的观测值;二是取得部分解释变量的样本观测值存在困难,因为它们在持续时间内是变化的。毫无疑问,持续时间数据(duration data)问题也不能建立经典的计量经济学模型。

6. 时间序列分析模型

对于时间序列数据,正如第六章所讨论的,经典计量经济学模型只能建立在平稳时间序列基础之上,因为只有对满足渐近不相关的协方差平稳序列,才可以适用基于截面数据的统计推断方法，建立时间序列模型。协方差平稳性和渐近不相关性为时间序列分析适用大数定律和中心极限定理创造了条件，替代了截面数据分析中的随机抽样假定。否则，数据的时间序列性破坏了随机抽样假定，取消了样本点之间的独立性，样本点将发生序列相关。如果序列相关性不能足够快地趋于零，在统计推断中发挥关键作用的大数定律、中心极限定理等极限法则缺乏应用基础。很可惜，实际的时间序列很少是平稳的。由于宏观经济仍然是我国学者进行经验实证研究的主要领域，而宏观时间序列大量是非平稳的，于是出现了大量的错误。只有经济行为上存在长期均衡关系，在数据上存在协整关系的非平稳时间序列，才能够建立经典的结构模型。

7. 面板数据模型

至于面板数据，截面数据和时间序列数据存在的问题同时存在，并且还提出了模型设定的专门问题，例如变截距和变系数问题、随机效应和固定效应问题等，已经发展形成了一套完整的模型方法体系。必须依据新的模型方法体系设定总体理论模型类型，才能进行可靠的经验实证研究。

三、单方程模型和联立方程模型的选择对经济行为的依赖性

计量经济学应用模型应该是研究对象的经济行为的客观描述。如果研究对象是相对独立的经济活动，其中存在着清晰的单向因果关系，那么可以将该应用模型设定为单方程模型。例如，研究城镇居民家庭的消费，通过消费行为分析发现，其消费主要取决于家庭收入、资产存量和社会保障制度，它们之间存在单向因果关系，因为消费对家庭收入、资产存量和社会保障制度并不产生影响。这样，我们就可以将城镇居民家庭消费模型设定为单方程模型。但是，如果研究对象并不是相对独立的经济活动，而是属于一个经济系统，在该经济系统的变量之间存在着复杂的互为因果的关系，那么就应该将应用模型设定为联立方程模型。例如，研究我国的居民总消费，通过行为分析发现，虽然居民总消费水平主要取决于 GDP 的水平，但是它也受到投资水平的间接影响，而且更重要的是，居民总消费水平也反过来影响 GDP 的水平。这样，一个单方程模型就不能完全描述居民总消费行为，必须建立一个包括居民总消费、投资和 GDP 的联立方程模型。

由此可见，在计量经济学应用研究中，单方程模型和联立方程模型的选择对经济行为具有依赖性。下面以需求函数模型为例，进一步讨论经济行为在计量经济学应用模型类型设定中的作用，同时借此了解经济学中的需求理论和需求函数理论，因为需求函数模型是计量经济学应用研究的一个重要领域。

例 7.1.4

扩展的线性支出系统需求函数模型的推导。

根据描述需求行为的需求理论，人们对各种商品的需求量，是在预算约束下，由效用函数在效用最大化下导出的。效用是商品需求量的函数，效用最大是目标，预算是约束。例如，对直接效用函数

$$U=u(q_1,q_2,\cdots,q_n) \tag{7.1.1}$$

在预算

$$\sum_{i=1}^{n} q_i p_i = I$$

的约束下对效用极大化,得到的商品需求量组合为最优商品组合,该组合中的商品需求量 q_i 是收入 I 和价格 p_i 的函数,就是需求函数。

需求函数的推导过程如下。构造如下的拉格朗日函数:

$$L(q_1,q_2,\cdots,q_n,\lambda) = u(q_1,q_2,\cdots,q_n) + \lambda(I - \sum_{i=1}^{n} q_i p_i) \tag{7.1.2}$$

最优商品组合必须满足一阶极值条件:

$$\begin{cases} \dfrac{\partial L}{\partial q_i}=\dfrac{\partial u}{\partial q_i}-\lambda p_i=0 \\ \dfrac{\partial L}{\partial \lambda}=I-\sum\limits_{i=1}^{n} q_i p_i=0 \end{cases},i=1,2,\cdots,n$$

求解该方程组即可得到所求的各种商品的需求函数。

下面介绍线性支出系统(linear expenditure system, LES)需求函数模型和扩展的线性支出系统(expend linear expenditure system, ELES)需求函数模型。克莱因(Klein)和鲁宾(Rubin)于 1947 年提出了如下形式的直接效用函数

$$U = \sum_{i=1}^{n} u_i(q_i) = \sum_{i=1}^{n} b_i \ln(q_i - r_i) \tag{7.1.3}$$

其中 r_i 为对第 i 种商品的基本需求量,b_i 为边际预算份额。该效用函数认为,效用具有可加性,即总效用为各种商品的效用之和;而各种商品的效用取决于实际需求量与基本需求量之差。式(7.1.3)在预算

$$\sum_{i=1}^{n} q_i p_i = V$$

约束下极大化,即构造如下的拉格朗日函数:

$$L(q_1,q_2,\cdots,q_n,\lambda) = \sum_{i=1}^{n} b_i \ln(q_i - r_i) + \lambda(V - \sum_{i=1}^{n} q_i p_i) \tag{7.1.4}$$

由极值条件得到如下方程组:

$$\begin{cases} \dfrac{\partial L}{\partial q_i}=\dfrac{b_i}{q_i-r_i}-\lambda \cdot p_i=0 \\ \dfrac{\partial L}{\partial \lambda}=\sum\limits_{i=1}^{n} q_i p_i-V=0 \end{cases},i=1,2,\cdots,n \tag{7.1.5}$$

求解该方程组即得到英国计量经济学家斯通(R. Stone)于 1954 年提出的线性支出系统需求函数:

$$q_i=r_i+\frac{b_i}{p_i}(V-\sum_j p_j r_j),i=1,2,\cdots,n \tag{7.1.6}$$

线性支出系统需求函数的经济意义十分清楚。对第 i 种商品的需求量等于两部分之

和。第一部分为基本需求量,即维持基本生活所必需的;第二部分为总预算扣除对所有商品的基本需求支出后剩余部分中愿意用于对第 i 种商品的需求,与消费者的偏好有关。该模型系统是一个由 n 个方程组成的联立方程模型。线性支出系统需求函数在估计上存在困难。式(7.1.6)中待估参数为基本需求量 r_i 和边际预算份额 b_i。但是,由于总预算 V 是对所有商品的需求支出之和,是内生变量,无法外生给出,使得模型难以估计。所以线性支出系统需求函数并没有被实际应用。

为克服线性支出系统需求函数在估计上的困难,1973 年柳弛(Liuch)对线性支出系统需求函数作了两点修改,提出了扩展的线性支出系统需求函数模型。这两点修改是:以收入 I 代替预算 V;将 b_i 的概念由边际预算份额改为边际消费倾向。于是模型表达式为:

$$q_i = r_i + \frac{b_i}{p_i}\left(I - \sum_j p_j r_j\right),\quad i = 1, 2, \cdots, n \tag{7.1.7}$$

其中待估参数为基本需求量 r_i 和边际消费倾向 b_i。按照它们的经济意义,应该有:

$$r_i > 0,\quad 0 \leqslant b_i < 1,\quad \sum_i b_i \leqslant 1$$

由收入和价格的样本观测值可以对模型进行估计。扩展的线性支出系统需求函数模型是一类经济意义清楚、具有广泛应用价值的需求函数模型,属于联立方程模型。

根据例 7.1.4 中对需求行为的分析和需求函数的推导,可以发现,即使仅研究某一种商品的需求,也应该建立联立方程模型。很显然,对于例 7.1.2,尽管研究的对象仅仅是城镇居民的食品需求,并不是所有各类商品的需求,但是由于各类商品的需求是通过预算(收入)相联系的,它们之间是紧密相关的,建立孤立的食品需求单方程模型是不可取的。

§7.2 计量经济学应用模型总体回归模型设定

计量经济学应用研究在设定了应用模型的类型后,接下来的工作是设定总体回归模型。只有设定了正确的总体回归模型,才能通过严格的数学过程和统计推断,得到正确的研究结果,因此,它决定了应用研究的成败。正如 §1.2 中提到的,总体回归模型设定包括选择变量,确定变量之间的关系,以及设定待估参数的期望值。本节采用总体回归模型设定为标题,将涉及总体模型设定的一些基本概念和原则,在内容上则主要讨论应用模型的变量选择问题,即选择哪些变量进入模型。至于变量之间关系的设定,将在 §7.3 专门讨论。

一、问题的提出及其重要性

目前,计量经济学应用研究中存在的问题很多,错误还比较普遍。重要原因之一,是缺少对于计量经济学模型方法论基础的研究和理解。作为一种方法论,它的哲学基础、经济学基础、数学基础和统计学基础还没有受到足够的重视。计量经济学模型方法论基础集中体现于总体回归模型的设定。

任何科学研究,无论是自然科学还是社会科学,都是试图回答:如何从经历到的过去、特殊、局部,推论到没有经历到的未来、一般、整体?都遵循以下过程:首先是关于偶然的、个别的、特殊的现象的观察;其次是从偶然的、个别的、特殊的现象的观察中,提出假说,或者是理论,或者是模型,这些假说是关于必然、一般、普遍现象而言的;然后需要对假说进行检验,检验方法一般包括实验的方法、预测的方法和回归的方法;最后是发现关于必然、一般、普遍的规律。经济学研究也是如此。不同于自然科学的是,在推论过程中,在提出假说阶段,根据是否引入价值判断,有规范研究和实证研究之分。如前所说,计量经济学模型是一种主流的实证经济研究方法论。

计量经济学模型的总体设定,就是上述从观察到的样本出发,提出关于总体的假设的过程,并用计量经济学模型的形式加以表述。以经典单方程线性计量经济学模型为例:

$$Y_i=\beta_0+\beta_1 X_{1i}+\beta_2 X_{2i}+\cdots+\beta_k X_{ki}+\mu_i,\mu_i\sim N(0,\sigma^2);i=1,2\cdots,n \tag{7.2.1}$$

给定任何被解释变量 Y,要对其进行完全的解释,需考虑所有对其有直接影响的因素集 Ω。按照与被解释变量关联关系的恒常性和显著性两个维度,对 Ω 进行分解,将显著的恒常性因素集 $\boldsymbol{x}$ 作为解释变量。这里的“恒常性”,或者覆盖所有的截面个体,或者覆盖时间序列的所有时点。计量经济学应用研究的任务就是找到被解释变量与恒常性因素之间的关联关系,即所谓的经济规律。对于显著的偶然因素,通过数据诊断发现存在这些因素的“奇异点”,然后通过技术手段消除其影响。但对于非显著因素,无论是恒常性还是偶然性的,尽管它们的单独影响可以忽略不计,却不能简单忽略掉无数非显著因素的影响。格林(W. H. Greene,2003)指出,没有什么模型可以期望处理经济现实的无数偶然因素,因此在经验模型中纳入随机要素是必须的,被解释变量的观察值不仅要归于已经清楚了解的变量,也要考虑来自人们并不清楚了解的偶然性和无数微弱因素的影响。

因此,总体回归模型设定的主要任务是确定影响被解释变量 Y 的显著恒常因素集 $\boldsymbol{x}$,以及确定被解释变量 Y 与 $\boldsymbol{x}$ 之间的关系形式和关系参数。在本节,主要讨论前者,而将后者放到§7.3专门讨论。

在目前的计量经济学应用研究中,大量的问题和错误存在于总体回归模型的设定中:或者按照研究者的研究目的选择模型的解释变量;或者照搬某种经济理论,简单地按照理论的提示选择模型的解释变量;或者根据变量观测值显示的统计关系选择模型的解释变量。凡此种种,都是片面的甚至是错误的。本节将针对这些问题,提出总体回归模型设定的若干原则。

二、计量经济学模型总体设定的“一般性”原则

1. 总体回归模型设定的“研究目的导向”及其问题

任何应用研究都有特定的研究目的,例如分析某两个经济变量之间的关系,或者评价某项经济政策的效果。于是,按照特定的研究目的进行计量经济学模型总体模型的设定,成为

计量经济学应用研究的普遍现象和最严重的问题。

例 7.2.1

为了分析我国经济增长中各个投入要素的贡献，需要建立总量生产函数模型。根据对我国经济增长行为的深入分析，认为可以将所有投入要素分为 4 类：制度、技术、资本、劳动。以 ZD 表示制度变迁指数，JS 表示技术进步指数，ZB 表示资本投入指数，LD 表示劳动投入指数，如果采用 C-D 生产函数模型形式，以 4 类要素的时间序列数据为样本观测值，建立如下模型：

$$\ln GDP_t=\beta_0+\beta_1 \ln ZD_t+\beta_2 \ln JS_t+\beta_3 \ln ZB_t+\beta_4 \ln LD_t+\mu_t, t=1,2,\cdots,T \tag{7.2.2}$$

该总体回归模型设定符合“一般性”原则。因为模型中包括了所有对被解释变量产生影响的变量。

但是，在一篇专门研究我国制度变迁与经济增长的关系的论文中，以 GDP 为被解释变量，仅以“制度变迁指数”作为解释变量，建立了一元对数线性模型：

$$\ln GDP_t=\alpha_0+\alpha_1 \ln ZD_t+\mu_t, t=1,2,\cdots,T \tag{7.2.3}$$

估计结果显示，制度变迁对于 GDP 的弹性系数为 2.1。于是得到结论：我国制度变迁指数每提高 1%，国内生产总值将增长 2.1%。

在另外一篇专门研究我国资本投入对经济增长贡献的论文中，以 GDP 为被解释变量，仅以固定资产原值（代表资本投入指数）作为解释变量，建立了一元对数线性模型：

$$\ln GDP_t=\gamma_0+\gamma_1 \ln ZB_t+\mu_t, t=1,2,\cdots,T \tag{7.2.4}$$

模型估计显示，拟合优度达到 0.95。于是得到结论：我国的资本投入可以很好地解释 GDP 的增长，所以其他投入要素，包括劳动、技术等对经济增长贡献几乎为 0。

例 7.2.1 中的模型（7.2.3）和（7.2.4）是典型的“研究目的导向”，其研究结论显然是十分荒谬的。而类似的应用研究到处可见，包括在权威的经济学刊物上。例如，在一篇研究我国证券市场发展对宏观经济影响的论文中，为了分析证券市场发展对财政收入的影响，作者以我国财政收入为被解释变量，以股票融资额为唯一解释变量，建立了一元线性模型。估计结果显示，股票融资额增加 1 亿元，财政收入将增加 4.729 亿元。再如，在一篇研究我国财政支农支出对缩小城乡收入差距的影响的论文中，将我国财政支农支出作为唯一的解释变量，以城乡收入差距作为被解释变量，建立了一元线性模型。估计结果显示，随着财政支农支出的增加，城乡收入差距不断扩大。

2. 总体回归模型设定的“一般性”原则

计量经济学模型总体设定，必须遵循“唯一性”原则。对于同一个作为研究对象的被解释变量，它和所有影响因素之间只能存在一种客观的正确的关系。或者说，对于一组被解释变量样本观测值，只能由一种客观的数据生成过程生成。所以，正确的总体模型只能是一个。不同的研究者、不同的研究目的、不同的数据选择方法、不同的数据集，会对模型的约化和简化过程产生影响，会使得最终的应用模型有所不同。但是，作为研究起点的总体模型必须是唯一的。而该具有“唯一性”的模型，必须最具“一般性”。

计量经济学模型总体设定，必须遵循"一般性"的原则。即作为建模起点的总体模型必须能够包容所有经过约化得到的"简洁"的模型。具体讲，它应该包含所有对被解释变量产生影响的变量，尽管其中的某些变量会因为显著性不高或者不满足正交性条件等原因在后来的约化过程中被排除。在计量经济学模型发展的历史上，曾经倡导过"从简单到一般"的建模思路，那是由于历史的局限，已经被"从一般到简单"的建模思路所取代。

3. 为什么必须遵循"一般性"原则

这可以从逻辑学、经济学和统计学三方面加以解释。

从逻辑学上讲，计量经济学模型方法是一种经验实证的方法，它是建立在证伪和证实的不对称性的逻辑学基础之上的。一旦总体模型被设定，利用样本数据进行的经验检验只能发现已经包含其中的哪些变量是不显著的，而不能发现没有包含其中的显著变量。例如对于模型(7.2.2)，如果劳动投入对于 GDP 的影响不显著，那么可以通过经验发现并加以剔除；但是对于模型(7.2.3)或者(7.2.4)，经验检验不可能发现模型缺少了哪些显著的解释变量。

从经济学上讲，总体回归模型必须反映现实的经济活动，而现实经济活动中变量之间的关系是复杂的。一些经济学理论经常采用简洁的语言，揭示两个变量之间的关系。例如，需求法则指出"需求量随着价格的上升而下降"。但它的前提是"其他因素不变"。而在现实经济活动中，所有因素都在变化，如果仅用价格作为需求量的唯一解释变量建立并估计模型，很难合理地检验需求法则，因为收入也是变化的。

从统计学上讲，只有首先建立最一般的模型，才能保证模型的随机干扰项满足"原生性"和基本假设。如果省略了显著的变量，例如模型(7.2.3)或者(7.2.4)，其随机干扰项中包括了省略的变量对被解释变量的影响，破坏了基本假设，在此基础上进行的模型估计和推断都是无效的。

4. 不易发现的违背"一般性"的实例

模型(7.2.3)或者(7.2.4)的错误是容易发现的。为了加深读者对"一般性"原则的理解，下面列举几个不易发现的违背"一般性"的实例。

例 7.2.2

在某权威刊物发表的一篇关于中国和印度不平衡发展的比较研究的论文中，着重分析不平衡增长对贫困的影响。为了分析产业间的增长不平衡对贫困的影响，以贫困率为被解释变量，以人均 GDP 和三大产业在 GDP 中的份额为解释变量，建立了一组回归模型；为了分析居民收入增长不平衡对贫困的影响，以贫困率为被解释变量，以农村居民平均收入增长率、城市居民平均收入增长率，以及人口流动效应为解释变量，建立了另外一组回归模型。

读者肯定会问，既然贫困率受到产业间的增长不平衡和居民收入增长不平衡的共同影响，为什么不建立一组包括两方面因素的模型而要分别建立模型？分别建立的模型的估计结果和统计推断有意义吗？贫困率除了受不平衡增长的影响外，制度因素、政策因素等对它也有重要影响，为什么在模型中未予考虑？

例 7.2.3

在一篇关于居民社会信任水平的影响因素分析的论文中，通过二元 Probit 模型分析居民的社会信任水平与各个影响因素之间的关系。作者利用实际调查的微观数据，以二元离散变量表示居民的社会信任水平，如果受访者表示社会上大多数人可以信任，该变量赋值为 1；反之为 0。

论文严肃科学地分析了居民社会信任水平的影响因素，将其分为三类：个人因素，例如性别、年龄、受教育程度、收入水平、就业情况、宗教信仰等；社区因素，例如在本市居住的时间、日常语言类型等；社会因素，例如是否参加社会团体、对政府的评价、对媒体的评价等。论文首先选择个人因素作为解释变量建立模型，估计其参数；然后“控制”个人因素，引入社区因素作为解释变量建立模型，估计其参数；最后“控制”个人因素和社区因素，引入社会因素作为解释变量建立模型，估计其参数。

一个显而易见的问题是，为什么不直接建立一个最“一般”的包括所有影响因素的总体模型？既然影响因素包括三部分，那么以其中某一部分作为解释变量建立模型，其参数估计结果有意义吗？

5. 什么情况下可以不遵循“一般性”原则

在进行了上述讨论后，读者肯定会提出一个问题：发表于国内外权威刊物的计量经济学应用研究论文，建立模型的通常程序是“从简单到复杂”。即开始设定简单的模型，包括较少的解释变量，经过估计后，如果发现拟合效果不好，再增加解释变量，直到满意为止。难道它们都是错误的？

首先，必须明确这种“从简单到复杂”的模型设定思路，不符合计量经济学模型方法论的逻辑学、经济学和统计学基础，容易走上实用主义的歧途，不值得提倡。

其次，应该承认，在特定的情况下，这些研究的结论是可以成立的。即如果所有的显著的影响因素（解释变量）在行为上是独立的，在统计上是不相关的，那么“简单”模型的结论是能够成立的。回到例 7.2.1，如果制度变迁指数、技术进步指数、资本投入指数和劳动投入指数是完全独立的，那么根据本书第三章介绍的理论，模型（7.2.3）中参数 α_1 和模型（7.2.2）中的参数 β_1 的估计结果应该是相同的，模型（7.2.4）中参数 γ_1 和模型（7.2.2）中的参数 β_3 的估计结果应该是相同的。同样，在例 7.2.2 中，如果能够证明产业增长不平衡、居民收入增长不平衡是相互独立的，那么模型的结果是可靠的，可是在论文中并未见到这样的证明。在例 7.2.3 中，如果能够证明个人因素、社区因素、社会因素是相互独立的，那么模型的结果是可靠的，在论文中也未见到这样的证明。

三、计量经济学模型总体设定的“现实性”原则

1. 总体回归模型设定的“先验理论导向”及其问题

20 世纪 30 年代至 70 年代发展的经典计量经济学模型，经济理论在其总体模型设定中

起导向作用。计量经济学根据已有的经济理论进行总体模型的设定,将模型估计和模型检验看成自己的主要任务。经济理论可以被认为是嵌入计量经济学模型的,相对经验数据而言具有先验性。克莱因(L. R. Klein,1974)指出,经济理论能够提出一些用数学形式表达,然后再从计量经济学观点加以检验的假设,但是必须指出,学院式的经济理论仅仅是建立假设的来源之一。但是,在经典计量经济学模型的应用研究中,直接依据经济学理论设定总体模型的现象十分普遍,因此经典计量经济学模型通常被认为是先验理论导向的。

问题在于,能否以先验的经济学理论作为计量经济学模型总体设定的导向?答案是否定的。因为在它们之间,至少存在以下几个障碍:

第一,正统经济学以经济人假设和理性选择为其理论体系的基石,任何一种理论都建立在决策主体是理性的和决策行为是最优的基础之上。而计量经济学模型总体设定的目的,是建立能够描述人们实际观察到的经济活动之中蕴藏的一般规律的总体模型,毫无疑问,实际经济活动既不是"理性"的,也不是"最优"的。

第二,正统经济学理论强调"简单",认为只有简单的理论才能够揭示本质。而计量经济学模型恰恰相反,它强调"一般",必须将经济活动所涉及的所有因素包含其中。所以,即使经济学理论是正确的,也不能据此设定计量经济学模型,因为它舍弃了太多显著的因素。

第三,对于同一个研究对象,不同的研究者依据不同的先验理论,就会设定不同的模型。例如,以居民消费为研究对象,分别依据绝对收入消费理论、相对收入消费理论、持久收入消费理论、生命周期消费理论以及合理预期消费理论,就会选择不同的解释变量和不同的函数形式,设定不同的居民消费总体模型。

2. 总体回归模型设定的"现实性"的原则

通俗地讲,经济学理论所揭示的是理想的经济世界,而计量经济学模型描述的是现实的经济世界。所以,计量经济学应用研究的总体回归模型设定必须遵循"现实性"的原则。

所谓"现实性"的原则,就是客观地分析研究对象的现实行为,从中发现变量之间的因果关系,并按此设定总体回归模型。下面通过两个实例进行解释。

例 7.2.4

在一篇实证研究我国货币-产出非对称影响关系的论文中,作者采用多元 STAR 模型研究我国货币-产出关系,模型系统中包括的变量有表示产出的实际工业产出指数、表示货币的 M1 和表示价格的消费价格指数,而货币流通速度被合理地省略了。显然,如此选择模型系统的变量,所依据的是经典的货币需求理论。

那么需要讨论的是,经典的货币需求理论是否反映我国的实际?以此作为描述货币-产出关系的总体模型设定的依据是否可靠?按照经济学中经典的货币需求理论,货币需求系统仅包含货币需求量、经济活动总量、价格和货币流通速度,按照理论导向,该论文中设定的总体模型是正确的。但是,人们都知道,经济学在它的发展过程中,出现了许多货币需求理论,那么不同的研究者依据不同的理论就可以设定不同的总体模型。更为重要的是，论文研究的是“我国”的货币与产出之间的关系，而在我国的货币需求系统中，相互有关联的因素远不只是论文所涉及的3个，特别是政策因素对我国货币需求量的影响是不可忽略的。

例 7.2.5

在一篇关于人民币汇率的均衡、失调、波动与调整的论文中，作者通过理论分析和经验检验，得到描述实际汇率（reer）与相对供给（su）、相对需求（de）之间长期均衡关系的模型：reer=-0.33su+0.26de+4.59，并在此基础上建立了反映短期变化之间关系的误差修正模型。显然，经典的汇率决定理论在该模型总体设定中起了导向作用。

人们同样会问：经典的汇率决定理论是否反映我国的实际？以此作为选择模型变量的依据是否可靠？虽然上述模型描述了实际汇率与相对供给、相对需求之间长期的均衡关系，但其他的影响却被忽略了，至少我国的汇率政策对实际汇率是存在显著影响的。

对计量经济学模型总体设定先验理论导向的批评和提倡“现实性”原则，并不意味完全否定经济学理论在模型设定中的作用。描述理想经济世界的经济学理论可以指导我们正确分析现实经济世界的经济行为关系；简洁的经济学理论至少揭示了“一般”经济系统中的一部分经济关系。经济学理论将作用于经济行为关系分析，而不是直接作用于模型总体设定。

四、计量经济学模型总体设定的“统计检验必要性”原则

1. 总体回归模型设定的“数据关系导向”及其问题

在第二次世界大战结束后的20多年中，由于当时主流的经济理论，特别是宏观经济理论与现实经济活动之间较好的一致性，以先验理论为导向的经典计量经济学模型得到了迅速的扩张和广泛的应用。但是，经典模型对20世纪70年代经济衰退和滞胀预测和政策分析的失效，引来了著名的“卢卡斯批判”。卢卡斯批判从表面上看是对结构模型和模型结构不变性的批判，而实质上是对模型总体设定先验理论导向的批判。基于截面数据的经典模型面临先验理论与经济现实的脱节，而被迫更多地转向依赖数据关系，依赖统计分析。直接导致了计量经济学总体模型设定转向“数据关系导向”。

同时，基于时间序列数据的计量经济学模型由于存在非平稳性和序列相关性，其统计分析理论方法得到了迅速的发展，一方面为模型总体设定提供了强大的工具，另一方面又将模型设定引入仅仅依赖数据的歧途。

数据的时间序列性破坏了计量经济学模型的随机抽样假定，取消了样本点之间的独立性，样本点将发生序列相关。如果序列相关性不能足够快地趋于零，在统计推断中发挥关键作用的大数定律、中心极限定理等极限法则缺乏应用基础。所以，只有对满足渐近不相关的协方差平稳序列，才可以适用基于截面数据的统计推断方法，建立时间序列模型。这样，协方差平稳性和渐近不相关性在时间序列分析中扮演了一个非常重要的角色，为时

间序列分析适用大数定律和中心极限定理创造了条件，替代了截面数据分析中的随机抽样假定。

但是经济现实中的随机过程都很难符合这些条件。在不适用大数定律和中心极限定理的情况下，经典模型的计量分析常会产生欺骗性的结论。对包含非平稳随机变量的模型的谬误回归，引出两个问题，一是是否可以统计确定具有恒常关系的非平稳随机变量之间的模型；二是如何处理非平稳随机过程，为适用统计方法建立模型创造条件。于是，对时间序列的非平稳性的识别与处理，即单位根检验，以及在非平稳随机过程之间建立恒常的数据关系，即协整检验，成为模型总体设定的主要任务，正如本书第五章所讨论的。

这样，带来的新的问题是，计量分析的理论基础——经济行为理论反而被忽略了。时间序列的数据协整关系是结果，而不是原因；由于经济现实的系统关联性，满足统计协整关系的变量很多，但是可以纳入基于经济行为建立的动态均衡模型的变量并不多。因此，协整关系检验是模型总体设定的必要条件，但却不是充分条件。必须在经济行为分析，即经济系统变量之间动力学关系分析的基础之上，才能有效发挥协整检验的作用。

例 7.2.6

举一个比较极端的例子。在一项关于我国城镇居民收入的研究中，作者为了检验城镇居民收入对农村居民消费存在影响，对城镇居民人均收入（CZSR）和农村居民人均消费（NCXF）两个时间序列数据进行了严格的统计分析。首先进行单位根检验，发现它们都是2阶单整序列。然后进行格兰杰因果关系检验，发现在5%的显著性水平上，城镇居民人均收入是农村居民人均消费的格兰杰原因。最后进行协整检验，发现它们之间存在(2,2)阶协整。于是得到了描述二者之间长期均衡关系的模型，并进行模型估计得到：

$$\text{NCXF}_t = 558.07 + 0.1817\text{CZSR}_t$$

根据模型指出，城镇居民人均收入提高100元，可以使得农村居民人均消费提高18.17元。

这个结论显然是错误的，但是所有统计检验却是严格的。问题在哪里？对农村居民消费行为进行分析，不难发现农村居民收入是最主要的影响因素。将农村居民人均收入引入模型，容易发现，城镇居民收入并不显著。

2. 模型总体设定的“统计检验必要性”原则

类似于例7.2.6的情况在计量经济学应用模型研究中并不少见。尤其是它们采用了先进的统计分析方法，使之更具有隐蔽性。因此，需要正确认识、对待统计分析在计量经济学模型总体设定中的作用。

如果经济时间序列在经济行为上存在直接因果关系，那么它们在统计上一定存在协整关系，一定能够通过统计检验，包括因果关系检验和协整检验。但是反过来，在统计上能够通过因果关系检验和协整检验的经济时间序列，在经济行为上并不一定存在直接因果关系。由于人们认识的局限，在经济行为分析中发现的因果关系并不一定都是正确的，所以在经济行为分析的基础上进行统计检验是完全必要的，以达到“去伪存真”的效果。从这个意义上讲，单位根检验、因果关系检验和协整检验理论，给出了总体回归模型设定的有效工具。这就是计量经济学模型总体设定的“统计检验必要性”原则。

五、计量经济学模型总体设定的“经济主体动力学关系导向”原则

对计量经济学模型总体设定的讨论，必须首先明确两个问题。第一，要确定的不是经济主体内在的本质意义的属性，而是经济主体之间的关系意义的属性。第二，要确定的是主体之间的动力学关系，不是作为主体经济活动结果的经济变量之间的数据关系。这就是计量经济学模型总体设定的“经济主体动力学关系导向”原则。

而事实上，无论先验理论导向，还是数据关系导向，计量经济学模型总体设定所忽视的正是经济主体之间的动力学关系。计量经济学模型分析的目的不是确定在主体关系意义上无所指的经济变量之间的关系。经济变量及相关数据是经济主体活动的结果，脱离主体互动关系建构的变量，不过是纯粹的数字。从关系论的角度看，主体的任何行为都应在主体和其身处的环境之间寻找原因。正像自然科学的动力学研究一样，物体运动状态发生变化的根本原因是物体所处的环境与物体之间的作用力。同样地，经济主体发生任何行为，都必然由主体与其所处的环境之间的作用引起。

经济主体与其所处的环境之间的动力学过程，是真正的数据生成过程。与经济主体的特定动力学过程相关的数据，将为相应动力学关系的描述提供经验基础。以经济主体与环境之间的动力学关系分析为基础和前提，基于该动力学过程生成的数据，以数据统计分析为必要条件，验证确定的经济主体与环境的互动关系，正是计量经济学总体模型所要界定的因果关系。只有动力学关系的理论分析，没有基于统计相关性的经验支持，是无法确认这样的动力学关系的。同样，只有数据关系的统计分析，没有具有良好的动力学关系的理论框架，会使统计分析进入歧途。正是在这个意义上，基于主体动力学关系的计量经济学模型总体设定，可以实现先验理论导向和数据关系导向的综合。

可以用图 7.2.1 清晰地描述先验的经济学理论、数据的统计分析、经济主体动力学关系与计量经济学总体模型之间的关系。在这里，先验的经济学理论并不直接作为总体模型设定的导向，而是指导经济主体的动力学关系分析；数据的统计分析也不直接作为总体模型设定的导向，而是对经济主体的动力学关系进行检验；而对总体模型设定起直接导向作用的，是经济主体的动力学关系。

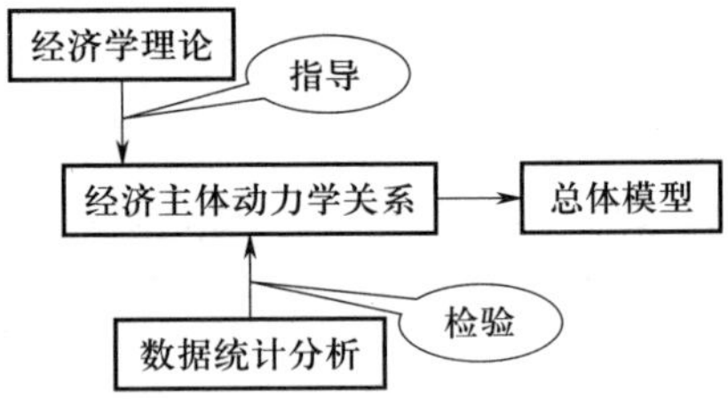

图 7.2.1　理论、数据、动力学关系与总体模型

以经济主体的动力学关系为导向设定的总体回归模型，毫无疑问满足上述的“现实性”原则和“统计检验必要性”原则，但是它是否满足“一般性”原则？仍然需要检验。检验的准则就是总体模型随机干扰项的原生性和正态性。如果模型设定正确，随机干扰项所包含的仅仅是非显著因素的影响，这样的随机干扰是原生的。只要保证随机干扰项的原生性，它所包含的因素满足独立性，以及对随机干扰的影响均匀小的条件，根据中心极限定理，这样的随机干扰项服从正态分布。所以，在动力学关系导向的计量经济学模型总体设定中，中心极限定理仍然居于十分重要的地位。

六、案例——消费理论与消费函数模型

消费理论是宏观经济学理论的重要内容，旨在研究消费行为。关于消费行为的研究，即消费理论，一直受到高度重视，出现了各种消费理论。这里的消费指消费总量，而不是对具体商品或服务的消费需求，这是它有别于需求理论的主要之处。它的研究对象可以是一个国家、一个群体，甚至个体，但一定是研究对象的总消费。消费函数模型是关于研究对象的总消费与影响因素，主要是可支配的总收入之间关系的数学表达式，也是计量经济学应用模型中一个重要组成部分。按照不同的消费理论，可以建立不同的消费函数模型。

本节以此为案例，一方面加深读者对总体回归模型"先验理论导向"的认识，以及遵循"现实性"原则的重要性。另一方面介绍这一重要的计量经济学模型应用研究领域。

1. 绝对收入假设消费函数模型

(1) 绝对收入假设消费函数模型的形式。凯恩斯(Keynesian)认为，消费是由收入唯一决定的，消费与收入之间存在着稳定的函数关系。随着收入的增加，消费将增加，但消费的增长低于收入的增长，即边际消费倾向递减。根据这一理论假设，按照总体回归模型"先验理论导向"，可以建立如下消费函数模型：

$$C_t=\alpha+\beta Y_t+\mu_t,t=1,2,\cdots,T \tag{7.2.5}$$

其中 C 表示消费额，Y 表示收入，α,β 为待估参数。从经济意义上讲，α 为自发性消费，β 为边际消费倾向，于是有：$0<\beta<1,\alpha>0$。模型(7.2.5)可以很方便地采用单方程模型的估计方法估计其参数。

(2) 关于绝对收入假设消费函数模型的讨论。

模型(7.2.5)表达了凯恩斯的消费是由收入唯一决定的假设，但是由于边际消费倾向 β 为常数，并没有真正反映边际消费倾向递减规律。在一般的教科书上，以式(7.2.5)满足

$$0<\frac{\partial C}{\partial Y}<1,\frac{\partial C}{\partial Y}<\frac{C}{Y}$$

为由，认为模型反映了边际消费倾向递减规律。实际上，建立变参数模型，即假设

$$\beta=\beta_0+\beta_1 Y_t$$

其中 $\beta_1<0$，代入式(7.2.5)得到：

$$C_t=\alpha+\beta_0 Y_t+\beta_1 Y_t^2+\mu_t,t=1,2,\cdots,T \tag{7.2.6}$$

可以较好地反映边际消费倾向递减规律。式(7.2.6)仍然可以很方便地采用单方程模型的估计方法估计其参数。

2. 相对收入假设消费函数模型

(1) "示范性"假设消费函数模型。绝对收入假设消费函数模型认为消费者的消费行为是独立的，不受周围环境的影响。这种消费行为假设是不符合客观实际的。杜伊森贝里(Duesenberry)认为，消费者的消费行为不仅受自身收入的影响，也受周围人的消费水平的影响。例如，若周围人的消费水平较高，即使某个消费者的收入水平较低，也企图接近周围人的消费水平，于是他的边际消费倾向就会比较高。这种现象被称为消费的"示范性"。

由消费的“示范性”,个人的平均消费倾向不仅与收入有关,而且与个人所处群体的收入分布有关,在收入分布中处于低收入的个人,往往有较高的消费倾向。即

$$\frac{C_i}{Y_i}=\alpha_0+\alpha_1\frac{\overline{Y}_i}{Y_i} \tag{7.2.7}$$

其中 $\overline{Y}_i$ 为该消费者所处的群体的平均收入水平。从式(7.2.7)可以看出,当 $\alpha_0,\alpha_1,\overline{Y}$ 一定时,对于较低的 Y_i,其 C_i/Y_i 较高。这就是“示范性”的作用。式(7.2.7)的计量形态可表示为:

$$C_i=\alpha_0 Y_i+\alpha_1\overline{Y}_i+\mu_i, i=1,2,\cdots,n \tag{7.2.8}$$

其中待估参数 $0<\alpha_0<1$,反映个人的边际消费倾向;$0<\alpha_1<1$,反映群体平均收入水平对个体消费的影响。该模型可以很方便地采用单方程模型的估计方法估计其参数。但是,样本必须取自不同的群体,否则不能反映“示范性”对消费的影响。

(2)“不可逆性”假设消费函数模型。绝对收入假设消费函数模型认为消费者的消费行为只由当前收入水平决定,与历史上曾经发生的消费活动无关。这种消费行为假设也是不符合客观实际的。杜伊森贝里认为,消费者的消费支出水平不仅受当前收入的影响,也受自己历史上曾经实现的消费水平的影响。例如,若历史上曾经达到较高的消费水平,即使当前的收入水平较低,也企图接近历史上曾经达到的消费水平,于是当前的边际消费倾向就会比较高。这种现象被称为消费的“不可逆性”。

由消费的“不可逆性”,当前的平均消费倾向不仅与收入有关,而且与曾经达到的消费水平,即曾经达到的最高收入水平有关,当前收入低于曾经达到的最高收入时,往往有较高的消费倾向。即

$$\frac{C_t}{Y_t}=\alpha_0+\alpha_1\frac{Y_0}{Y_t} \tag{7.2.9}$$

其中 Y_0 为该消费者曾经达到的最高收入水平。从式(7.2.9)可以看出,当 α_0,α_1,Y_0 一定时,对于较低的 Y_t,其 C_t/Y_t 较高。这就是“不可逆性”的作用。式(7.2.9)的计量形态可表示为:

$$C_t=\alpha_0 Y_t+\alpha_1 Y_0+\mu_t, t=1,2,\cdots,T \tag{7.2.10}$$

其中待估参数 $0<\alpha_0<1$,反映当前的边际消费倾向;$0<\alpha_1<1$,反映曾经达到的最高收入水平对当前消费的影响。一般情况下,收入具有随时间递增的趋势,所以可以用前一个时期的收入代替曾经达到的最高收入。于是模型(7.2.10)可以改写为:

$$C_t=\alpha_0 Y_t+\alpha_1 Y_{t-1}+\mu_t, t=1,2,\cdots,T \tag{7.2.11}$$

该模型也可以很方便地采用单方程模型的估计方法估计其参数。

3. 生命周期假设消费函数模型

莫迪利亚尼(Modigliani),布拉姆帕格(Brumberg)和安东(Ando)于 1954 年提出,消费者现期消费不仅与现期收入有关,而且与消费者以后各期收入的期望值、开始时的资产数量和年龄有关。消费者一生中消费支出流量的现值要等于一生中各期收入流量的现值。所以,消费者的预算约束为:

$$\sum_{t=1}^{T}\frac{C_t}{(1+r)^{t-1}}=\sum_{t=1}^{T}\frac{Y_t}{(1+r)^{t-1}}$$

其中 r 为贴现率。在预算约束下，消费者总希望将自己一生的全部收入在消费支出中进行最优分配，使得效用函数 $U(C_1,C_2,\cdots,C_T)$ 达到最大。于是推导消费函数问题就变成下列拉格朗日函数的极值问题：

$$L(C_1,C_2,\cdots,C_T,\lambda)=U(C_1,C_2,\cdots,C_T)+\lambda\left[\sum_{t=1}^{T}\frac{Y_t}{(1+r)^{t-1}}-\sum_{t=1}^{T}\frac{C_t}{(1+r)^{t-1}}\right] \tag{7.2.12}$$

式(7.2.12)的极值条件为：

$$\begin{cases}\dfrac{\partial L}{\partial C_t}=\dfrac{\partial U}{\partial C_t}-\dfrac{\lambda}{(1+r)^{t-1}}=0\\ \dfrac{\partial L}{\partial\lambda}=\displaystyle\sum_{t=1}^{T}\frac{Y_t}{(1+r)^{t-1}}-\sum_{t=1}^{T}\frac{C_t}{(1+r)^{t-1}}=0\end{cases}\quad,t=1,2,\cdots,T$$

求解该方程组，即可得到最优消费的消费函数为：

$$C_t=c_t(Y_1,Y_2,\cdots,Y_T,r)$$

表明消费是各个时期的收入和贴现率的函数。

一般近似地用下列函数描述生命周期假设消费函数模型：

$$C_t=\alpha_1Y_t+\alpha_2A_t+\mu_t,t=1,2,\cdots,T \tag{7.2.13}$$

其中 A_t 为 t 时刻的资产存量，待估参数 $0<\alpha_1<1$，反映当前的边际消费倾向；$0<\alpha_2<1$，反映消费者已经积累的财富对当前消费的影响。模型(7.2.13)可以很方便地采用单方程模型的估计方法估计其参数。

4. 持久收入假设消费函数模型

弗里德曼(Friedman)于1957年提出了消费的持久收入假设，它是对凯恩斯的绝对收入假设的修正与补充。分析消费者的消费行为发现，在消费中有一部分是经常的必须保证的基本消费，另一部分是非经常的额外消费；而收入也可以分成两部分，一部分是可以预料到的长久性的、带有常规性的持久收入，另一部分是非连续性的、带有偶然性的瞬时收入。即

$$Y_t=Y_t^p+Y_t^t$$

$$C_t=C_t^p+C_t^t$$

其中 Y_t,Y_t^p,Y_t^t 分别为实际收入、持久收入和瞬时收入；C_t,C_t^p,C_t^t 分别为实际消费、持久消费和瞬时消费。持久消费由持久收入决定，瞬时消费由瞬时收入决定。于是持久收入假设消费函数模型的一种计量形态是：

$$C_t=\alpha_0+\alpha_1Y_t^p+\alpha_2Y_t^t+\mu_t,t=1,2,\cdots,T \tag{7.2.14}$$

估计式(7.2.14)的参数的困难在于样本观测值的选取，因为能够得到的是实际收入，而不是持久收入和瞬时收入。弗里德曼建议，对于时间序列数据，第 t 时刻的持久收入可以表示为各期实际收入的加权和：

$$Y_t^p=\lambda Y_t+\lambda(1-\lambda)Y_{t-1}+\lambda(1-\lambda)^2Y_{t-2}+\cdots,0<\lambda<1$$

即：$Y_t^p-Y_{t-1}^p=\lambda(Y_t-Y_{t-1}^p)$。在实际应用时，首先给定一个 λ 值，计算每年的持久收入观测值，再

由此计算瞬时收入观测值,然后估计模型(7.2.14)。反复修改 λ 值,直至取得满意的拟合结果。

5. 合理预期的消费函数模型

理性预期理论认为,人们可以对原因变量进行预期,然后根据原因变量的预期值对结果变量进行预测。于是在消费函数研究中,假设第 t 期的消费是收入预期值 Y_t^e 的函数,即

$$C_t=\alpha+\beta Y_t^e \tag{7.2.15}$$

表示消费者按收入预期决定自己的消费计划和实现消费。而收入预期值 Y_t^e 是现期实际收入与前一期预期收入的加权和:

$$Y_t^e=(1-\lambda)Y_t+\lambda Y_{t-1}^e=(1-\lambda)(Y_t+\lambda Y_{t-1}+\lambda^2 Y_{t-2}+\cdots)$$

代入(7.2.15)得到:

$$C_t=\alpha+\beta(1-\lambda)(Y_t+\lambda Y_{t-1}+\lambda^2 Y_{t-2}+\cdots)$$

$$C_{t-1}=\alpha+\beta(1-\lambda)(Y_{t-1}+\lambda Y_{t-2}+\lambda^2 Y_{t-3}+\cdots)$$

$$C_t-\lambda C_{t-1}=\alpha(1-\lambda)+\beta(1-\lambda)Y_t$$

于是可以将合理预期的消费函数模型的计量形态表示为:

$$C_t=\alpha(1-\lambda)+\lambda C_{t-1}+\beta(1-\lambda)Y_t+\mu_t,t=1,2,\cdots,T \tag{7.2.16}$$

模型(7.2.16)可以很方便地采用单方程线性模型的估计方法估计其参数。

6. 适应预期的消费函数模型

适应预期理论认为,人们可以根据原因变量的实际值对结果变量进行预期,但是实际上往往达不到预期的结果,就需要对结果变量的预期值进行调整。于是,在消费函数研究中,假设第 t 期的消费预期值 C_t^e 是收入的函数,即

$$C_t^e=\alpha+\beta Y \tag{7.2.17}$$

表示消费者按收入决定自己的消费预期。而由于种种原因,实际消费与消费预期值之间存在如下关系:

$$C_t-C_{t-1}=\lambda(C_t^e-C_{t-1})$$

λ 为调整系数。可以将该式写成:

$$C_t^e=\frac{1}{\lambda}C_t+\frac{\lambda-1}{\lambda}C_{t-1}$$

代入式(7.2.17)即可求得消费函数模型,其计量形态为:

$$C_t=\lambda\alpha+(1-\lambda)C_{t-1}+\lambda\beta Y_t+\mu_t,t=1,2,\cdots,T \tag{7.2.18}$$

可以很容易地估计该模型。

7. 一点启示

从以上介绍的消费理论和消费函数模型可以看到,不同的理论假设导出不同的模型。如果我们试图建立中国的消费函数模型,不同的研究者,依据不同的消费理论,就可以设定不同的消费函数模型。如果仅仅试图通过研究检验每种消费理论是否适合于我国,也许是有意义的。如果研究的目的是为了揭示我国的消费行为,揭示影响消费的各个因素对消费的实际影响,那么不同的研究者就会得到不同的结论,这样的研究是没有意义的。先验的经济理论,可以指导我们分析实际的经济行为关系,但不能直接作为总体回归模型设定的导向。

§7.3 计量经济学应用模型函数关系设定

在确定了计量经济学应用模型的模型类型、模型中应该包含的解释变量之后，模型设定的下一项任务就是设定解释变量与被解释变量之间的函数关系。它们之间是直接线性关系还是非线性关系？如果是非线性关系，是否可以通过简单变换化为线性？这也属于总体回归模型设定的内容之一，是选择估计方法进行模型估计的前提之一。

一、模型的关系类型

对于一个单方程计量经济学模型，设 Y 为被解释变量，$\boldsymbol{X}=(X_t,X_2,\cdots,X_k)$ 为解释变量向量，它是直接影响变量 Y 的 k 个变量。模型的一般形式：

$$f(Y,\boldsymbol{X},\theta,\beta)=\mu \tag{7.3.1}$$

一般情况下，被解释变量和解释变量是可以分离的，于是式(7.3.1)可以写成为：

$$h(Y_i,\theta)=g(\boldsymbol{X}_i,\beta)+\mu_i,i=1,2,\cdots,n \tag{7.3.2}$$

其中 $h(\cdot)$ 和 $g(\cdot)$ 是非线性函数，θ 和 β 是参数，μ_i 是随机干扰项。通过被解释变量的参数变换，常见的单方程非线性计量经济学模型表示为：

$$Y_i=m(\boldsymbol{X}_i,\beta)+\mu_i,i=1,2,\cdots,n \tag{7.3.3}$$

如果式(7.3.3)可以通过简单的变换化为线性，或者被解释变量和解释变量原本就呈现直接线性关系，模型就是我们所熟悉的形式：

$$Y_i=\beta_0+\beta_1X_{1i}+\beta_2X_{2i}+\cdots+\beta_kX_{ki}+\mu_i,\mu_i\sim N(0,\sigma^2);\ i=1,2,\cdots,n \tag{7.3.4}$$

在实际计量经济学应用研究中，开始就将总体回归模型设定为式(7.3.4)的情况并不多见，因为实际经济活动中解释变量与被解释变量之间呈现直接线性关系的并不多。例如下面将要介绍的 C-D 生产函数模型、CES 生产函数模型都是式(7.3.3)的非线性模型，但是，它们大都可以通过简单的变换，例如变量置换、函数变换、级数变换等，变换成为式(7.3.4)的线性模型。

本节讨论的计量经济学应用模型变量关系的设定，主要是针对式(7.3.3)而言的。

二、模型关系误设的后果

计量经济学应用模型关系误设的后果主要表现为经济学和统计学两个方面。其经济学后果是显而易见的。反映被解释变量和解释变量之间关系的参数在经济含义上和具体数值上都具有严重的偏误，即使后面的统计推断再严密，其结论也没有意义。

1. “原生的”随机干扰项

统计学后果主要出现于随机干扰项。从经济学意义上说，$\boldsymbol{X}=(X_1,X_2,\cdots,X_k)$包含了所有对 Y 具有显著影响的因素，$m(\boldsymbol{X}_i,\beta)$表达了这些因素与 Y_i之间的动力学关系，生成了 Y_i的条件期望值。但是，无数不显著因素的影响对于生成 Y_i的观测值是不可忽略的，“不显著”不是“没有影响”。从统计学意义上说，在 $\boldsymbol{X}_i$的条件下重复抽样，无数不显著因素对 Y_i的均值没有影响，但是在一次抽样中，它们对 Y_i的个值的影响是不可忽略的。如果 μ_i仅仅是无数不显著因素对 Y_i个值的影响，在基于随机抽样的截面数据的经典计量经济学模型中，这个“原生的”随机干扰项 μ 由大数定理保证其满足高斯假设，由中心极限定理可以证明其服从正态分布。于是，建立在高斯假设和正态分布假设基础上的统计推断具有可靠性。

2. “衍生的”随机误差项

但是，在大部分计量经济学教科书中，在引入随机干扰项的概念时，都将它定义为“被解释变量观测值与它的期望值之间的离差”，即

$$\mu_i=Y_i-\mathrm{E}(Y|\boldsymbol{X}_i) \tag{7.3.5}$$

用一个平衡式代替定义式，并且将随机干扰项(stochastic disturbance term)与随机误差项(stochastic error term)等同。一个“原生”的随机干扰项变成了一个“衍生”的随机误差项。而且在解释它的具体内容时，一般都在“无数非显著因素对被解释变量的影响”之外，加上诸如“变量观测值的观测误差的影响”“模型关系的设定误差的影响”等。

将“原生的”随机干扰变成“衍生”的随机误差，有许多理由可以为此辩解。关键在于，“原生的”随机干扰项所满足的极限法则是否适用于“衍生”的随机误差项？高斯假设和正态分布假设是否仍然成立？

3. 存在模型关系误差情况下的随机误差项

对于一个计量经济学应用模型，假定真实的数据生成过程是模型(7.3.3)，其中的随机干扰项 μ_i服从经典假设。假定模型被错误的设定为：

$$Y_i=m'(\boldsymbol{X}_i,\widetilde{\beta})+\nu_i,\qquad i=1,2,\cdots,n \tag{7.3.6}$$

其中 ν_i为存在模型关系误差情况下的随机误差项。简单的数学变换后可得：

$$\nu_i=\mu_i+m(\boldsymbol{X}_i,\beta)-m'(\boldsymbol{X}_i,\widetilde{\beta}),\quad i=1,2,\cdots,n \tag{7.3.7}$$

显然这里 ν_i的分布与 $m(\boldsymbol{X}_i,\beta)-m'(\boldsymbol{X}_i,\widetilde{\beta})$有密切的关系。下面分两种情况讨论：

第一种情况：$\boldsymbol{X}_i$是非随机的。这时关键是如何看待 $\widetilde{\beta}$，由于 $\widetilde{\beta}$ 是在模型错误设定下的参数，因此没有很好的定义。不过对每一个给定的 $\widetilde{\beta}$，$m(\boldsymbol{X}_i,\beta)-m'(\boldsymbol{X}_i,\widetilde{\beta})$是确定性变量的函数之差，因此错误模型中的误差 ν_i是一个正态随机数 μ_i与非随机数 $m(\boldsymbol{X}_i,\beta)-m'(\boldsymbol{X}_i,\widetilde{\beta})$之和，因此仍然是正态的。

第二种情况：$\boldsymbol{X}_i$是随机的。这种情况下，$m(\boldsymbol{X}_i,\beta)-m'(\boldsymbol{X}_i,\widetilde{\beta})$必然是一个随机数，而且这个随机数受到三个因素的影响：模型的正确动力学关系 $m(\cdot)$、模型被误设的动力学关系 $m'(\cdot)$和随机回归元 $\boldsymbol{X}_i$的分布。注意到：

$$\nu_i-\mu_i=m(\boldsymbol{X}_i,\beta)-m'(\boldsymbol{X}_i,\widetilde{\beta}),i=1,2,\cdots,n$$

因此误差 ν_i是一个正态随机数的充要条件为 $m(\boldsymbol{X}_i,\beta)-m'(\boldsymbol{X}_i,\widetilde{\beta})$是正态的。而在上面提到的三个因素的作用下,即使在大样本下,$m(\boldsymbol{X}_i,\beta)-m'(\boldsymbol{X}_i,\widetilde{\beta})$的正态性也不能为任何数学定理所保证。

三、模型关系设定的指导原则

如何才能正确设定计量经济学应用模型的变量之间的关系?必须遵循经济学理论和统计分析相结合的原则。

一是经济学理论指导原则。经济学理论的发展,无论在宏观经济还是微观经济领域,都有丰富的成果。这些成果大多采用变量之间的函数关系加以表达。所以,进行任何一项计量经济学应用模型研究,必须洞悉研究对象所属领域的经济学理论及数理模型。尽管如§7.2 中所讨论的,这些理论揭示的是理想经济世界的简洁的规律,它们对于设定现实经济世界中变量之间的关系仍然具有重要的指导意义。例如§7.1 案例中的需求理论与需求函数模型、§7.2 案例中的消费理论与消费函数模型,以及本节下面案例中的生产理论与生产函数模型,对于我们建立实际的计量经济学需求模型、消费模型和生产模型都是有借鉴意义的。

二是统计分析指导原则。对数据进行统计分析,特别是通过变量观测值的散点图及其对散点图进行统计分析,为应用模型的关系设定提供了有效的工具,成为模型设定中不可或缺的一项工作。尽管对数据进行统计分析得到的是单个解释变量与被解释变量之间的关系,有时甚至会产生误导,但是只要正确理解统计分析的适用性和局限性,是可以避免被误导的。

四、模型关系设定检验

正确的模型关系设定并不是一次完成的,需要经过“设定—检验—再设定—再检验”的过程。检验只能发现原来的设定是否是恰当的,如果发现是不恰当的,并不能告诉你正确的模型关系是什么。于是需要重新设定和再检验。

本书第四章已经介绍了模型关系设定偏误检验的原理和常用的检验方法,包括 RESET 检验。这里不再重复。

需要提倡的是模型残差的正态性检验。从上述模型关系误设的后果中可以看到,最主要的是模型随机误差项对经典模型基本假设的违背,特别是正态性假设。所以进行模型残差的正态性检验是重要的。

五、案例——以要素替代性质描述为线索的生产函数模型的发展

下面将以生产函数模型为例,从不同生产函数模型解释变量与被解释变量之间关系的

变化中，认识计量经济学应用模型关系设定的原则，同时也借此学习生产函数模型。

在经济学中，生产理论是最重要的内容之一；同样，在计量经济学中，生产函数模型的研究与发展始终是一个重要的、活跃的领域。在我国也是这样。从20世纪20年代末，美国数学家柯布（C. Cobb）和经济学家道格拉斯（P. Dauglas）提出了生产函数这一名词，并用1899—1922年的数据资料导出了著名的C-D生产函数以来，不断有新的研究成果出现，使生产函数的研究与应用呈现长盛不衰的局面。

生产函数是描述生产过程中投入的生产要素的某种组合同它可能的最大产出量之间的依存关系的数学表达式。即

$$Y=f(A,K,L,\cdots) \tag{7.3.8}$$

其中Y为产出量，A、K、L分别为技术、资本、劳动等投入要素。这里“投入的生产要素”是生产过程中发挥作用、对产出量产生贡献的生产要素；“可能的最大产出量”指这种要素组合应该形成的产出量，而不一定是实际产出量。生产要素对产出量的作用与影响，主要是由一定的技术条件决定的，所以，从本质上讲，生产函数反映了生产过程中投入要素与产出量之间的技术关系。

1. 要素替代弹性

生产函数所描述的是投入要素与产出量之间的技术关系，要素替代弹性是该技术关系的重要表征。将要素替代弹性定义为两种要素比例的变化率与边际替代率的变化率之比，一般用σ表示。则有

$$\sigma=\frac{\mathrm{d}(K/L)}{K/L}\Big/\frac{\mathrm{d}(MP_{\mathrm{L}}/MP_{\mathrm{K}})}{MP_{\mathrm{L}}/MP_{\mathrm{K}}} \tag{7.3.9}$$

其中，边际产量MP_{K}和MP_{L}是指其他条件不变时，某一种投入要素增加一个单位时导致的产出量的增加量，用于描述投入要素对产出量的影响程度。边际产量可以表示为：

$$MP_{\mathrm{K}}=\partial f/\partial K$$

$$MP_{\mathrm{L}}=\partial f/\partial L$$

$$\vdots$$

一般情况下，要素替代弹性σ为一个正数。如果用K替代L，则式（7.3.9）分子大于0；由于L减少，其边际产量MP_{L}增大，而由于K增加，其边际产量MP_{K}减小，于是式（7.3.9）分母也大于0。所以替代弹性σ大于0，表明要素之间具有有限可替代性。在特殊情况下，要素之间不可以替代，此时K/L不变，则式（7.3.9）分子等于0，所以替代弹性σ等于0。另一种极端情况是，无论要素的数量增加或者减少，其边际产量不变，此时式（7.3.9）分母等于0，替代弹性σ为∞，表明要素之间具有无限可替代性。

2. 线性生产函数模型

如果假设资本K与劳动L之间是无限可以替代的，则产出量Y与投入要素组合之间的关系可以用如下形式的模型描述：

$$Y=\alpha_0+\alpha_1K+\alpha_2L \tag{7.3.10}$$

对于该模型，要素的边际产量$MP_{\mathrm{K}}=\alpha_1$，$MP_{\mathrm{L}}=\alpha_2$，边际产量之比$MP_{\mathrm{K}}/MP_{\mathrm{L}}=\alpha_1/\alpha_2$。于是有

$$\mathrm{d}(MP_{\mathrm{K}}/MP_{\mathrm{L}})=0$$

代入式(7.3.9)得到 $\sigma=\infty$,即要素替代弹性为∞。从式(7.3.10)也可以直观地看出,一种要素可以被另一种要素替代直至减少为0,产出量仍然不变。

3. 投入产出生产函数模型

另一种极端的情况是假设资本 K 与劳动 L 之间是完全不可以替代的,则产出量 Y 与投入要素组合之间的关系可以用如下形式的模型描述:

$$Y=\min\left(\frac{K}{a},\frac{L}{b}\right) \tag{7.3.11}$$

称为投入产出型生产函数。其中 a,b 为生产1单位的产出量所必须投入的资本、劳动的数量。由于 a,b 为常数,所以产出量 Y 所需的资本投入量 $K=aY$,劳动投入量 $L=bY$,二者之比 $K/L=a/b$ 为常数,$\mathrm{d}(K/L)=0$。代入式(7.3.9)得到 $\sigma=0$,即要素替代弹性为0,资本 K 与劳动 L 之间完全不可以替代。

4. C-D 生产函数模型

1928年美国数学家柯布和经济学家道格拉斯提出的生产函数的数学形式为:

$$Y=AK^{\alpha}L^{\beta} \tag{7.3.12}$$

根据要素的产出弹性的定义,很容易推出:

$$E_{\mathrm{K}}=\frac{\partial Y}{\partial K}\cdot\frac{K}{Y}=A\alpha K^{\alpha-1}L^{\beta}\frac{K}{Y}=\alpha$$

$$E_{\mathrm{L}}=\frac{\partial Y}{\partial L}\cdot\frac{L}{Y}=AK^{\alpha}\beta L^{\beta-1}\frac{L}{Y}=\beta$$

即参数 α、β 分别是资本与劳动的产出弹性。那么由产出弹性的经济意义,应该有

$$0\leqslant\alpha\leqslant1,0\leqslant\beta\leqslant1$$

在最初提出的 C-D 生产函数中,假定参数满足 $\alpha+\beta=1$,即生产函数的一阶齐次性,也就是假定研究对象满足规模报酬不变。1937年,杜兰德提出了 C-D 生产函数的改进型,即取消了 $\alpha+\beta=1$ 的假定,允许要素的产出弹性之和大于1或小于1,即承认研究对象可以是规模报酬递增的,也可以是规模报酬递减的,取决于参数的估计结果。模型(7.3.12)中的待估参数 A 为效率系数,是广义技术进步水平的反映。显然,应该有 $A>0$。由此可见,C-D 生产函数模型的参数具有明确的经济意义,这是它的一个显著特点,是它被广泛应用的一个重要原因。该生产函数可以通过简单的对数变换,化为线性模型进行估计。

现在来看模型(7.3.12)对要素替代弹性的假设。根据式(7.3.9),可以得到:

$$\begin{aligned}\sigma&=\frac{\mathrm{d}(K/L)}{K/L}\Bigg/\frac{\mathrm{d}(MP_{\mathrm{L}}/MP_{\mathrm{K}})}{MP_{\mathrm{L}}/MP_{\mathrm{K}}}\\&=\mathrm{d}\ln\left(\frac{K}{L}\right)\Bigg/\mathrm{d}\ln\left(\frac{MP_{\mathrm{L}}}{MP_{\mathrm{K}}}\right)\\&=\mathrm{d}\ln\left(\frac{K}{L}\right)\Bigg/\mathrm{d}\ln\left(\frac{\beta K}{\alpha L}\right)\\&=\mathrm{d}\ln\left(\frac{K}{L}\right)\Bigg/\mathrm{d}\left[\ln\left(\frac{\beta}{\alpha}\right)+\ln\left(\frac{K}{L}\right)\right]\\&=1\end{aligned}$$

这是一个重要的结论，它表明，C-D 生产函数模型假设要素替代弹性为 1。

显然，与上述要素之间可以无限替代的线性生产函数模型和要素之间完全不可以替代的投入产出生产函数模型相比较，C-D 生产函数模型假设要素替代弹性为 1，是更加逼近于生产活动的实际，是一个很大的进步。正因为如此，加之 C-D 生产函数模型的参数具有明确的经济意义，使得它一经提出，就得到广泛的应用。直到今天，它仍然是应用最广泛的一种生产函数模型。

但是，C-D 生产函数模型关于要素替代弹性为 1 的假设仍然具有缺陷。根据这一假设，不管研究对象是什么，不管样本区间是什么，不管样本观测值是什么，要素替代弹性都为 1，这是与实际不符的。例如，劳动密集型的农业与资本密集型的现代工业，资本与劳动之间的替代性质是明显不同的；再例如，对于同一个研究对象，如果样本区间不同，即考察的区间不同，要素之间的替代性质也应该是不同的；即使研究对象相同、样本区间相同，对于不同的样本点，由于要素的比例不同，相互之间的替代性质也应该是不同的。所有这些，都需要人们发展新的生产函数模型。

5. 不变替代弹性（CES）生产函数模型

1961 年，由阿罗（Arrow）、钱纳利（Chenery）、明海斯（Mihas）和索洛（Solow）四位学者提出了两要素不变替代弹性（constant elasticity of substitution）生产函数模型，简称 CES 生产函数模型，其基本形式如下：

$$Y=A(\delta_1 K^{-\rho}+\delta_2 L^{-\rho})^{-\frac{1}{\rho}} \tag{7.3.13}$$

其中，待估参数 A 表示广义技术进步水平，应该有 $A>0$；δ_1 和 δ_2 为分配系数，$0<\delta_1<1$，$0<\delta_2<1$，并且满足 $\delta_1+\delta_2=1$；ρ 为替代参数，下面将专门讨论。式（7.3.13）假定研究对象具有不变规模报酬，因为

$$A[\delta_1(\lambda K)^{-\rho}+\delta_2(\lambda L)^{-\rho}]^{-\frac{1}{\rho}}=\lambda[A(\delta_1 K^{-\rho}+\delta_2 L^{-\rho})^{-\frac{1}{\rho}}]$$

即当资本与劳动的数量同时增长 λ 倍时，产出量也增长 λ 倍。后来，在应用中取消了这一假定，将式（7.3.13）改写为：

$$Y=A(\delta_1 K^{-\rho}+\delta_2 L^{-\rho})^{-\frac{m}{\rho}} \tag{7.3.14}$$

即承认研究对象可以是规模报酬递增的，也可以是规模报酬递减的，取决于参数 m 的估计结果。于是参数 m 为规模报酬参数，当 $m=1(<1,>1)$ 时，表明研究对象是规模报酬不变（递减、递增）的。式（7.3.14）为实际应用的 CES 生产函数模型的理论形式。

现在来看模型（7.3.14）对要素替代弹性的假设。根据式（7.3.9），要素替代弹性为：

$$\sigma=\frac{\mathrm{d}(K/L)}{K/L}\Bigg/\frac{\mathrm{d}(MP_{\mathrm{L}}/MP_{\mathrm{K}})}{MP_{\mathrm{L}}/MP_{\mathrm{K}}}$$
$$=\mathrm{dln}\left(\frac{K}{L}\right)\Bigg/\mathrm{dln}\left(\frac{MP_{\mathrm{L}}}{MP_{\mathrm{K}}}\right)$$

因为

$$MP_{\mathrm{K}}=\frac{\partial Y}{\partial K}$$

$$=A\left(-\frac{1}{\rho}\right)(\delta_1K^{-\rho}+\delta_2L^{-\rho})^{-\frac{1}{\rho}-1}\delta_1(-\rho)K^{-\rho-1}$$

$$=AK^{-1-\rho}(\delta_1K^{-\rho}+\delta_2L^{-\rho})^{-\frac{1}{\rho}-1}\delta_1$$

$$MP_{\mathrm{L}}=AL^{-1-\rho}(\delta_1K^{-\rho}+\delta_2L^{-\rho})^{-\frac{1}{\rho}-1}\delta_2$$

$$\frac{MP_{\mathrm{L}}}{MP_{\mathrm{K}}}=\frac{\delta_2}{\delta_1}\left(\frac{K}{L}\right)^{1+\rho}$$

所以

$$\sigma=\mathrm{d}\ln\left(\frac{K}{L}\right)\Big/\mathrm{d}\ln\left[\frac{\delta_2}{\delta_1}\left(\frac{K}{L}\right)^{1+\rho}\right]$$

$$=\mathrm{d}\ln\left(\frac{K}{L}\right)\Big/\mathrm{d}\left[\ln\left(\frac{\delta_2}{\delta_1}\right)+(1+\rho)\ln\left(\frac{K}{L}\right)\right]$$

$$=\frac{1}{1+\rho} \tag{7.3.15}$$

由于要素替代弹性 σ 为一个正数，所以参数 ρ 的数值范围为 $-1<\rho<\infty$ 。

由式(7.3.15)可以看出，一旦研究对象确定、样本观测值给定，可以得到参数 ρ 的估计值，并计算得到要素替代弹性的估计值。**对于不同的研究对象，或者同一研究对象不同的样本区间，由于样本观测值不同，要素替代弹性是不同的。这使得 CES 生产函数比 C-D 生产函数更接近现实。**但是，在 CES 生产函数中，仍然假定要素替代弹性与样本点无关，这就是不变替代弹性生产函数模型“不变”的含义。而这一点，仍然是与实际不符的。对于不同的样本点，由于要素的比例不同，相互之间的替代性质也应该是不同的。所以，不变替代弹性生产函数模型还需要发展。

将 CES 生产函数模型两边取对数，将其中的 $\ln(\delta_1K^{-\rho}+\delta_2L^{-\rho})$ 在 $\rho=0$ 处展开泰勒级数，取 0 阶、1 阶和 2 阶项，得到

$$\ln Y=\ln A+\delta_1m\ln K+\delta_2m\ln L-\frac{1}{2}\rho m\delta_1\delta_2\left[\ln\left(\frac{K}{L}\right)\right]^2+\varepsilon$$

为一个简单线性模型，采用单方程模型的估计方法，利用参数对应关系和 $\delta_1+\delta_2=1$，可以计算得到关于参数 $A,\rho,m,\delta_1,\delta_2$ 的估计值。

在不变替代弹性生产函数模型中，如果参数 ρ 的估计值等于 0，则要素替代弹性 σ 的估计值为 1，此时 CES 生产函数退化为 C-D 生产函数。

6. 变替代弹性生产函数模型

变替代弹性(variable elasticity of substitution)生产函数模型，简称 VES 生产函数模型，有许多理论和方法方面的研究成果。较著名的是瑞宛卡(Revankar)于 1971 年提出的模型。**模型假定要素替代弹性 σ 为要素比例的线性函数**，即

$$\sigma=a+b\cdot\frac{K}{L}$$

容易理解，要素比例不同，要素之间的替代性能是不同的。当 K/L 较大时，资本替代劳动就比较困难；当 K/L 较小时，资本替代劳动就比较容易。生产函数的一般形式为：

$$Z = A\exp\int \frac{1}{k + c\left(\frac{k}{a + bk}\right)^{1/a}}\mathrm{d}k \tag{7.3.16}$$

其中 $Z = Y/L, k = K/L$。

当 $b=0$ 时，式(7.3.16)变为：

$$\frac{Y}{L} = A\exp\int \frac{1}{k + c\left(\frac{k}{a}\right)^{1/a}}\mathrm{d}k = A\exp\left(\frac{a}{1-a}\ln \frac{k^{\frac{1-a}{a}}}{1 + \frac{c}{a^{1/a}}k^{\frac{1-a}{a}}} + \mu\right)$$

令$\frac{1-a}{a}=\rho, Ae^{\mu}=A'$，则有

$$\frac{Y}{L}=A'\left(\frac{a^{1/a}+ck^{\rho}}{a^{1/a}k^{\rho}}\right)^{-\frac{1}{\rho}}=A''(a^{1/a}k^{-\rho}+c)^{-\frac{1}{\rho}}$$

$$Y=A''\left[a^{1/a}\left(\frac{K}{L}\right)^{-\rho}+c\right]^{-\frac{1}{\rho}}\cdot L=A''(a^{1/a}K^{-\rho}+cL^{-\rho})^{-\frac{1}{\rho}} \tag{7.3.17}$$

此时，VES 生产函数模型退化为式(7.3.13)所表示的 CES 生产函数模型。

当 $b=0, a=1$ 时，式(7.3.16)变为：

$$\frac{Y}{L} = A\exp\int \frac{1}{k(1 + c)}\mathrm{d}k = A'\exp\left(\frac{\ln k}{1 + c}\right) = A'k^{\frac{1}{1+c}}$$

$$Y=A'K^{\frac{1}{1+c}}\cdot L^{-\frac{1}{1+c}}\cdot L=A'K^{\frac{1}{1+c}}\cdot L^{\frac{c}{1+c}} \tag{7.3.18}$$

此时，VES 生产函数模型退化为式(7.3.12)所表示的 C-D 生产函数模型。

当 $a=1$ 时，$\sigma=1+bk$，式(7.3.16)可写成：

$$Y=AK^{\frac{1}{1+c}}\left[L+\left(\frac{b}{1+c}\right)K\right]^{\frac{c}{1+c}} \tag{7.3.19}$$

即为一般常用的 VES 生产函数模型，其中 A、b、c 是待估参数。式(7.3.19)为规模报酬不变的情况，如果将规模报酬系数 m 作为一个待估参数，则 VES 生产函数模型的理论形式为：

$$Y=AK^{(\frac{1}{1+c})m}\left[L+\left(\frac{b}{1+c}\right)K\right]^{(\frac{c}{1+c})m} \tag{7.3.20}$$

将式(7.3.20)的计量形态假设为：

$$Y=AK^{(\frac{1}{1+c})m}\left[L+\left(\frac{b}{1+c}\right)K\right]^{(\frac{c}{1+c})m}\cdot\mu$$

其对数形式为：

$$\ln Y=\ln A+\frac{m}{1+c}\ln K+\frac{cm}{1+c}\ln\left(L+\frac{b}{1+c}K\right)+\varepsilon \tag{7.3.21}$$

令

$$\ln\left(L+\frac{b}{1+c}K\right)=\ln(L+\lambda\cdot K)=Z(\lambda)$$

在 $\lambda=0$，即 $b=0$ 处展开泰勒级数：

$$Z(\lambda)=\ln L+\frac{K}{L}\cdot\lambda+0(\lambda)$$

代入式(7.3.21)得到：

$$\ln Y=\ln A+\frac{m}{1+c}\ln K+\frac{cm}{1+c}\ln L+\frac{cmb}{(1+c)^{2}}\frac{K}{L}+\varepsilon \tag{7.3.22}$$

对式(7.3.22)进行变量置换，得到：

$$Z=\alpha_0+\alpha_1X_1+\alpha_2X_2+\alpha_3X_3+\varepsilon$$

采用单方程模型的估计方法，得到 $\alpha_0,\alpha_1,\alpha_2,\alpha_3$ 的估计值，利用对应关系可以计算得到关于参数 A,c,m,b 的估计值。

7. 多要素生产函数模型

如果作为产出量的解释变量的投入要素多于 2 个，可以有不同的处理方法，关键在于对要素之间替代性质的认识。下面以三要素（资本 K、劳动 L 和能源 E）为例介绍几种多要素生产函数模型。

（1）多要素线性生产函数模型。如果资本 K、劳动 L 和能源 E 互相之间都是无限可以替代的，则产出量 Y 与投入要素组合之间的关系可以用如下形式的模型描述：

$$Y=\alpha_0+\alpha_1K+\alpha_2L+\alpha_3E$$

（2）多要素投入产出生产函数模型。假设资本 K、劳动 L 和能源 E 互相之间都是完全不可以替代的，则产出量 Y 与投入要素组合之间的关系可以用如下形式的模型描述：

$$Y=\min\left(\frac{K}{a},\frac{L}{b},\frac{E}{c}\right)$$

（3）多要素 C-D 生产函数模型。假设资本 K、劳动 L 和能源 E 互相之间的替代弹性都为 1，则产出量 Y 与投入要素组合之间的关系可以用如下形式的模型描述：

$$Y=AK^{\alpha}L^{\beta}E^{\gamma}$$

（4）多要素一级 CES 生产函数模型。假设资本 K、劳动 L 和能源 E 互相之间的替代弹性相同，为同一个待估参数，则产出量 Y 与投入要素组合之间的关系可以用如下形式的模型描述：

$$Y=A(\delta_1K^{-\rho}+\delta_2L^{-\rho}+\delta_3E^{-\rho})^{-\frac{m}{\rho}} \tag{7.3.23}$$

其中 δ_1、δ_2 和 δ_3 为分配系数，$0<\delta_1<1$，$0<\delta_2<1$，$0<\delta_3<1$，并且满足 $\delta_1+\delta_2+\delta_3=1$。要素之间的替代弹性为：

$$\sigma=\frac{1}{1+\rho}$$

（5）多要素二级 CES 生产函数模型。假设资本 K、劳动 L 和能源 E 互相之间的替代弹性不相同，例如资本与能源之间的替代弹性不同于它们与劳动之间的替代弹性，这是比较符合实际的，那么一级 CES 生产函数模型就不能描述要素之间的替代性质。许多人在探索如何既保持 CES 生产函数的性质，又能解决多要素之间不同替代弹性的问题。1967 年加藤（Sato）提出的多要素二级 CES 生产函数模型，是一个比较成功的具有实用价值的成果。以三要素为例，二级 CES 生产函数模型表达如下：

$$\begin{aligned}Y_{\mathrm{KE}}&=(a_1K^{-\rho_1}+a_2E^{-\rho_1})^{-\frac{1}{\rho_1}}\\ Y&=A(b_1Y_{\mathrm{KE}}^{-\rho}+b_2L^{-\rho})^{-\frac{m}{\rho}}\end{aligned} \tag{7.3.24}$$

其中 Y_{KE} 为第一级 CES 生产函数,在第二级 CES 生产函数中,将它作为一个组合要素。

当投入要素多于 3 个时,还可以根据要素之间的替代性质,构造三级 CES 生产函数模型,其原理与二级 CES 生产函数模型相同,不再赘述。

8. 超越对数生产函数模型

一个更具有一般性的变替代弹性生产函数模型是由克里斯蒂森(L. Christensen)、乔根森(D. Jorgenson)和刘(Lau)于 1973 年提出的超越对数生产函数模型。其形式为:

$$\ln Y=\beta_0+\beta_K\ln K+\beta_L\ln L+\beta_{KK}(\ln K)^2+\beta_{LL}(\ln L)^2+\beta_{KL}\ln K\cdot\ln L \tag{7.3.25}$$

该生产函数模型的显著特点是它的易估计和包容性。它是一个简单线性模型,可以直接采用单方程线性模型的估计方法进行估计。所谓包容性,是它可以被认为是任何形式的生产函数的近似。例如,如果 $\beta_{KK}=\beta_{LL}=\beta_{KL}=0$,则表现为 C-D 生产函数;如果 $\beta_{KK}=\beta_{LL}=-\frac{1}{2}\beta_{KL}$,则表现为 CES 生产函数。所以可以根据该生产函数的估计结果判断要素的替代性质。

9. 重要启示

以上是以要素之间的替代性质为线索发展的一系列生产函数模型。从中可以看出,解释变量与被解释变量之间的函数关系并不是随意设定的。它既受一定的经济理论假设(例如生产函数中关于要素之间的替代性质的假设)的指导,又要受到实际经济活动中客观表现出的变量之间关系(例如实际生产活动中投入要素之间的替代能力)的检验。

我们在引用已有研究成果时不能盲目,因为我们面对的研究对象是一个新的现实经济活动。正确设定模型中变量之间的关系,最重要的仍然是关于经济行为的分析,下面用一个例题加以说明。

例 7.3.1

在一篇以资本、劳动和各种能源为投入要素的生产函数模型研究中,研究者设计的多要素 CES 生产函数模型为:

$$Y_t=A\left[\delta_0K_t^{-\alpha\rho}L_t^{-(1-\alpha)\rho}+\sum_{i=1}^{k}\delta_iG_{it}^{-\rho}\right]^{-\frac{1}{\rho}}$$

其中,Y 为产出量,K、L 为资本和劳动投入量,G_i 为第 i 种能源投入量,其他为参数。

该模型首先将 K 和 L 之间的替代弹性设为 1,将二者组合形成组合要素:

$$y_{KLt}=K_t^{\alpha}L_t^{1-\alpha}$$

然后,将该组合要素 y_{KL} 与每种能源投入量 G_i 一起,建立多要素一级 CES 生产函数。模型假设了 y_{KL} 与 k 种能源之间,以及每种能源之间具有相同的替代弹性,为 $1/(1+\rho)$,这显然是错误的。各种能源之间,例如煤炭和石油具有很强的替代性,而每种能源与 y_{KL} 之间的替代性显然要差得多。

应该采用多级 CES 生产函数。例如第一级包含两个函数:

$$y_{KLt}=f(K_t,L_t)\qquad y_{Gt}=g(G_1,G_2,\cdots)$$

第二级为:

$$Y_t=A(\delta_1 y_{\mathrm{KL}t}{}^{-\rho}+\delta_2 y_{\mathrm{G}t}{}^{-\rho})^{-\frac{m}{\rho}}$$

其中组合要素 y_{KL} 可以采用 C-D 或者 CES 的形式，y_{G} 也可以采用 C-D 或者 CES 的形式。

§7.4 计量经济学应用模型变量设定

前面讨论的计量经济学应用模型总体回归模型设定，目的是确定哪些变量应该作为解释变量引入模型。本节讨论的“变量设定”，是关于变量性质的设定。即它们对被解释变量具有直接影响还是间接影响？它们是内生变量还是外生变量？它们是随机变量还是确定性变量？这些自然是模型设定的重要内容，是在进行模型估计之前必须明确的。

一、问题的提出

计量经济学模型所描述和分析的是经济主体之间的行为关系，或者称为动力学关系，是通过描述和分析表征主体行为状态的变量之间的关系来实现的。于是，变量和变量之间的关系就构成了计量经济学模型。例如，目前应用最为普遍的经典单方程计量经济学模型

$$Y_i=\beta_0+\beta_1 X_{1i}+\beta_2 X_{2i}+\cdots+\beta_k X_{ki}+\mu_i \quad \mu_i \sim N(0,\sigma^2)$$
$$i=1,2\cdots,n \tag{7.4.1}$$

即是由变量 X 和变量 Y 之间的关系构成的。在一个计量经济学模型或者模型系统中，为了研究的需要，我们需要在总体回归模型设定时将一些变量（例如变量 X）设定为内生或者外生的、随机或者确定的，然后依次选择模型估计方法和进行模型检验。

但是，内生或者外生、随机或者确定，并不是变量本身所固有的绝对的属性，而是相对于模型的研究对象、模型系统，甚至模型中的参数而言的。经济变量，如果一定要给出它们的固有属性，只能说它们都是内生的和随机的，因为它们都是在社会经济系统中，在互相影响和作用的过程中生成的。所以，关于变量内生或者外生、随机或者确定的设定，成为计量经济学应用模型研究中一个十分重要又十分困难的问题。同一个经济变量，相对于不同的研究对象，相对于模型不同的应用目的，甚至相对于不同的结构参数，可能有不同的设定。这就提出了计量经济学模型变量设定内生与外生的相对性、随机与确定的相对性问题。

一个变量对于另外一个变量（例如变量 X 对于变量 Y）具有直接影响还是间接影响，主要依据经济行为分析加以判断，从理论上讲，它是客观的、绝对的。计量经济学模型，说到底，就是因果分析模型，引入模型的变量，应该是对研究对象产生直接影响且互相独立的变量。否则，不仅会得到错误的结论，而且也会引发变量的内生性和随机性。但是，实际上，经

济系统中变量之间经常是相互影响的，你中有我，我中有你，所谓的直接影响和间接影响仍然具有相对性。

例 7.4.1

在一篇经验实证研究我国收入不平等对经济增长的影响的论文中，作者通过严谨的理论分析认为，收入不平等将影响固定资本投资和人力资本投资，而固定资本投资和人力资本投资直接影响经济增长。由于在增长的初期，扩大收入差距可以增加固定资本投资，而在增长达到一定水平后，缩小收入差距有利于增加人力资本投资，因此收入差距与经济增长水平之间呈现倒 U 形关系。为了检验这种倒 U 形关系，作者建立了以我国 GDP 为被解释变量的计量经济学模型，解释变量包括收入差距（SRCJ）和收入差距的二次方，以及固定资本投资（GDZB）、人力资本投资（RLZB）和其他控制变量（X）：

$$GDP_t = f(GDZB_t, RLZB_t, SRCJ_t, SRCJ_t^2, X_t) + \mu_t \qquad t=1,2,\cdots,T \tag{7.4.2}$$

于是问题出现了：将对 GDP 具有直接影响的固定资本投资、人力资本投资等变量和对 GDP 具有间接影响的收入差距同时引入模型。带来的后果是多方面的。首先，固定资本投资、人力资本投资将不再是外生的、确定性变量。其次，固定资本投资、人力资本投资、收入差距和收入差距的二次方的参数不再是它们各自对 GDP 的影响的客观反映，因为它们之间不具有相互独立性。即使模型显示收入差距的二次方项是显著的，并且参数为负，也不能给出收入差距与经济增长之间是否存在倒 U 形关系任何有意义的检验。

类似的应用研究实例还可以举出许多。例如，一篇关于我国生产性公共支出的经济增长效应实证分析的论文，通过理论分析指出，"政府通过征收资本所得税、劳动所得税和消费税为公共支出融资"，而在建立的回归方程中，在经济增长的诸多解释变量中同时出现了反映税收政策的直接税比例和反映政府公共支出的各项支出规模。那么就存在政府各项支出规模是否受到直接税比例的影响，即它们是否具有内生性，以及直接税比例是否对经济增长具有直接影响的问题。再例如，在一篇分析我国制造业企业进入和退出行为的影响因素的论文中，作者建立了包括进入方程和退出方程的联立方程模型系统，作为模型系统的外生变量包括国有企业比重、产业利润率、资本密度、企业市场规模、产业集中度、产品差异化、研发支出密度等。毫无疑问，这些变量都会对企业进入和退出行为产生影响，但是它们是否都是独立的外生变量？它们是否都对企业进入和退出行为产生直接影响？问题显然是存在的，但论文没有给予足够的讨论。

如果变量设定错误，那么建立在变量设定基础上的统计推断无论多么严密，也是非有效的。本节将分别对变量的内生与外生性、随机与确定性，以及直接影响与间接影响之间的相对性进行系统的讨论，提出设定的原则和检验方法。在讨论中，主要针对经典单方程计量经济学模型，即讨论模型（7.4.1）中变量 X 的内生与外生性、随机与确定性，以及它对 Y 的直接影响与间接影响问题。其原则对于 §7.1 中讨论的各种类型的计量经济学模型都是适用的。

二、变量之间的直接影响与间接影响

1. 直接影响与间接影响

变量的直接影响与间接影响具有相对性，是针对模型的被解释变量而言的。判断的依据是经济行为分析。

例 7.4.1 中，通过经济行为分析，已经明确固定资本投资和人力资本投资直接影响经济增长。而收入差距对经济增长只是间接影响，所以不应该将它们同时作为经济增长的解释变量。下面是一个看似相同实际上存在本质不同的例子。

例 7.4.2

关于缩小收入差距以促进消费的实证研究。经过居民消费的行为分析，发现居民的平均消费水平（或总消费水平）(JMXF)不仅取决于平均收入水平（或总收入水平）(JMSR)，还与收入差距(SRCJ)有关。为了检验收入差距是否对居民消费有显著影响，以居民的平均消费水平（或总消费水平）为被解释变量，以居民平均收入水平（或总收入水平）和居民收入差距以及其他相关控制变量(X)为解释变量，建立居民消费模型：

$$\mathrm{JMXF}_t = f(\mathrm{JMSR}_t, \mathrm{SRCJ}_t, X_t) + \mu_t \qquad t=1,2,\cdots,T \tag{7.4.3}$$

模型的解释变量中虽然同时包含了居民收入和收入差距，但是它们都对居民消费产生直接影响，而且居民收入差距并不影响居民平均收入水平（或总收入水平），它们之间是互相独立的。所以这是一个正确的模型。

对于单方程计量经济学模型或者联立方程模型系统中的每一个结构方程，其解释变量无论是内生或者外生，随机或者确定，都必须是对被解释变量产生直接影响的变量，其相应的结构参数则描述和揭示了它们之间直接的数量关系。这样的模型设定才可能是正确的。

2. 如何判断直接影响或间接影响

如何判断一个变量对另一个变量的影响是直接影响还是间接影响？必须依据经济系统的动力学关系分析，即在经济理论的指导下分析研究对象的实际经济行为，从行为理论上厘清变量之间的关系。作为模型的解释变量，应该遵循直接性原则、集合性原则、层次性原则和独立性原则。

所谓直接性原则，其含义是显而易见的，即该变量对被解释变量的影响在经济行为机制上是直接的，不需要经过其他任何中间变量。所谓集合性原则，即当一个变量由若干成分变量集合而成，尽可能采用集合变量；如果选择其中一个成分变量来代表时，该成分变量应该最具代表性。例如，制度作为一种投入要素，和资本、劳动、技术等投入要素一样，将对经济增长产生直接影响。但是，制度变迁水平作为一个综合变量，是由投资的分散决策程度、价格的市场化程度、对外开放程度等多个变量综合而成的，应该尽可能将制度变迁水平引入模型。所谓层次性原则，即在分层次的变量体系中，应该将第一层次变量引入模型，尤其不能将第二层次变量与相关的第一层次变量同时引入模型。最重要的是独立性原则，如果违背了直接性原则、集合性原则或者层次性原则，带来的直接后果是解释变量之间不再具有互相独立性。

可以采用适当的统计检验方法对经过行为分析确定的解释变量进行必要性检验，即因果关系检验（例如在时间序列数据中常用的格兰杰因果关系检验）。但是必须注意，它们只能够检验所分析确认的解释变量与被解释变量之间的因果关系是否满足必要性条件，而不能区分直接影响和间接影响，因为间接影响也是原因。对于通过了因果关系检验的解释变量，再进行统计上的独立性检验，经常是有效的，至少可以避免直接影响和间接影响变量同时引入模型，或者将不同层次的变量同时引入模型。在目前的应用研究中，解释变量之间的独立性检验已经被广泛采用，但是一般只检验它们之间是否存在线性相关，这是不够的，还需要检验是否存在非线性相关。例如上述的收入不平等与固定资本投资和人力资本投资的关系，就是非线性的。

三、变量的内生性和外生性

1. 变量内生性和外生性的相对性

变量的内生性和外生性具有相对性，是相对于模型或者模型系统而言的。计量经济学应用研究中应用最多的模型类型仍然是单方程计量经济学模型，包括经典和非经典模型。对于单方程模型，因为模型系统中只有一个方程，一般假定模型的解释变量 X 是外生的，即它只影响模型，而不受模型的影响。但是在实际的应用研究中，X 是否可以被设定为外生变量，必须从相对意义上进行判断。因为凡是经济变量，都是状态变量，都是由系统的数据生成过程生成的，因此它们在本质上都是内生的。

同一个经济变量，相对于不同的研究对象，可能有不同的设定。例如，如果我们研究居民个体的商品需求行为，以商品需求量 Q 为被解释变量，以收入 I、商品价格 P_1 和其他商品价格 P_2 为解释变量，建立的居民商品需求模型为：

$$Q_i = f(I_i, P_{1i}, P_{2i}) + \mu_i, i = 1, 2, \cdots, n \tag{7.4.4}$$

在模型（7.4.4）中，商品价格 P_1 可以被设定为外生变量，因为对于居民个体来讲，他的需求量并不足以影响价格，他只能接受由市场总供给和总需求所决定的价格，并且在该价格下决定他的商品需求量。但是，如果我们研究的是商品总需求，以商品总需求量 Q 为被解释变量，以总收入 I、商品价格 P_1 和其他商品价格 P_2 为解释变量。建立的居民商品需求模型：

$$Q_t = f(I_t, P_{1t}, P_{2t}) + \mu_t, t = 1, 2, \cdots, T \tag{7.4.5}$$

在模型（7.4.5）中，商品价格 P_1 就不能设定为外生，因为它必须受到商品总需求量的影响。

再例如，如果我们研究居民个体的消费行为，以消费额 C 为被解释变量，以收入 I 以及其他对个体消费产生直接影响的变量为解释变量，建立的居民个体消费模型为：

$$C_i = f(I_i, \cdots) + \mu_i, i = 1, 2, \cdots, n \tag{7.4.6}$$

在模型（7.4.6）中，收入 I 可以被设定为外生变量，因为对于居民个体来讲，他的收入水平影响消费水平，而消费水平并不反过来影响收入水平。但是，如果我们研究的是社会总消费，以社会总消费额 C 为被解释变量，以社会总收入 I 以及其他对总消费产生直接影响的变量为解释变量，建立的社会总消费模型为：

$$C_t = f(I_t, \cdots) + \mu_t, t = 1, 2, \cdots, T \tag{7.4.7}$$

在模型(7.4.7)中,收入 I 就不能设定为外生变量,因为收入不仅影响消费,也受消费的影响。

***2. 弱外生性、强外生性和超外生性**

外生性设定问题自从计量经济学诞生以来就进入了理论研究者的视野,考尔斯委员会(Cowles Committee)在20世纪50年代初就定义了外生性,即对于模型(7.4.1)中的 X_i 和 μ_i,若对任何 s 都有 X_i 和 μ_{i+s} 随机独立(sochastically independent),则称 X_i 是外生的。考尔斯委员会这个外生性的定义一直被计量经济学界所沿用。

1983年,恩格尔(Engle)、亨德里(Hendry)和理查德(Richard)发表了专门讨论外生性的论文,计量经济学界对内生性和外生性的认识产生了突破性的改变。恩格尔等将外生性进行分类,分为弱外生性(weak exogeneity)、强外生性(strong exogeneity)和超外生性(super exogeneity)。恩格尔的这种分类方法是相对于研究目的来定义的:**弱外生性是对模型中关注的参数进行估计和检验所必需的;强外生性则为模型预测目的而定义;超外生性则是模型用于政策评价所必需的。**

根据新的外生性定义,甚至在同一个模型系统中,同一个经济变量,相对于不同的结构参数,就可能有不同的设定。例如,在一个粮食供求模型系统

$$\begin{cases} p_t = \alpha_0 + \alpha_1 q_t + \mu_t, \mu_t \sim N(0, \sigma_\mu^2) \\ q_t = \beta_0 + \beta_1 p_{t-1} + \varepsilon_t, \varepsilon_t \sim N(0, \sigma_\varepsilon^2) \end{cases}, \mathrm{E}(\mu_t \varepsilon_t) = 0 \quad \forall t, s \tag{7.4.8}$$

中,如果我们关注的参数是价格的需求弹性,即价格与需求量之间的关系,可以用 $1/\alpha_1$ 近似表示,那么需求量 q_t 是弱外生性变量,具有外生性。因为 α_1 只出现在式(7.4.8)的第1个方程中,在该方程中,q_t 只影响 α_1,而不受 α_1 的影响。但是如果我们关注的参数是描述该供求系统的稳定性的参数,即需要将供给方程代入需求方程,得到

$$p_t = \alpha_0 + \alpha_1 \beta_0 + \alpha_1 \beta_1 p_{t-1} + \nu_t$$

表示为 $p_t = \gamma + \rho\, p_{t-1} + \nu_t$。由经济理论知道,参数 ρ 反映系统的稳定性,只有当 $|\rho| < 1$ 时,模型系统收敛于一个均衡价格。显然此时的关注参数不仅包含 α_1,而且包含 β_1,所以 q_t 不再是弱外生性变量。因为在式(7.4.8)的第2个方程中,q_t 受到 β_1 的影响。

相对于模型不同的应用目的,对解释变量外生性的要求是不同的。对于结构分析模型,目的是分析各个解释变量与被解释变量之间的关系,那么只要求解释变量具备弱外生性。对于预测模型,解释变量必须不受滞后被解释变量的影响,才能给定解释变量的未来值,进而根据模型得到被解释变量的未来预测值。这就要求解释变量在弱外生性的基础上具备强外生性。而对于政策分析模型,作为政策变量的解释变量必须受到滞后被解释变量的影响,因为任何政策都是适时制定的。这就要求解释变量在弱外生性的基础上具备超外生性。

3. 实际应用模型中的重点

在实际应用研究中,主要需要考虑两种原因引起的解释变量的内生性。一是解释变量影响被解释变量,反过来也受被解释变量的影响。例如上述商品总需求模型中的价格和社会总消费模型中的收入。二是解释变量本身受到其他解释变量的影响。例如在上述的模型(7.4.2)中,作为解释变量的固定资本投资、人力资本投资本身受到另一个解释变量收入差

距的影响,因此它们具有内生性。这两种原因引起的解释变量的内生性的直接后果,是造成解释变量和模型的随机干扰项相关,违背了考尔斯委员会关于外生性的定义,也违背了模型的基本假设。

*4. 弱外生性检验

外生性检验是计量经济学理论方法体系中重要的组成部分,也是实际建立计量经济学应用模型时必须进行的一项工作。既然外生性按照研究需要分为三类:弱外生性、强外生性和超外生性,则检验外生性必须分为不同的类型。这里仅介绍弱外生性检验。

下面结合一个双变量的数据生成过程,进一步探讨外生性的定义、分类乃至检验:

$$\begin{aligned} y_t &= \beta x_t + \varepsilon_{1t} \\ x_t &= \alpha_1 x_{t-1} + \alpha_2 y_{t-1} + \varepsilon_{2t} \end{aligned} \tag{7.4.9}$$

其中第 1 个方程描述了 y_t的条件分布,第 2 个方程描述了 x_t的边缘分布,随机干扰项服从正态分布且不存在时序上的相关,只存在同期相关,即:

$$\begin{matrix} \varepsilon_{1t} \\ \varepsilon_{2t} \end{matrix} \sim N\left(\begin{matrix} 0 \\ 0 \end{matrix} \begin{bmatrix} \sigma_{11} & \sigma_{12} \\ \sigma_{21} & \sigma_{22} \end{bmatrix} \right) \tag{7.4.10}$$

对于模型(7.4.9),若 x 对 β 是弱外生的,则要求 $\sigma_{12}=0$。弱外生性的主要优点在于人们可以忽视边缘分布,然而对有效的弱外生性检验来说,要求同时对边缘分布和条件分布建立模型。恩格尔(1984)已经提出了一种对弱外生性进行检验的一般 LM 检验。该一般程序要求检验如下联合假设,即 y_t不会出现在条件变量的边缘方程中,而且干扰项协方差矩阵的一个适当的子矩阵为 0。在模型(7.4.9)中,已假设 y_t不在边缘分布方程中出现,且只有一个边缘方程,因此这个适当的子矩阵中只有一个元素。于是零假设就是 H_0:$\sigma_{12}=0$。在这个极为简单的例子中,LM 检验也变得比较简单。它以模型(7.4.9)的上下两式所给出的残差为基础。在上述零假设下,模型(7.4.9)的上式就是条件方程,独立于下式的边缘方程式。因而,在这个零假设下,每个方程都可以用普通最小二乘法得到有效估计。将模型(7.4.9)的上下两式所得到的残差分别记为 e_y和 e_x。为书写模型简便起见,没有给出截距,但在估计这些方程时,除非有一个很好的先验理由,否则都应该包含一个常数项。

LM 检验统计量的构造如下:把 e_y对一个常数、x 和 e_x进行回归,在原假设下,从这个回归所得到的 nR^2渐近地服从$\chi^2(1)$ 分布。然后进行显著性或置信区间检验,若 nR^2超过了预选的临界值则拒绝零假设,也就是认定 x_t对参数 β 来说不是弱外生的。在这个双变量的情形中,另一种形式的检验是把 e_x对一个常数、滞后的 x、滞后的 y 和 e_y进行回归。在有限样本中,R^2在这两个回归中将不相同,但他们是渐近等价的。

另外还有一种形式的检验,它仅涉及一组残差的计算,就是用 y 对一个常数、x 和 e_x的回归来取代前面用来构造 LM 检验统计量的第一个回归,然后再检验 e_x的系数是否显著地异于 0。这个系数的 t 检验渐近等价于基于 nR^2所做的检验。如果同时估计这两个回归,那么无论是用 e_x还是 y 作为回归值,都将发现所得的 e_x系数及所估计的标准都是一样的。类似地根据对称性,还可做一个只需计算 e_y的回归。

四、变量的随机性和确定性

1. 变量随机性和确定性的相对性

变量的随机性和确定性与变量的内生性和外生性是既有联系又有区别的两个问题。内生解释变量一定具有随机性。例如上述的模型(7.4.2)中,既然固定资本投资和人力资本投资是由收入差距与其他因素决定的,那么在固定资本投资和人力资本投资模型中是作为被解释变量出现的,当然是随机变量。但是随机变量并不都是内生的。如果我们将模型(7.4.2)加以修正,去掉对 GDP 只产生间接影响的收入差距,使之成为一个典型的总量生产函数模型:

$$\mathrm{GDP}_t=f(\mathrm{GDZB}_t,\mathrm{RLZB}_t,X_t)+\mu_t,t=1,2,\cdots,T \tag{7.4.11}$$

虽然固定资本投资和人力资本投资仍然是由其他模型决定的随机变量,但是相对于我们研究的模型(7.4.11),则可以认为是外生的,因为它们只影响模型(7.4.11),而不受模型(7.4.11)的影响。更多的情况出现在以时间序列数据为样本的模型中,滞后被解释变量经常作为模型的解释变量,例如资本的滞后作为资本形成模型的解释变量,消费的滞后作为消费函数模型的解释变量。这些滞后被解释变量显然是随机变量,但是相对于这些模型,它们往往被作为外生变量(称为前定变量)。

更广义地理解,经济变量都具有随机性。但是在计量经济学模型中,一部分变量需要被设定为确定的,或者说不考虑它们的随机性,这就提出了变量随机性和确定性的相对性问题。可以将模型的解释变量分为具有连续概率分布的经济变量、具有离散概率分布的经济变量和非经济变量。因为模型的被解释变量和随机干扰项具有连续概率分布,所以解释变量中具有离散概率分布的经济变量和非经济变量可以被设定为确定性变量。而解释变量中具有连续概率分布的经济变量,如果它们是模型的内生变量,毫无疑问应该被设定为随机性变量;如果它们相对于模型是外生的,在模型估计和推断过程中,可以不考虑它们的随机性。但是,对于解释变量中的滞后被解释变量,虽然相对于模型是外生的,是否可以被当作确定性变量看待,即在模型估计和推断过程中,是否必须考虑它们的随机性,需要专门讨论。

2. 随机性和确定性的设定

解释变量的随机性和确定性的设定,关键在于是否与模型随机干扰项相关。解释变量是否与模型随机干扰项相关,决定了模型应该采用什么估计方法以及参数估计的性质,决定了模型的统计推断是否有效。由滞后被解释变量作为模型解释变量,是应用研究中出现最多的一类解释变量随机性问题。这里专门就此进行讨论。

对于解释变量中的滞后被解释变量性质的设定,依据就是判断它们是否与模型随机干扰项相关。例如,§ 7.2 中介绍的按照合理预期理论建立的消费函数模型,首先认为消费 C_t 是由对收入的预期 Y_t^e 所决定的,即:

$$C_t=\beta_0+\beta_1 Y_t^e+\mu_t$$

在预期收入 Y_t^e 与实际收入 Y_t 之间存在如下关系:

$$Y_t^e=(1-\lambda)Y_t+\lambda Y_{t-1}^e$$

那么容易推导出合理预期消费函数模型为：

$$\begin{aligned}C_t&=\beta_0+\beta_1(1-\lambda)Y_t+\beta_1\lambda Y_{t-1}^e+\mu_t\\&=\beta_0+\beta_1(1-\lambda)Y_t+\lambda(C_{t-1}-\beta_0-\mu_{t-1})+\mu_t\\&=\beta_0(1-\lambda)+\beta_1(1-\lambda)Y_t+\lambda C_{t-1}+\mu_t-\lambda\mu_{t-1}\end{aligned}$$

显然在该模型中，作为解释变量的 C_{t-1} 与模型的随机干扰项 $\mu_t-\lambda\mu_{t-1}$ 高度相关（因为 C_{t-1} 与 μ_{t-1} 高度相关）。于是在该模型中，绝对不能将滞后被解释变量 C_{t-1} 设定为确定性变量。

但是，在模型形式完全相同的相对收入假设消费函数模型中，却能够得到不同的判断。根据消费的相对收入假设，消费不仅由收入决定，而且受曾经达到过的最高消费水平的影响，即消费具有不可逆性。在时间序列中，一般以前一期的消费 C_{t-1} 表示曾经达到过的最高消费水平，那么消费函数模型设定为：

$$C_t=\alpha_0+\alpha_1 Y_t+\alpha_2 C_{t-1}+\mu_t$$

在该模型中，如果随机干扰项不存在序列相关，那么 C_{t-1} 与 μ_t 不相关，作为解释变量的 C_{t-1} 尽管具有随机性，但是仍然可以采用确定性变量的模型估计方法。如果随机干扰项存在序列相关，即 μ_t 与 μ_{t-1} 相关，那么与 μ_{t-1} 高度相关的 C_{t-1} 自然与 μ_t 相关，就不能将滞后被解释变量 C_{t-1} 设定为确定性变量。

由此可见，当模型解释变量中存在滞后被解释变量时，关于它的性质的设定以及模型估计方法的选择，有效的检验方法是进行模型随机干扰项的序列相关性检验。

本章练习题

1. 分析例 7.1.1 中的问题，回答：为什么按照（1）、（2）、（3）的方法建立的农户借贷因素分析模型都是不正确的？

2. 分析例 7.1.2 中的问题，回答：如果建立某类商品的单方程需求函数模型，该模型在什么情况下是可以应用的？

3. 分析例 7.1.3 中的问题，回答：如果建立我国工业资本配置效率模型的目的是进行国际比较，那么应该建立什么类型的模型？如何采集样本数据？

4. 比较例 7.1.4 和 §7.3 中的案例，说明：需求函数模型和生产函数模型在模型设定理论方面的区别是什么？

5. 某人以我国人均食品需求量 Q 为被解释变量，以食品价格指数 P 为解释变量，以1978—2013 年的数据为样本，建立了如下的食品需求模型：

$$\ln Q_t=\alpha+\beta\ln P_t+\mu_t,\ t=1978,1979,\cdots,2013$$

其中 ln 表示取对数。由于我国的人均食品需求量 Q 是逐年上升的，食品价格指数也是逐年上升的，所以估计该模型得到的 $\hat{\beta}$ 为正。于是得到结论：需求法则不适合我国。试以该问题为例，分别从经济学、逻辑学和统计学三方面理论出发，说明建立计量经济学总体回归模型必须遵循“从一般到简单”的原则。

6. 为什么不能直接依据先验的经济学理论进行总体回归模型设定？经济学理论在总体回归模型设定中具有什么作用？

7. 为什么不能直接依据数据之间的关系进行总体回归模型设定？数据关系在总体回归模型设定中具有什么作用？

8. 以我国城镇居民总消费为被解释变量，建立我国城镇居民消费函数模型，试完成总体回归模型的设定。

9. 原生的随机干扰项和衍生的随机误差项之间的区别和联系是什么？模型函数关系误设的主要后果是什么？

10. 在例 7.2.1 中，如果将资本投入 ZB 分为固定资本 ZB_1 和流动资本 ZB_2，将劳动投入 LD 分为一般劳动力 LD_1 和专业技术人员 LD_2，其他变量不变。试设定我国总量生产函数的总体回归模型。

11. 分析例 7.4.1 中的问题，试设定一个正确的模型。

12. 说明变量的内生性和随机性之间的区别和联系。

13. 结合模型(7.4.8)，理解：相对于不同的结构参数，变量的内生性和外生性具有相对性。

即测即评

附录　统计分布表

一、标准正态分布表

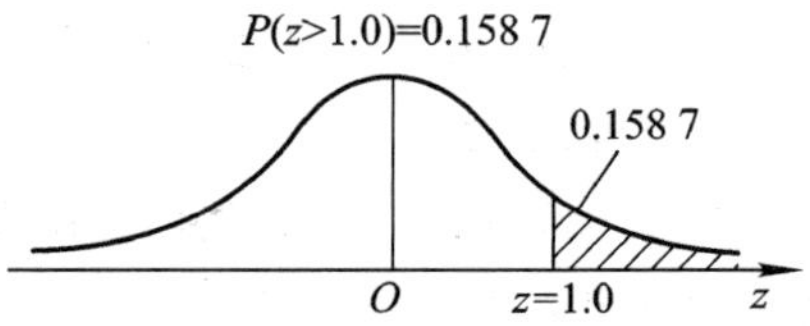

z	0.00	0.01	0.02	0.03	0.04	0.05	0.06	0.07	0.08	0.09
0.0	0.500 0	0.496 0	0.492 0	0.488 0	0.484 0	0.480 1	0.476 1	0.472 1	0.468 1	0.464 1
0.1	0.460 2	0.456 2	0.452 2	0.448 3	0.444 3	0.440 4	0.436 4	0.432 5	0.428 6	0.424 7
0.2	0.420 7	0.416 8	0.412 9	0.409 0	0.405 2	0.401 3	0.397 4	0.393 6	0.389 7	0.385 9
0.3	0.382 1	0.378 3	0.374 5	0.370 7	0.366 9	0.363 2	0.359 4	0.355 7	0.352 0	0.348 3
0.4	0.344 6	0.340 9	0.337 2	0.333 6	0.330 0	0.326 4	0.322 8	0.319 2	0.315 6	0.312 1
0.5	0.308 5	0.305 0	0.301 5	0.298 1	0.294 6	0.291 2	0.287 7	0.284 3	0.281 0	0.277 6
0.6	0.274 3	0.270 9	0.267 6	0.264 3	0.261 1	0.257 8	0.254 6	0.251 4	0.248 3	0.245 1
0.7	0.242 0	0.200 9	0.235 8	0.232 7	0.229 6	0.226 6	0.223 6	0.220 6	0.217 7	0.214 8
0.8	0.211 9	0.209 0	0.206 1	0.203 3	0.200 5	0.197 7	0.194 9	0.192 2	0.189 4	0.186 7
0.9	0.181 4	0.181 4	0.178 8	0.176 2	0.173 6	0.171 1	0.168 5	0.166 0	0.163 5	0.161 1
1.0	0.158 7	0.156 2	0.153 9	0.151 5	0.149 2	0.146 9	0.144 6	0.142 3	0.140 1	0.137 9
1.1	0.135 7	0.133 5	0.131 4	0.129 2	0.127 1	0.125 1	0.123 0	0.121 0	0.119 0	0.117 0
1.2	0.115 1	0.113 1	0.111 2	0.109 3	0.107 5	0.105 6	0.103 8	0.102 0	0.100 3	0.098 5
1.3	0.096 8	0.095 1	0.093 4	0.091 8	0.090 1	0.088 5	0.086 9	0.085 3	0.083 8	0.082 3
1.4	0.080 8	0.079 3	0.077 8	0.076 4	0.074 9	0.073 5	0.072 1	0.070 8	0.069 4	0.068 1
1.5	0.066 8	0.065 5	0.064 3	0.063 0	0.061 8	0.060 6	0.059 4	0.058 2	0.057 1	0.055 9
1.6	0.054 8	0.053 7	0.052 6	0.051 6	0.050 5	0.049 5	0.048 5	0.047 5	0.046 5	0.045 5
1.7	0.046 6	0.043 6	0.042 7	0.041 8	0.040 9	0.040 1	0.039 2	0.038 4	0.037 5	0.036 7
1.8	0.035 9	0.035 1	0.034 4	0.036 6	0.032 9	0.032 2	0.031 4	0.030 7	0.030 1	0.029 4
1.9	0.028 7	0.028 1	0.027 4	0.026 8	0.026 2	0.025 6	0.025 0	0.024 4	0.023 9	0.023 3
2.0	0.022 8	0.022 2	0.021 7	0.021 2	0.020 7	0.020 2	0.019 7	0.019 2	0.018 8	0.018 3
2.1	0.017 9	0.017 4	0.017 0	0.016 6	0.016 2	0.015 8	0.015 4	0.015 0	0.014 6	0.014 3
2.2	0.013 9	0.013 6	0.013 2	0.012 9	0.012 5	0.012 2	0.011 9	0.011 6	0.011 3	0.011 0
2.3	0.010 7	0.010 4	0.010 2	0.009 9	0.009 6	0.009 4	0.009 1	0.008 9	0.008 7	0.008 4
2.4	0.008 2	0.008 0	0.007 8	0.007 5	0.007 3	0.007 1	0.006 9	0.006 8	0.006 6	0.006 4
2.5	0.006 2	0.006 0	0.005 9	0.005 7	0.005 5	0.005 4	0.005 2	0.005 1	0.004 9	0.004 8
2.6	0.004 7	0.004 5	0.004 4	0.004 3	0.004 1	0.004 0	0.003 9	0.003 8	0.003 7	0.003 6
2.7	0.003 5	0.003 4	0.003 3	0.003 2	0.003 1	0.003 0	0.002 9	0.002 8	0.002 7	0.002 6
2.8	0.002 6	0.002 5	0.002 4	0.002 3	0.002 3	0.002 2	0.002 1	0.002 1	0.002 0	0.001 9
2.9	0.001 9	0.001 8	0.001 8	0.001 7	0.001 6	0.001 6	0.001 5	0.001 5	0.001 4	0.001 4
3.0	0.001 3	0.001 3	0.001 3	0.001 2	0.001 2	0.001 1	0.001 1	0.001 1	0.001 0	0.001 0

二、χ^2分布表

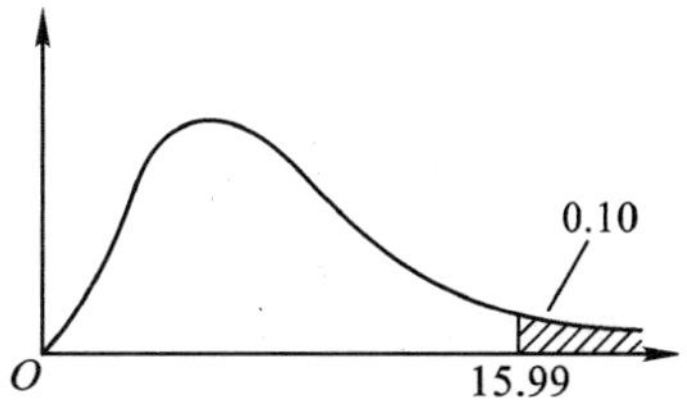

例：对于自由度 $\nu=10, P(\chi^2>15.99)=0.10$

ν \ α	0.99	0.975	0.95	0.90	0.75	0.50	0.25	0.10	0.05	0.025	0.01	0.005
1	0.0^3157	0.0^3982	0.0^2393	0.015 8	0.102	0.455	1.323	2.71	3.84	5.02	6.63	7.88
2	0.020 1	0.050 6	0.103	0.211	0.575	1.386	2.77	4.61	5.99	7.38	9.21	10.60
3	0.115	0.216	0.352	0.584	1.213	2.37	4.11	6.25	7.81	9.35	11.34	12.84
4	0.297	0.484	0.711	1.064	1.923	3.36	5.39	7.78	9.49	11.14	13.28	14.86
5	0.554	0.831	1.145	1.610	2.67	4.35	6.63	9.24	11.07	12.83	15.09	16.75
6	0.872	1.237	1.635	2.20	3.45	5.35	7.84	10.64	12.59	14.45	16.81	18.55
7	1.239	1.690	2.17	2.83	4.25	6.35	9.04	12.02	14.07	16.01	18.48	20.3
8	1.646	2.18	2.73	3.49	5.07	7.34	10.22	13.36	15.51	17.53	20.1	22.0
9	2.09	2.70	3.33	4.17	5.90	8.34	11.39	14.68	16.92	19.02	21.7	23.6
10	2.56	3.25	3.94	4.87	6.74	9.34	12.55	15.99	18.31	20.5	23.2	25.2
11	3.05	3.82	4.57	5.58	7.58	10.34	13.70	17.28	19.68	21.9	24.7	26.8
12	3.57	4.40	5.23	6.30	8.44	11.34	11.85	18.55	21.0	23.3	26.2	28.3
13	4.11	5.01	5.89	7.04	9.30	12.34	15.98	10.81	22.4	24.7	27.7	29.8
14	4.66	5.63	6.57	7.79	10.17	13.34	17.12	21.1	23.7	26.1	29.1	31.3
15	5.23	6.26	7.26	8.55	11.04	14.34	18.25	22.3	25.0	27.5	30.6	32.8
16	5.81	6.91	7.96	9.31	11.91	15.34	19.37	23.5	26.3	28.8	32.0	34.3
17	6.41	7.56	8.67	10.09	12.79	16.34	20.5	24.8	27.6	30.2	33.4	35.7
18	7.01	8.23	9.39	10.86	13.68	17.34	21.6	26.0	28.9	31.5	34.8	37.2
19	7.63	8.91	10.12	11.65	14.56	18.34	22.7	27.2	30.1	32.9	36.2	38.6
20	8.26	9.59	10.85	12.44	15.455	19.34	23.8	28.4	31.4	34.2	37.6	40.0
21	8.90	10.28	11.59	13.24	16.34	20.3	24.9	29.6	32.7	35.5	38.9	41.4
22	9.54	10.98	12.34	14.04	17.24	21.3	26.0	30.8	33.9	36.8	40.3	42.8
23	10.20	11.69	13.09	14.85	18.14	22.3	27.1	32.0	35.2	38.1	41.6	44.2
24	10.86	12.40	13.85	15.66	19.04	23.3	28.2	33.2	36.4	39.4	43.0	45.6
25	11.52	13.12	14.61	16.47	19.94	24.3	29.3	34.4	37.7	40.6	44.3	46.9
26	12.20	13.84	15.38	17.29	20.8	25.3	30.4	35.6	38.9	41.9	45.6	48.3
27	12.88	14.57	16.15	18.11	21.7	26.3	31.5	36.7	40.1	43.2	47.0	49.6
28	13.56	15.31	16.93	18.94	22.7	27.3	32.6	37.9	41.3	44.5	48.3	51.0
29	14.26	16.05	17.71	19.77	23.6	28.3	33.7	39.1	42.6	45.7	49.6	52.3
30	14.95	16.79	18.49	20.6	24.5	29.3	34.8	40.3	43.8	47.0	50.9	53.7

三、t 分布表

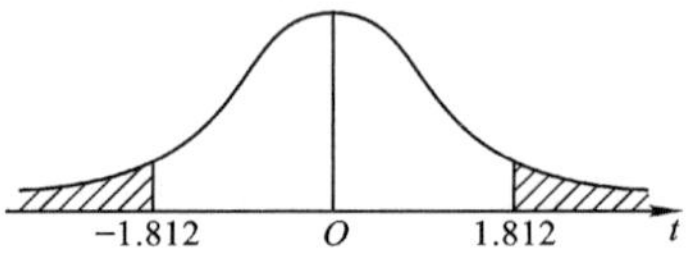

例：自由度 $\nu=10$，$P(t>1.812)=0.05$，$P(t<-1.812)=0.05$

ν \ α	0.25	0.20	0.15	0.10	0.05	0.025	0.01	0.005	0.000 5
1	1.000	1.376	1.963	3.078	6.314	12.706	31.821	63.657	636.619
2	0.816	1.061	1.386	1.886	2.920	4.303	6.965	9.925	31.598
3	0.765	0.978	1.250	1.638	2.353	3.182	4.541	5.841	12.941
4	0.741	0.941	1.190	1.533	2.132	2.776	3.747	4.604	8.610
5	0.727	0.920	1.156	1.476	2.015	2.571	3.365	4.032	6.859
6	0.718	0.906	1.134	1.440	1.943	2.447	3.143	3.707	5.959
7	0.711	0.896	1.119	1.415	1.895	2.365	2.998	3.499	5.405
8	0.706	0.889	1.108	1.397	1.860	2.306	2.896	3.355	5.041
9	0.703	0.883	1.100	1.383	1.833	2.262	2.821	3.250	4.781
10	0.700	0.879	1.093	1.372	1.812	2.228	2.764	3.169	4.587
11	0.697	0.876	1.088	1.363	1.796	2.201	2.718	3.106	4.437
12	0.695	0.873	1.083	1.356	1.782	2.179	2.681	3.055	4.318
13	0.694	0.870	1.079	1.350	1.771	2.160	2.650	3.012	4.221
14	0.692	0.868	1.076	1.345	1.761	2.145	2.624	2.977	4.140
15	0.691	0.866	1.074	1.341	1.753	2.131	2.602	2.947	4.073
16	0.690	0.865	1.071	1.337	1.746	2.120	2.583	2.921	4.015
17	0.689	0.863	1.069	1.333	1.740	2.110	2.567	2.898	3.965
18	0.688	0.862	1.067	1.330	1.734	2.101	2.552	2.878	3.922
19	0.688	0.861	1.066	1.328	1.729	2.093	2.539	2.861	3.883
20	0.687	0.860	1.064	1.325	1.725	2.086	2.528	2.845	3.850
21	0.686	0.859	1.063	1.323	1.721	2.080	2.518	2.831	3.819
22	0.686	0.858	1.061	1.321	1.717	2.074	2.508	2.819	3.792
23	0.685	0.858	1.060	1.319	1.714	2.069	2.500	2.807	3.767
24	0.685	0.857	1.059	1.318	1.711	2.064	2.492	2.397	3.745
25	0.684	0.856	1.058	1.316	1.708	2.060	2.485	2.787	3.725
26	0.684	0.856	1.058	1.315	1.706	2.056	2.479	2.779	3.707
27	0.684	0.855	1.057	1.314	1.703	2.052	2.473	2.771	3.690
28	0.683	0.855	1.056	1.313	1.701	2.048	2.467	2.763	3.674
29	0.683	0.854	1.055	1.311	1.699	2.045	2.462	2.756	3.659
30	0.683	0.854	1.055	1.310	1.697	2.042	2.457	2.750	3.646
40	0.681	0.851	1.050	1.303	1.684	2.021	2.423	2.704	3.551
60	0.679	0.848	1.046	1.296	1.671	2.000	2.390	2.660	3.460
120	0.677	0.845	1.041	1.289	1.658	1.980	2.358	2.617	3.373
∞	0.674	0.842	1.036	1.282	1.645	1.960	2.326	2.576	3.291

四、F 分布表

例：自由度 $\nu_1=5$，$\nu_2=10$，$P(F>3.33)=0.05$，$P(F>5.64)=0.01$。

注：表中的数字是 1% 的显著性水平，上面的为 5% 的显著性水平。

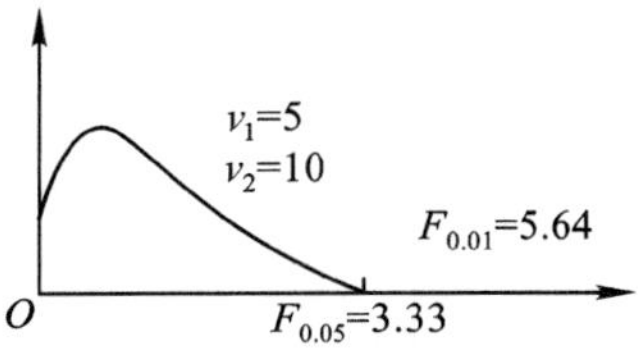

分母自由度 ν_2 \ ν_1	分子自由度											
	1	2	3	4	5	6	7	8	9	10	11	12
1	161	200	216	225	230	234	237	239	241	242	243	244
	4 052	4 999	5 403	5 625	5 764	5 859	5 928	5 982	6 022	6 056	6 082	6 106
2	18.51	19.00	19.16	19.25	19.30	19.33	19.36	19.37	19.38	19.39	19.40	19.41
	98.49	99.00	99.17	99.25	99.30	99.33	99.34	99.36	99.38	99.40	99.41	99.42
3	10.13	9.55	9.28	9.12	9.01	8.94	8.88	8.84	8.81	8.78	8.76	8.74
	34.12	30.82	29.46	28.71	28.24	27.91	27.67	27.49	27.34	27.23	27.13	27.05
4	7.71	6.94	6.59	6.39	6.26	6.16	6.09	6.04	6.00	5.96	5.93	5.91
	21.20	18.00	16.69	15.98	15.52	15.21	14.98	14.80	14.66	14.54	14.45	14.37
5	6.61	5.79	5.41	5.19	5.05	4.95	4.88	4.82	4.78	4.74	4.70	4.68
	16.26	13.27	12.06	11.39	10.97	10.67	10.45	10.27	20.15	10.05	9.96	9.89
6	5.99	5.14	4.76	4.53	4.39	4.28	4.21	4.15	4.10	4.06	4.13	4.00
	13.74	10.92	9.78	9.15	8.75	8.47	8.25	8.10	7.98	7.87	7.79	7.72
7	5.59	4.74	4.35	4.12	3.97	3.87	3.79	3.73	3.68	3.63	3.60	3.57
	12.25	9.55	8.45	7.85	7.46	7.19	7.00	6.84	6.71	6.62	6.54	6.47
8	5.32	4.46	4.07	3.84	3.69	3.58	3.50	3.44	3.39	3.34	3.31	3.28
	11.26	8.65	7.59	7.01	6.63	6.37	6.19	6.03	5.91	5.82	5.74	5.67
9	5.12	4.26	3.86	3.63	3.48	3.37	3.29	3.23	3.18	3.13	3.10	3.07
	10.56	8.02	6.99	6.42	6.06	5.80	5.62	5.47	5.35	5.26	5.18	5.11
10	4.96	4.10	3.71	3.48	3.33	3.22	3.14	3.07	3.02	2.97	2.94	2.91
	10.04	7.56	6.55	5.99	5.64	5.39	5.21	5.06	4.95	4.85	4.73	4.71
11	4.84	3.98	3.59	3.36	3.20	3.09	3.01	2.95	2.90	2.86	2.82	2.79
	9.65	7.20	6.22	5.67	5.32	5.07	4.88	4.74	4.63	4.54	4.46	4.40
12	4.75	3.88	3.49	3.26	3.11	3.00	2.92	2.85	2.80	2.76	2.72	2.69
	9.33	6.93	5.95	5.41	5.06	4.82	4.65	4.50	4.39	4.30	4.22	4.16
13	4.67	3.80	3.41	3.18	3.02	2.92	2.84	2.77	2.72	2.67	2.63	2.60
	9.07	6.70	5.74	5.20	4.86	4.62	4.44	4.30	4.19	4.10	4.02	3.96
14	4.60	3.74	3.34	3.11	2.96	2.85	2.77	2.70	2.65	2.60	2.56	2.53
	8.86	6.51	5.56	5.03	4.69	4.46	4.28	4.14	4.03	3.94	3.86	3.80
15	4.54	3.68	3.29	3.06	2.90	2.79	2.70	2.64	2.59	2.55	2.51	2.48
	8.68	6.36	5.42	4.89	4.56	4.32	4.14	4.00	3.89	3.80	3.73	3.67

续表

ν_2 \ ν_1	分子自由度											
分母自由度	1	2	3	4	5	6	7	8	9	10	11	12
16	4.49	3.63	3.24	3.01	2.85	2.74	2.66	2.59	2.54	2.49	2.45	2.42
	8.53	6.23	5.29	4.77	4.44	4.20	4.03	3.89	3.78	3.69	3.61	3.55
17	4.45	3.59	3.20	2.96	2.81	2.70	2.62	2.55	2.50	2.45	2.41	2.38
	8.40	6.11	5.18	4.67	4.34	4.10	3.93	3.79	3.68	3.59	3.52	3.45
18	4.41	3.55	3.16	2.93	2.77	2.66	2.58	2.51	2.46	2.41	2.37	2.34
	8.28	6.01	5.09	4.58	4.25	4.01	3.85	3.71	3.60	3.51	3.44	3.37
19	4.38	3.52	3.13	2.90	2.74	2.63	2.55	2.48	2.43	2.38	2.34	2.31
	8.18	5.93	5.01	4.50	4.17	3.94	3.77	3.63	3.52	3.43	3.36	3.30
20	4.35	3.49	3.10	2.87	2.71	2.60	2.52	2.45	2.40	2.35	2.31	2.28
	8.10	5.85	4.94	4.43	4.10	3.87	3.71	3.56	3.45	3.37	3.30	3.23
21	4.32	3.47	3.07	2.84	2.68	2.57	2.49	2.42	2.37	2.32	2.28	2.25
	8.02	5.78	4.87	4.37	4.04	3.81	3.65	3.51	3.40	3.31	3.24	3.17
22	4.30	3.44	3.05	2.82	2.66	2.55	2.47	2.40	2.35	2.30	2.26	2.23
	7.94	5.72	4.82	4.31	3.99	3.76	3.59	3.45	3.35	3.26	3.18	3.12
23	4.28	3.42	3.03	2.80	2.64	2.53	2.45	2.38	2.32	2.28	2.24	2.20
	7.88	5.66	4.76	4.26	3.94	3.71	3.54	3.41	3.30	3.21	3.14	3.07
24	4.26	3.40	3.01	2.78	2.62	2.51	2.43	2.36	2.30	2.26	2.22	2.18
	7.82	55.61	4.72	4.22	3.90	3.67	3.50	3.36	3.25	3.17	3.09	3.03
25	4.24	3.38	2.99	2.76	2.60	2.49	2.41	2.34	2.28	2.24	2.20	2.16
	7.77	5.57	4.68	4.18	3.86	3.63	3.46	3.32	3.21	3.13	3.05	2.99
26	4.22	3.37	2.98	2.74	2.59	2.47	2.39	2.32	2.27	2.22	2.18	2.15
	7.72	5.53	4.64	4.14	3.82	3.59	3.42	3.29	3.17	3.09	3.02	2.96
27	4.21	3.35	2.96	2.73	2.57	2.46	2.37	2.30	2.25	2.20	2.16	2.13
	7.68	5.49	4.60	4.11	3.79	3.56	3.39	3.26	3.14	3.06	2.98	2.93
28	4.20	3.34	2.95	2.71	2.56	2.44	2.36	2.29	2.24	2.19	2.15	2.12
	7.64	5.45	4.57	4.07	3.76	3.53	3.36	3.23	3.11	3.03	2.95	2.90
29	4.18	3.33	3.93	2.70	2.54	2.43	2.35	2.28	2.22	2.18	2.14	2.10
	7.60	5.42	4.54	4.04	3.73	3.50	3.33	3.20	3.08	3.00	2.92	2.87
30	4.17	3.32	2.92	2.69	2.53	2.42	2.34	2.27	2.21	2.16	2.12	2.09
	7.56	5.39	4.51	4.02	3.70	3.47	3.30	3.17	3.06	2.98	2.90	2.84
32	4.15	3.30	2.90	2.67	2.51	2.40	2.32	2.25	2.19	2.14	2.10	2.07
	7.50	5.34	4.46	3.97	3.66	3.42	3.25	3.12	3.01	2.94	2.86	2.80
34	4.13	3.28	2.88	2.65	2.49	2.38	2.30	2.23	2.17	2.12	2.08	2.50
	7.44	5.29	4.42	3.93	6.61	3.38	3.21	3.08	2.97	2.89	2.82	2.76
36	4.11	3.26	2.86	2.63	2.48	2.36	2.28	2.21	2.15	2.10	2.06	2.03
	7.39	5.25	4.38	3.89	3.58	3.35	3.18	3.04	2.94	2.86	2.78	2.72
38	4.10	3.25	2.85	2.62	2.46	2.35	2.26	2.19	2.14	2.09	2.05	2.02
	7.35	5.21	4.34	3.86	3.54	3.32	3.15	3.02	2.91	2.82	2.75	2.69

续表

	ν_1	分子自由度											
	ν_2	1	2	3	4	5	6	7	8	9	10	11	12
分母自由度	40	4.08	3.23	2.84	2.61	2.45	2.34	2.25	2.18	2.12	2.07	2.04	2.00
		7.31	5.18	4.31	3.83	3.51	3.29	3.12	2.99	2.88	2.80	2.73	2.66
	42	4.07	3.22	2.83	2.59	2.44	2.32	2.24	2.17	2.11	2.06	2.02	1.99
		7.27	5.15	4.29	3.80	3.49	3.26	3.10	2.96	2.86	2.77	2.70	2.64
	44	4.06	3.21	2.82	2.58	2.43	2.31	2.23	2.16	2.10	2.05	2.01	1.98
		7.24	5.12	4.26	3.78	3.46	3.24	3.07	2.94	2.84	2.75	2.68	2.62
	46	4.05	3.20	2.81	2.57	2.42	2.30	2.22	2.14	2.09	2.04	2.00	1.97
		7.21	5.10	4.24	3.76	3.44	3.22	3.05	2.92	2.82	2.73	2.66	2.60
	48	4.04	3.19	2.80	2.56	2.41	2.30	2.21	2.14	2.08	2.03	1.99	1.96
		7.19	5.08	4.22	3.74	3.42	3.20	3.04	2.90	2.80	2.71	2.64	2.58
	50	4.03	3.18	2.79	2.56	2.40	2.29	2.20	2.13	2.07	2.02	1.98	1.95
		7.17	5.06	4.20	3.72	3.41	3.18	3.02	2.88	2.78	2.70	2.62	2.56
	55	4.02	3.17	2.78	2.54	2.38	2.27	2.18	2.11	2.05	2.00	1.97	1.93
		7.12	5.01	4.16	3.68	3.37	3.15	2.98	2.85	2.75	2.66	2.59	2.53
	60	4.00	3.15	2.76	2.52	2.37	2.25	2.17	2.10	2.04	1.99	1.95	1.92
		7.08	4.98	4.13	3.65	3.34	3.12	2.95	2.82	2.72	2.63	2.56	2.50
	65	3.99	3.14	2.75	2.51	2.36	2.24	2.15	2.08	2.02	1.98	1.94	1.90
		7.04	4.95	4.10	3.62	3.31	3.09	2.93	2.79	2.70	2.61	2.54	2.47
	70	3.98	3.13	2.74	2.50	2.35	2.23	2.14	2.07	2.01	1.97	1.93	1.89
		7.01	4.92	4.08	3.60	3.29	3.07	2.91	2.77	2.67	2.59	2.51	2.45
	80	3.96	3.11	2.72	2.48	2.33	2.21	2.12	2.05	1.99	1.95	1.91	1.88
		6.96	4.88	4.04	3.56	3.25	3.04	2.87	2.74	2.64	2.55	2.48	2.41
	100	3.94	3.09	2.70	2.46	2.30	2.19	2.10	2.03	1.97	1.92	1.88	1.85
		6.90	4.82	3.98	3.51	3.20	2.99	2.82	2.69	2.59	2.51	2.43	2.36
	125	3.92	3.07	2.68	2.44	2.29	2.17	2.08	2.01	1.95	1.90	1.86	1.83
		6.84	4.78	3.94	3.47	3.17	2.95	2.79	2.65	2.56	2.47	2.40	2.33
	150	3.91	3.06	2.67	2.43	2.27	2.16	2.07	2.00	1.94	1.89	1.85	1.82
		6.81	4.75	3.91	3.44	3.14	2.92	2.76	2.62	2.53	2.44	2.37	2.30
	200	3.89	3.04	2.65	2.41	2.26	2.14	2.05	1.98	1.92	1.87	1.83	1.80
		2.39	4.71	3.88	3.41	3.11	2.90	2.73	2.60	2.50	2.41	2.34	2.28
	400	3.86	3.02	2.62	2.39	2.23	2.12	2.03	1.96	1.90	1.85	1.81	1.78
		6.70	4.66	3.83	3.36	3.06	2.85	2.69	2.55	2.46	2.37	2.29	2.23
	1 000	3.85	3.00	1.61	2.38	2.22	2.10	2.02	1.95	1.89	1.84	1.80	1.76
		6.66	4.62	3.80	3.34	3.04	2.82	2.66	2.53	2.43	2.34	2.26	2.20
	∞	3.84	2.99	2.60	2.37	2.21	2.09	2.01	1.94	1.88	1.83	1.79	1.75
		6.64	4.60	3.78	3.32	3.02	2.80	2.64	2.51	2.41	2.32	2.24	2.18

续表

ν_2（分母自由度） \ ν_1（分子自由度）	14	16	20	24	30	40	50	75	100	200	500	∞
1	245	246	284	249	250	251	252	253	253	254	254	254
	6 142	6 169	6 208	6 234	6 258	6 286	6 302	6 323	6 334	6 352	6 361	6 366
2	19.42	19.43	19.44	19.45	19.46	19.47	19.47	19.48	19.49	19.49	19.50	19.50
	99.43	99.44	99.45	99.46	99.47	99.48	99.48	99.49	99.49	99.49	99.50	99.50
3	8.71	8.69	8.66	8.64	8.62	8.60	8.58	8.57	8.56	8.54	8.53	8.53
	26.92	26.83	26.69	26.60	26.50	26.41	26.35	26.27	26.23	26.18	26.14	26.12
4	5.87	5.84	5.80	5.77	5.74	5.71	5.70	5.68	5.66	5.65	5.64	5.63
	14.24	14.15	14.02	13.93	13.83	13.74	13.69	13.61	13.57	13.52	13.48	13.46
5	4.64	4.60	4.56	4.53	4.50	4.46	4.44	4.42	4.40	4.38	4.37	4.36
	9.77	9.68	9.55	9.47	9.38	9.29	9.24	9.17	9.13	9.07	9.04	9.02
6	3.96	3.92	3.87	3.84	3.81	3.77	3.75	3.72	3.71	3.69	3.68	3.67
	7.60	7.52	7.33	7.31	7.23	7.14	7.09	7.02	6.99	6.94	6.90	6.88
7	3.52	3.49	3.44	3.41	3.38	3.34	3.32	3.29	3.28	3.25	3.24	3.23
	6.35	6.27	6.15	6.07	5.98	5.90	5.85	5.78	5.75	5.70	5.67	5.65
8	3.23	3.20	3.15	3.12	3.08	3.05	3.03	3.00	2.98	2.96	2.94	2.93
	5.56	5.48	5.36	5.28	5.20	5.11	5.06	5.00	4.96	4.91	4.88	4.86
9	3.02	2.98	2.93	2.90	2.86	2.82	2.80	2.77	2.76	2.73	2.72	2.71
	5.00	4.92	4.80	4.73	4.64	4.56	4.51	4.45	4.41	4.36	4.33	4.31
10	2.86	2.82	2.77	2.74	2.70	2.67	2.64	2.61	2.59	2.56	2.55	2.54
	4.60	4.52	4.41	4.33	4.25	4.17	4.12	4.05	4.01	3.96	3.93	3.91
11	2.74	2.70	2.65	2.61	2.57	2.53	2.50	2.47	2.45	2.42	2.41	2.40
	4.29	4.21	4.10	4.02	3.94	3.86	3.80	3.74	3.70	3.66	3.62	3.60
12	2.64	2.60	2.54	2.50	2.46	2.42	2.40	2.36	2.35	2.32	2.31	2.30
	4.05	3.98	3.86	3.78	3.70	3.61	3.56	3.49	3.46	3.41	3.38	3.36
13	2.55	2.51	2.46	2.42	2.38	2.34	2.32	2.28	2.26	1.24	2.22	2.21
	3.85	3.78	3.67	3.59	3.15	3.42	3.37	3.30	3.27	3.21	3.18	3.16
14	2.48	2.44	2.39	2.35	2.31	2.27	2.24	2.21	2.19	2.16	2.14	2.13
	3.70	3.62	3.51	3.43	3.34	3.26	3.21	3.14	3.11	3.06	3.02	3.00
15	2.43	2.39	2.33	2.29	2.25	2.21	2.18	2.15	2.12	2.10	2.08	2.07
	3.56	3.48	3.36	3.29	3.20	3.12	3.07	3.00	2.97	2.92	2.89	2.87
16	2.37	2.33	2.28	2.24	2.20	2.16	2.13	2.09	2.07	2.04	2.02	2.01
	3.45	3.37	3.25	3.18	3.10	3.01	2.96	2.89	2.86	2.80	2.77	2.75
17	2.33	2.29	2.23	2.19	2.15	2.11	2.08	2.04	2.02	1.99	1.97	1.96
	3.35	3.27	3.16	3.08	3.00	2.92	2.86	2.79	2.76	2.70	2.67	2.65

续表

分母自由度 ν_2 \ 分子自由度 ν_1	14	16	20	24	30	40	50	75	100	200	500	∞
18	2.29	2.25	2.19	2.15	2.11	2.07	2.04	2.00	1.98	1.95	1.93	1.92
	3.27	3.19	3.07	3.00	2.91	2.83	2.78	2.71	2.68	2.62	2.59	2.57
19	2.26	2.21	2.15	2.11	2.07	2.02	2.00	1.96	1.94	1.91	1.90	1.88
	3.19	3.12	3.00	2.92	2.84	2.76	2.70	2.63	2.60	2.54	2.51	2.49
20	2.23	2.18	2.12	2.08	2.04	1.99	1.96	1.92	1.90	1.87	1.85	1.84
	3.13	3.05	2.94	2.86	2.77	2.69	2.63	2.56	2.53	2.47	2.44	2.42
21	2.20	2.15	2.09	2.05	2.00	1.96	1.93	1.89	1.87	1.84	1.82	1.81
	3.07	2.99	2.88	2.80	2.72	2.63	2.58	2.51	2.47	2.42	2.38	2.36
22	2.18	2.13	2.07	2.03	1.98	1.93	1.91	1.87	1.84	1.81	1.80	1.78
	3.02	2.94	2.83	2.75	2.67	2.58	2.53	2.46	2.42	2.37	2.33	2.31
23	2.14	2.10	2.04	2.00	1.96	1.91	1.88	1.84	1.82	1.79	1.77	1.76
	2.97	2.89	2.78	2.79	2.62	2.53	2.48	2.41	2.37	2.32	2.28	2.26
24	2.13	2.09	2.02	1.98	1.94	1.89	1.86	1.82	1.80	1.76	1.74	1.73
	2.93	2.85	2.74	2.66	2.58	2.49	2.44	2.36	2.33	2.27	2.23	2.21
25	2.11	2.06	2.00	1.96	1.92	1.87	1.84	1.80	1.77	1.74	1.72	1.71
	2.89	2.81	2.70	2.62	2.54	2.45	2.40	2.32	2.29	2.23	2.19	2.17
26	2.10	2.05	1.99	1.95	1.90	1.85	1.82	1.78	1.76	1.72	1.70	1.69
	2.86	2.77	2.66	2.58	2.50	2.41	2.36	2.28	2.25	2.19	2.15	2.13
27	2.08	2.03	1.97	1.93	1.88	1.84	1.80	1.76	1.74	1.71	1.68	1.67
	2.83	2.74	2.63	2.55	2.47	2.38	2.33	2.25	2.21	2.16	2.12	2.10
28	2.06	2.02	1.96	1.91	1.87	1.81	1.78	1.75	1.72	1.69	1.67	1.65
	2.80	2.71	2.60	2.52	2.44	2.35	2.30	2.22	2.18	2.13	2.09	2.06
29	2.05	2.00	1.94	1.90	1.85	1.80	1.77	1.73	1.71	1.68	1.65	1.64
	2.77	2.68	2.57	2.49	2.41	2.32	2.27	2.19	2.15	2.10	2.06	2.03
30	2.04	1.99	1.93	1.89	1.84	1.79	1.76	1.72	1.69	1.66	1.64	1.62
	2.74	2.66	2.55	2.47	2.38	2.29	2.24	2.16	2.13	2.07	2.03	2.01
32	2.02	1.97	1.91	1.86	1.82	1.76	1.74	1.69	1.67	1.64	1.61	1.59
	2.70	2.62	2.51	2.42	2.34	2.25	2.20	2.12	2.08	2.02	1.98	1.96
34	2.00	1.95	1.89	1.84	1.80	1.74	1.71	1.67	1.64	1.61	1.59	1.57
	2.66	2.58	2.47	2.38	2.30	2.21	2.15	2.08	2.04	1.98	1.94	1.91
36	1.98	1.93	1.87	1.82	1.78	1.72	1.69	1.65	1.62	1.59	1.56	1.55
	2.62	3.54	2.43	2.35	2.26	2.17	2.12	2.04	2.00	1.94	1.90	1.87
38	1.96	1.92	1.85	1.80	1.76	1.71	1.67	1.63	1.60	1.57	1.54	1.53
	2.59	2.51	2.40	2.32	2.22	2.14	2.08	2.00	1.97	1.90	1.86	1.84

续表

ν_2 \ ν_1	分子自由度											
	14	16	20	24	30	40	50	75	100	200	500	∞
分母自由度 40	1.95	1.90	1.84	1.79	1.74	1.69	1.66	1.61	1.59	1.55	1.53	1.51
	2.56	2.49	2.37	2.29	2.20	2.11	2.05	1.97	1.94	1.88	1.84	1.81
42	1.94	1.89	1.82	1.78	1.73	1.68	1.64	1.60	1.57	1.54	1.51	1.49
	2.54	2.46	2.35	2.26	2.17	2.08	2.02	1.94	1.91	1.85	1.80	1.78
44	1.92	1.88	1.81	1.76	1.72	1.66	1.63	1.58	1.56	1.52	1.50	1.48
	2.52	2.44	2.32	2.24	2.15	2.06	2.00	1.92	1.88	1.82	1.78	1.75
46	1.91	1.87	1.80	1.75	1.71	1.65	1.62	1.57	1.54	1.51	1.48	1.46
	2.50	2.42	2.30	2.22	2.13	2.04	1.98	1.90	1.86	1.80	1.76	1.72
48	1.90	1.86	1.79	1.74	1.70	1.64	1.61	1.56	1.53	1.50	1.47	1.45
	2.48	2.40	2.28	2.20	2.11	2.02	1.96	1.88	1.84	1.78	1.73	1.70
50	1.90	1.85	1.78	1.74	1.69	1.63	1.60	1.55	1.52	1.48	1.46	1.44
	2.46	2.39	2.26	2.18	2.10	2.00	1.94	1.86	1.82	1.76	1.71	1.68
55	1.88	1.83	1.76	1.72	1.67	1.61	1.58	1.52	1.50	1.46	1.43	1.41
	2.43	2.35	2.23	2.15	2.06	1.96	1.90	1.82	1.78	1.71	1.66	1.64
60	1.86	1.81	1.75	1.70	1.65	1.59	1.56	1.50	1.48	1.44	1.41	1.39
	2.40	2.32	2.20	2.12	2.03	1.93	1.87	1.79	1.74	1.68	1.63	1.60
65	1.85	1.80	1.73	1.68	1.63	1.57	1.54	1.49	1.46	1.42	1.39	1.37
	2.37	2.30	2.18	2.09	2.00	1.90	1.84	1.76	1.71	1.64	1.60	1.56
70	1.84	1.79	1.72	1.67	1.62	1.56	1.53	1.47	1.45	1.40	1.37	1.35
	2.35	2.28	2.15	2.07	1.98	1.88	1.82	1.74	1.69	1.62	1.56	1.53
80	1.82	1.77	1.70	1.65	1.60	1.54	1.51	1.45	1.42	1.38	1.35	1.32
	2.32	2.24	2.11	2.03	1.94	1.84	1.78	1.70	1.65	1.57	1.52	1.49
100	1.79	1.75	1.68	1.63	1.57	1.51	1.48	1.42	1.39	1.34	1.30	1.28
	2.26	2.19	2.06	1.98	1.89	1.79	1.73	1.64	1.59	1.51	1.46	1.43
125	1.77	1.72	1.65	1.60	1.55	1.49	1.45	1.39	1.36	1.31	1.27	1.25
	2.23	2.15	2.03	1.94	1.85	1.75	1.68	1.59	1.54	1.46	1.40	1.37
150	1.76	1.71	1.64	1.59	1.54	1.47	1.44	1.37	1.34	1.29	1.25	1.22
	2.20	2.12	2.00	1.91	1.83	1.72	1.66	1.56	1.51	1.43	1.37	1.33
200	1.74	1.69	1.62	1.57	1.52	1.45	1.42	1.35	1.32	1.26	1.22	1.19
	2.17	2.09	1.97	1.88	1.79	1.69	1.62	1.53	1.48	1.39	1.33	1.28
400	1.72	1.67	1.60	1.54	1.49	1.42	1.38	1.32	1.28	1.22	1.16	1.13
	2.12	2.04	1.92	1.84	1.74	1.64	1.57	1.47	1.42	1.32	1.24	1.19
1 000	1.70	1.65	1.58	1.53	1.47	1.41	1.36	1.30	1.26	1.19	1.13	1.08
	2.09	2.01	1.89	1.81	1.71	1.61	1.54	1.44	1.38	1.28	1.19	1.11
∞	1.67	1.64	1.57	1.52	1.46	1.40	1.35	1.28	1.24	1.17	1.11	1.00
	2.07	1.99	1.87	1.79	1.69	1.59	1.52	1.41	1.36	1.25	1.15	1.00

五、D.W. 检验上下界表

5%的上下界

n	$k=2$		$k=3$		$k=4$		$k=5$		$k=6$	
	d_L	d_U	d_L	d_U	d_L	d_U	d_L	d_U	d_L	d_U
15	1. 08	1. 36	0. 95	1. 54	0. 82	1. 75	0. 69	1. 97	0. 56	2. 21
16	1. 10	1. 37	0. 98	1. 54	0. 86	1. 73	0. 74	1. 93	0. 62	2. 15
17	1. 13	1. 38	1. 02	1. 54	0. 90	1. 71	0. 78	1. 90	0. 67	2. 10
18	1. 16	1. 39	1. 05	1. 53	0. 93	1. 69	0. 82	1. 87	0. 71	2. 06
19	1. 18	1. 40	1. 08	1. 53	0. 97	1. 68	0. 86	1. 85	0. 75	2. 02
20	1. 20	1. 41	1. 10	1. 54	1. 00	1. 68	0. 90	1. 83	0. 79	1. 99
21	1. 22	1. 42	1. 13	1. 54	1. 03	1. 67	0. 93	1. 81	0. 83	1. 96
22	1. 24	1. 43	1. 15	1. 54	1. 05	1. 66	0. 96	1. 80	0. 86	1. 94
23	1. 26	1. 44	1. 17	1. 54	1. 08	1. 66	0. 99	1. 79	0. 90	1. 92
24	1. 27	1. 45	1. 19	1. 55	1. 10	1. 66	1. 01	1. 78	0. 93	1. 90
25	1. 29	1. 45	1. 21	1. 55	1. 12	1. 66	1. 04	1. 77	0. 95	1. 89
26	1. 30	1. 46	1. 22	1. 55	1. 14	1. 65	1. 06	1. 76	0. 98	1. 88
27	1. 32	1. 47	1. 24	1. 56	1. 16	1. 65	1. 08	1. 76	1. 01	1. 86
28	1. 33	1. 48	1. 26	1. 56	1. 18	1. 65	1. 10	1. 75	1. 03	1. 85
29	1. 34	1. 48	1. 27	1. 56	1. 20	1. 65	1. 12	1. 74	1. 05	1. 84
30	1. 35	1. 49	1. 28	1. 57	1. 21	1. 65	1. 14	1. 74	1. 07	1. 83
31	1. 36	1. 50	1. 30	1. 57	1. 23	1. 65	1. 16	1. 74	1. 09	1. 83
32	1. 37	1. 50	1. 31	1. 57	1. 24	1. 65	1. 18	1. 73	1. 11	1. 82
33	1. 38	1. 51	1. 32	1. 58	1. 26	1. 65	1. 19	1. 73	1. 13	1. 81
34	1. 39	1. 51	1. 33	1. 58	1. 27	1. 65	1. 21	1. 73	1. 15	1. 81
35	1. 40	1. 52	1. 34	1. 58	1. 28	1. 65	1. 22	1. 73	1. 16	1. 80
36	1. 41	1. 52	1. 35	1. 59	1. 29	1. 65	1. 24	1. 73	1. 18	1. 80
37	1. 42	1. 53	1. 36	1. 59	1. 31	1. 66	1. 25	1. 72	1. 19	1. 80
38	1. 43	1. 54	1. 37	1. 59	1. 32	1. 66	1. 26	1. 72	1. 21	1. 79
39	1. 43	1. 54	1. 38	1. 60	1. 33	1. 66	1. 27	1. 72	1. 22	1. 79
40	1. 44	1. 54	1. 39	1. 60	1. 34	1. 66	1. 29	1. 72	1. 23	1. 79
45	1. 48	1. 57	1. 43	1. 62	1. 38	1. 67	1. 34	1. 72	1. 29	1. 78
50	1. 50	1. 59	1. 46	1. 63	1. 42	1. 67	1. 38	1. 72	1. 34	1. 77
55	1. 53	1. 60	1. 49	1. 64	1. 45	1. 68	1. 41	1. 72	1. 38	1. 77
60	1. 55	1. 62	1. 51	1. 65	1. 48	1. 69	1. 44	1. 73	1. 41	1. 77
65	1. 57	1. 63	1. 54	1. 66	1. 50	1. 70	1. 47	1. 73	1. 44	1. 77
70	1. 58	1. 64	1. 55	1. 67	1. 52	1. 70	1. 49	1. 74	1. 46	1. 77
75	1. 60	1. 65	1. 57	1. 68	1. 54	1. 71	1. 51	1. 74	1. 49	1. 77
80	1. 61	1. 66	1. 59	1. 69	1. 56	1. 72	1. 53	1. 74	1. 51	1. 77
85	1. 62	1. 67	1. 60	1. 70	1. 57	1. 72	1. 55	1. 75	1. 52	1. 77
90	1. 63	1. 68	1. 61	1. 70	1. 59	1. 73	1. 57	1. 75	1. 54	1. 78
95	1. 64	1. 69	1. 62	1. 71	1. 60	1. 73	1. 58	1. 75	1. 56	1. 78
100	1. 65	1. 69	1. 63	1. 72	1. 61	1. 74	1. 59	1. 76	1. 57	1. 78

1%的上下界　续表

n	k=2		k=3		k=4		k=5		k=6	
	d_L	d_U	d_L	d_U	d_L	d_U	d_L	d_U	d_L	d_U
15	0.81	1.07	0.70	1.25	0.59	1.46	0.49	1.70	0.39	1.96
16	0.84	1.09	0.74	1.25	0.63	1.44	0.53	1.66	0.44	1.90
17	0.87	1.10	0.77	1.25	0.67	1.43	0.57	1.63	0.48	1.85
18	0.90	1.12	0.80	1.26	0.71	1.42	0.61	1.60	0.52	1.80
19	0.93	1.13	0.83	1.26	0.74	1.41	0.65	1.58	0.56	1.77
20	0.95	1.15	0.86	1.27	0.77	1.41	0.68	1.57	0.60	1.74
21	0.97	1.16	0.89	1.27	0.80	1.41	0.72	1.55	0.63	1.71
22	1.00	1.17	0.91	1.28	0.83	1.40	0.75	1.54	0.66	1.69
23	1.02	1.19	0.94	1.29	0.86	1.40	0.77	1.53	0.70	1.67
24	1.04	1.20	0.96	1.30	0.88	1.41	0.80	1.53	0.72	1.66
25	1.05	1.21	0.98	1.30	0.90	1.41	0.83	1.52	0.75	1.65
26	1.07	1.22	1.00	1.31	0.93	1.41	0.85	1.52	0.78	1.64
27	1.09	1.23	1.02	1.32	0.95	1.41	0.88	1.51	0.81	1.63
28	1.10	1.24	1.04	1.32	0.97	1.41	0.90	1.51	0.83	1.62
29	1.12	1.25	1.05	1.33	0.99	1.42	0.92	1.51	0.85	1.61
30	1.13	1.26	1.07	1.34	1.01	1.42	0.94	1.51	0.88	1.61
31	1.15	1.27	1.08	1.34	1.02	1.42	0.96	1.51	0.90	1.60
32	1.16	1.28	1.10	1.35	1.04	1.43	0.98	1.51	0.92	1.60
33	1.17	1.29	1.11	1.36	1.05	1.43	1.00	1.51	0.94	1.59
34	1.18	1.30	1.13	1.36	1.07	1.43	1.01	1.51	0.95	1.59
35	1.19	1.31	1.14	1.37	1.08	1.44	1.03	1.51	0.97	1.59
36	1.21	1.32	1.15	1.38	1.10	1.44	1.04	1.51	0.99	1.59
37	1.22	1.32	1.16	1.38	1.11	1.45	1.06	1.51	1.00	1.59
38	1.23	1.33	1.18	1.39	1.12	1.45	1.07	1.52	1.02	1.58
39	1.24	1.34	1.19	1.39	1.14	1.45	1.09	1.52	1.03	1.58
40	1.25	1.34	1.20	1.40	1.15	1.46	1.10	1.52	1.05	1.58
45	1.29	1.38	1.24	1.42	1.20	1.48	1.16	1.53	1.11	1.58
50	1.32	1.40	1.28	1.45	1.24	1.49	1.20	1.54	1.16	1.59
55	1.36	1.43	1.32	1.47	1.28	1.51	1.25	1.55	1.21	1.59
60	1.38	1.45	1.35	1.48	1.32	1.52	1.28	1.56	1.25	1.60
65	1.41	1.47	1.38	1.50	1.35	1.53	1.31	1.57	1.28	1.61
70	1.43	1.49	1.40	1.52	1.37	1.55	1.34	1.58	1.31	1.61
75	1.45	1.50	1.42	1.53	1.39	1.56	1.37	1.59	1.34	1.62
80	1.47	1.52	1.44	1.54	1.42	1.57	1.39	1.60	1.36	1.62
85	1.48	1.53	1.46	1.55	1.43	1.58	1.41	1.60	1.39	1.63
90	1.50	1.54	1.47	1.56	1.45	1.59	1.43	1.61	1.41	1.64
95	1.51	1.55	1.49	1.57	1.47	1.60	1.45	1.62	1.42	1.64
100	1.52	1.56	1.50	1.58	1.48	1.60	1.46	1.63	1.44	1.65

注：n 是观察值的数目；k 是解释变量的数目，包括常数项。

六、协整检验临界值表

N	模型形式	p	φ_{∞}	φ_1	φ_2
1	无常数项,无趋势项	0.01	−2.565 8	−1.960	−10.04
		0.05	−1.939 3	−3.098	0.00
		0.10	−1.615 6	−0.181	0.00
1	常数项,无趋势项	0.01	−3.433 6	−5.999	−29.25
		0.05	−2.862 1	−2.738	−8.36
		0.10	−2.567 1	−1.438	−4.48
1	常数项,趋势项	0.01	−3.963 8	−8.353	−47.44
		0.05	−3.412 6	−4.039	−17.83
		0.10	−3.127 9	−2.418	−7.58
2	常数项,无趋势项	0.01	−3.900 1	−10.534	−30.03
		0.05	−3.337 7	−5.967	−8.98
		0.10	−3.046 2	−4.069	−6.73
2	常数项,趋势项	0.01	−4.326 6	−15.531	−34.03
		0.05	−3.780 9	−9.421	−15.06
		0.10	−3.495 9	−7.203	−4.01
3	常数项,无趋势项	0.01	−4.298 1	−13.790	−46.37
		0.05	−3.742 9	−8.352	−13.41
		0.10	−3.451 8	−6.241	−2.79
3	常数项,趋势项	0.01	−4.667 6	−18.492	−49.35
		0.05	−4.119 3	−12.024	−13.13
		0.10	−3.834 4	−9.188	−4.85
4	常数项,无趋势项	0.01	−4.649 3	−17.188	−59.20
		0.05	−4.100 0	−10.745	−21.57
		0.10	−3.811 0	−8.317	−5.19
4	常数项,趋势项	0.01	−4.969 5	−22.504	−50.22
		0.05	−4.429 4	−14.501	−19.54
		0.10	−4.147 4	−11.165	−9.88
5	常数项,无趋势项	0.01	−4.958 7	−22.140	−37.29
		0.05	−4.418 5	−13.641	−21.16
		0.10	−4.132 7	−10.638	−5.48
5	常数项,趋势项	0.01	−5.249 7	−26.606	−49.56
		0.05	−4.715 4	−17.432	−16.50
		0.10	−4.434 5	−13.654	−5.77
6	常数项,无趋势项	0.01	−5.240 0	−26.278	−41.65
		0.05	−4.704 8	−17.120	−11.17
		0.10	−4.424 2	−13.347	0.00
6	常数项,趋势项	0.01	−5.512 7	−30.735	−52.50
		0.05	−4.976 7	−20.883	−9.05
		0.10	−4.699 9	−16.445	0.00

注:① 临界值计算公式为 $C_p=\varphi_{\infty}+\frac{\varphi_1}{T}+\frac{\varphi_2}{T^2}$,其中 T 表示样本容量。② N 表示协整回归式中所含变量个数,p 表示显著性水平。③ $N=1$ 时,协整检验即转化为单变量平稳性的 ADF 检验。

参考文献

1. 李子奈．计量经济学:方法与应用．北京:清华大学出版社,1992.
2. 李子奈,叶阿忠．高等计量经济学．北京:清华大学出版社,2000.
3. 李子奈,叶阿忠．高级应用计量经济学．北京:清华大学出版社,2012.
4. 李子奈,等．计量经济学模型方法论．北京:清华大学出版社,2011.
5. Damodar N. Gujarrati. Basic Econometrics. 4th edition. McGraw-Hill Company,2001.
6. Jeffrey M. Wooldridge. Introductory Econometrics: A Modern Approach. 7th ed. Cengage,2018.
7. Russell Davidson,James G. Mackinnon. Estimation and Inference in Econometrics. Oxford University Press,1993.
8. James H. Stock,Mark W. Watson. Introduction to Econometrics. Pearson Education,Inc. ,2003.
9. Jack Johnston,John Dinardo. Econometric Methods. 4th ed. McGraw-Hill Companies,Inc. ,1997.
10. William H. Greene. Econometric Analysis. 5th ed. Prentice-Hall Inc. ,2003.
11. 古扎拉蒂,波特．计量经济学基础．5 版．费剑平,译．北京:中国人民大学出版社,2011.
12. 伍德里奇．计量经济学导论．4 版．费剑平,译．北京:中国人民大学出版社,2010.
13. 希尔,格里菲思,利姆．计量经济学原理．4 版．邹洋,译．大连:东北财经大学出版社,2013.
14. 肯尼迪．计量经济学原理．6 版．周尧,张伟,译．北京:中国人民大学出版社,2014.
15. 邹至庄．计量经济学．郑宗成,等译．北京:中国友谊出版公司,1988.
16. 克莱因．经济计量学教科书．谢嘉,译．北京:商务印书馆,1983.
17. G. G. Judge,等．经济计量学理论与实践引论．周逸江,等,译．北京:中国统计出版社,1993.
18. 庞皓．计量经济学．3 版．北京:科学出版社,2014.
19. 王少平,杨继生,欧阳志刚．计量经济学．北京:高等教育出版社,2011.
20. 张晓峒．计量经济分析．北京:经济科学出版社,2003.
21. 王维国．计量经济学．大连:东北财经大学出版社,2008.
22. 赵国庆．计量经济学．北京:中国人民大学出版社,2001.
23. 洪永淼．高级计量经济学．北京:高等教育出版社,2011.
24. 靳云汇,金赛男,等．高级计量经济学(上册)．北京:北京大学出版社,2007.
25. 张寿,于清文．计量经济学．上海:上海交通大学出版社,1984.

教学支持说明

建设立体化精品教材，向高校师生提供整体教学解决方案和教学资源，是高等教育出版社“服务教育”的重要方式。为支持相应课程教学，我们专门为本书研发了配套教学课件及相关教学资源，并向采用本书作为教材的教师免费提供。

为保证该课件及相关教学资源仅为教师获得，烦请授课教师清晰填写如下开课证明并拍照后，发送至邮箱：songzhw@hep.com.cn 或 shichh@hep.com.cn，也可通过搜索加入高教社经济类教师服务 QQ 群：563780432，进行索取。

咨询电话：010-58581020，编辑电话：010-58581775。

证　　明

兹证明______________大学______________学院/系第________学年开设的_______________________课程，采用高等教育出版社出版的《　　　　　　　》（主编）作为本课程教材，授课教师为______________，学生________个班，共________人。授课教师需要与本书配套的课件及相关资源用于教学使用。

授课教师联系电话：______________ E-mail：__________________________

学院/系主任：______________（签字）

（学院/系办公室盖章）

20____年____月____日

图书在版编目(CIP)数据

计量经济学/李子奈,潘文卿编著.--5版.--北京:高等教育出版社,2020.10(2023.12重印)

ISBN 978-7-04-054522-7

Ⅰ.①计… Ⅱ.①李… ②潘… Ⅲ.①计量经济学-高等学校-教材 Ⅳ.①F224.0

中国版本图书馆CIP数据核字(2020)第113033号

计量经济学

Jiliang Jingjixue

策划编辑 施春花　　责任编辑 施春花　　封面设计 张 楠　　版式设计 杨 树

责任校对 刘丽娴　　责任印制 高 峰

出版发行	高等教育出版社	网　　址	http://www.hep.edu.cn
社　　址	北京市西城区德外大街4号		http://www.hep.com.cn
邮政编码	100120	网上订购	http://www.hepmall.com.cn
印　　刷	北京汇林印务有限公司		http://www.hepmall.com
开　　本	787mm×1092mm 1/16		http://www.hepmall.cn
印　　张	20.25	版　　次	2000年7月第1版
字　　数	470千字		2020年10月第5版
购书热线	010-58581118	印　　次	2023年12月第13次印刷
咨询电话	400-810-0598	定　　价	49.00元

物 料 号 54522-A0